### 어른들을 위한 가장 쉬운
# 인터넷

# 어른들을 위한 가장 쉬운
# 인터넷

# 어른들을 위한 가장 쉬운
# 인터넷

# 어른들을 위한 가장 쉬운
# 인터넷

어른들을 위한 가장 쉬운
# 인터넷

## 어른들을 위한 가장 쉬운 인터넷

**초판 인쇄일** 2025년 6월 23일
**초판 발행일** 2025년 6월 30일

**지은이** 혜지원 기획팀
**발행인** 박정모
**등록번호** 제9-295호
**발행처** 도서출판 혜지원
**주소** (413-120) 경기도 파주시 회동길 445-4(문발동 638) 302호
**전화** 031) 955-9221~5 **팩스** 031) 955-9220
**홈페이지** www.hyejiwon.co.kr

**기획·진행** 김태호
**본문 디자인** 김보리
**영업마케팅** 김준범, 서지영
**ISBN** 979-11-6764-0871
**정가** 15,000원

Copyright © 2025 by 혜지원 기획팀 All rights reserved.
No Part of this book may be reproduced or transmitted in any form,
by any means without the prior written permission on the publisher.
이 책은 저작권법에 의해 보호를 받는 저작물이므로 어떠한 형태의 무단 전재나 복제도 금합니다.
본문 중에 인용한 제품명은 각 개발사의 등록상표이며, 특허법과 저작권법 등에 의해 보호를 받고 있습니다.

혜지원 기획팀 지음

## 어른들을 위한 가장 쉬운
# 인터넷

혜지원

# 머리말

　인터넷은 정보의 바다입니다. 수많은 정보가 초 단위로 생성되고 공유되고 있는 인터넷은 우리 생활에 깊은 영향을 미칩니다. 인터넷을 통해 정보 검색과 공유, 여가생활, 수익 창출 등 모든 것이 가능해졌습니다. 인터넷을 익힌다면 제2의 나를 얼마든지 만들 수 있습니다.

　어르신들이 인터넷 기능을 익히기란 쉬운 일이 아닙니다. 하지만 인터넷의 기초를 잘 익힌다면 모든 기능을 쉽게 다룰 수 있습니다. 단지 여태까지 안 해왔기 때문에 어려울 뿐입니다. 이 책을 통해 인터넷의 기초와 다양한 인터넷 서비스를 알아보면서, 인터넷에 익숙해질 수 있을 것입니다.

　책은 인터넷을 하기 위해 기본적으로 마우스, 키보드를 다루는 법부터 시작합니다. 윈도우의 기본 웹브라우저인 엣지를 알아보고, 또다른 웹브라우저 크롬을 설치합니다. 네이버를 중심으로 다양한 인터넷 기능을 익힙니다. 그리고 인터넷으로 할 수 있는 여가생활, 쇼핑, 영상 시청, 금융 서비스까지 배웁니다. 하나씩 배우며, 새로운 기능을 익히는 것을 반복하면 쉽게 인터넷을 다루게 됩니다.

　인터넷을 잘 사용할 줄 알면 생활의 다양한 면에서 도움을 받을 수 있습니다. 필요한 정보를 찾거나, 편리한 서비스를 이용하는 등의 기능은 삶을 더욱 윤택하고 스마트하게 만들어줄 것입니다. 처음에는 생소할 수 있지만 포기하지 말고 꾸준히 연습하시길 바랍니다. 연습하다 보면 익숙해져서 새로운 기능들을 금방 알게 될 것입니다.

**혜지원 기획팀**

# 목차

## 제 01장 마우스와 키보드 사용법 ... 11

Section 01 | 마우스 사용법 ... 12
Section 02 | 키보드 사용법과 단축키 ... 16

## 제 02장 인터넷 기초 익히기 ... 19

Section 01 | 인터넷으로 무엇을 할 수 있나요? ... 20
Section 02 | 엣지 실행하기 ... 23
Section 03 | 엣지의 화면 구성 ... 26
Section 04 | 주소 입력해서 페이지 이동하기 ... 28
Section 05 | 링크 클릭해서 이동하기 ... 31
Section 06 | 화면 확대/축소하기 ... 34
Section 07 | 기본 사이트 설정하기 ... 36

| **Section 08** | 크롬 설치하고 실행하기 | 39 |
| **Section 09** | 크롬에서 구글 계정 만들기 | 44 |

# 제 03장 엣지로 네이버 기능 사용하기   51

| **Section 01** | 네이버에 회원가입하기 | 52 |
| **Section 02** | 뉴스 읽기 | 57 |
| **Section 03** | 정보 검색하기 | 63 |
| **Section 04** | 카페에 가입하기 | 70 |
| **Section 05** | 카페에 글 올리기 | 74 |
| **Section 06** | 카페에 댓글 달기 | 77 |
| **Section 07** | 네이버 블로그 글 보기 | 79 |
| **Section 08** | 메일 보내기 | 85 |
| **Section 09** | 메일 읽고 파일 첨부하여 답장하기 | 88 |
| **Section 10** | 네이버 지도 이용하기 | 91 |
| **Section 11** | 네이버 증권 이용하기 | 97 |
| **Section 12** | 네이버 부동산 이용하기 | 100 |
| **Section 13** | 네이버 지식in 이용하기 | 105 |

# 제 04장 다음, 네이트 접속하기　　　109

**Section 01** | 다음 접속하기　　　110
**Section 02** | 다음에서 날씨 살펴보기　　　115
**Section 03** | 네이트에 회원가입하기　　　118
**Section 04** | 네이트 기능 알아보기　　　124

# 제 05장 인터넷으로 영상 매체 보고 게임하기　　　127

**Section 01** | 지상파 방송 보기　　　128
**Section 02** | 스포츠 중계 기록 보기　　　134
**Section 03** | 스포츠 실시간 중계 보기　　　137
**Section 04** | 유튜브 동영상 시청하기　　　139
**Section 05** | 넷플릭스에 가입하기　　　143
**Section 06** | 고스톱 설치하여 치기　　　149

# 제 06장 카카오톡 설치하여 사용하기    159

**Section 01** | 카카오톡 설치하기    **160**
**Section 02** | 프로필 변경하기    **168**
**Section 03** | 다른 사람과 메시지 주고받기    **171**
**Section 04** | 대화방 만들고 삭제하기    **178**
**Section 05** | 나와 채팅하기    **182**

# 제 07장 인터넷 쇼핑몰 이용하고 택배 조회하기    183

**Section 01** | 쿠팡에 가입하기    **184**
**Section 02** | 물건 검색하고 장바구니에 담기    **187**
**Section 03** | 물건 구매하기    **191**
**Section 04** | 주문 취소하기    **200**
**Section 05** | 11번가에 가입하기    **203**
**Section 06** | 물건 구매하기    **209**
**Section 07** | 우체국 택배 조회하기    **213**

# 제 08장 농협 인터넷 뱅킹 사용하기    215

**Section 01** | 인터넷 뱅킹 준비/주의사항    216
**Section 02** | 금융인증서 발급받기    217
**Section 03** | 로그인하여 계좌 조회하기    226

# 제 09장 각종 증명서 발급받기    235

**Section 01** | 주민등록등본과 초본 발급받기    236
**Section 02** | 가족관계증명서 발급받기    245
**Section 03** | 4대보험 가입확인서 발급받기    250
**Section 04** | 국세청에서 연말정산 서류 발급받기    258
**Section 05** | 등기부등본 열람하기    268

# 제 10장 편리한 인터넷 옵션 알아보기　　277

Section 01 | 즐겨찾기 추가하기　　278
Section 02 | 사이트 검색 기록 확인하기　　282
Section 03 | 인터넷 페이지 인쇄하기　　285
Section 04 | 인터넷 페이지 한국어로 번역하기　　287

# 제 11장 챗GPT 이용해보기　　291

Section 01 | 챗GPT에 접속하기　　292
Section 02 | 원하는 질문 작성하기　　293

# 제 01 장

# 마우스와 키보드 사용법

인터넷을 하기 위해서는 먼저 마우스와 키보드 사용법을 익혀야 합니다.

# Section 01 마우스 사용법

마우스는 클릭, 더블클릭 등으로 원하는 항목을 선택하거나 휠 기능으로 화면을 올리고 내리는 데 사용합니다.

## 1 마우스의 구성 요소

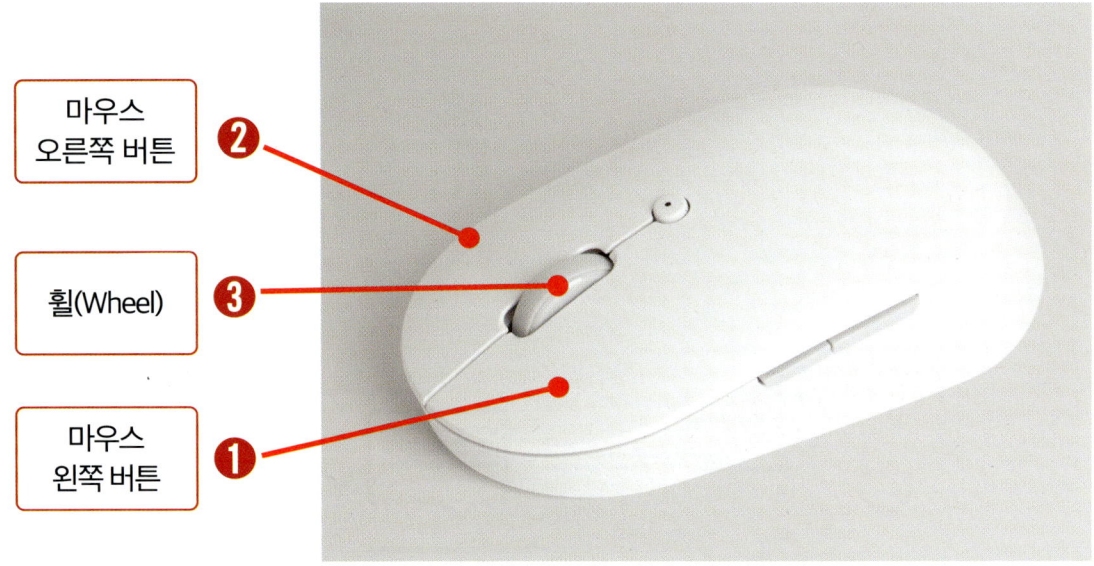

❶ **마우스 왼쪽 버튼** : 기본적인 선택 및 실행을 하고 싶을 때 누릅니다. 기본적으로 '클릭한다'라고 하면 왼쪽 버튼을 클릭하는 것을 의미합니다.

❷ **마우스 오른쪽 버튼** : 특정한 메뉴나 기능을 열고 싶을 때 사용합니다. 바탕화면의 아이콘 위에서 마우스 오른쪽 버튼을 클릭하면 해당 상태에서 사용할 수 있는 기능들이 나타납니다.

❸ **휠** : 화면이 세로로 긴 화면일 경우, 위아래로 휠을 돌리면 화면이 위아래로 이동합니다. 인터넷이나 문서를 위아래로 이동하면서 볼 수 있습니다.

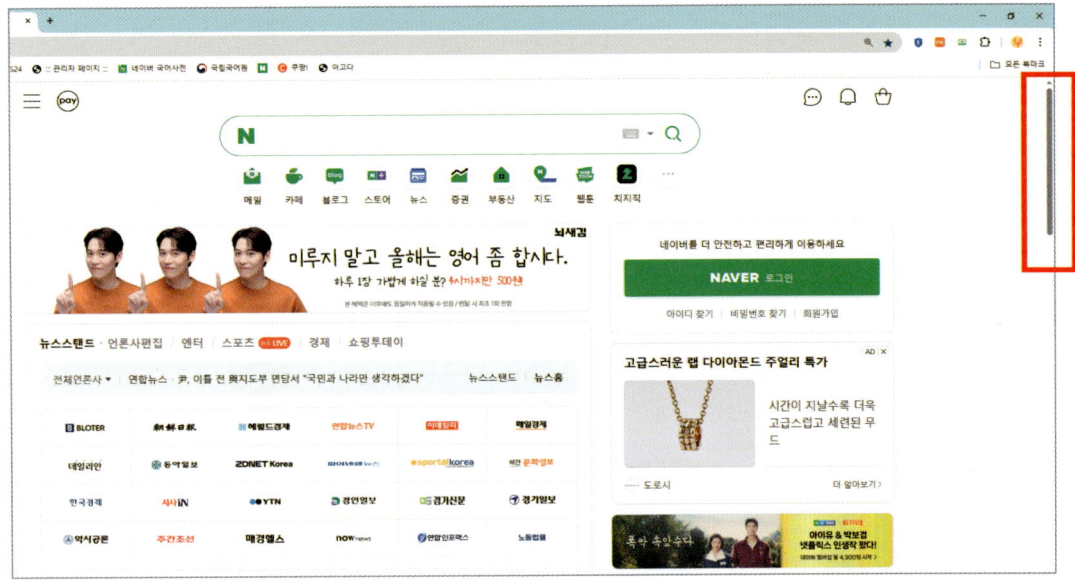

[옆에 스크롤바가 있으면 휠을 통해 이동할 수 있습니다]

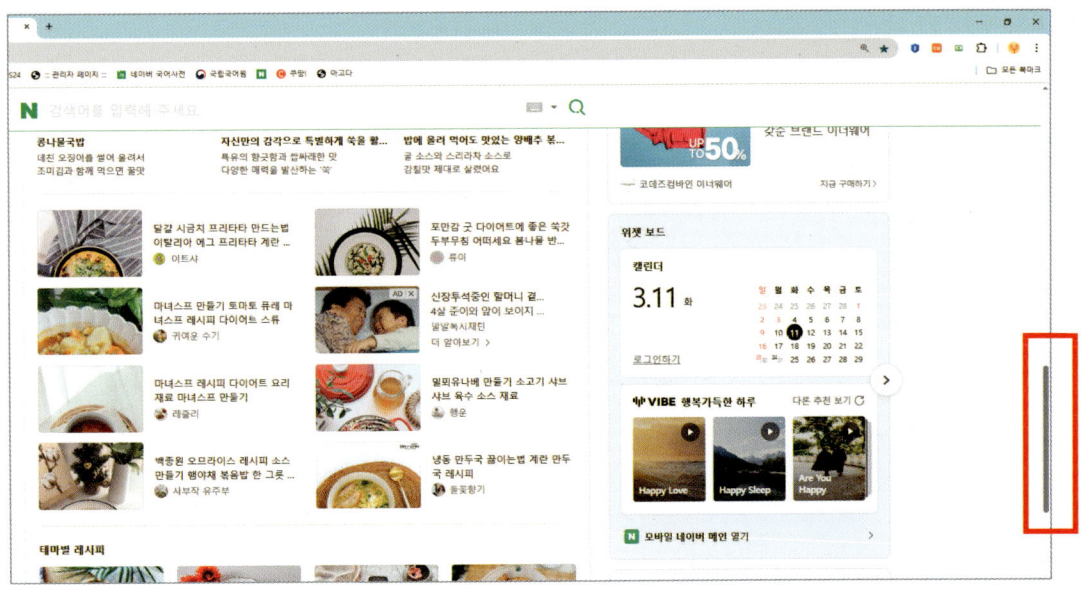

[휠을 아래로 내리면 화면이 아래로 이동합니다]

## 2  마우스 버튼을 누를 때

❶ **마우스 쥐는 법** : 손 전체를 이용해서 마우스를 감싸듯이 잡습니다. 검지와 중지를 각각 마우스 왼쪽/오른쪽 버튼에 올립니다.

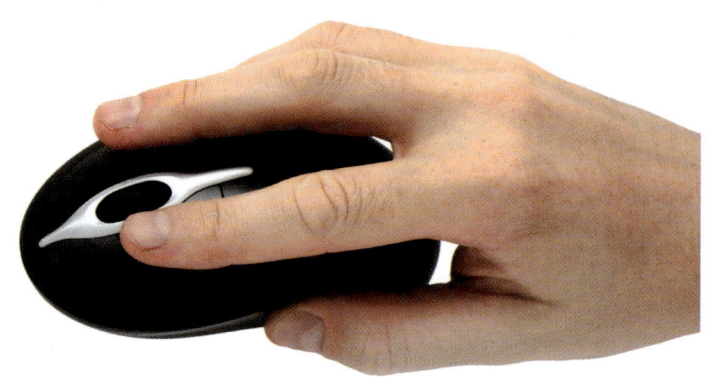

❷ **클릭** : 마우스 버튼을 한 번 누르는 것을 클릭이라고 합니다. 파일이나 링크 등을 선택할 때 사용합니다. 책에서 클릭이라고 하면 한 번 클릭하는 것을 말합니다.

❸ **더블클릭** : 마우스 왼쪽 버튼을 빠르게 두 번 누르는 것을 말합니다.

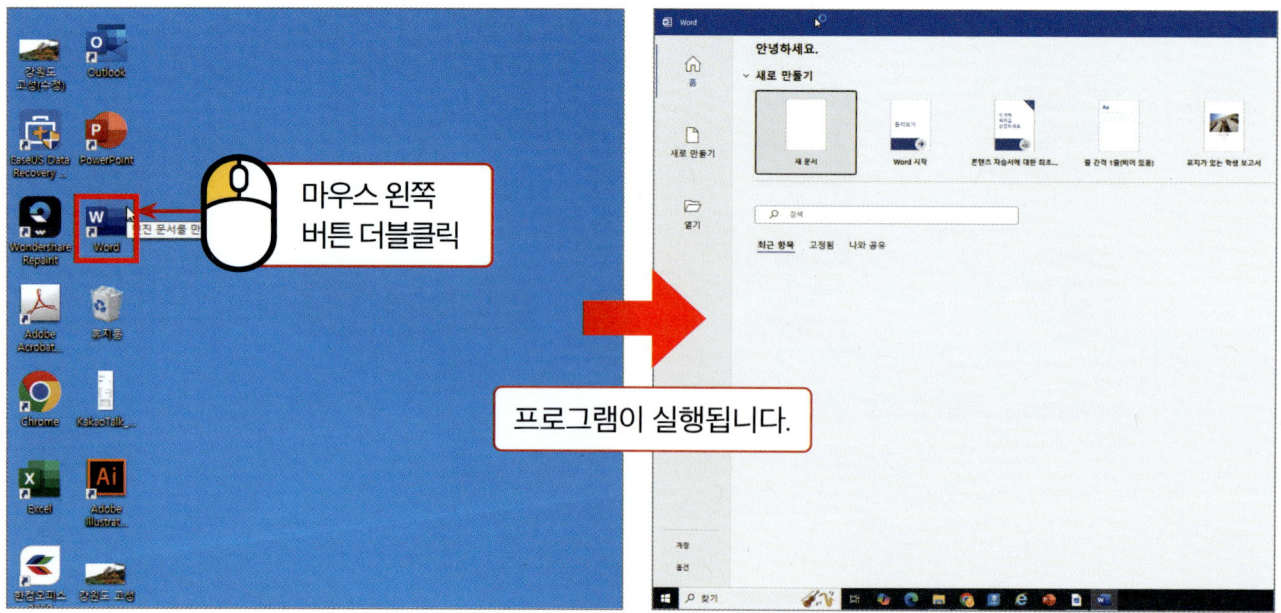

❹ **드래그** : 마우스 왼쪽 버튼을 클릭한 채로 마우스를 이동하는 것입니다. 아이콘을 끌어 당길 때나 파일을 이동시킬 때, 텍스트의 일부를 선택할 때 사용합니다.

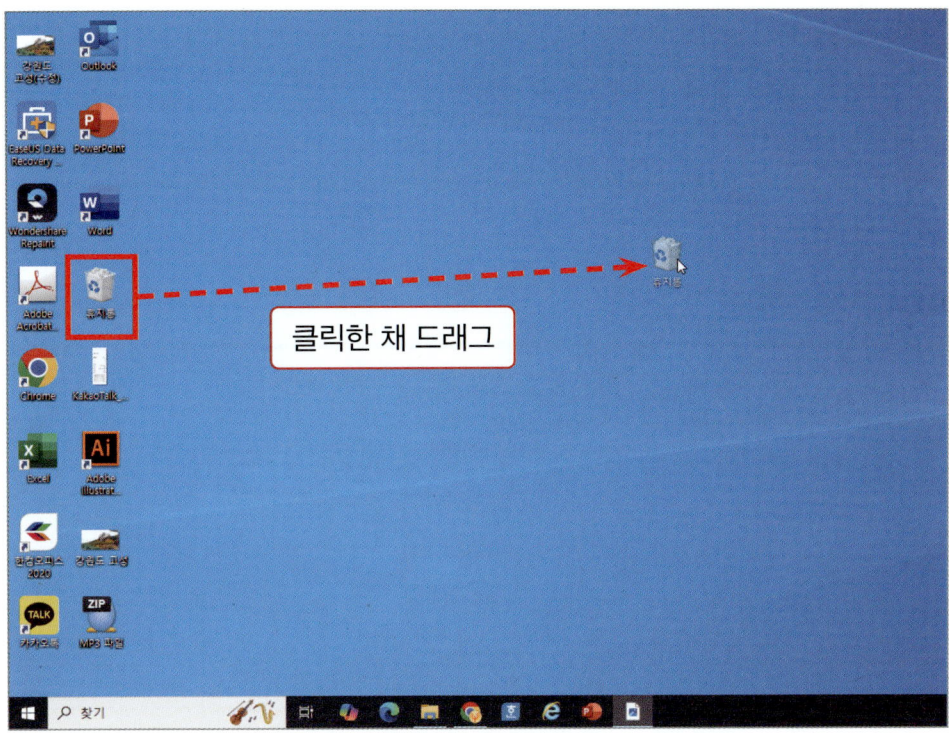

# Section 02 키보드 사용법과 단축키

키보드는 텍스트를 입력할 때 사용하거나 편리한 단축키로 기능을 쉽게 이용할 때 사용합니다.

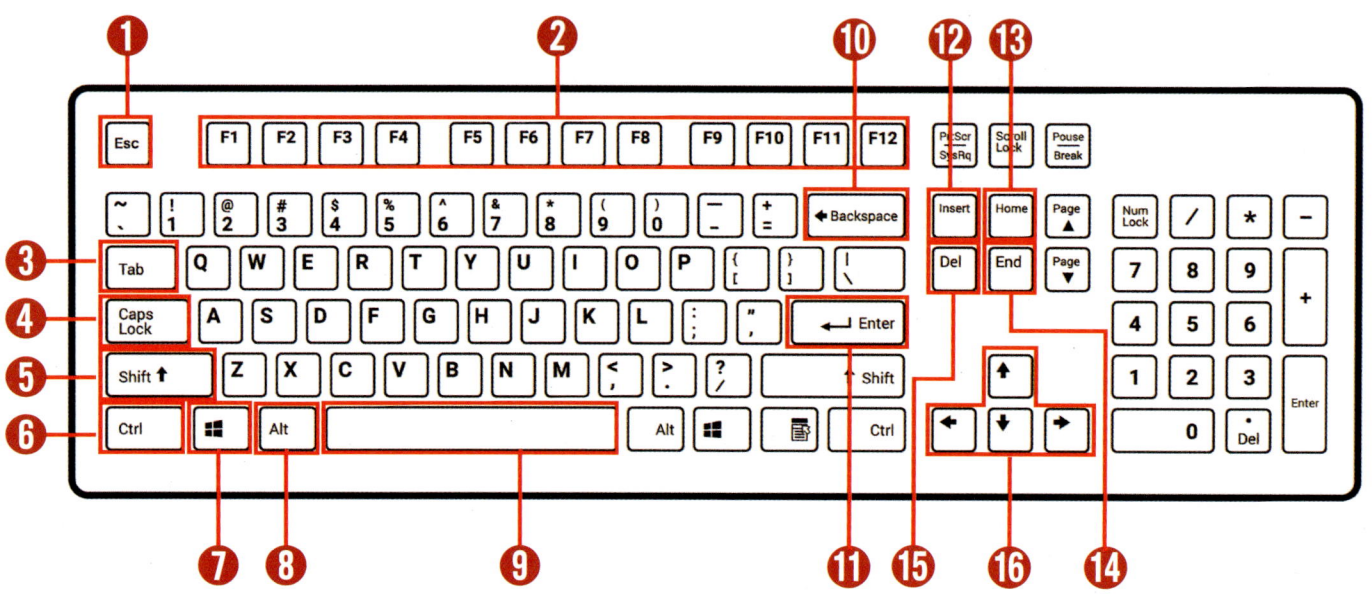

## 1 키보드 주요 키와 기능

키보드의 주요 키는 다음과 같습니다. 이외에도 다른 기능을 가진 키가 다양하게 있지만 기본적인 키만 알아도 충분합니다. 키보드 종류에 따라 위치가 다를 수도 있으며, 사진에 있는 키가 없을 수도 있습니다. 책을 따라하면서 키보드 사용법에 익숙해집시다.

❶ [Esc] : 특정 프로그램에서 명령을 수행하는 것을 중지할 때 사용합니다. 카카오톡과 같은 메뉴나 대화창이 나타났을 때 Esc 키를 누르면 창이 닫힙니다.

❷ 펑션키 : F1 부터 F12 까지 있습니다. 각각 특정한 프로그램에서 복잡한 명령을 한 번에 처리할 때 사용합니다. 기능은 모두 다릅니다.

❸ **[Tab]** : 문서 작업 도중, [Tab]키를 누르면 한 번에 몇 칸씩 커서를 이동할 수 있습니다.

❹ **[CapsLock]** : 일반적으로는 누르지 않습니다. 영어를 입력할 경우, 기본적으로 소문자가 입력되는데 [Caps Lock]키를 누르고 입력하면 대문자가 입력됩니다. 혹시 비밀번호 오류가 나는 경우, 이 키가 켜져 있는지를 확인해보길 바랍니다.

❺ **[Shift]** : [Shift]키를 누른 채로 타이핑하면 한글은 쌍자음이 입력되고 영문은 대문자가 입력됩니다. !, # 같은 특수문자를 입력할 때도 [Shift]키를 누르고 숫자키를 누르면 됩니다.

❻ **[Ctrl]** : 다른 키와 조합하여 복사([Ctrl]+[C]), 붙여넣기([Ctrl]+[V])와 같은 기능을 사용할 때 사용합니다.

❼ **[윈도우]** : ⊞키를 누르면 [시작] 버튼을 클릭했을 때처럼 프로그램 목록이 나타납니다.

❽ **[Alt]** : [Ctrl]키와 마찬가지로, 다른 키와의 조합으로 특정한 명령을 수행할 때 사용합니다.

❾ **스페이스 바** : 텍스트 입력 시, 빈칸을 입력할 때 사용합니다.

❿ **백스페이스** : 현재 커서가 있는 곳을 기준으로 글자를 오른쪽에서 왼쪽으로 지워줍니다.

⓫ **[Enter]** : 문장 입력 시 줄을 강제로 바꿀 수 있습니다. 혹은 검색할 키워드를 입력하고 검색하고자 할 때 [Enter]키를 누릅니다.

⓬ **[Insert]** : 문서 작업을 할 때 [Insert]키를 누르고 글자를 입력하면 오른쪽의 글자가 지워지면서 글자가 입력됩니다.

⑬ **[Home]** : 문장의 가장 앞으로 커서가 이동하거나 화면의 맨 위로 올라갈 수 있습니다.

⑭ **[End]** : 문장의 가장 뒤로 커서가 이동하거나 화면의 맨 아래로 내려갈 수 있습니다.

⑮ **[Delete]** : 문서 작업 시 현재 커서가 있는 곳을 기준으로 오른쪽의 글을 왼쪽으로 당기며 삭제합니다. 텍스트를 선택한 뒤 [Delete]키를 누르면 백스페이스와 동일하게 사용할 수 있습니다.

⑯ **방향키** : 커서를 사용자가 원하는 방향으로 이동시킬 수 있습니다. 화면을 움직일 때도 방향키를 사용하여 위아래를 이동할 수 있습니다.

## 2  키보드 사용법

키보드로 글자를 입력할 때는 양손의 검지손가락을 F와 J에 올려놓습니다. 중앙선을 기준으로 왼쪽은 왼손으로, 오른쪽은 오른손으로 입력합니다.

## 3  키보드 단축키

키보드를 사용하여 쉽게 기능을 수행할 수 있는 대표적인 단축키 조합입니다. 익혀두면 마우스를 움직이거나 클릭을 번거롭게 할 필요가 없습니다.

① [Ctrl]+[S] : 저장하기
② [Ctrl]+[C] : 복사하기
③ [Ctrl]+[V] : 붙여넣기
④ [Ctrl]+[Z] : 취소하기
⑤ [Ctrl]+[Shift]+[Z] : 취소 원래대로 되돌리기
⑥ [Ctrl]+휠 : 화면 확대/축소하기
⑦ [Ctrl]+[F] : 찾기
⑧ [Shift]+알파벳 : 대문자 입력하기

# 제 02 장

# 인터넷 기초 익히기

인터넷을 통해 많은 정보를 얻을 수 있고, 다양한 편의를 누릴 수 있습니다. 인터넷을 이용하기 위해서는 엣지, 크롬 같은 웹브라우저를 잘 다룰 수 있어야 합니다.

# Section 01 인터넷으로 무엇을 할 수 있나요?

인터넷으로 할 수 있는 대표적인 것들을 알아보겠습니다.

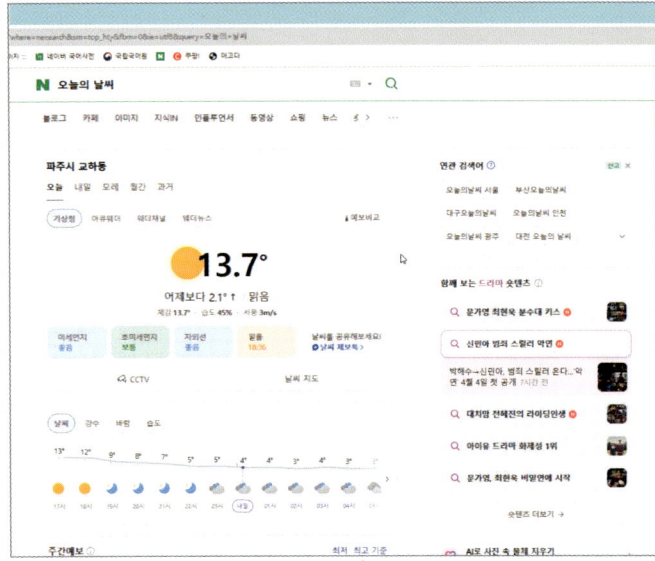

정보 검색

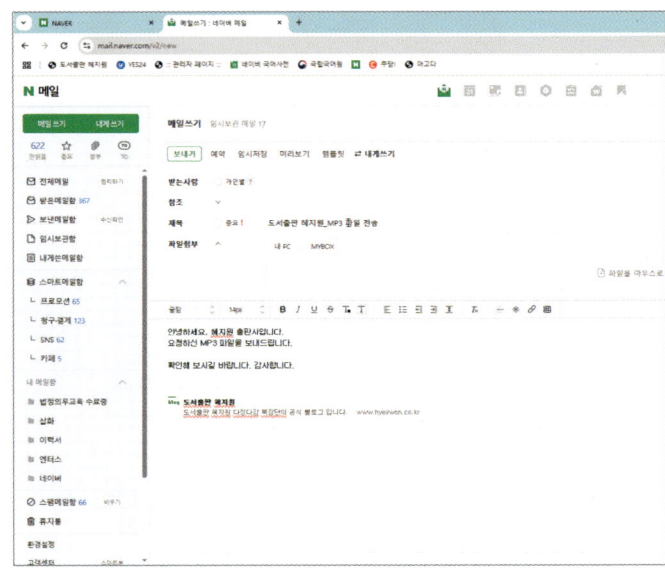

메일 주고받기

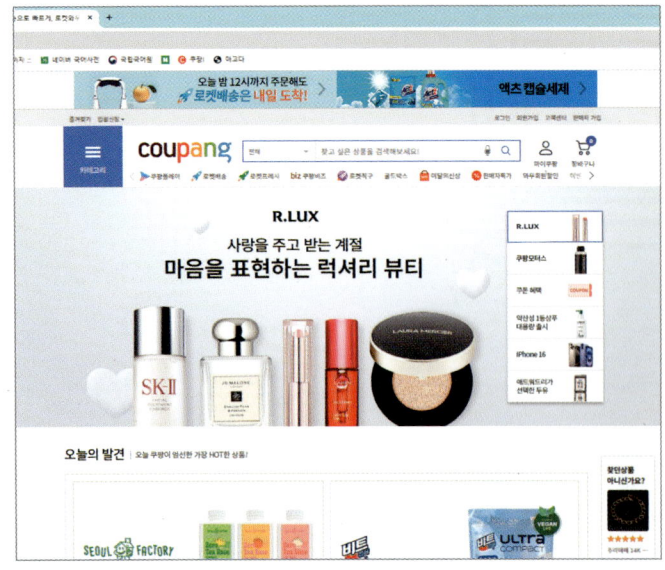

쇼핑

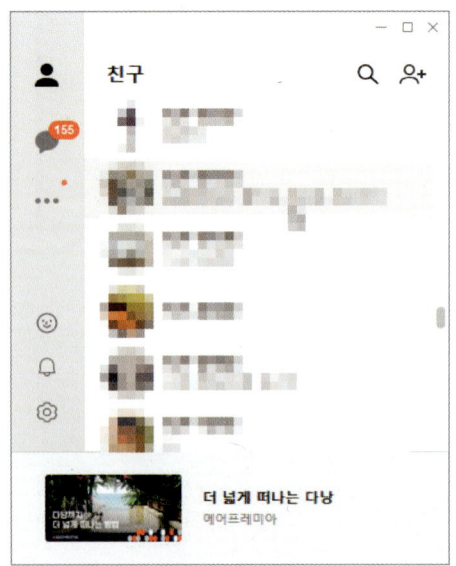

카카오톡

게임하기

스포츠 중계

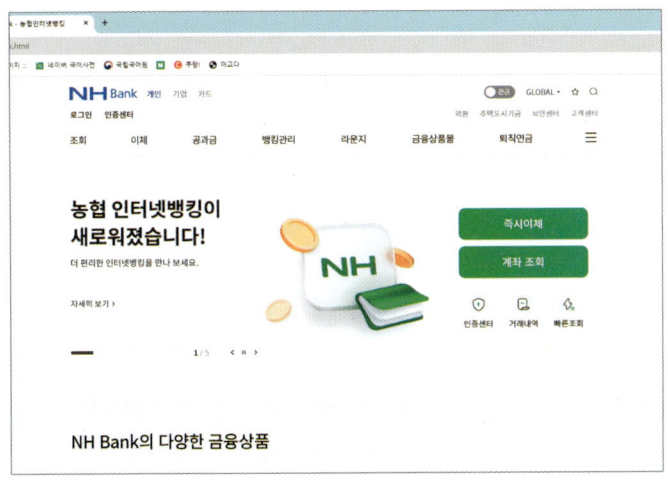

인터넷 뱅킹

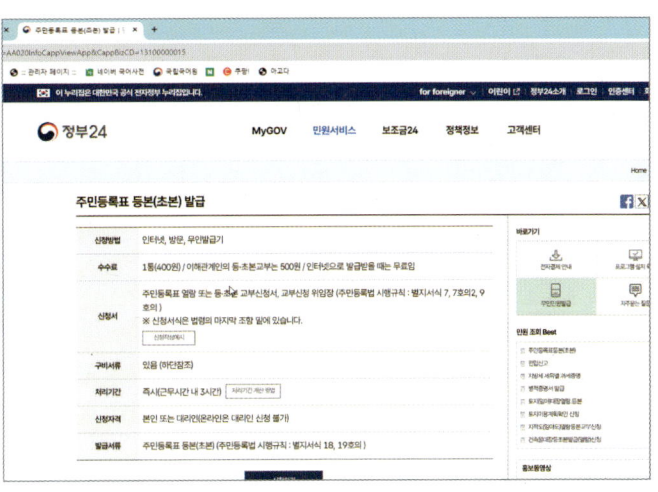

증명 서비스

유튜브 영상 시청

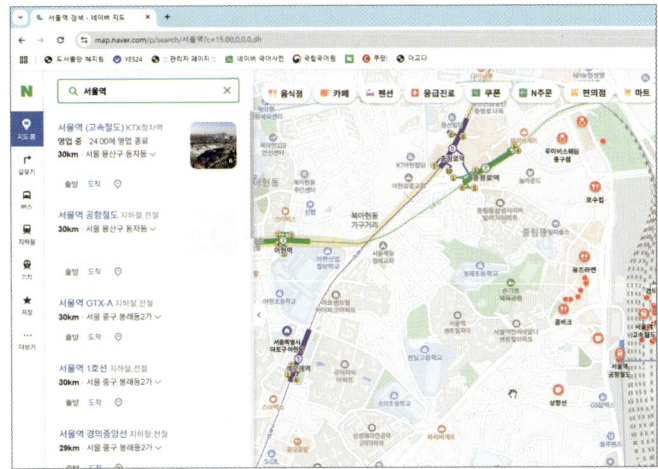

지도 찾기

제 02장 인터넷 기초 익히기 / 21

이외에도 다양한 기능을 인터넷을 통해 이용할 수 있습니다. 인터넷으로 할 수 있는 것들은 무궁무진합니다.

### 인터넷 용어와 주소 보는 법

**1. 인터넷을 하면서 자주 사용하는 용어에 대해서 알아보겠습니다.**

① **홈페이지, 웹사이트** : 인터넷을 실행하면 볼 수 있는 화면입니다. 개인, 회사, 공공기관 등 다양한 곳에서 만든 것입니다.

② **링크** : 인터넷 홈페이지에서 특정 문자, 이미지 등을 클릭하면 다른 사이트로 이동할 수 있게 해주는 기능입니다. 링크에 커서를 대면 커서가 손가락 모양으로 바뀝니다.

③ **URL(주소)** : 모든 웹사이트에는 고유의 주소가 있는데 이를 URL이라고 합니다.

④ **이메일(e-mail)** : 인터넷으로 메일을 보내는 것을 이메일이라고 합니다.

⑤ **로그인** : 아이디와 비밀번호를 입력해서 특정 사이트에 자신의 계정으로 들어가는 것을 로그인이라고 합니다. 반대로 특정 사이트에서 나가는 것은 로그아웃이라고 합니다.

**2. 인터넷 주소 보는 법**

❶ **www** : 인터넷이 거미줄처럼 복잡하다는 의미로 월드와이드웹이라고 합니다.

❷ **닷(dot)** : 점입니다. 이름과 성격, 국가 도메인 등을 구분할 때 점을 찍습니다.

❸ **co** : 성격이 학교인지, 회사인지, 국가기관인지를 알려줍니다.

❹ **kr** : 국가명을 나타내며 한국은 Korea의 약자인 kr, 일본은 jp, 중국은 cn으로 표시합니다. 미국은 국가명이 없습니다.

# Section 02 엣지 실행하기

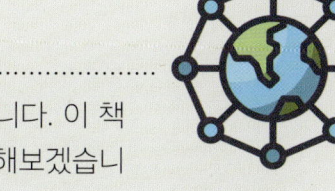

인터넷 웹브라우저로는 엣지( ), 크롬( ) 등이 있습니다. 이 책에서는 엣지를 기본으로 사용할 것이므로 엣지를 실행해보겠습니다.

## 01 [시작] 을 클릭합니다.

마우스 왼쪽 버튼 클릭

## 02 마우스 휠을 내려 Microsoft Edge를 찾습니다. 클릭합니다.

마우스 왼쪽 버튼 클릭

제 02장 인터넷 기초 익히기 / 23

**03** 혹은 [찾기]에 edge라고 입력해도 엣지가 나옵니다.

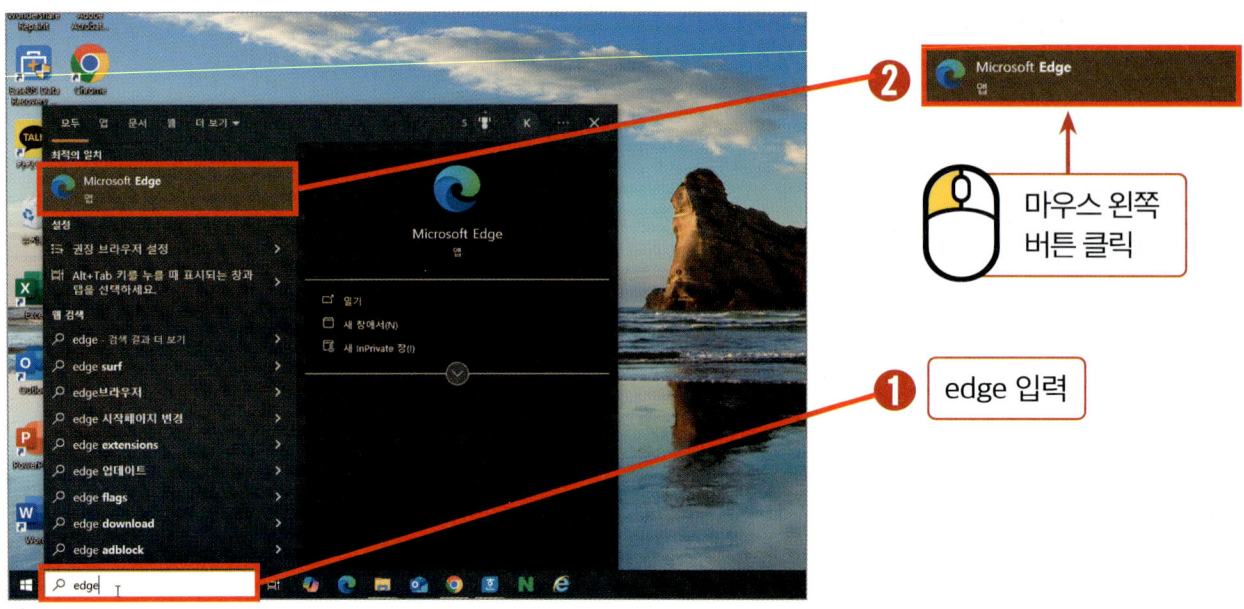

**04** 엣지가 실행되었습니다.

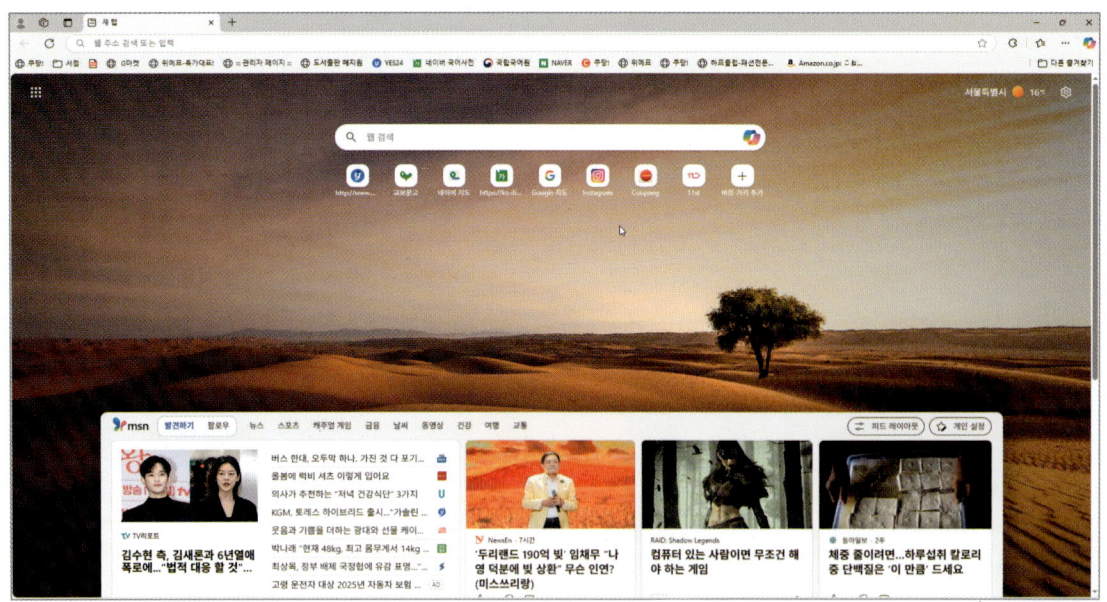

## 포털사이트의 종류

포털사이트는 정보 검색과 서비스, 이메일 계정 서비스, 뉴스 서비스 등 사용자가 필요한 서비스를 제공하는 사이트입니다. **네이버**(www.naver.com), **다음**(www.daum.net), **네이트**(www.nate.com) 등이 있습니다.

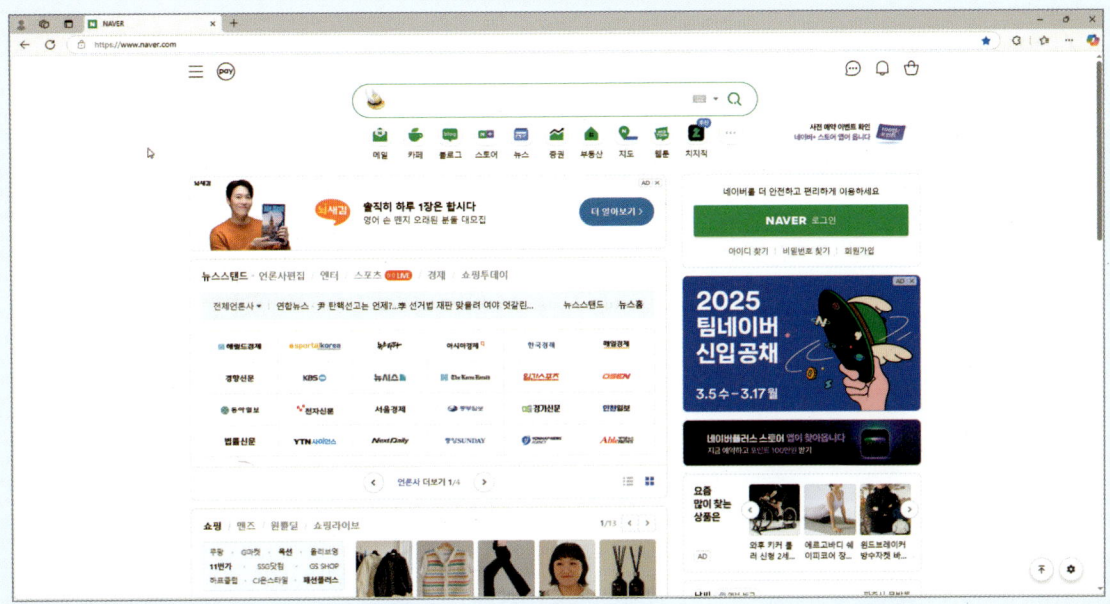

네이버

네이트

# Section 03 엣지의 화면 구성

엣지 화면 구성을 살펴보겠습니다. 사용자의 컴퓨터 환경에 따라 화면이 조금 다를 수 있습니다.

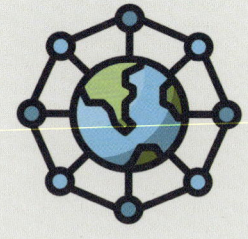

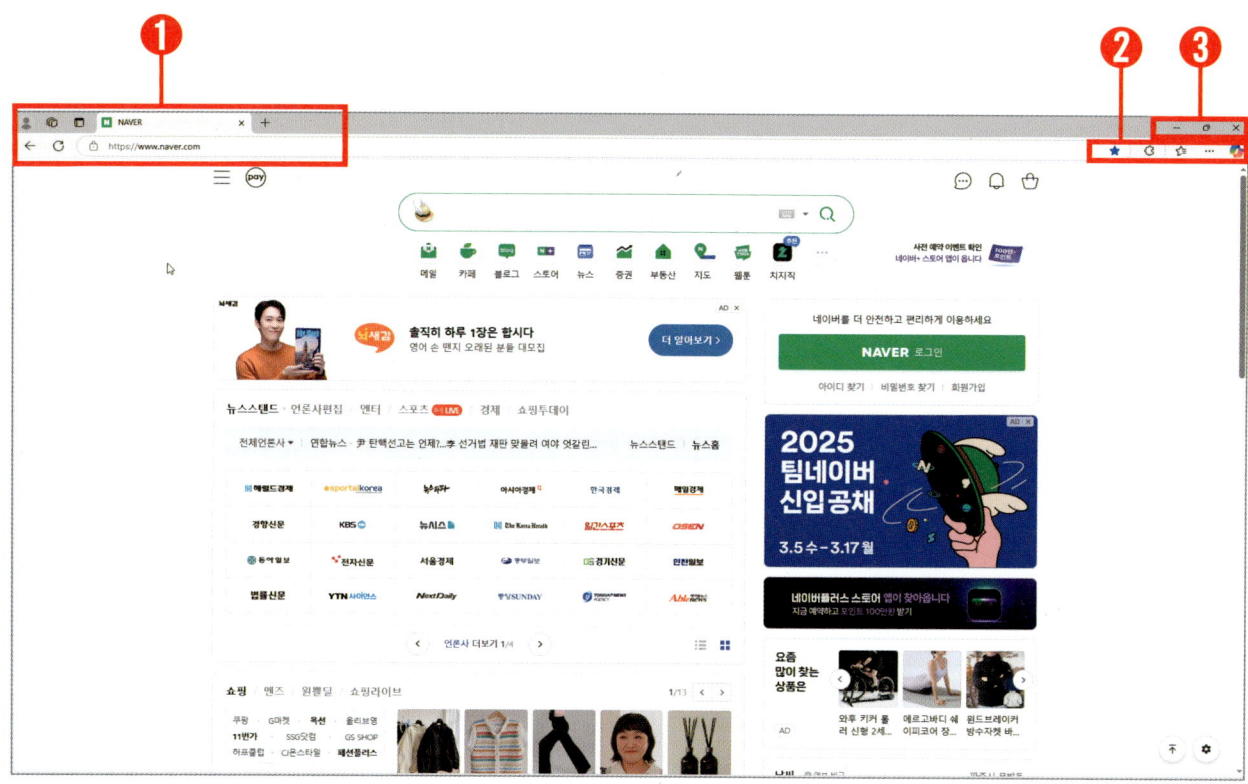

❶ **주소 표시줄과 제목 표시 탭** : 현재 보고 있는 인터넷 사이트의 주소를 표시합니다.

- **이전(←)** : 이전에 방문했던 곳으로 되돌아가고 싶을 때 클릭합니다.
- **새로고침( ⟳ )** : 사이트를 새로고침하고 싶을 때 사용합니다.
- **탭 추가( + )** : 새로운 탭을 추가하여 열고 싶을 때 사용합니다.

❷ **기본 도구 모음탭** : 즐겨찾기 추가, 설정과 같은 기본 기능을 이용할 수 있습니다.

- **소리내어 읽기( )** : 페이지의 내용을 소리내어 읽게 해주는 기능입니다.
- **즐겨찾기에 추가( )** : 즐겨찾기 목록에 해당 페이지를 추가할 수 있습니다.
- **즐겨찾기( )** : 즐겨찾기로 설정해놓은 주소들의 목록입니다.
- **설정( ⋯ )** : 방문 기록, 인쇄, 분할 화면 등 여러 설정을 할 수 있는 기능입니다.

❸ **창 설정** : 왼쪽부터 순서대로 최소화, 확대/축소, 닫기 기능입니다.

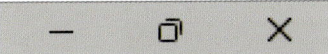

엣지 화면에서 Ctrl 키를 누른 채 휠을 위아래로 움직이면 확대/축소 아이콘( )과 함께 화면이 확대/축소됩니다.

# Section 04 주소 입력해서 페이지 이동하기

인터넷 주소 표시줄에 주소를 입력해서 해당 사이트에 찾아갈 수 있습니다.

**01** 엣지의 주소 입력창을 클릭합니다.

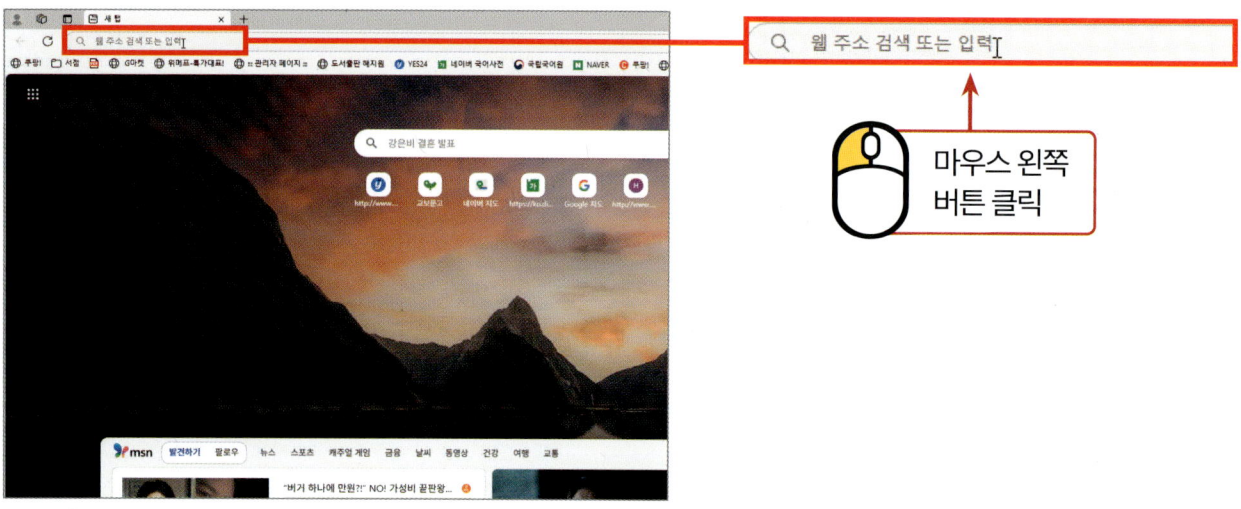

마우스 왼쪽 버튼 클릭

**02** 네이버(www.naver.com)를 입력한 후 Enter 키를 누릅니다.

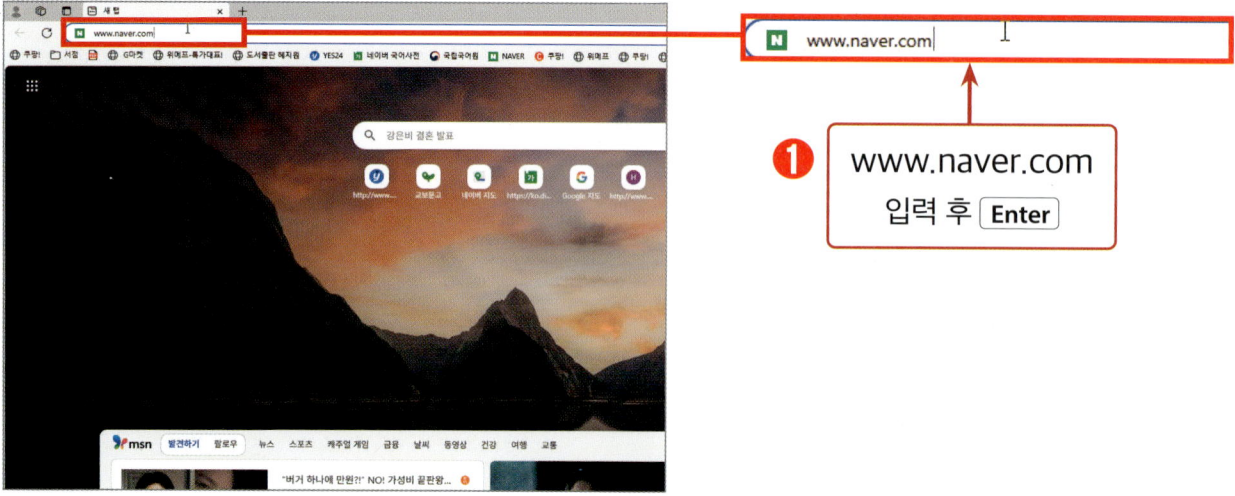

❶ www.naver.com 입력 후 Enter

**03** 네이버의 홈페이지가 열립니다.

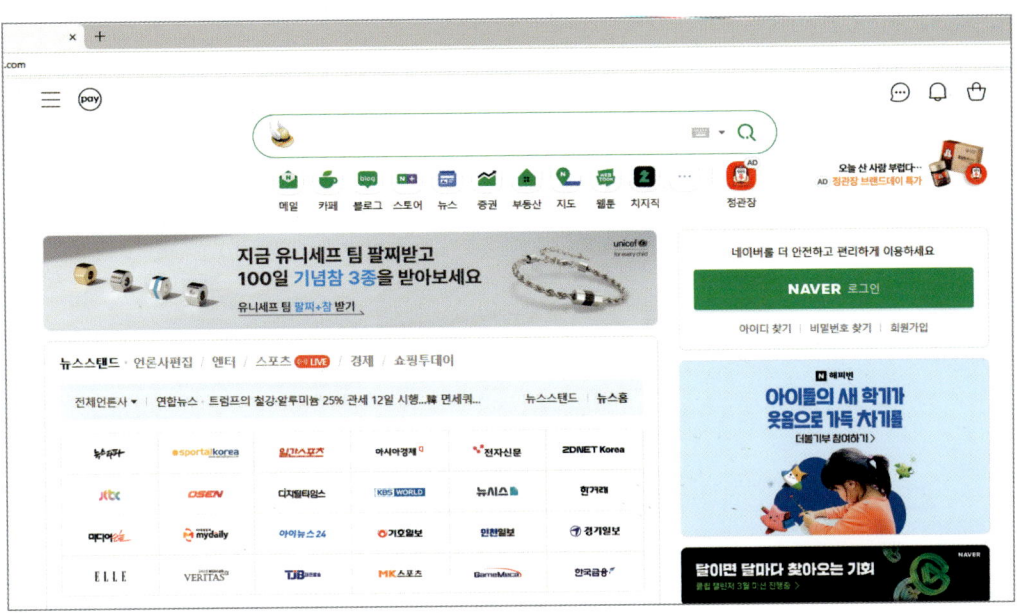

**04** 다시 주소 입력창을 클릭합니다. 클릭하면 주소 전체가 파랗게 선택됩니다. 서울특별시(www.seoul.go.kr)를 입력하고 Enter 키를 누릅니다.

## 05 서울특별시 홈페이지로 이동했습니다.

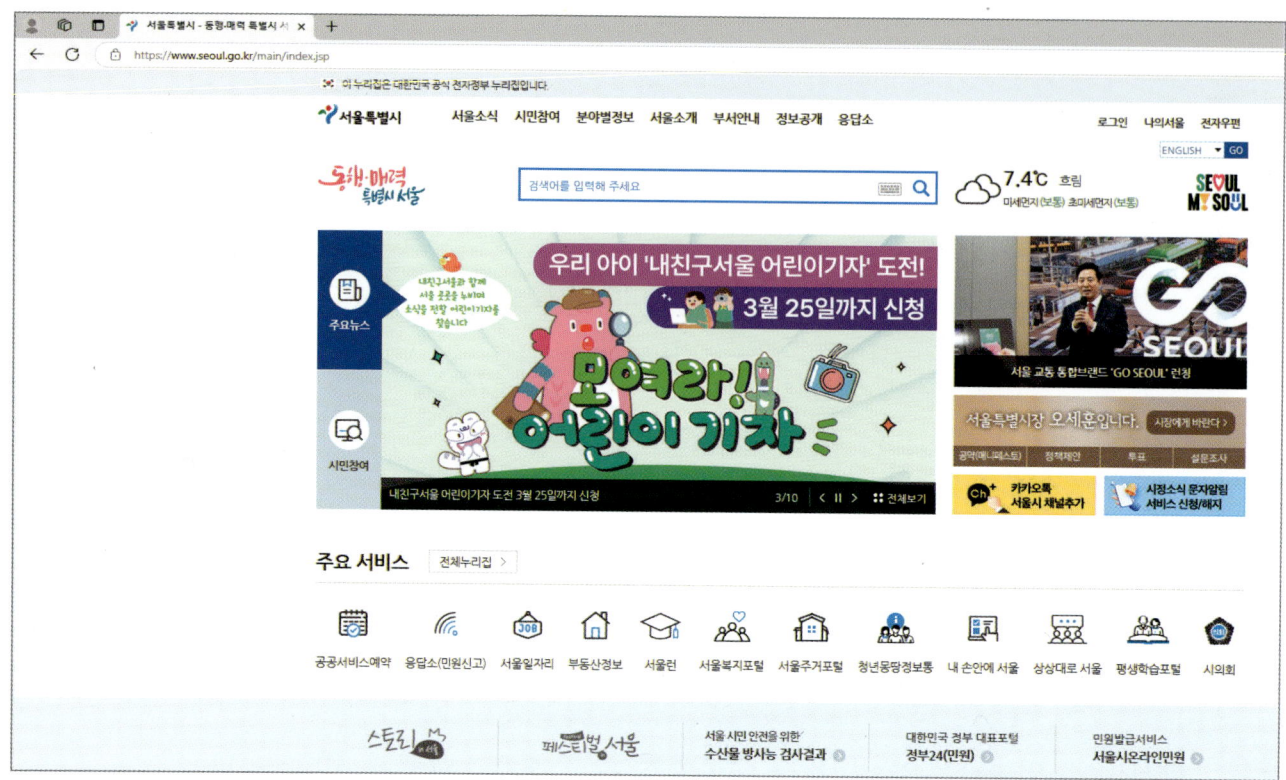

## Section 05 링크 클릭해서 이동하기

인터넷의 아무 영역 위에서 마우스를 움직이면 마우스 커서의 모양이 화살표( )에서 모양으로 바뀝니다. 이때 클릭을 하면 연관된 페이지로 이동합니다. 이를 링크라고 합니다.

**01** 엣지를 실행합니다. 보고 싶은 내용이 있는 곳에 마우스를 이동합니다. 커서 모양이 🖑 로 바뀌면 클릭합니다.

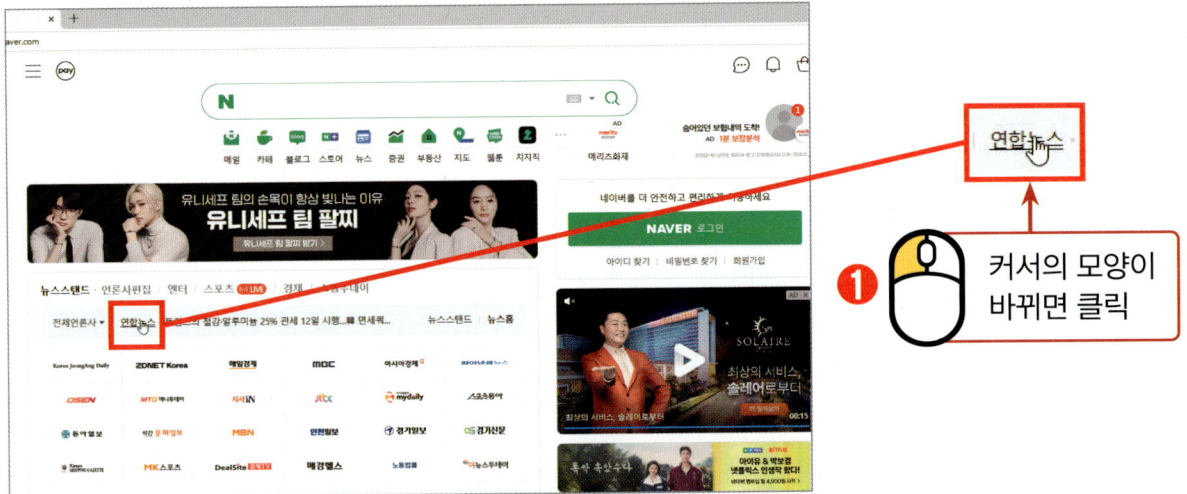

**02** 읽고 싶은 내용이나 항목을 클릭합니다.

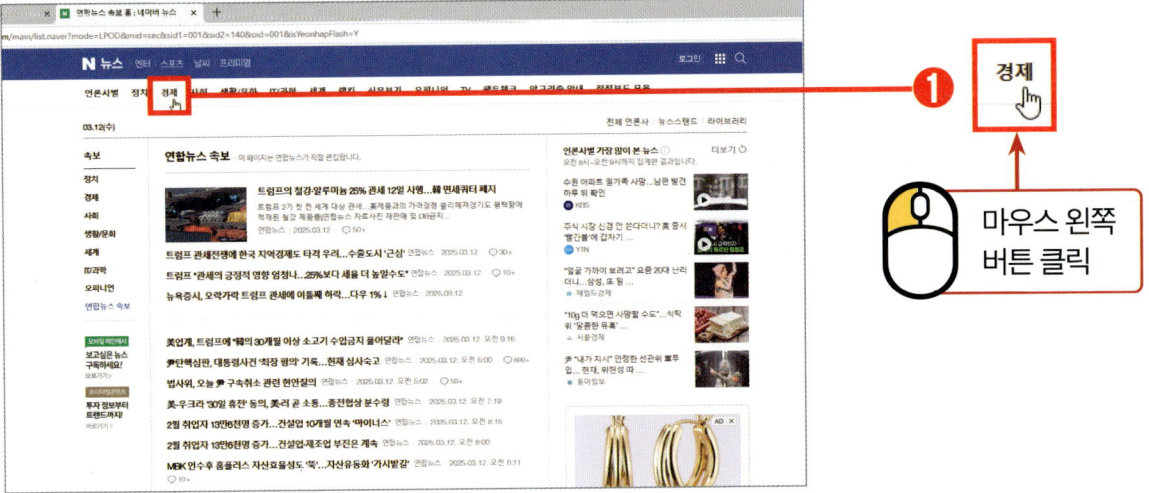

## 03 다시 읽고 싶은 내용을 클릭합니다.

원하는 내용을 마우스 왼쪽 버튼 클릭

## 04 내용을 읽은 후에 바로 직전에 보았던 페이지로 되돌아가기 위해 [뒤로가기] ← 버튼을 클릭합니다.

마우스 왼쪽 버튼 클릭

참고! 한 페이지를 뒤로 이동하면 [앞으로 가기] → 버튼이 활성화 됩니다.

## 05 → 버튼이 활성화되었습니다. 클릭합니다.

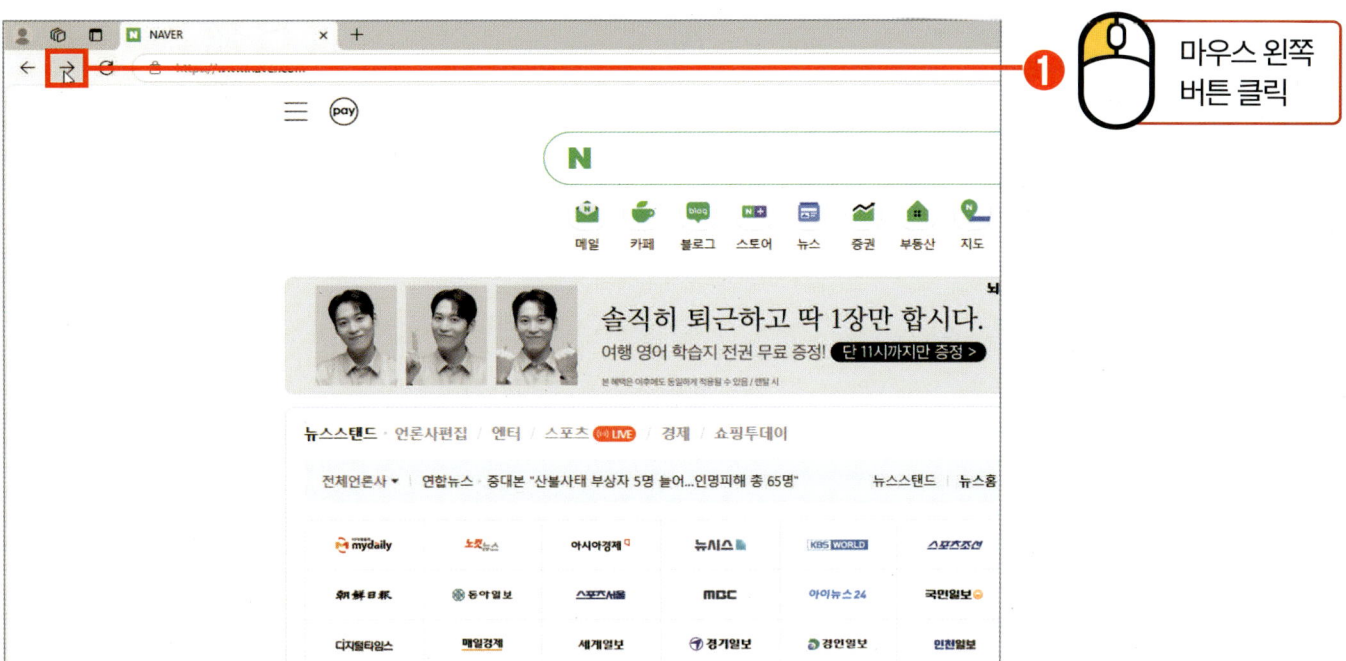

## 06 다시 내가 아까 보았던 페이지로 이동합니다.

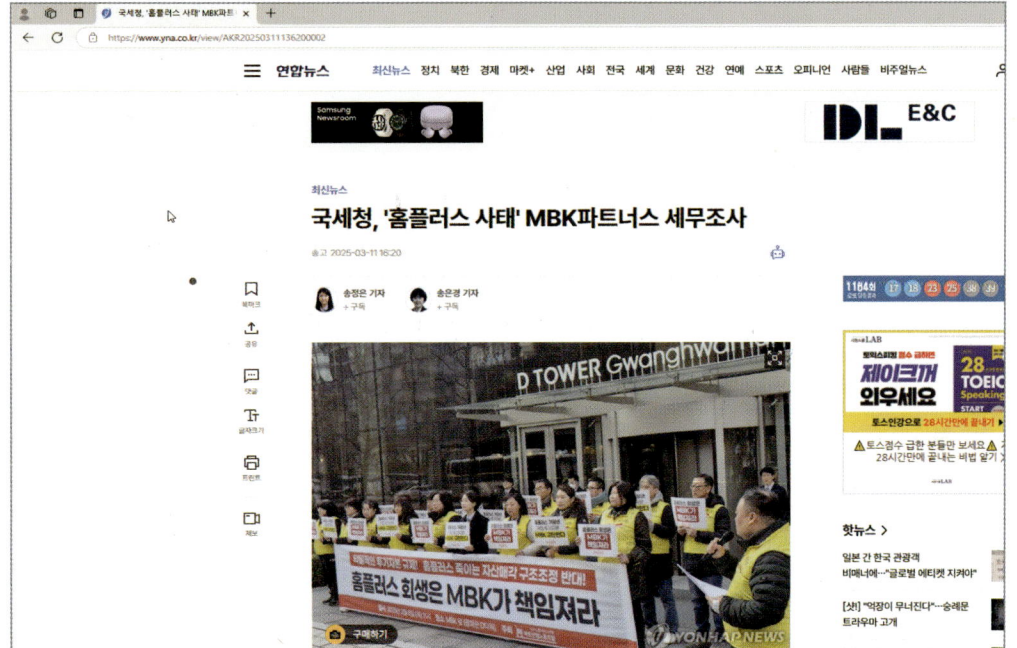

# Section 06 화면 확대/축소하기

화면을 확대/축소하는 방법들을 연습해보겠습니다. 마우스와 키보드를 사용하는 방법, 설정에서 조정하는 방법을 알아보겠습니다.

**01** `Ctrl` 키를 누른 채로 마우스 휠을 위로 올립니다. 화면이 확대되면서 오른쪽 상단에 확대/축소 배율이 나타납니다.

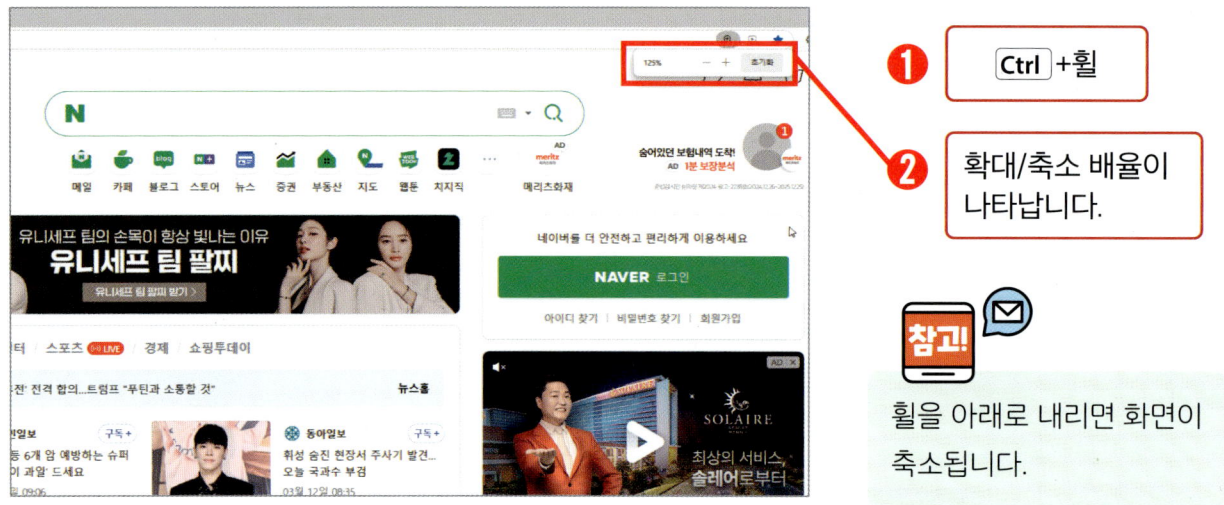

① `Ctrl`+휠
② 확대/축소 배율이 나타납니다.

참고! 휠을 아래로 내리면 화면이 축소됩니다.

**02** 확대한 화면을 축소해보겠습니다. [설정] ⋯ 을 클릭합니다.

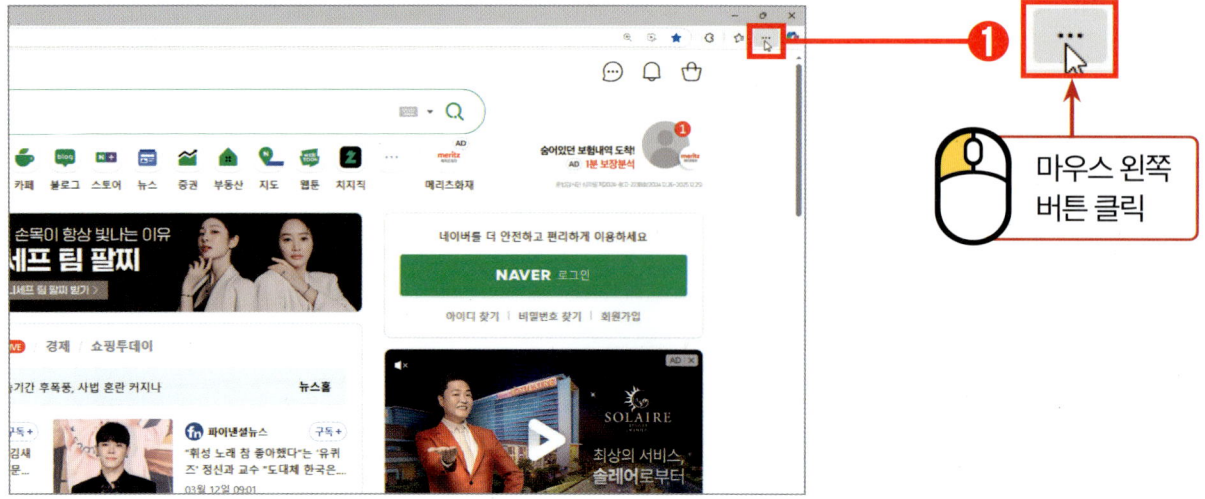

① 마우스 왼쪽 버튼 클릭

## 03  확대/축소에서 ─ 를 클릭하면 화면이 축소됩니다.

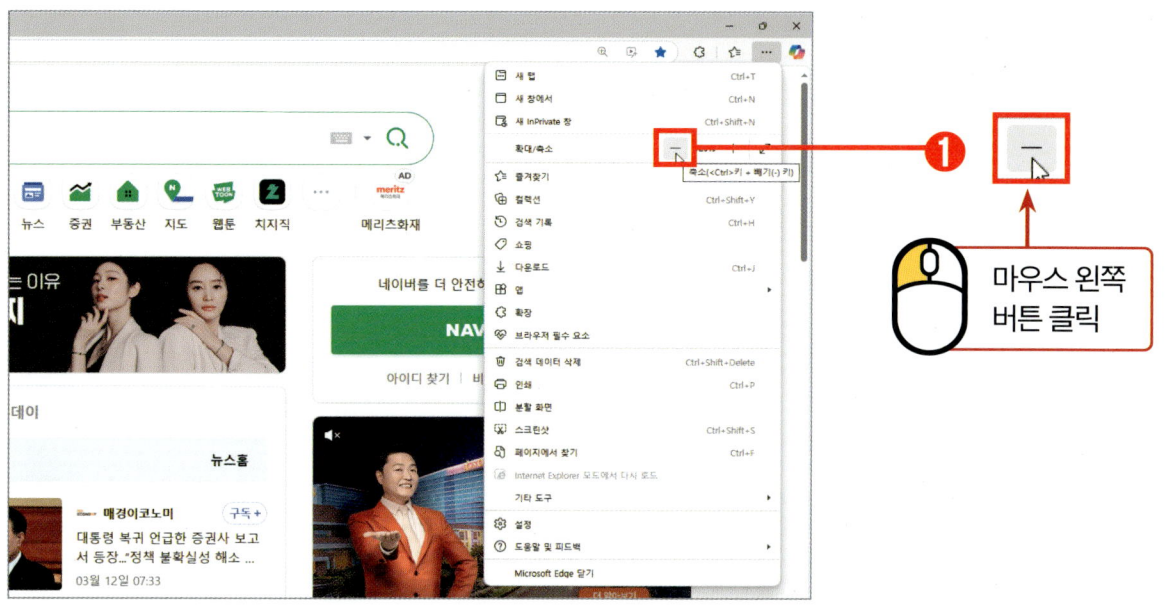

## 04  축소된 모습입니다.

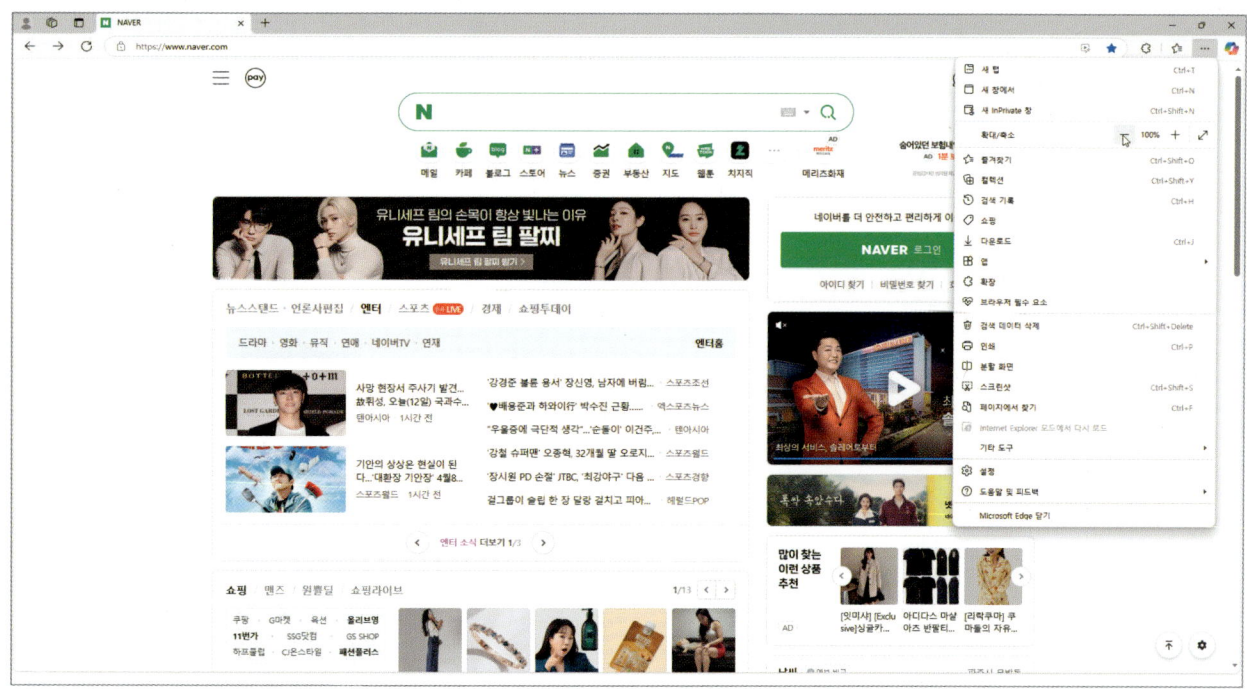

# Section 07 기본 사이트 설정하기

엣지가 열리면 나타나는 기본 사이트를 네이버로 설정해보겠습니다.

**01** 엣지를 열고 [설정] ··· 을 클릭합니다. [설정] 메뉴를 클릭합니다.

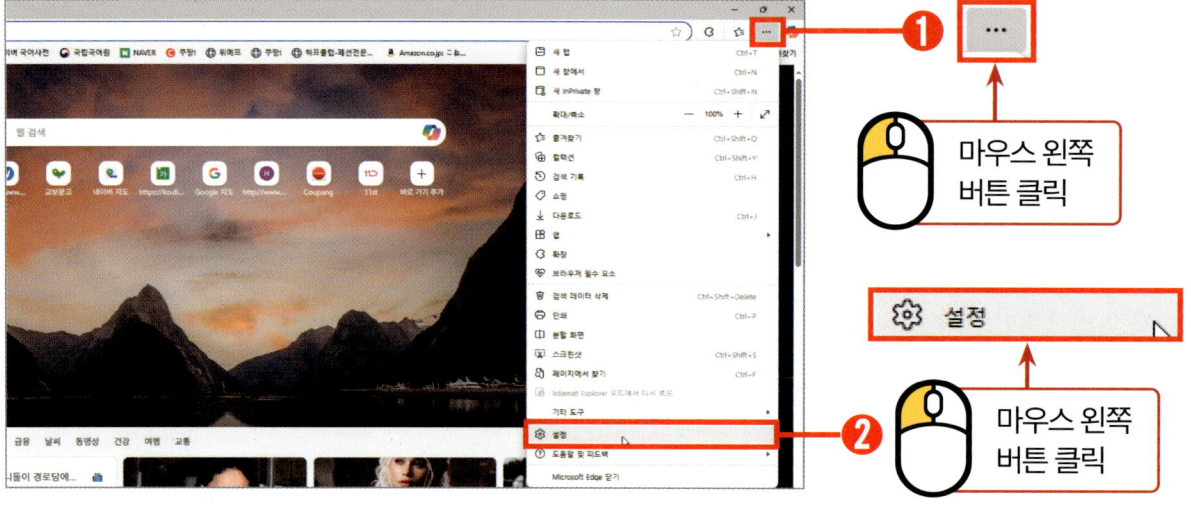

**02** [시작, 홈 및 새 탭 페이지]를 클릭합니다.

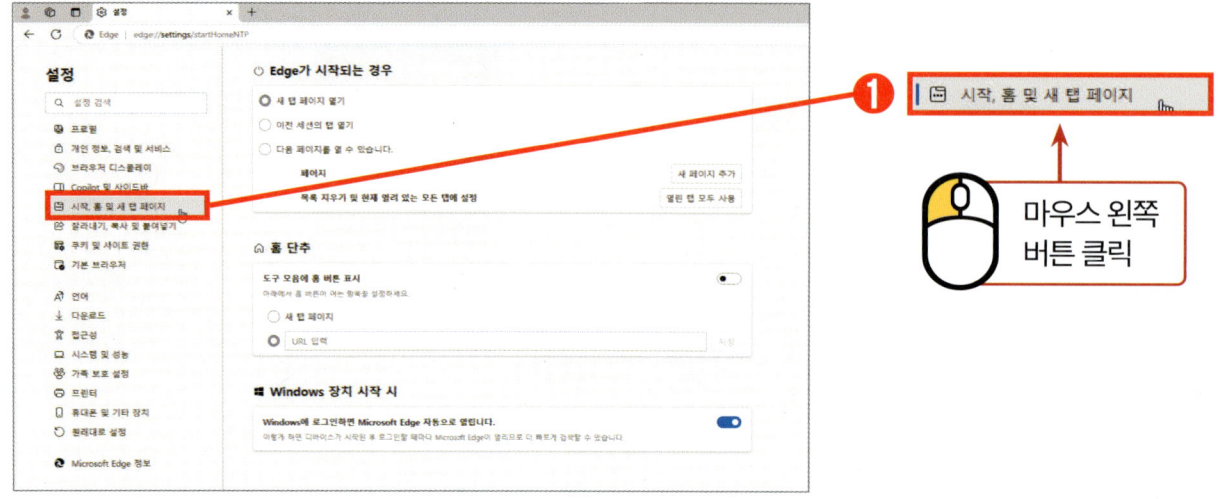

## 03 [다음 페이지를 열 수 있습니다]를 클릭합니다. [새 페이지 추가]를 클릭합니다.

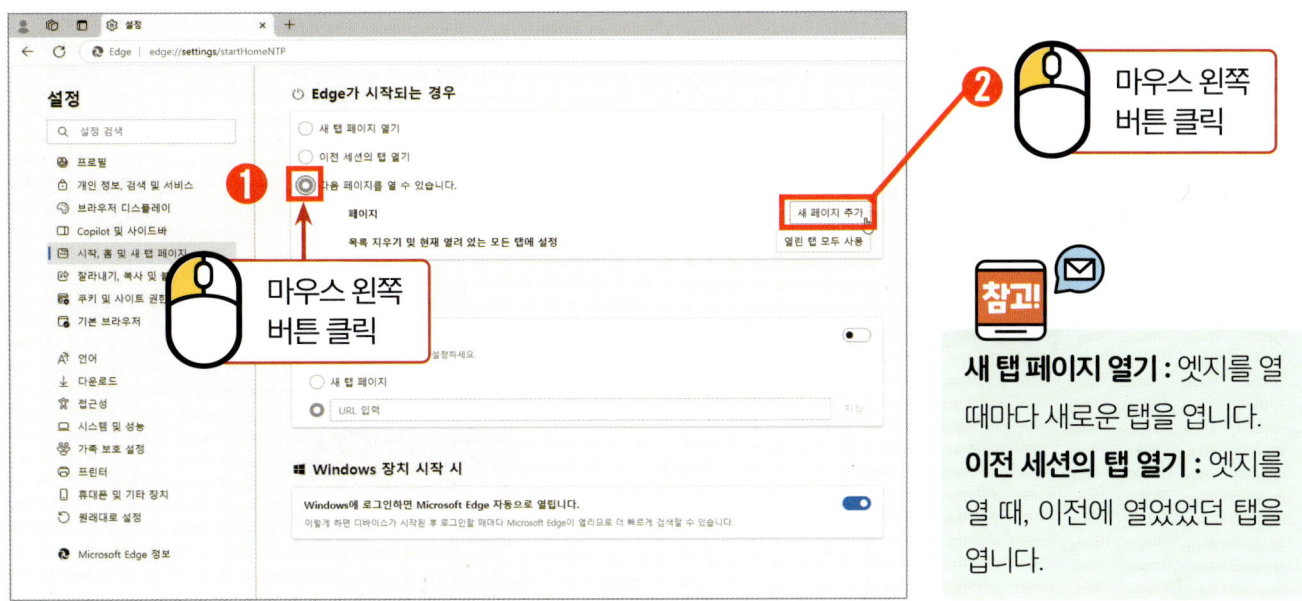

**새 탭 페이지 열기** : 엣지를 열 때마다 새로운 탭을 엽니다.
**이전 세션의 탭 열기** : 엣지를 열 때, 이전에 열었었던 탭을 엽니다.

## 04 [URL 입력]란에 www.naver.com을 입력합니다. [추가]를 클릭합니다.

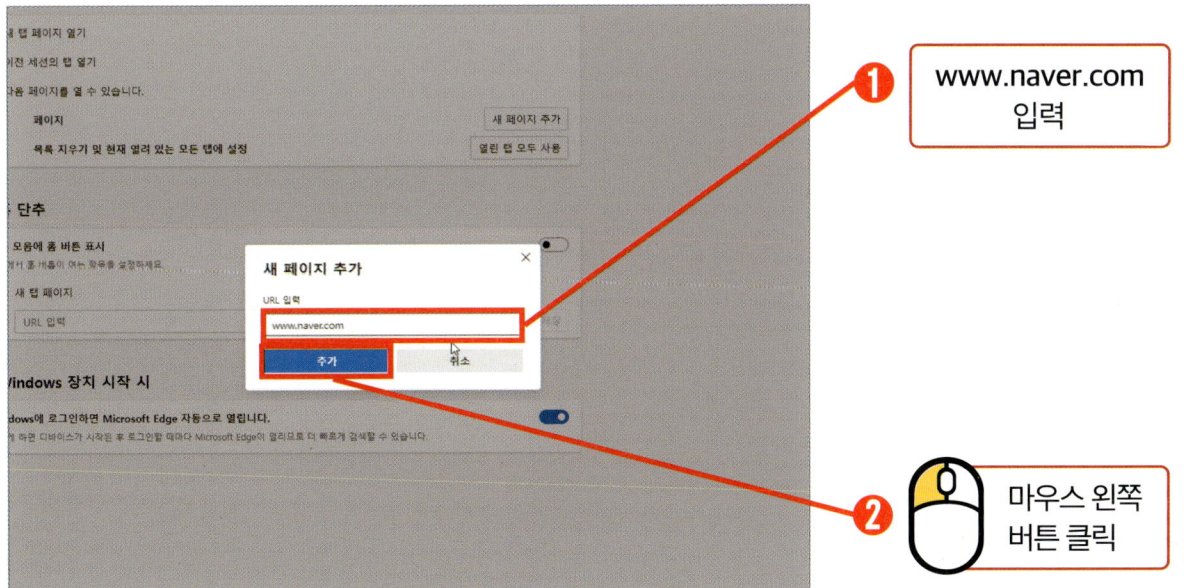

**05** 엣지 화면을 닫았다가 다시 열면 네이버가 시작 페이지로 나타나는 것을 확인할 수 있습니다.

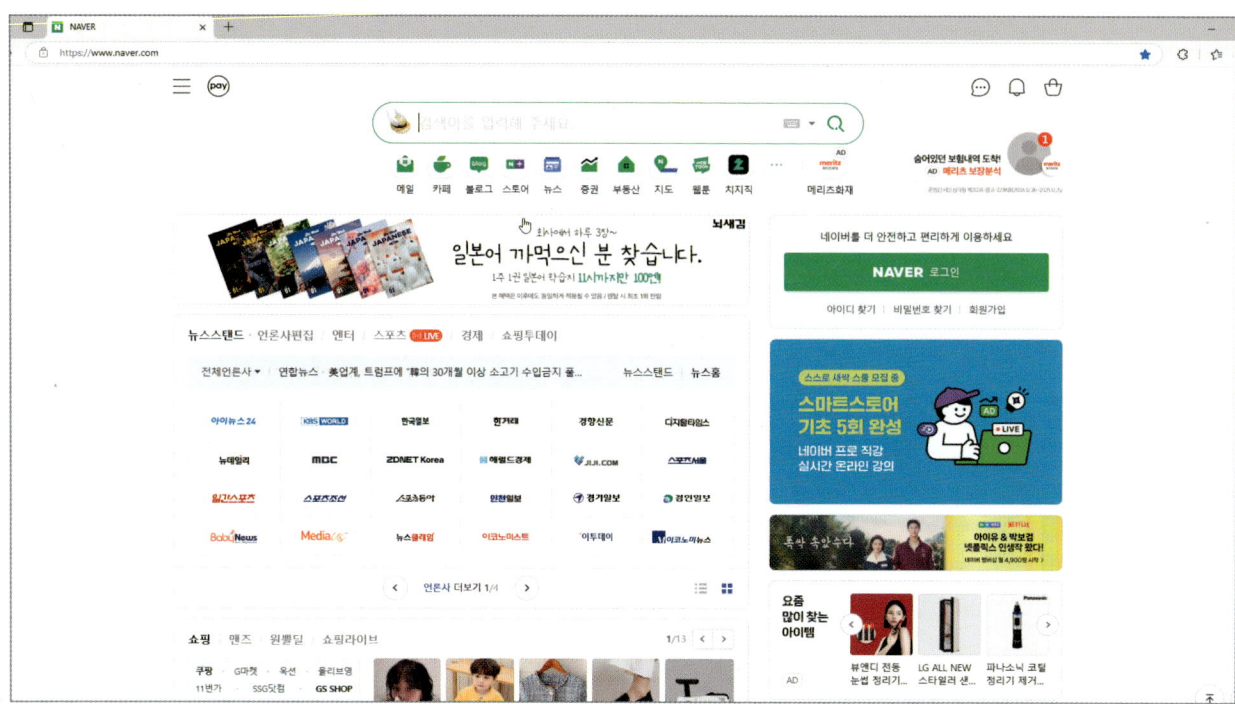

# Section 08 크롬 설치하고 실행하기

다른 웹브라우저로는 크롬이 있습니다. 구글 웹사이트를 많이 사용할 경우, 크롬으로 인터넷을 하는 게 좋을 수도 있습니다. 크롬 설치 방법을 알아보겠습니다.

**01** 엣지를 실행합니다. 검색란에 'chrome'이라고 입력하고 Enter 키를 누릅니다.

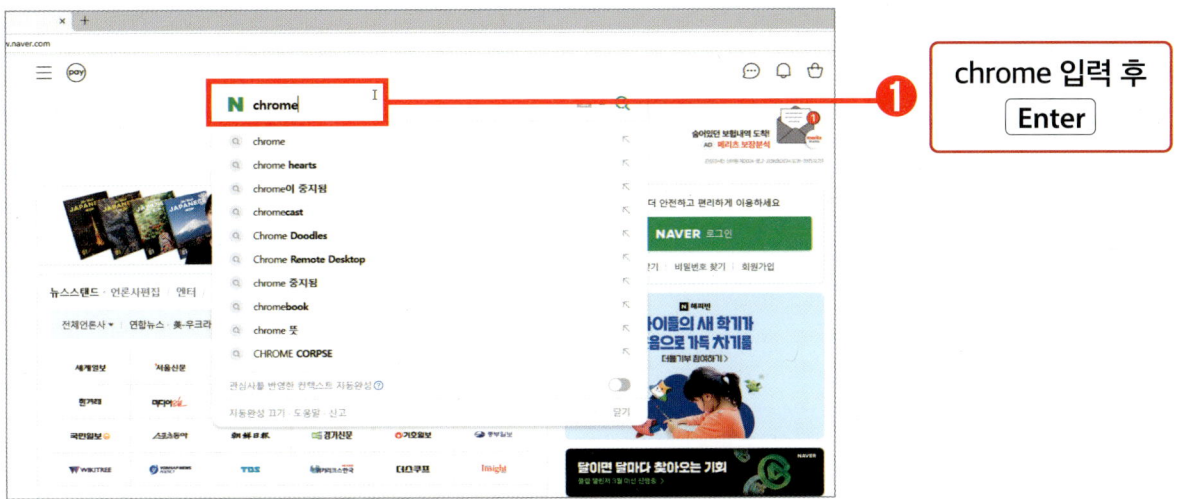

**02** [Chrome 웹브라우저]를 클릭합니다.

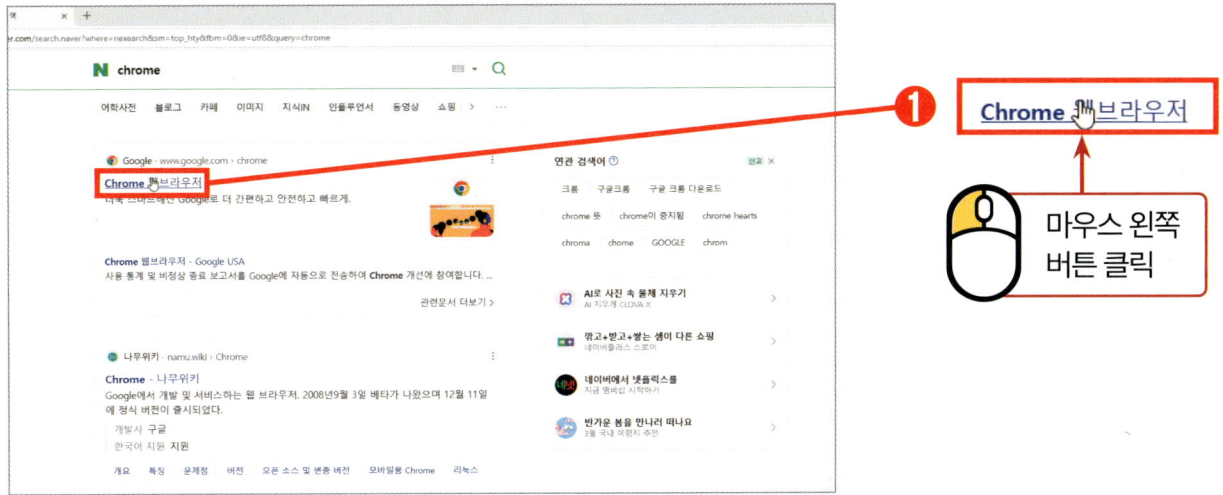

제 02장 인터넷 기초 익히기 / 39

**03** [Chrome 다운로드]를 클릭합니다.

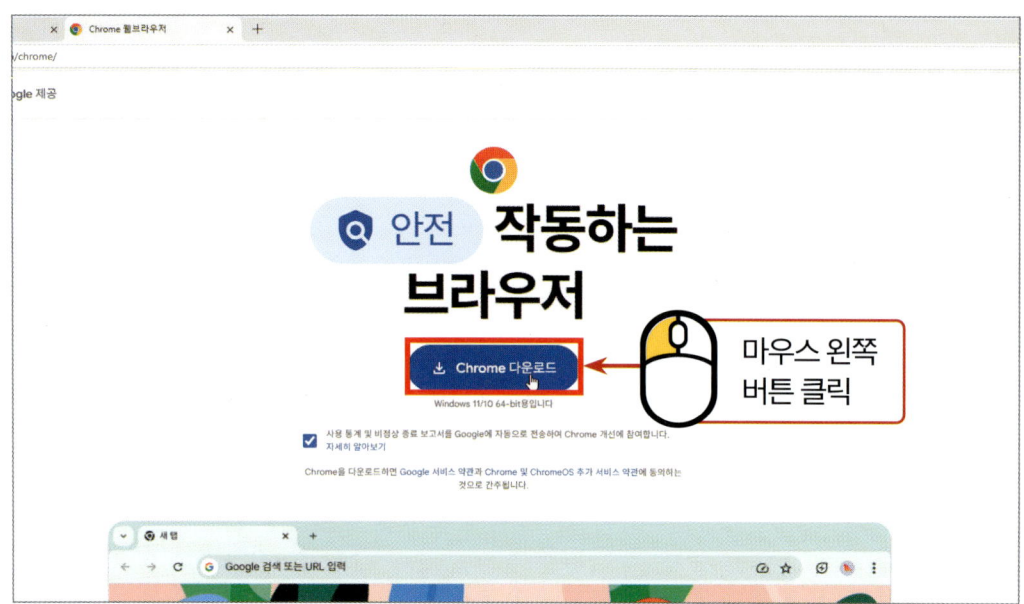

**04** 다운로드가 진행되면 오른쪽 상단에 다운로드 목록이 나타납니다. 완료 후에 [파일 열기]를 클릭합니다.

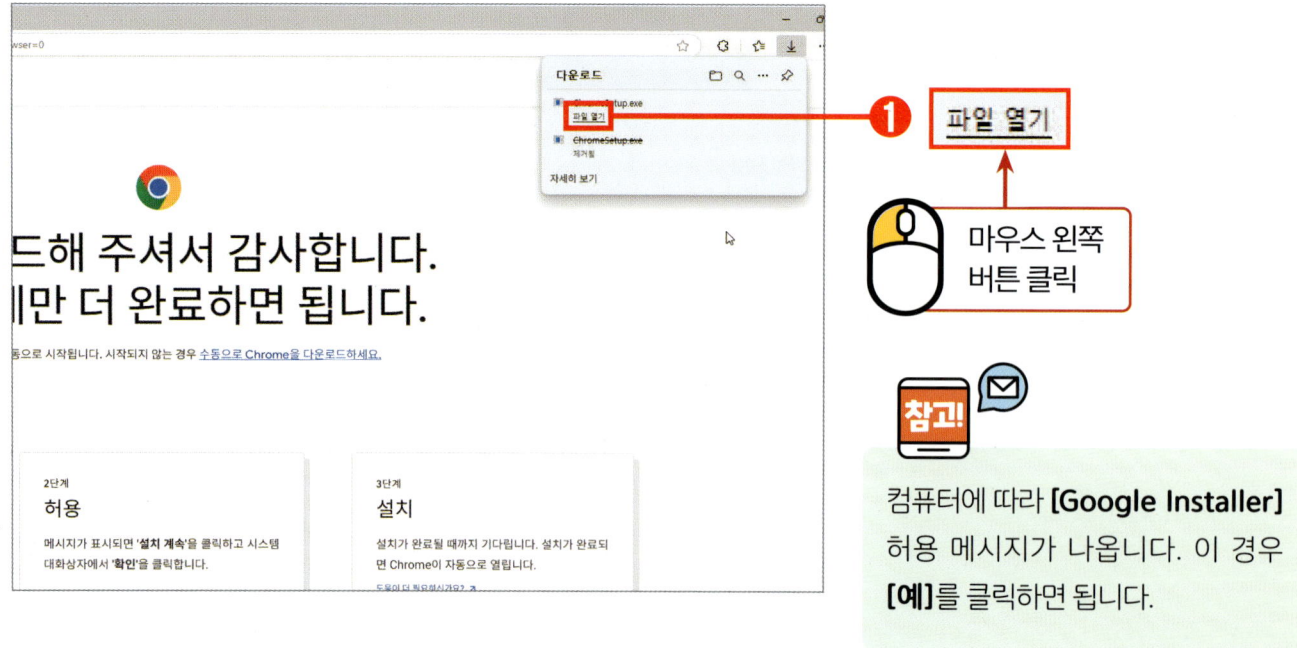

참고! 컴퓨터에 따라 [Google Installer] 허용 메시지가 나옵니다. 이 경우 [예]를 클릭하면 됩니다.

**05** 설치가 진행됩니다.

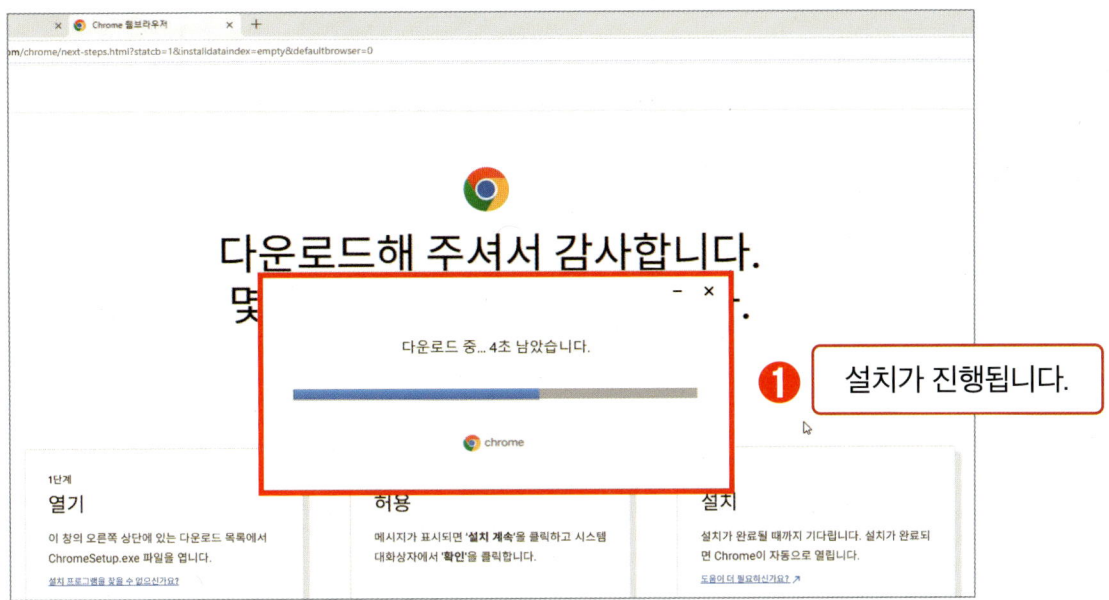

**06** 설치가 완료되면 [닫기]를 클릭합니다. ─ 를 클릭하여 바탕화면으로 나갑니다.

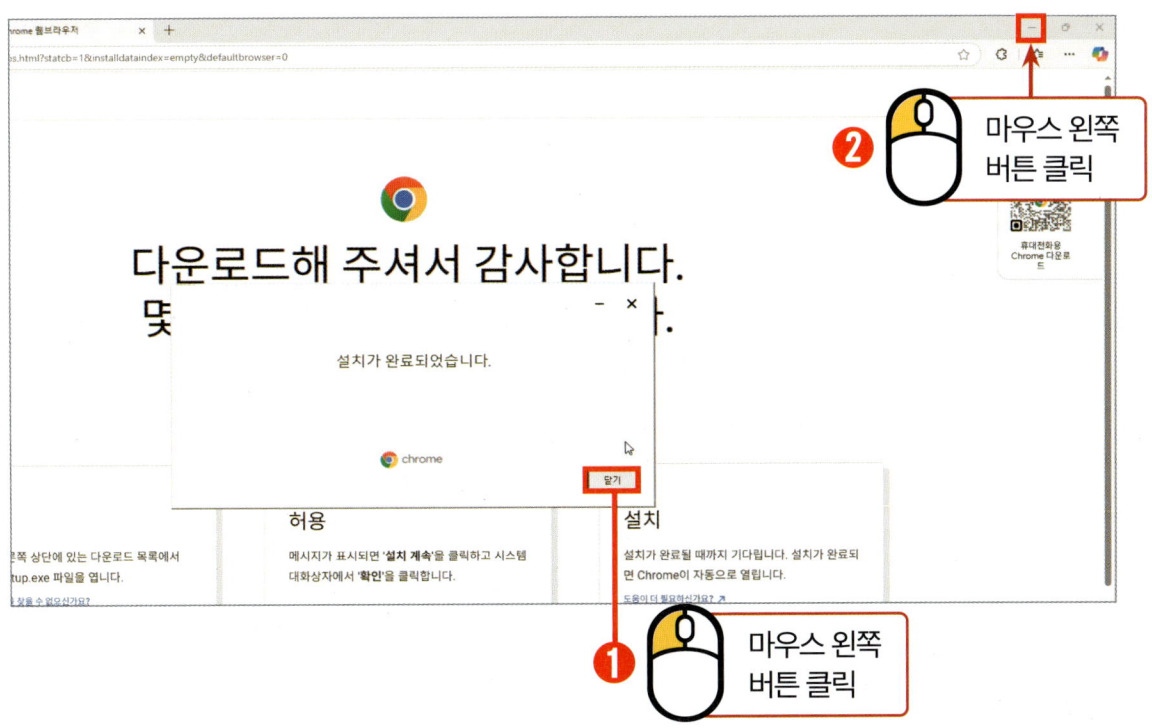

**07** 바탕화면에 크롬 아이콘이 생성되었습니다.

### 다운로드된 파일을 찾는 법

다운받은 파일이 다운로드되었는지 확인이 안 될 때, 혹은 다운받은 파일을 실행하고 싶을 때의 절차는 다음과 같습니다.

1. [파일] 아이콘을 클릭합니다.

마우스 왼쪽 버튼 클릭

2. 왼쪽의 메뉴 중 [다운로드]를 클릭합니다.

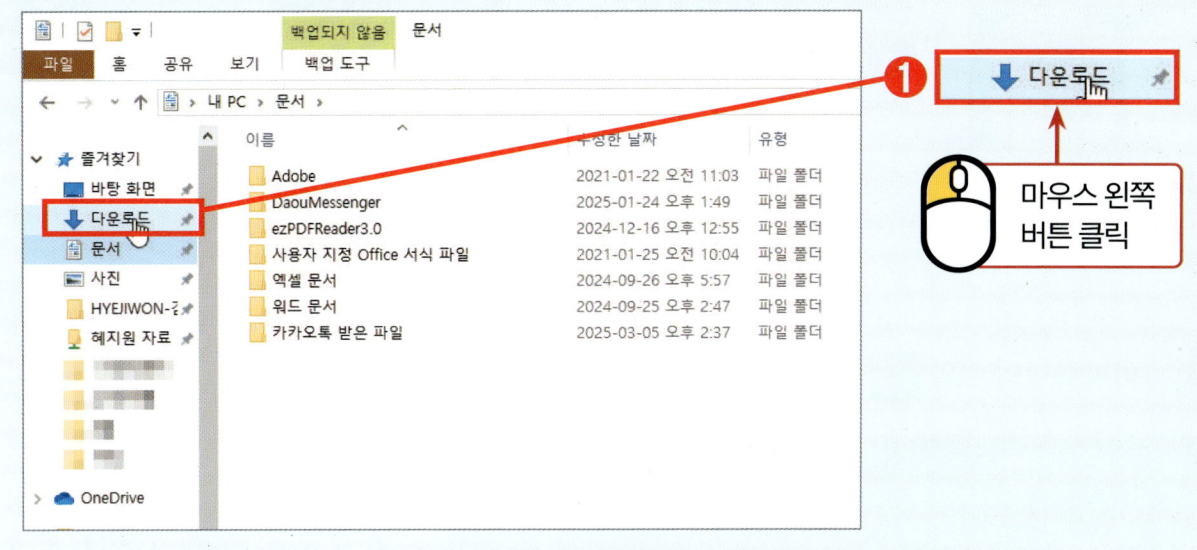

3. 다운로드된 파일 목록이 보입니다.

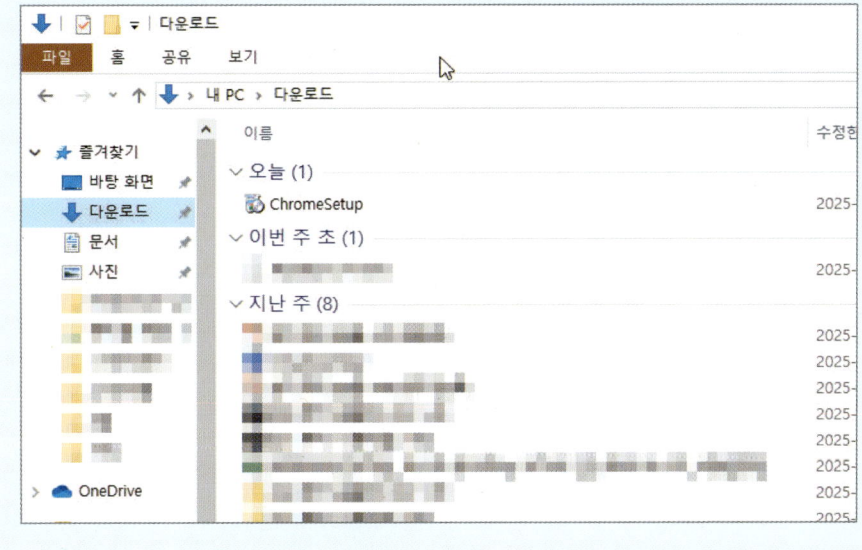

# Section 09 크롬에서 구글 계정 만들기

크롬을 통해 구글 계정을 만들어보겠습니다. 계정을 만들지 않아도 이용엔 문제가 없으니 만들고 싶은 분만 만드시기 바랍니다.

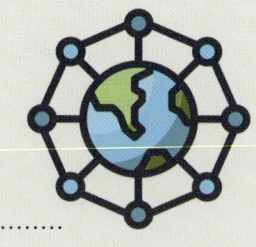

**01** 바탕화면의 크롬 아이콘을 더블클릭합니다.

마우스 왼쪽 버튼 더블클릭

**02** [추가]를 클릭합니다.

> 컴퓨터 환경에 따라 바로 3번 화면이 나오는 경우도 있습니다.

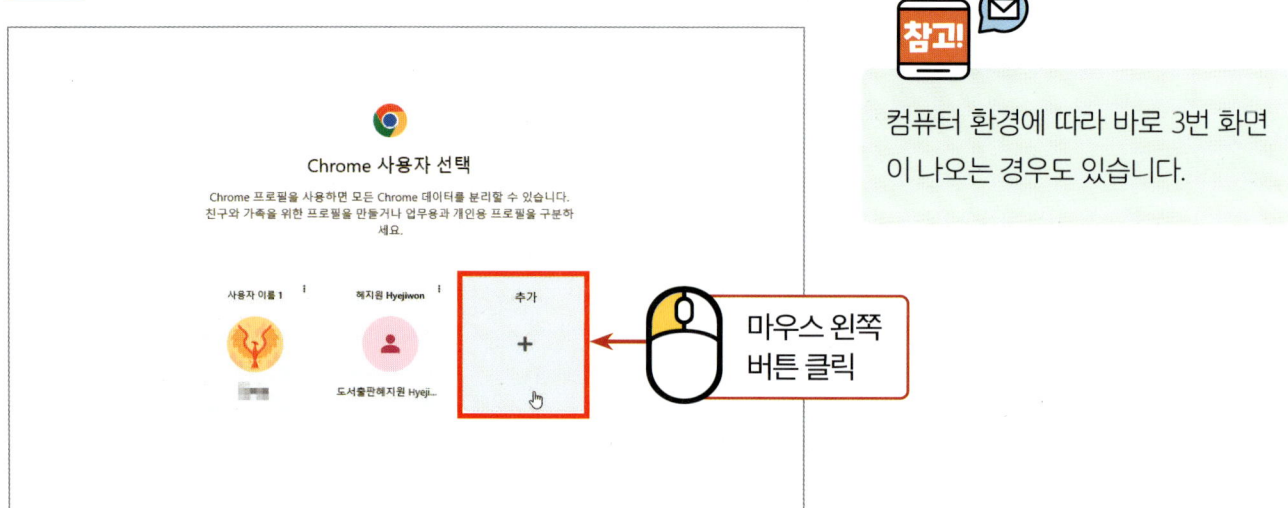

마우스 왼쪽 버튼 클릭

## 03 [로그인]을 클릭합니다.

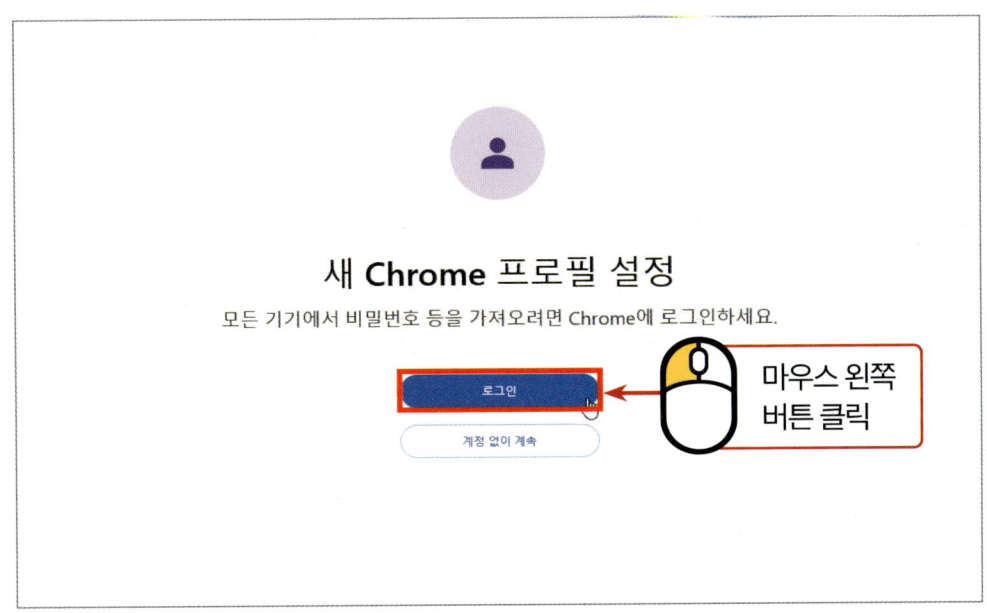

## 04 구글에 이미 가입되어 있다면 가입된 이메일 주소 혹은 휴대전화 번호를 입력 후, 비밀번호를 입력하여 구글에 로그인합니다.

**05** 구글에 계정이 없을 경우, [계정 만들기]를 클릭한 후, [개인용]을 클릭합니다.

**06** 성과 이름을 입력하고, [다음]을 클릭합니다. 영어로 입력해야 합니다.

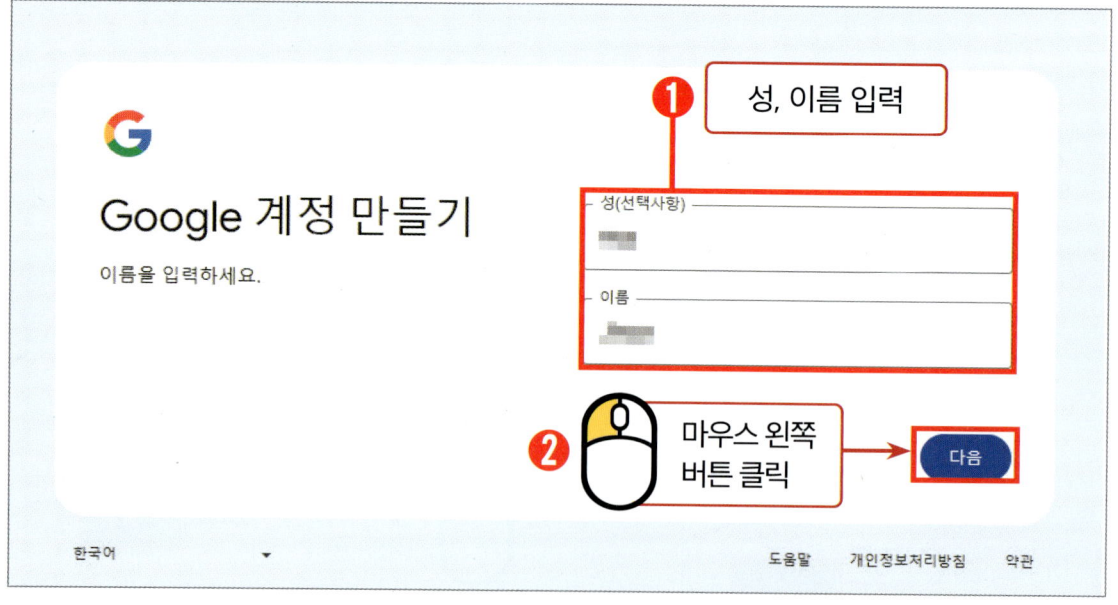

**07** 새롭게 만들 지메일(Gmail) 주소의 이름을 입력한 후, [다음]을 클릭합니다.

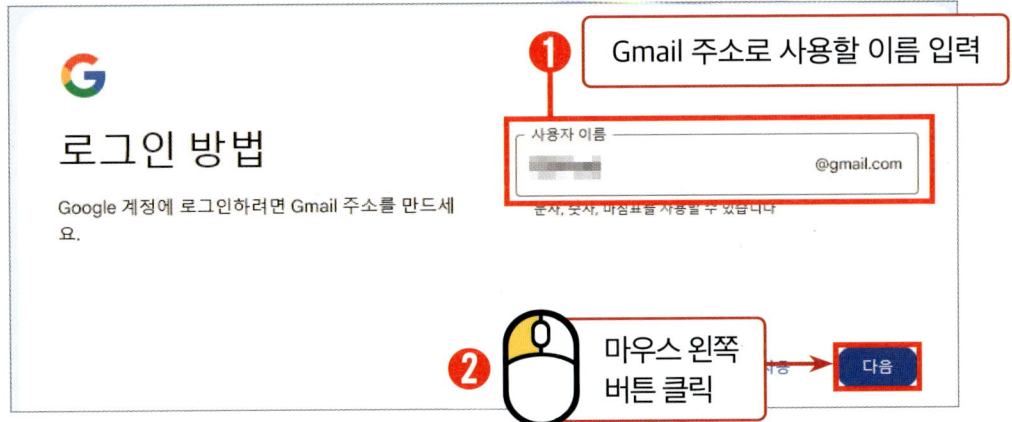

**08** 알파벳, 숫자, 기호를 조합하여 사용할 비밀번호를 입력합니다.

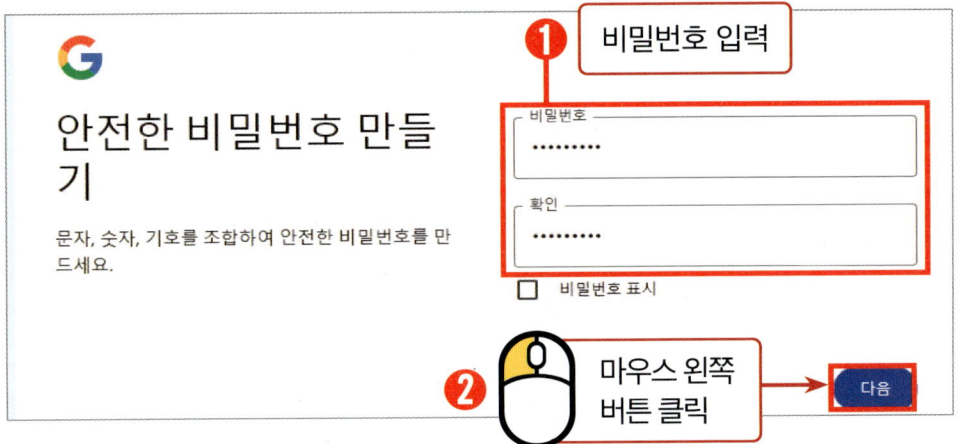

**09** 휴대폰 번호를 입력한 뒤 [다음]을 클릭합니다.

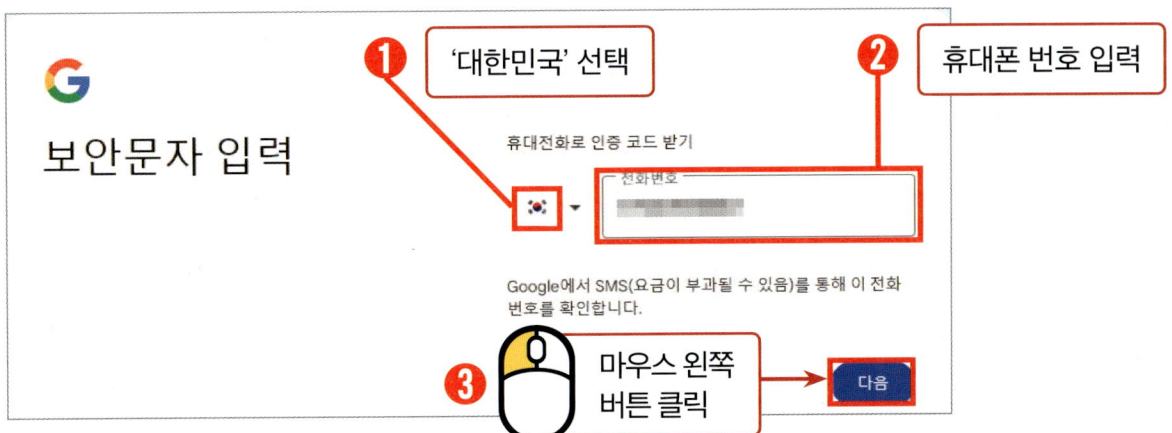

**10** 문자 메시지로 도착한 인증 코드를 입력한 후, [다음] 버튼을 클릭합니다.

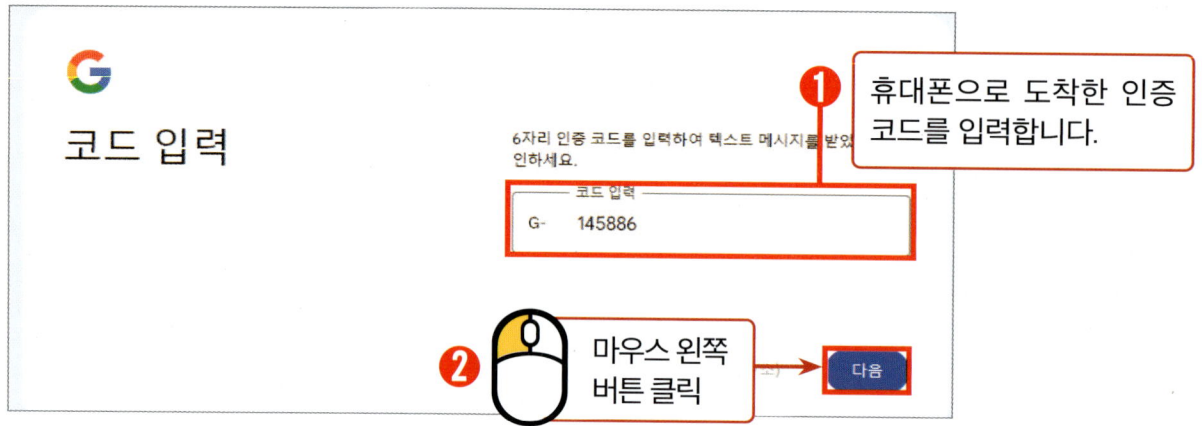

**11** 계정에 문제가 생길 시 알림을 받을 복구 이메일 주소를 입력한 뒤 [다음] 버튼을 클릭합니다. 자신이 사용하는 다른 이메일 주소를 입력하면 됩니다. 만약 다른 메일 주소가 없다면 [건너뛰기]를 클릭하면 됩니다.

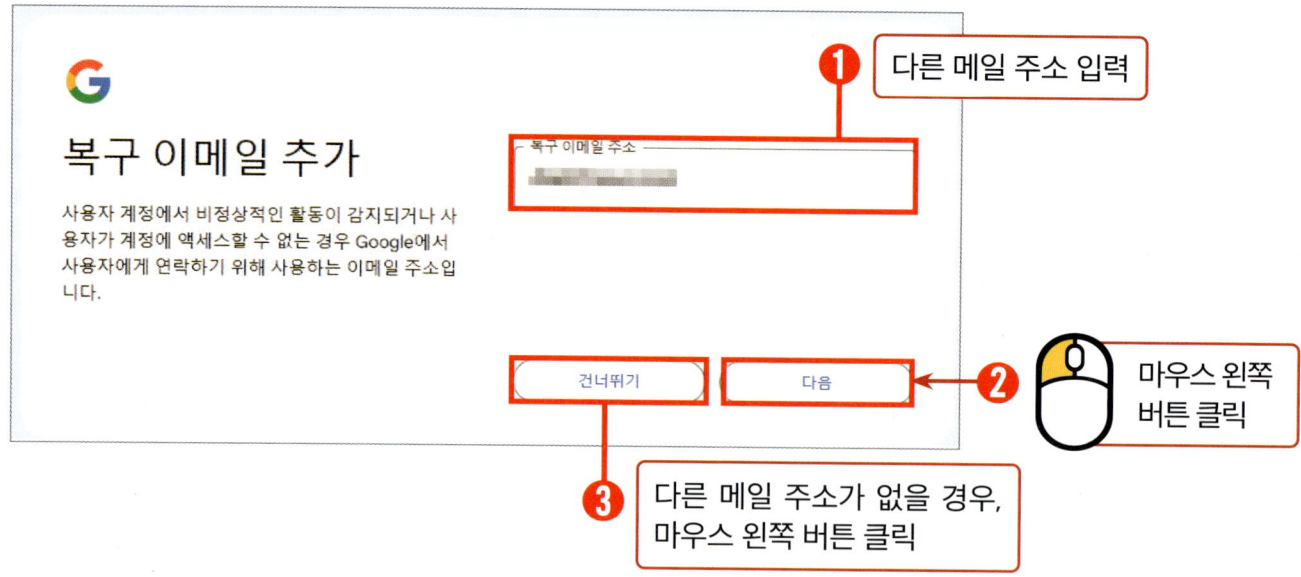

**12** 입력한 정보가 정확한지 확인한 후 [다음]을 클릭합니다.

**13** '개인 정보 보호 및 약관' 화면이 나오면 아래로 스크롤한 후, 동의 체크 박스에 둘 다 체크한 뒤, [계정 만들기]를 클릭합니다.

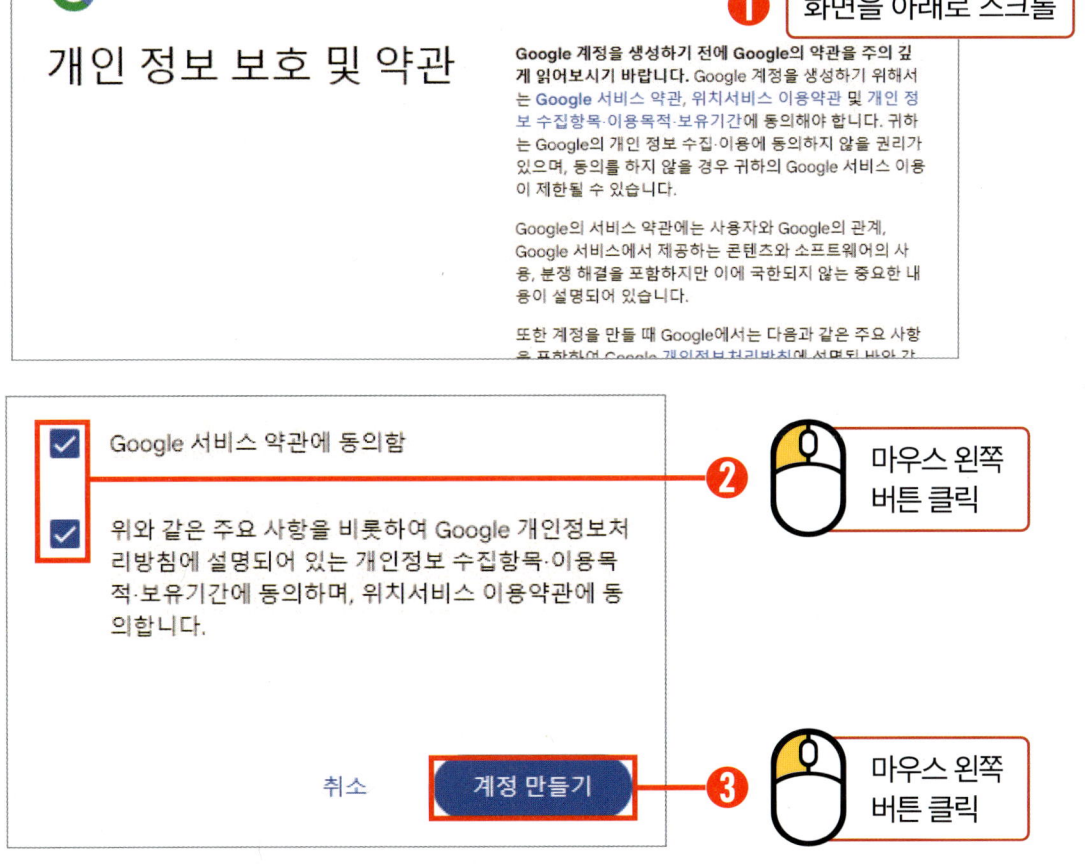

**14** 생성된 구글 계정으로 크롬에 로그인되면 첫 화면이 나타납니다. 앞으로 구글 크롬은 이 계정으로 계속 사용할 수 있습니다.

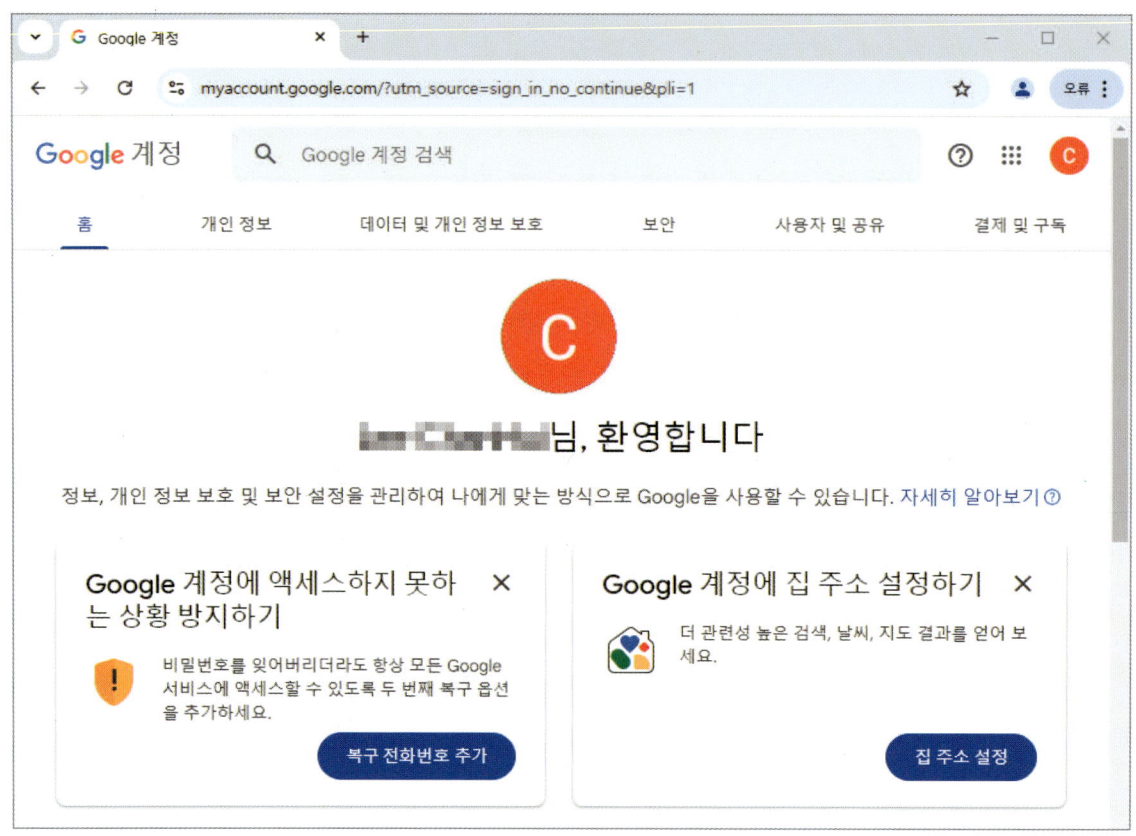

# 제 03 장

# 엣지로 네이버 기능 사용하기

네이버로는 뉴스, 정보 검색, 온라인 카페 활동, 메일 작성 등 다양한 것들을 즐길 수 있습니다. 네이버 기능을 익히면 다른 웹사이트도 쉽게 이용할 수 있을 것입니다.

# Section 01 네이버에 회원가입하기

네이버는 회원가입을 하지 않고도 충분히 이용할 수 있지만 회원가입을 하면 메일 보내기, 카페 가입하기 등 더 많은 기능을 이용할 수 있습니다. 회원가입을 해보겠습니다.

**01** 엣지를 실행합니다. 주소 표시줄에 www.naver.com을 입력하고 Enter 키를 누릅니다.

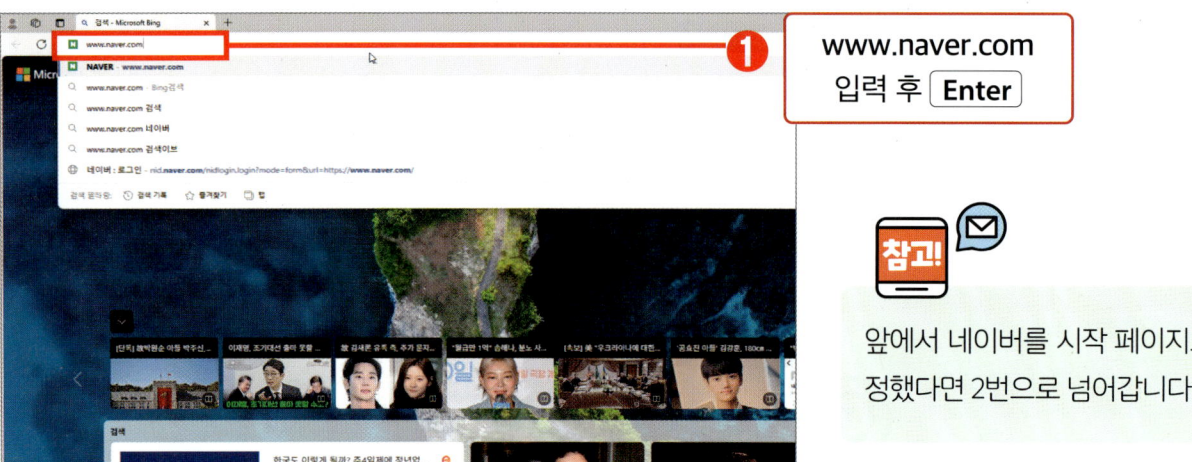

참고! 앞에서 네이버를 시작 페이지로 설정했다면 2번으로 넘어갑니다.

**02** 오른쪽의 로그인 부분에서 [회원가입]을 클릭합니다.

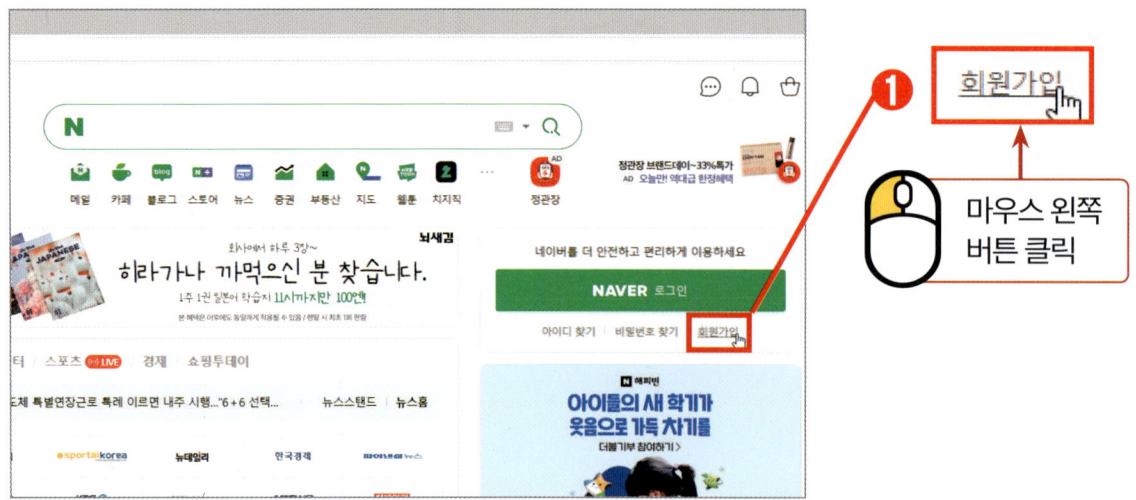

**03** 회원가입을 위한 절차를 진행합니다. [전체 동의하기]를 클릭하고 [다음]을 클릭합니다.

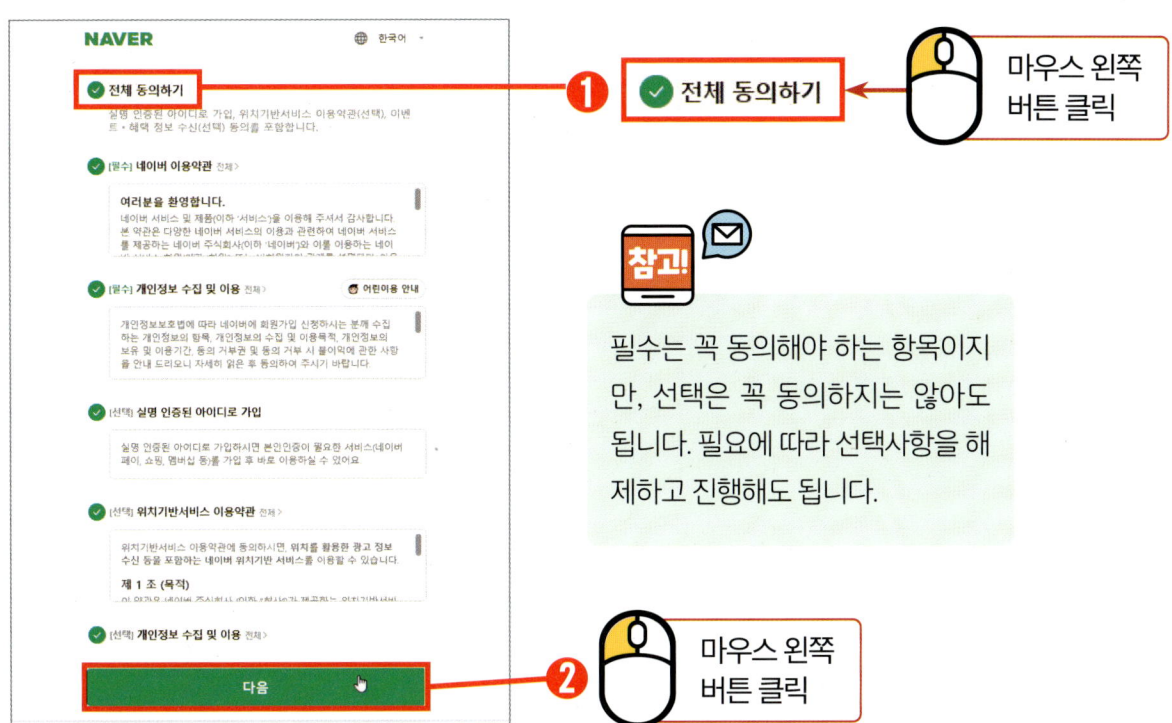

**04** 개인정보를 입력하는 창이 나옵니다. 일단 아이디, 비밀번호를 입력합니다. 아이디는 중복되지 않은 아이디어야 가입이 가능합니다.

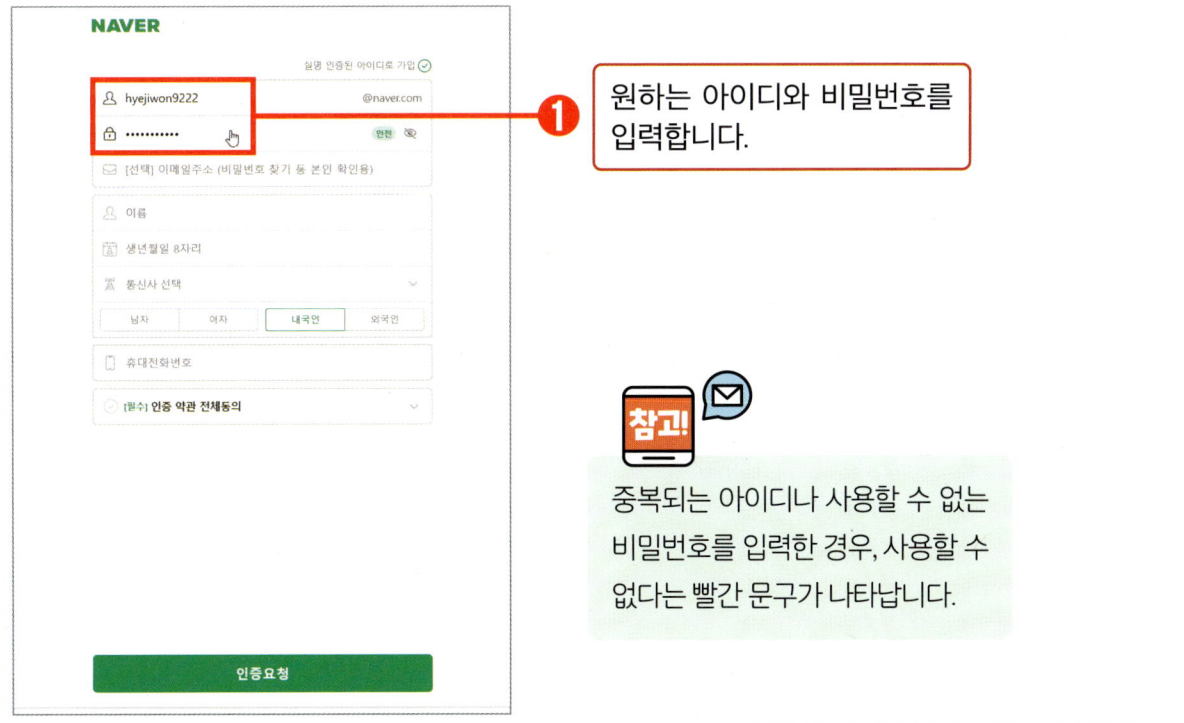

**05** 다음으로 이름, 생년월일 8자리를 입력합니다. 그리고 [통신사 선택]을 클릭합니다. 자신이 가진 휴대폰의 통신사를 선택합니다.

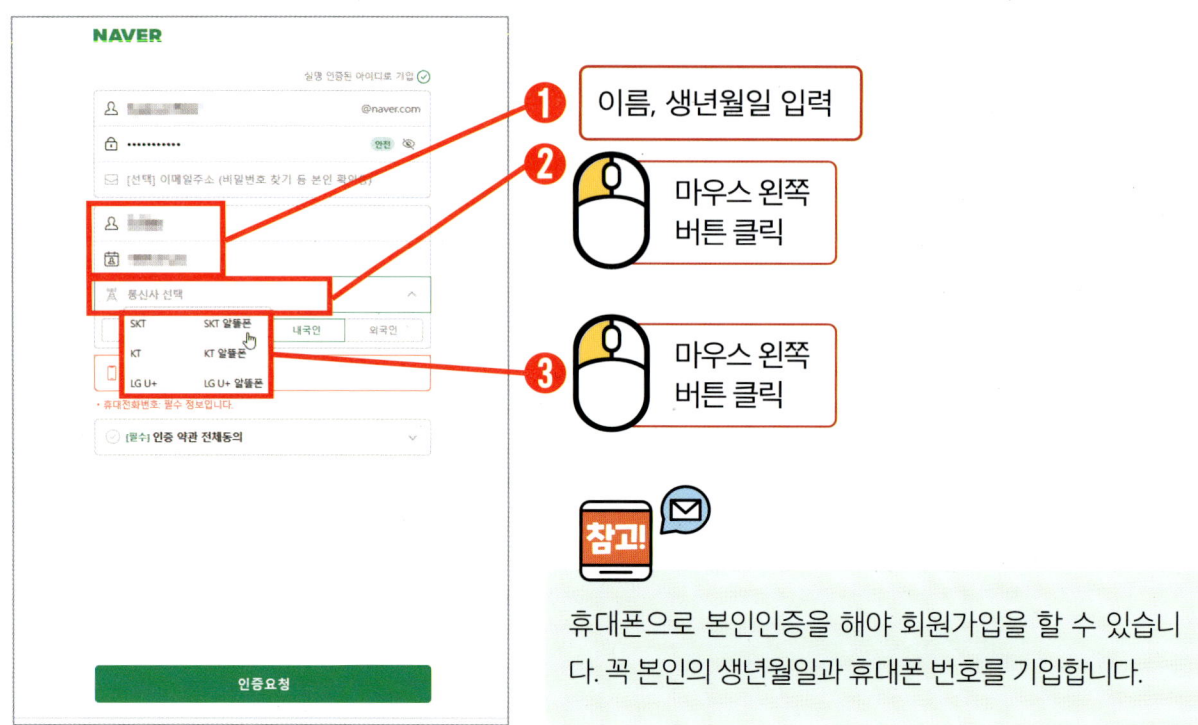

휴대폰으로 본인인증을 해야 회원가입을 할 수 있습니다. 꼭 본인의 생년월일과 휴대폰 번호를 기입합니다.

**06** [성별]을 선택합니다. 그리고 휴대폰 번호를 입력합니다.

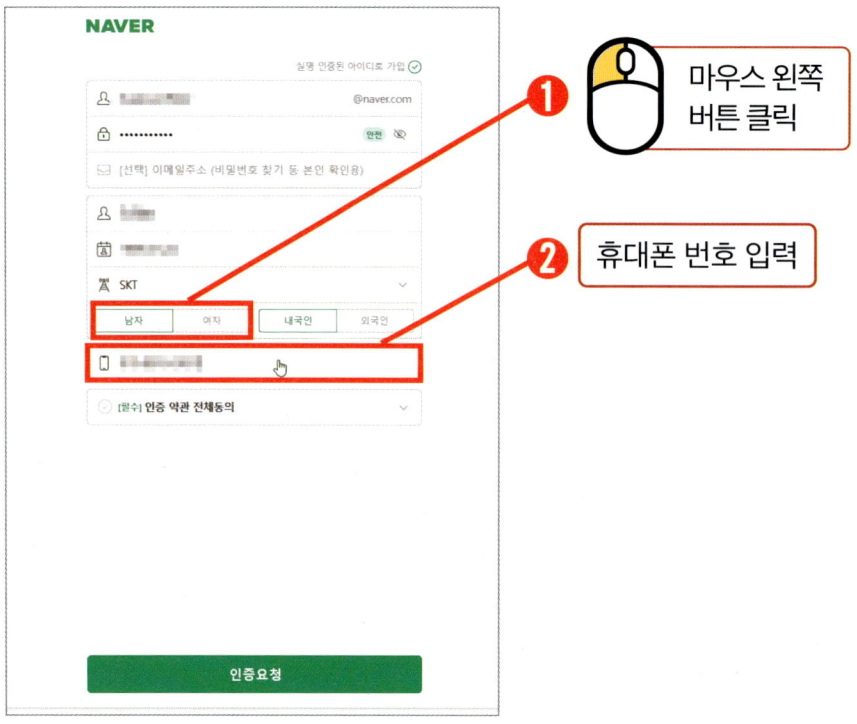

**07** [인증 약관 전체동의]에 체크합니다. [인증요청]을 클릭합니다.

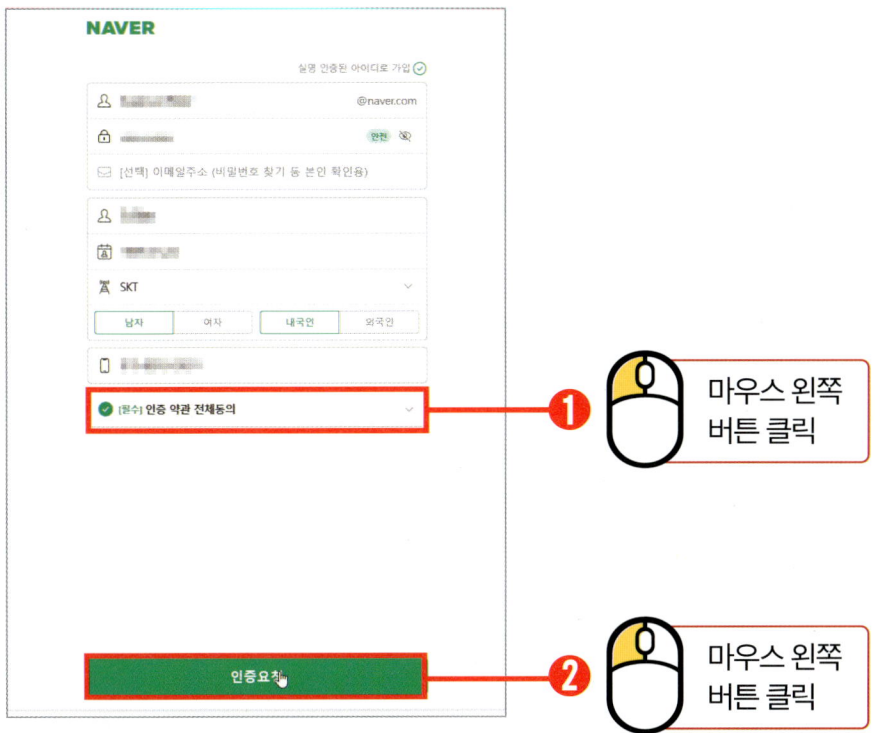

**08** 자신의 휴대폰으로 인증번호 메시지가 옵니다. 인증번호 6자리를 확인한 후 입력합니다. [가입하기]를 클릭합니다.

참고! 인증 시간을 초과하는 등의 이유로 인증번호를 다시 받아야 할 수도 있으니 빠르게 확인하여 정확히 입력합니다.

**09** 가입이 완료되었습니다. 쇼핑, 카페, 메일 등의 서비스를 더욱 편리하게 이용할 수 있습니다.

 **회원가입을 할 때와 안 할 때의 차이**

회원가입을 안 할 때와 할 때의 구체적인 차이는 다음과 같습니다. 네이버, 다음과 같은 포털사이트는 회원가입을 하고 이용하기를 추천드립니다.

1) 회원가입을 안 하고 네이버를 이용하면 네이버 활동 기록이 저장되지 않습니다. 대표적으로 검색 기록이 저장되지 않습니다.

2) 메일 쓰기, 카페 가입하기와 같이 나의 정보를 드러내야 하는 활동을 할 수 없습니다. 네이버 쇼핑 역시 이용에 제한이 발생합니다.

3) 네이버를 통한 인증 서비스를 받을 수 없습니다.

# Section 02 뉴스 읽기

로그인을 하고 네이버 뉴스를 읽어보겠습니다. 원하는 신문사를 구독할 수도 있습니다.

**01** [로그인]을 클릭합니다. 로그인이 되어 있다면 3번 과정으로 넘어갑니다.

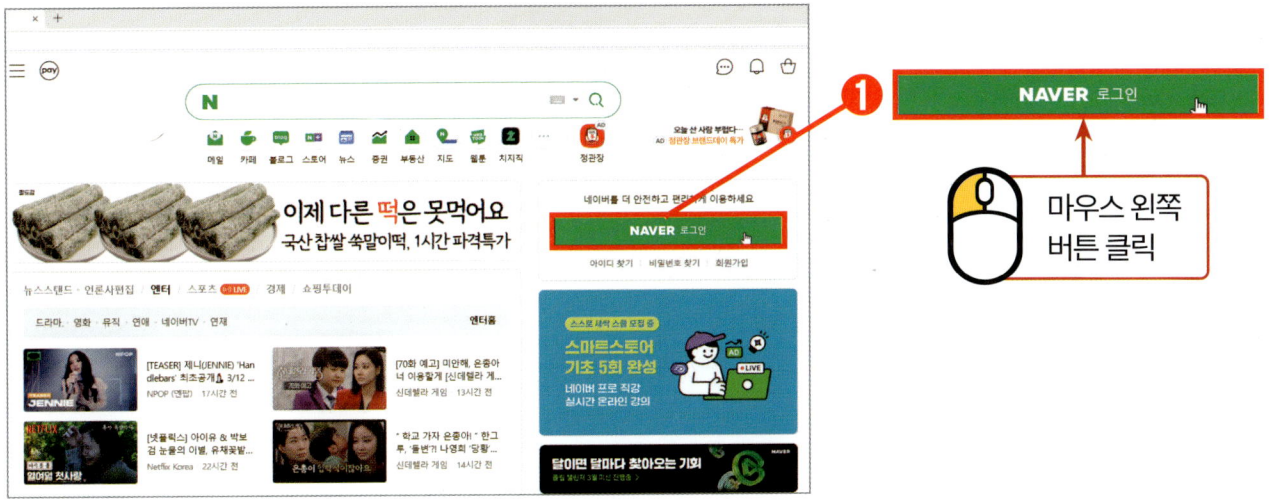

**02** 아이디와 비밀번호를 입력하고 [로그인]을 클릭합니다.

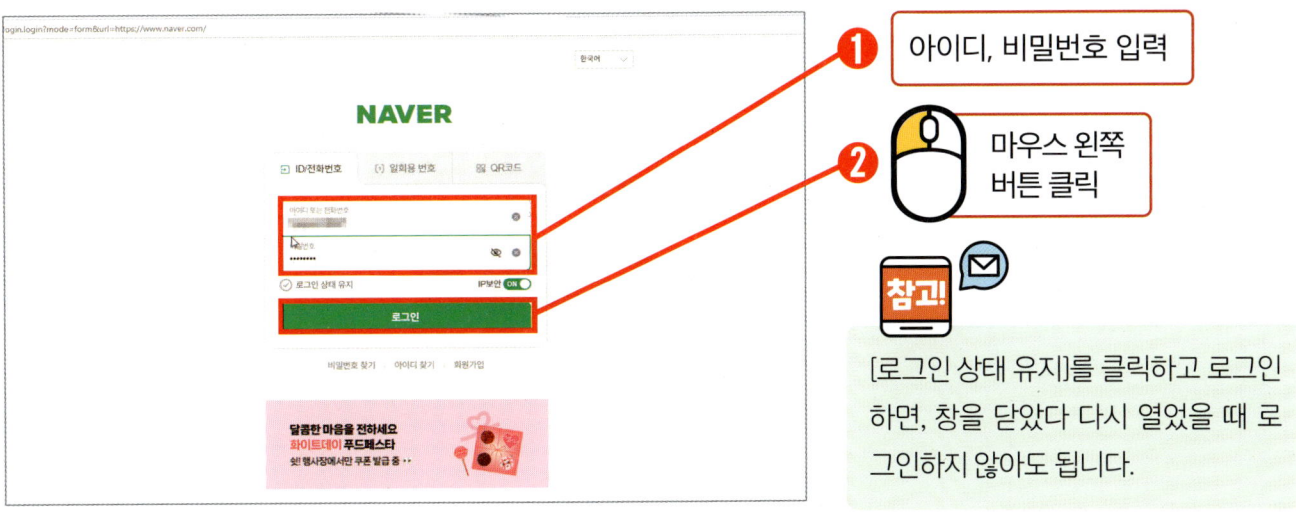

**03** 로그인이 되었습니다. 원하는 언론사에 마우스를 가져다댑니다.

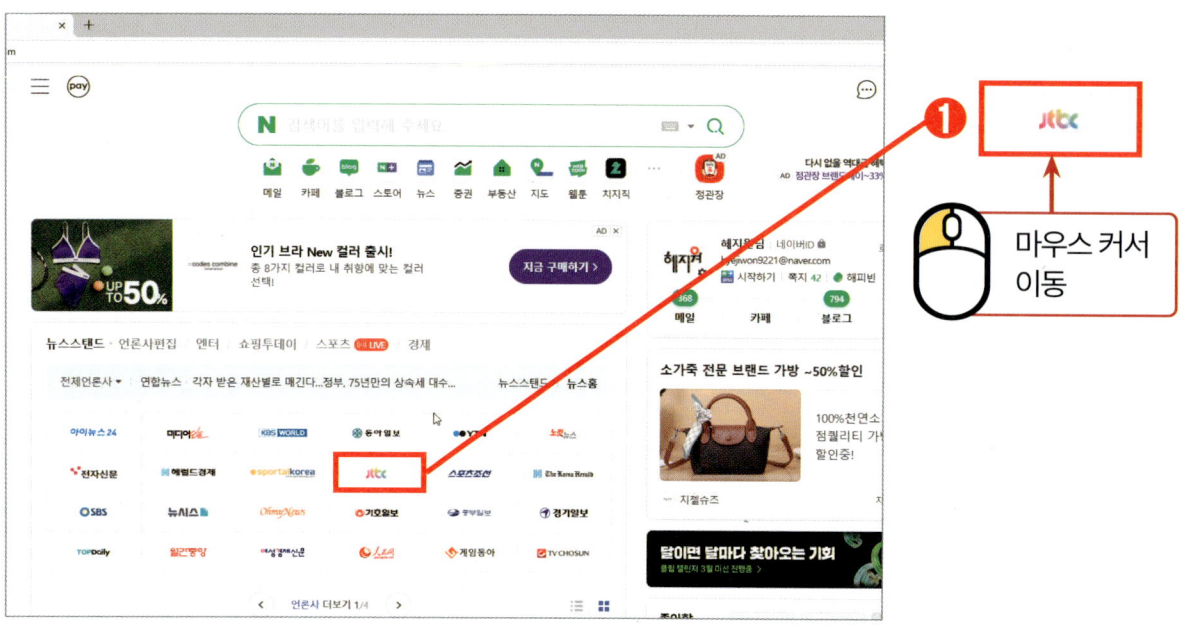

**04** [구독]과 [기사보기]가 나타납니다. 그중 [기사보기]를 클릭합니다.

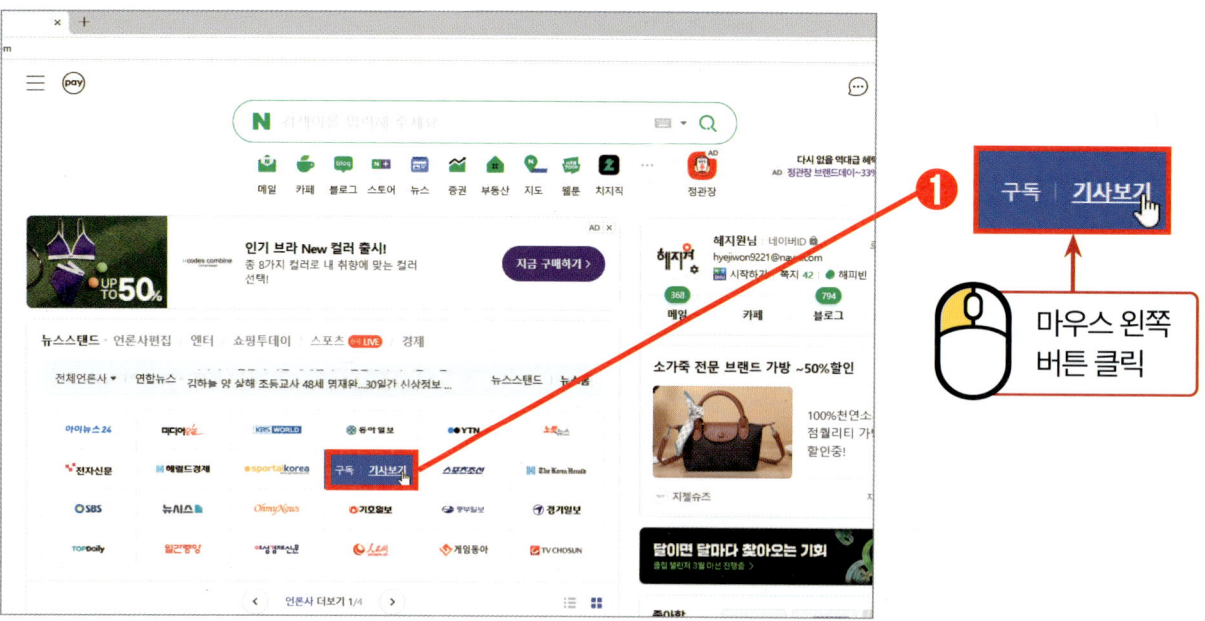

**05** 자신이 클릭한 언론사의 기사들이 나타납니다. 원하는 기사를 클릭하여 기사를 읽을 수 있습니다.

**06** 이번에는 내가 원하는 언론사를 설정해보겠습니다. 하단 오른쪽의 [다음 언론사 목록] 을 클릭합니다.

**07** [MY언론사 설정하기]를 클릭합니다.

**08** 이용할 수 있는 언론사 목록이 나옵니다. 원하는 언론사를 클릭하면 회색 체크가 진하게 바뀝니다. [선택완료]를 클릭합니다.

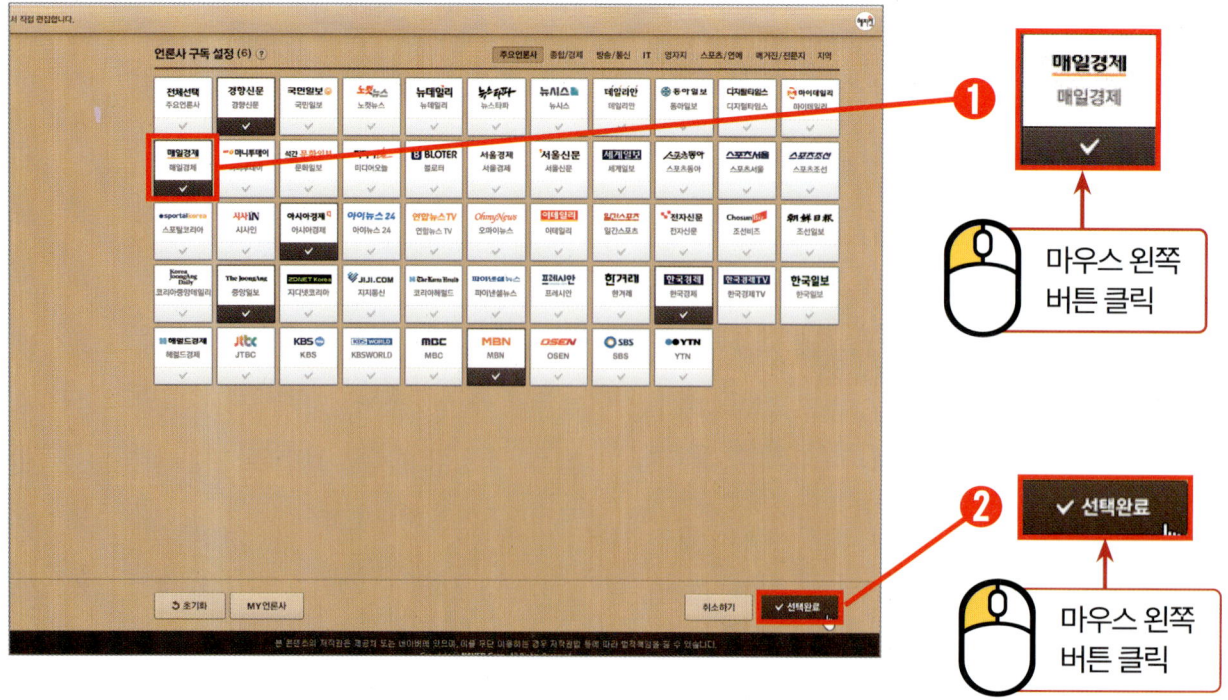

**09** 내가 선택한 언론사만 선택되었습니다. [변경완료]를 클릭합니다.

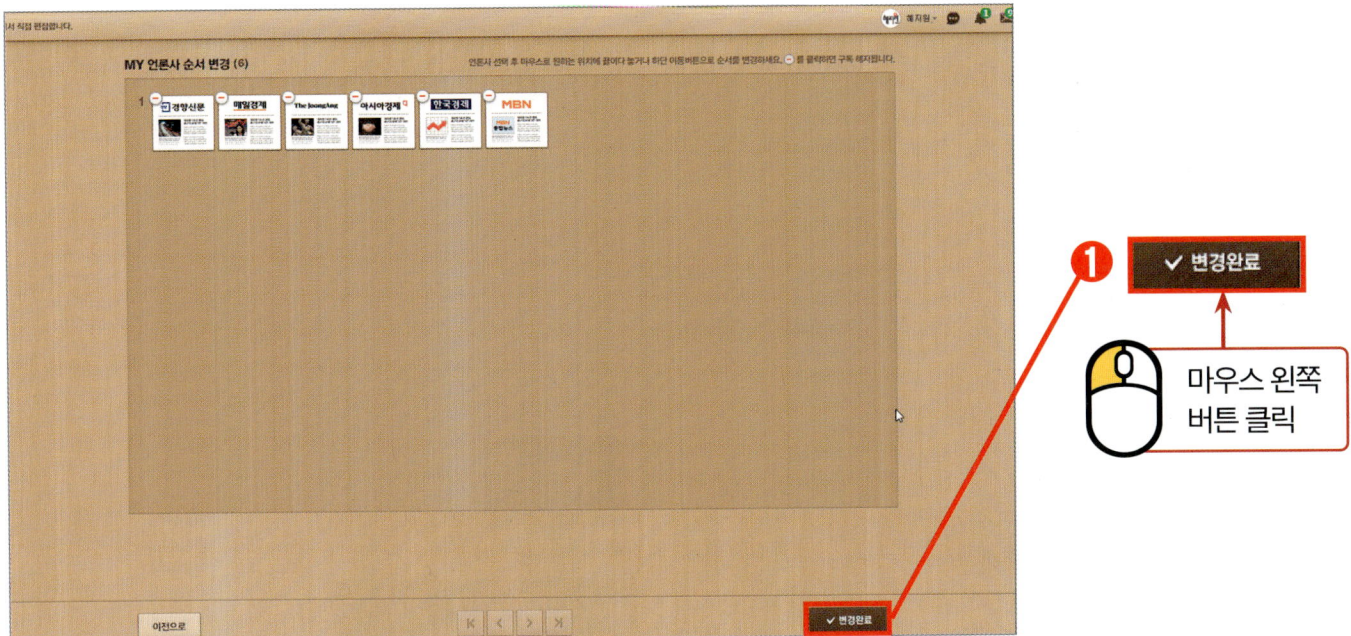

**10** [확인]을 클릭합니다.

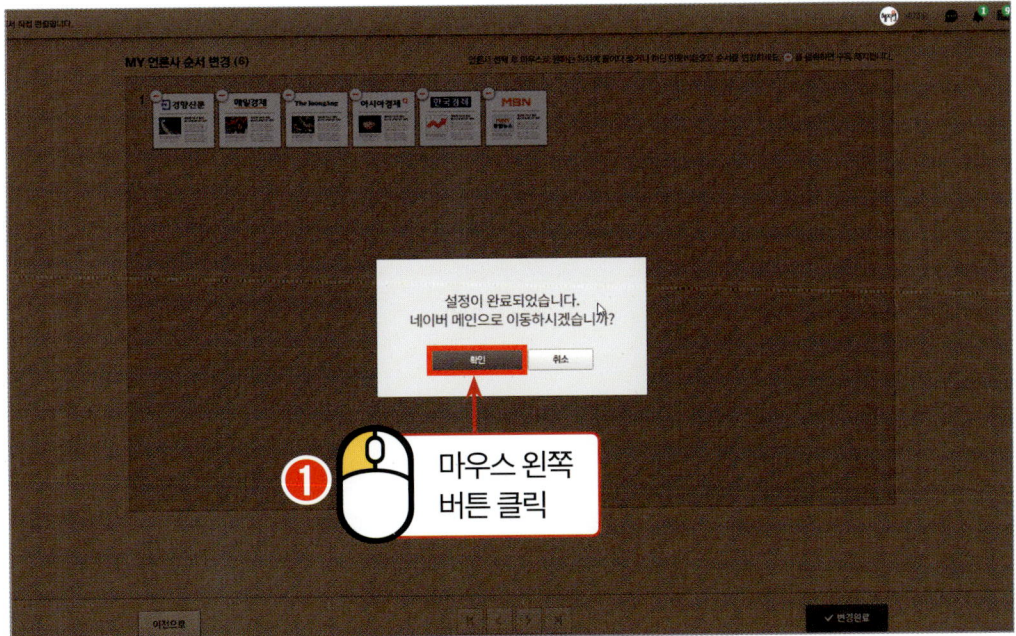

**11** 원하는 언론사의 뉴스만 나옵니다. 설정을 바꾸고 싶다면 ✱ 를 클릭하여 언론사 목록을 수정합니다.

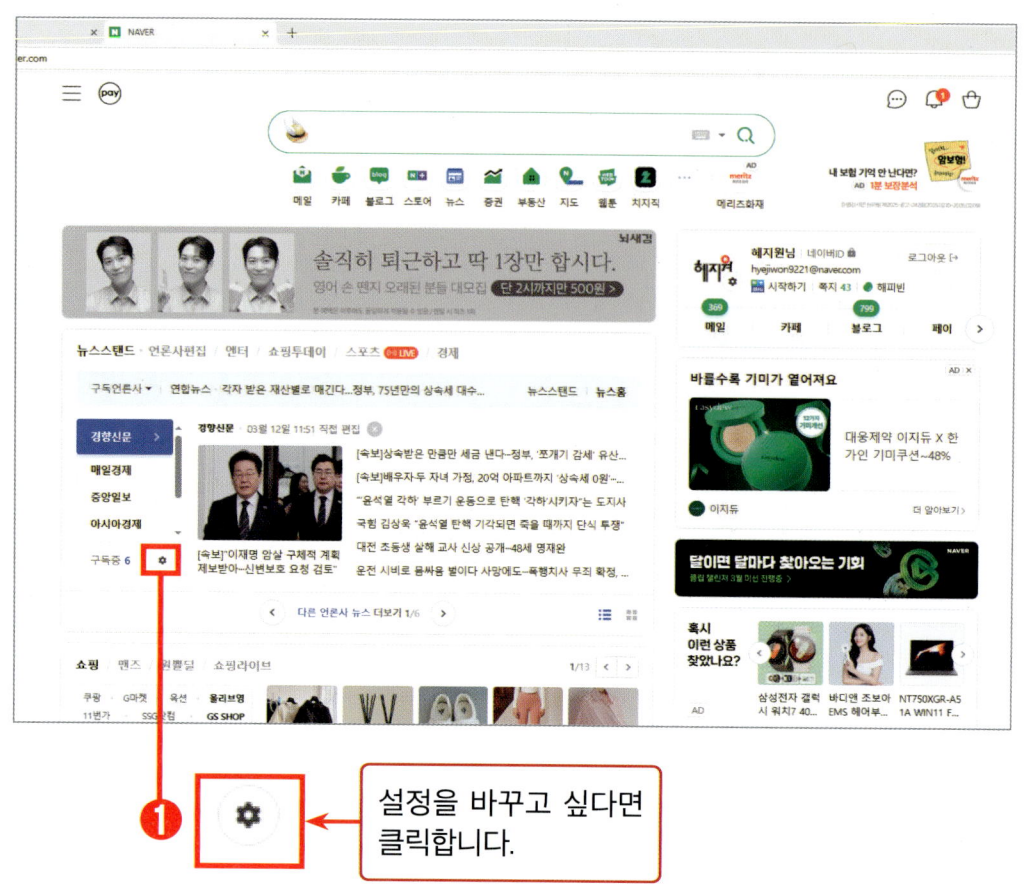

# Section 03 정보 검색하기

인터넷은 정보의 바다입니다. 원하는 키워드를 입력하여 쉽고 빠르게 정보를 검색할 수 있습니다.

**01** 검색란에 검색어를 입력하겠습니다. 원하는 단어를 입력 후 Enter 키를 누릅니다.

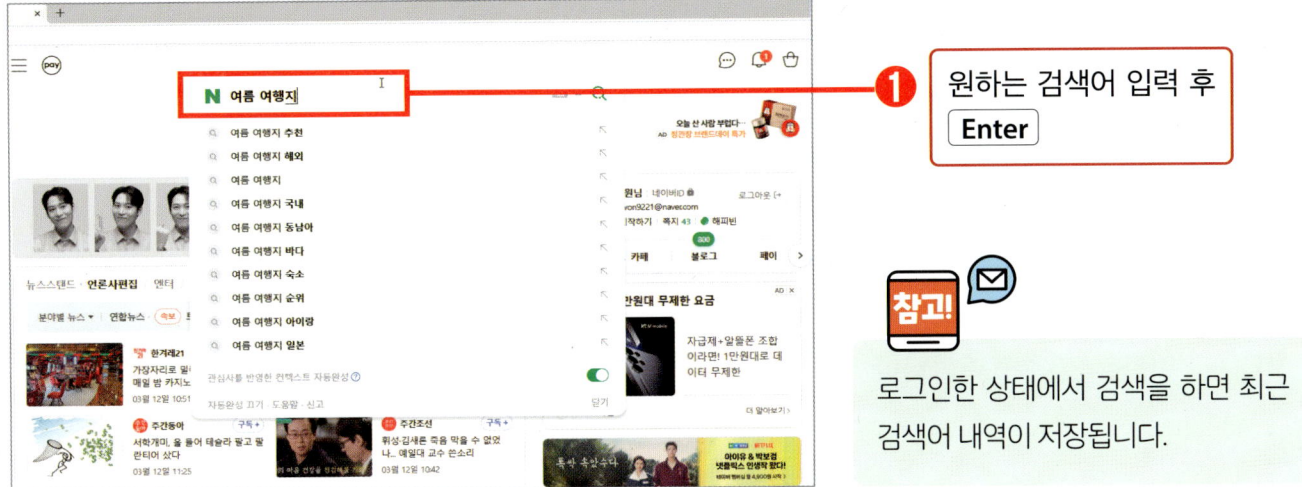

① 원하는 검색어 입력 후 Enter

> 참고! 로그인한 상태에서 검색을 하면 최근 검색어 내역이 저장됩니다.

**02** 검색 결과가 나타납니다. [블로그]를 클릭합니다.

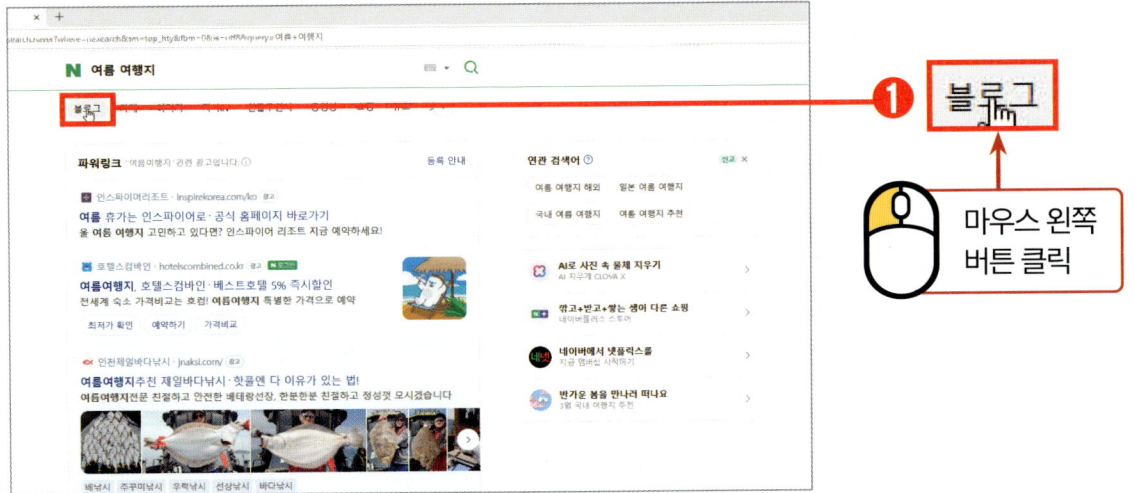

① 블로그 — 마우스 왼쪽 버튼 클릭

제 03장 엣지로 네이버 기능 사용하기 / 63

## 03 블로그 글이나 작성자 중에서 내가 검색한 검색어와 관련된 게시글들이 나타납니다. 원하는 글을 보기 위해 스크롤바를 마우스로 클릭한 채 아래로 내립니다.

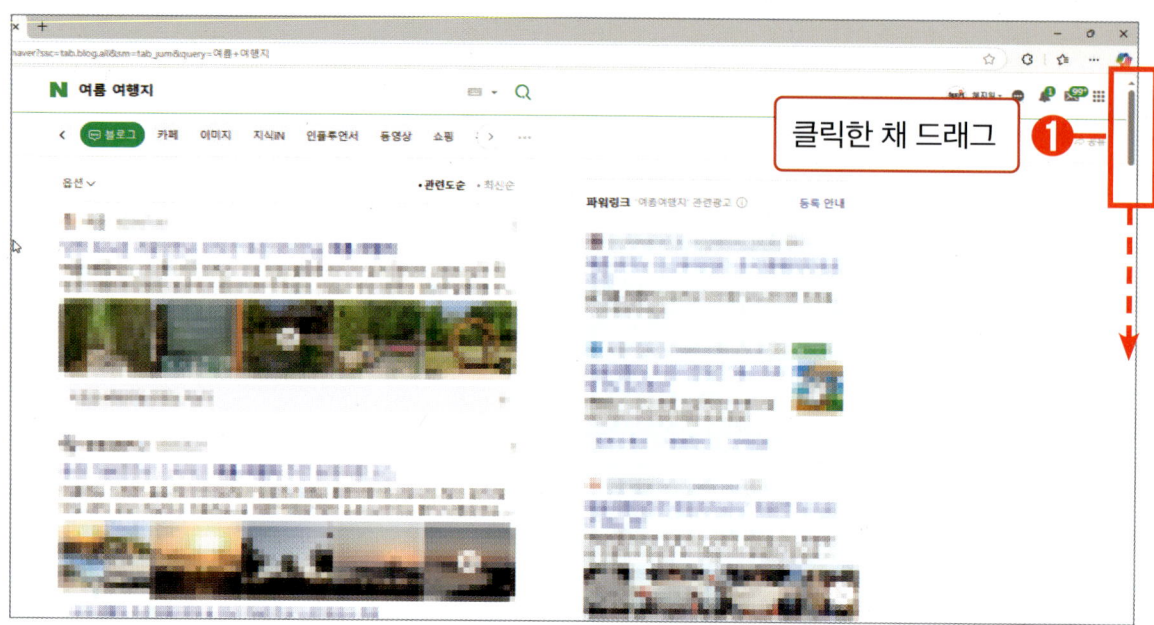

## 04 원하는 글을 클릭합니다.

**05** 이번에는 이미지를 검색해보겠습니다. 상단의 탭에서 앞에 있는 검색 탭을 클릭합니다.

다른 사이트로 이동할 때는 새로운 탭이 생기면서 다른 사이트의 탭이 추가로 열립니다.

**06** 다른 검색어를 입력합니다. 책에서는 '여름 바다'를 입력했습니다. Enter 키를 누릅니다.

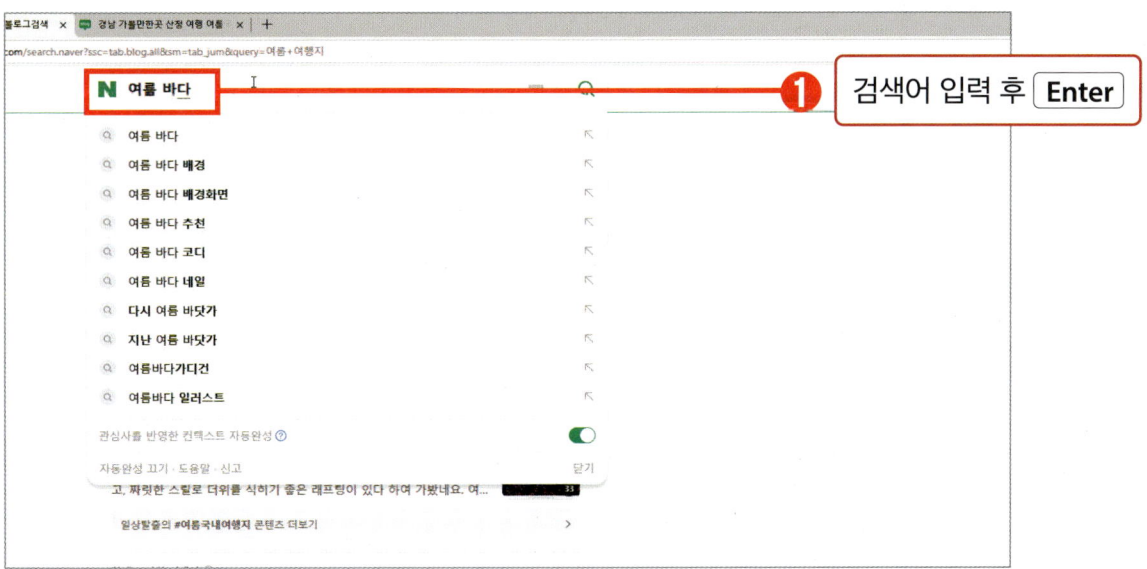

## 07   [이미지]를 클릭합니다.

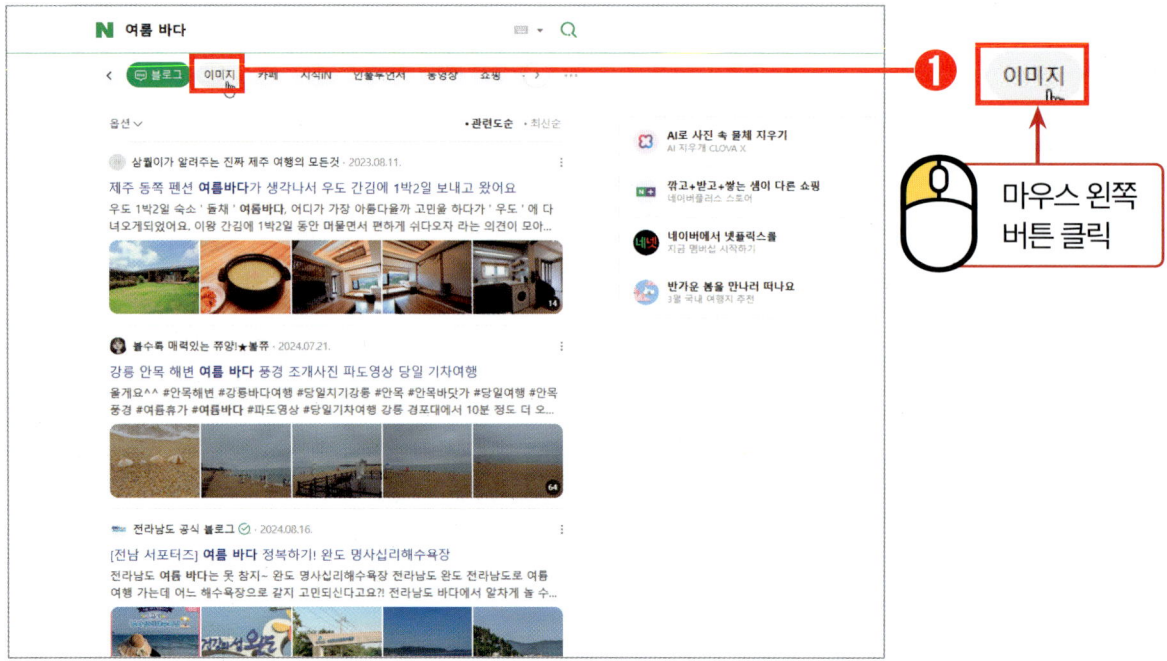

## 08   검색어와 관련된 이미지들만 모아 볼 수 있습니다. 원하는 이미지를 클릭합니다.

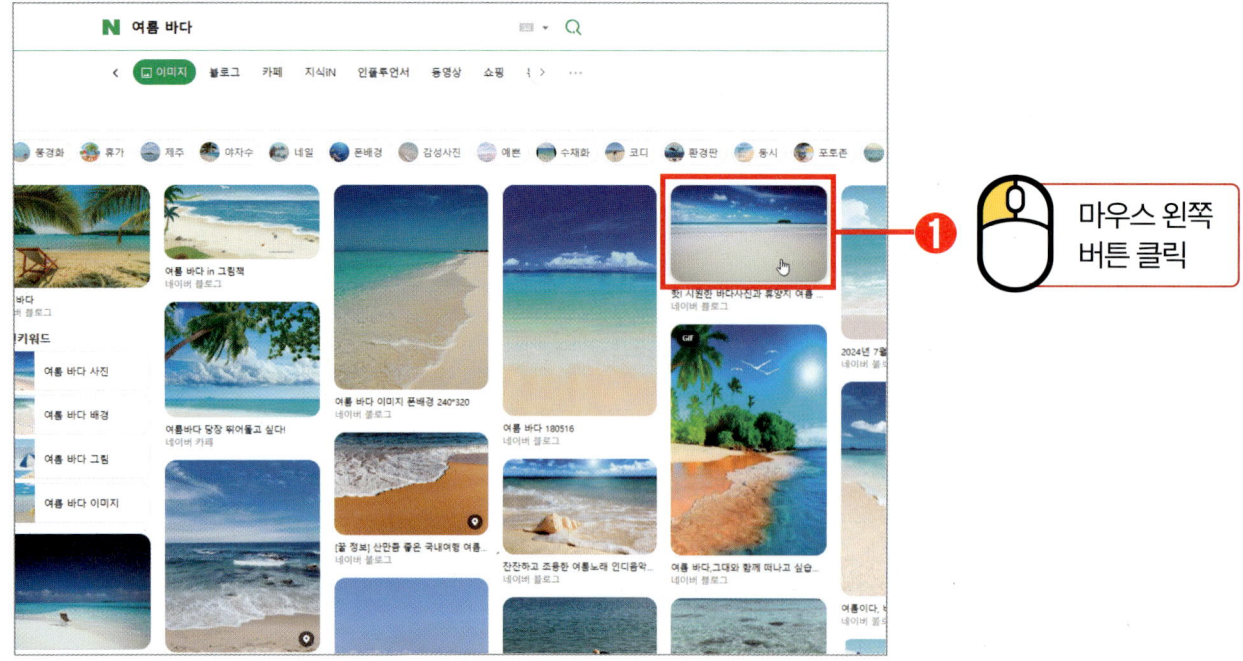

**09** 이미지를 저장하기 위해 이미지 위에서 마우스 오른쪽 버튼을 클릭합니다.
[다른 이름으로 사진 저장]을 클릭합니다.

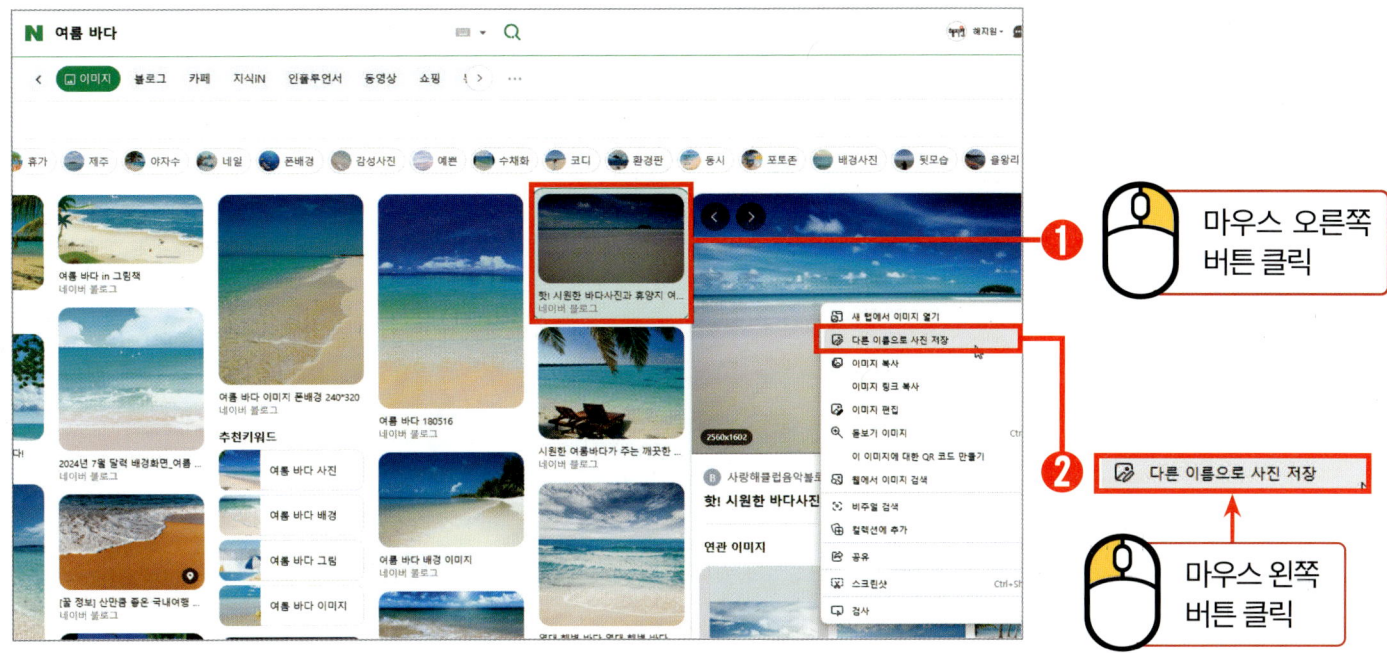

 **저작권 문제**

이미지를 저장할 수 있다고 해서 모두 재사용할 수 있는 것은 아닙니다. 블로그에 글을 올리거나 상업적 목적으로 사용할 때는 이미지를 사용하기 전에, 저작권에 문제가 없는지 확인해야 합니다. 저작권자가 있는 경우, 용도에 대해 말하고 허락을 구한 다음 사용해야 하며, 다른 사람의 이미지를 무단으로 사용하면 불이익을 받을 수 있습니다.

## 10 [바탕화면]을 클릭합니다. 파일 이름을 입력하고 [저장]을 클릭합니다.

## 11 바탕화면에 이미지가 저장되었습니다.

 ## 세부 검색옵션

세부 검색옵션에서는 검색 조건을 세부적으로 설정할 수 있습니다. 검색 기간을 정할 수 있고 검색 결과를 관련도와 등록일에 따라 정렬할 수 있습니다.

# Section 04 카페에 가입하기

카페는 같은 취미와 관심을 가진 사람들이 모여 정보를 교환하고 소통하는 온라인 공간입니다. 다양한 카페가 있으므로 가입하고 싶은 카페에 가입하여 정보를 얻어봅시다.

**01** 네이버 화면에서 [카페]를 클릭합니다.

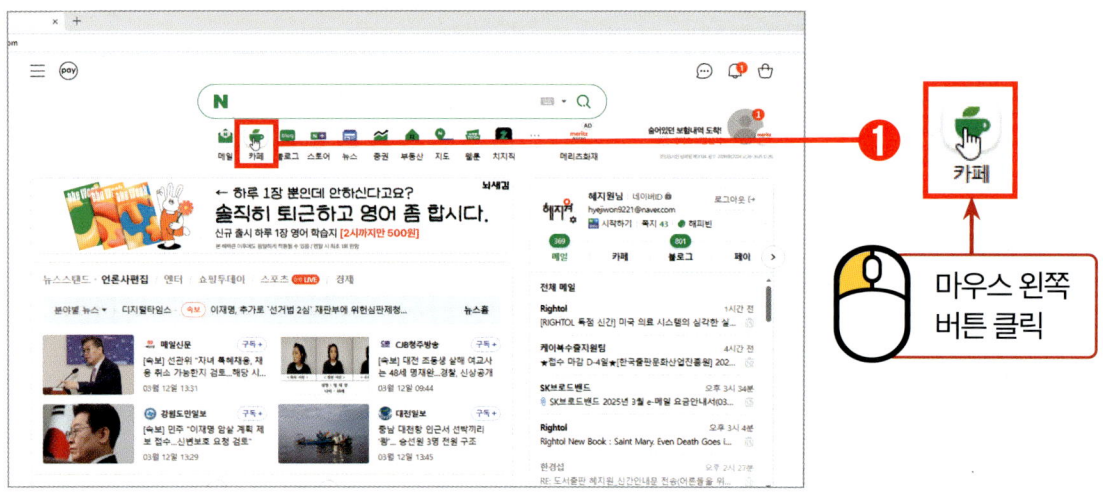

**02** 카페홈이 나타납니다. 맨 위의 검색란에 원하는 키워드를 입력하고 Enter 키를 누릅니다. 책에서는 '낚시'라고 입력했습니다.

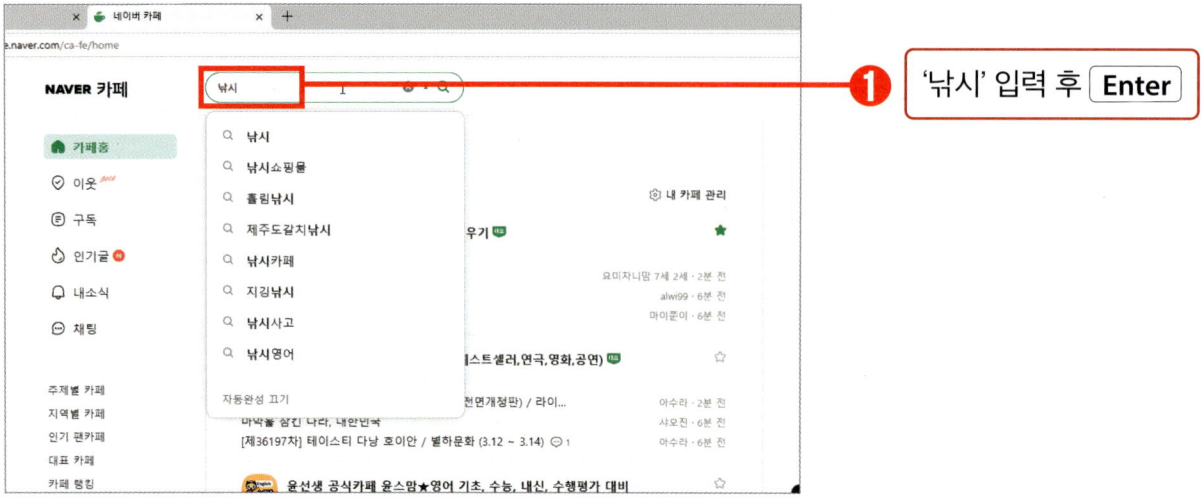

## 03 [카페명]을 클릭합니다.

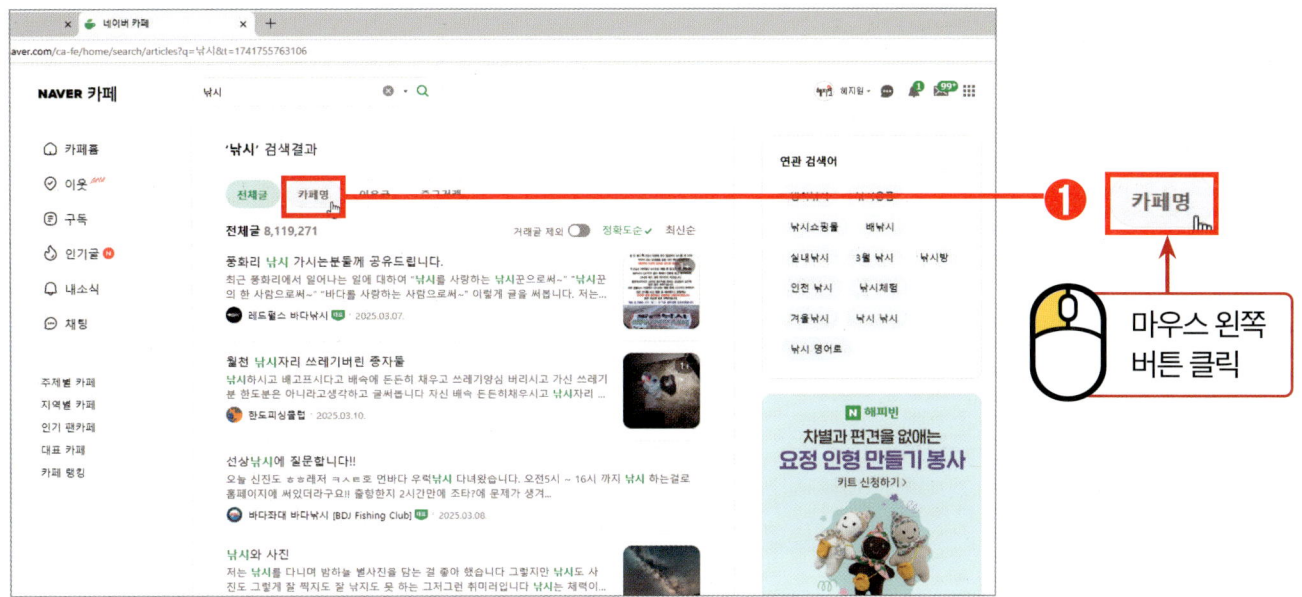

## 04 낚시와 관련된 다양한 카페가 나타납니다. 스크롤을 내리고 페이지를 옮겨가며 원하는 낚시 카페를 찾습니다. 찾았으면 클릭합니다.

## 05 [카페 가입하기]를 클릭합니다.

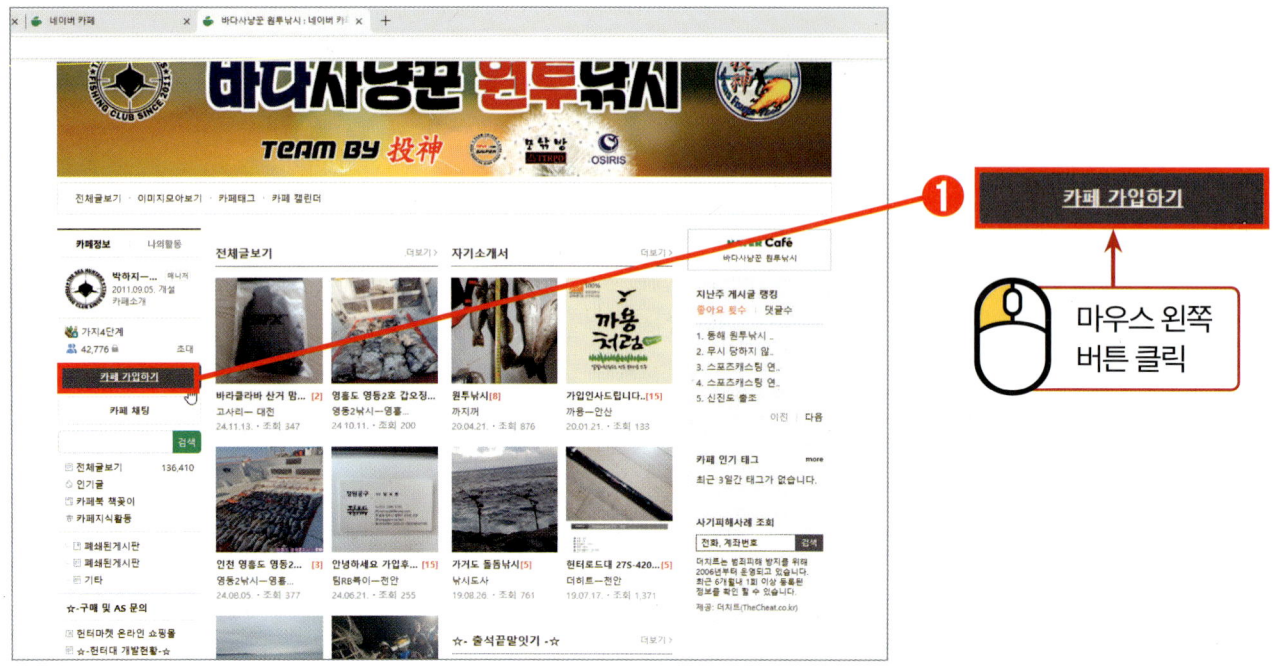

## 06 별명을 입력합니다. 성별/연령대 공개 여부를 체크합니다. 가입질문이 있다면 가입 질문을 입력합니다.

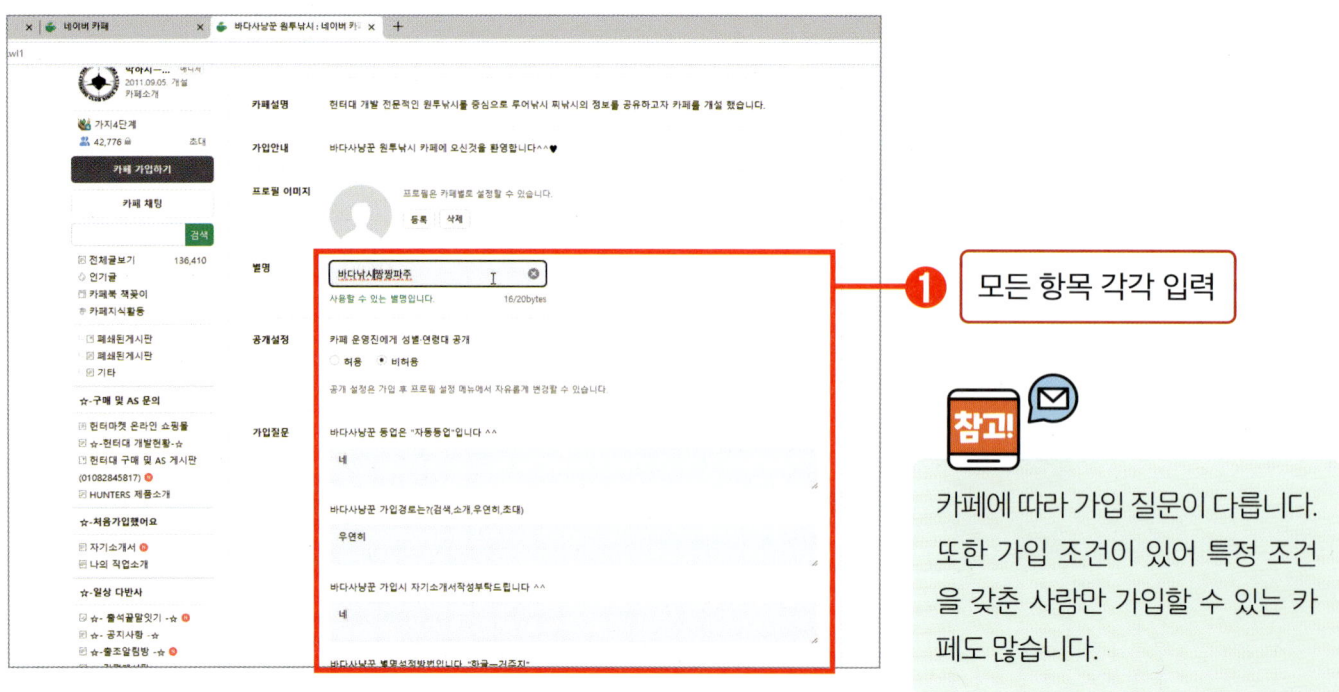

**07** 보안 절차를 위해 보안 숫자를 입력합니다. [동의 후 가입하기]를 클릭하면 카페 가입이 완료됩니다.

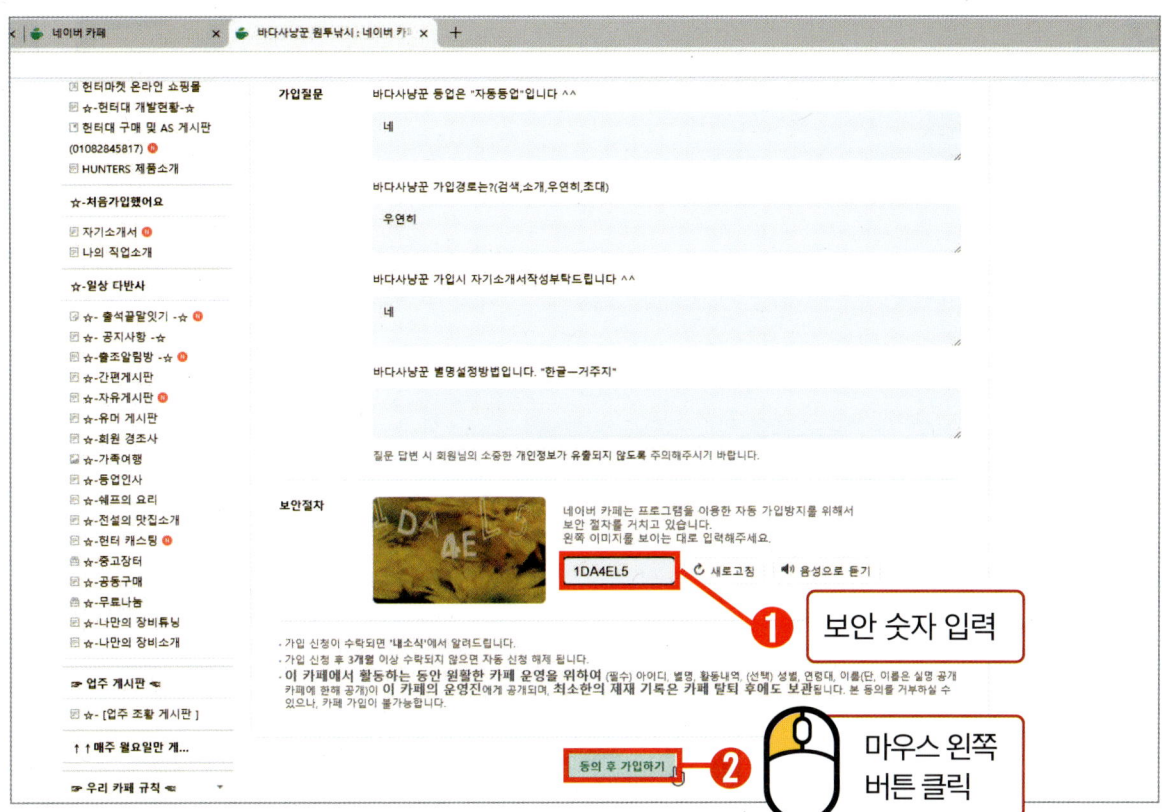

카페에 따라 바로 가입이 되지 않고, 운영진에서 가입 조건에 부합하는지 파악한 후 가입을 승인하는 경우도 있습니다. 이 경우 카페 활동을 바로 시작하지 못할 수 있습니다.

# Section 05 카페에 글 올리기

카페에 가입하여 활동을 하기 위해서는 글을 올리고 댓글을 다는 활동을 해야 합니다. 카페에 따라 등업에 필수인 경우도 있습니다.

**01** 카페에 가입했다면 [카페 글쓰기]가 활성화되어 있을 것입니다. 클릭합니다.

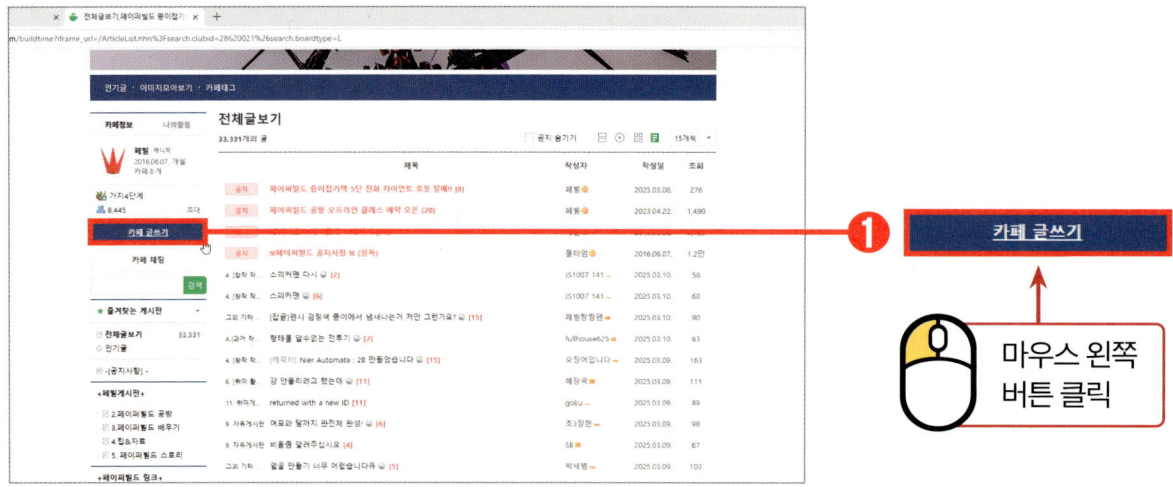

**02** 게시판을 선택합니다. ∨ 를 클릭하고 원하는 게시판을 클릭합니다.

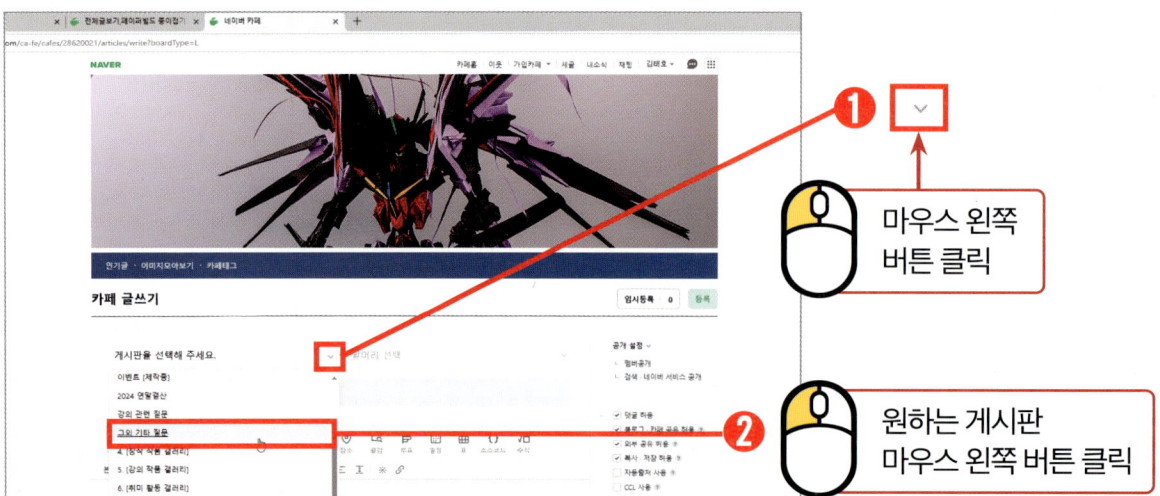

**03** 제목과 글을 입력합니다.

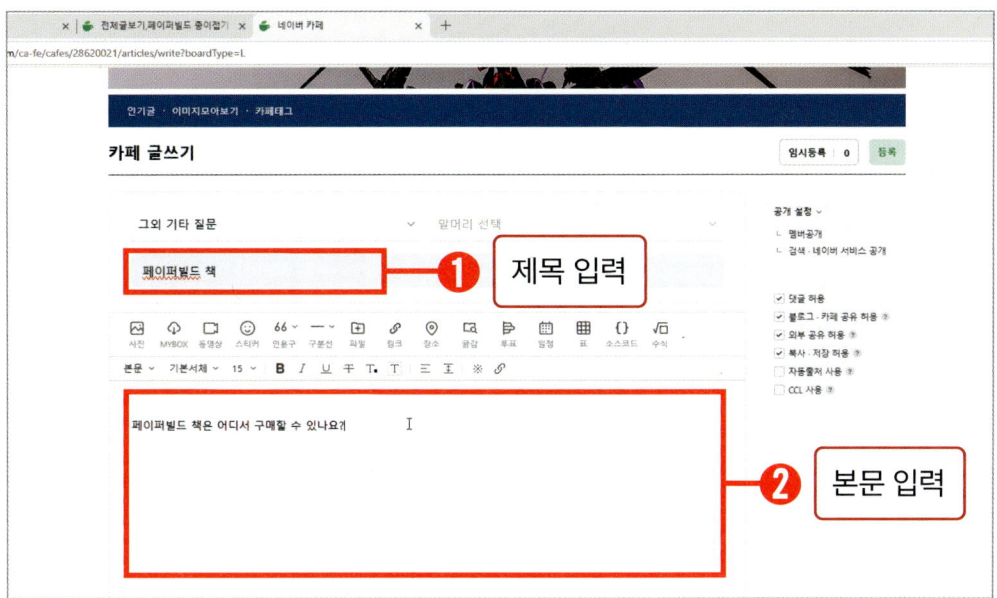

**04** 효과를 주기 위해 문장 일부를 드래그하여 선택합니다. 글씨 크기 24, 진하게를 설정합니다.

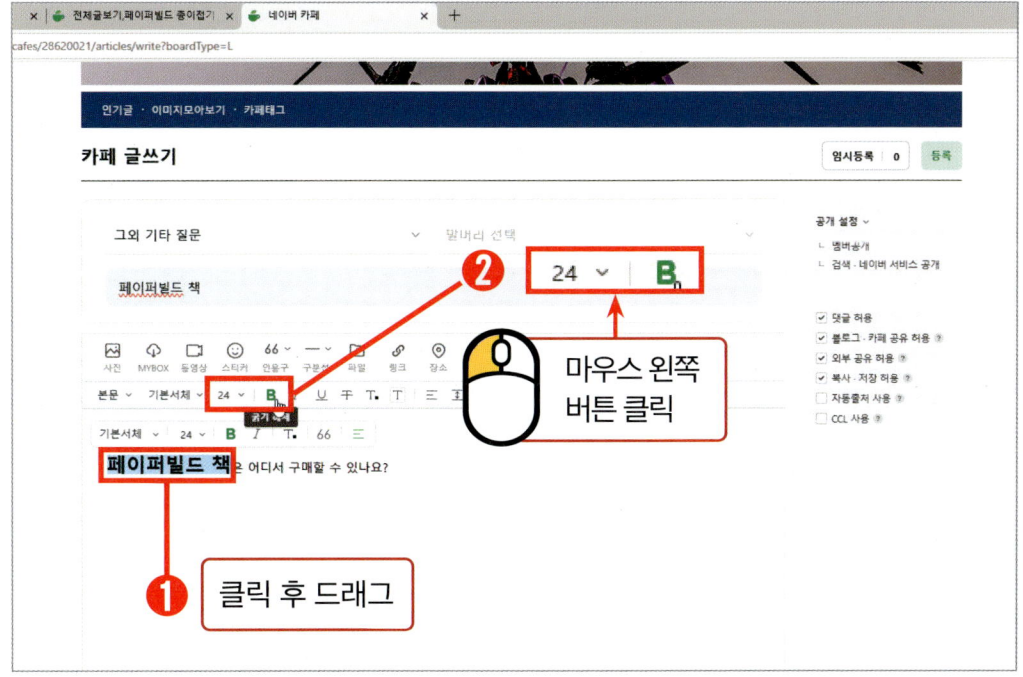

제 03장 엣지로 네이버 기능 사용하기 / 75

## 05 작성을 완료했다면 [등록]을 클릭합니다.

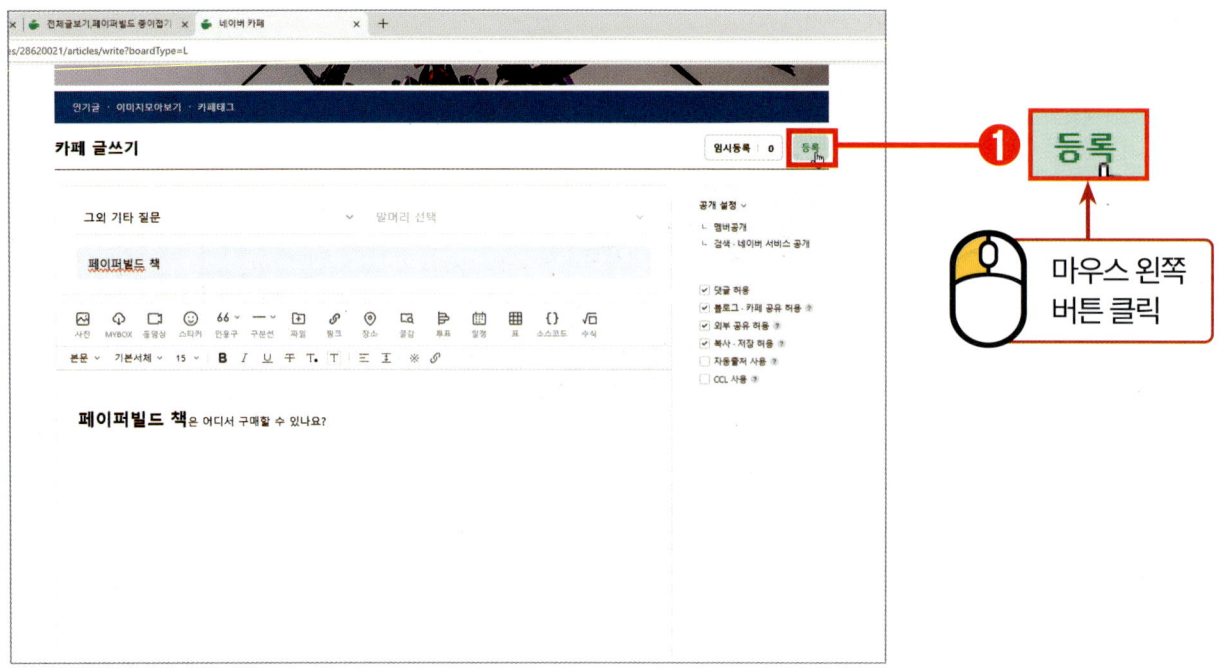

## 06 글이 등록되었습니다.

# Section 06 카페에 댓글 달기

다른 사람이 올린 카페 글에 댓글을 달아 소통할 수 있습니다. 내가 올린 글에 댓글이 달리면 답글을 달아 감사 인사를 전합니다.

**01** 카페 홈페이지에서 읽고 싶은 글을 클릭합니다.

**02** 글의 아래에 댓글을 적을 수 있는 공란이 있습니다. 클릭한 후 내용을 입력하고 [답글]을 클릭합니다.

# 03   내가 쓴 댓글이 달렸습니다.

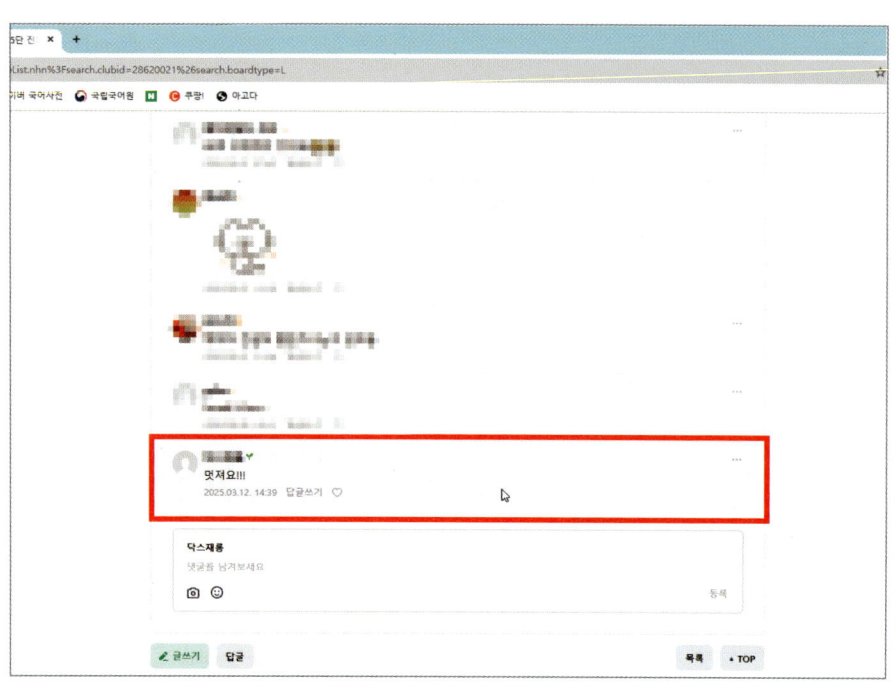

## 팁! — 나의 활동

[나의 활동]을 클릭하면 카페에서 내가 활동한 이력을 알아볼 수 있습니다. 방문한 횟수, 내가 쓴 게시글과 댓글을 볼 수 있으며 나의 정보를 수정할 수 있는 설정 기능도 있습니다.

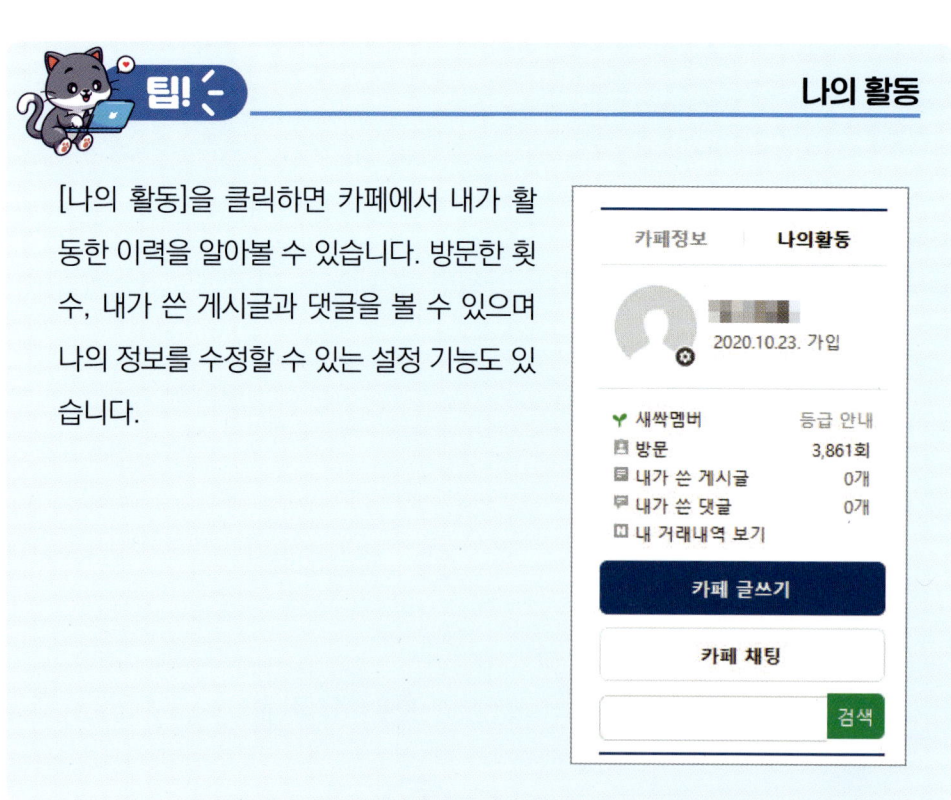

## Section 07 네이버 블로그 글 보기

네이버 블로그에서 원하는 정보를 찾아보겠습니다.

**01** 네이버 홈페이지에서 블로그를 클릭합니다.

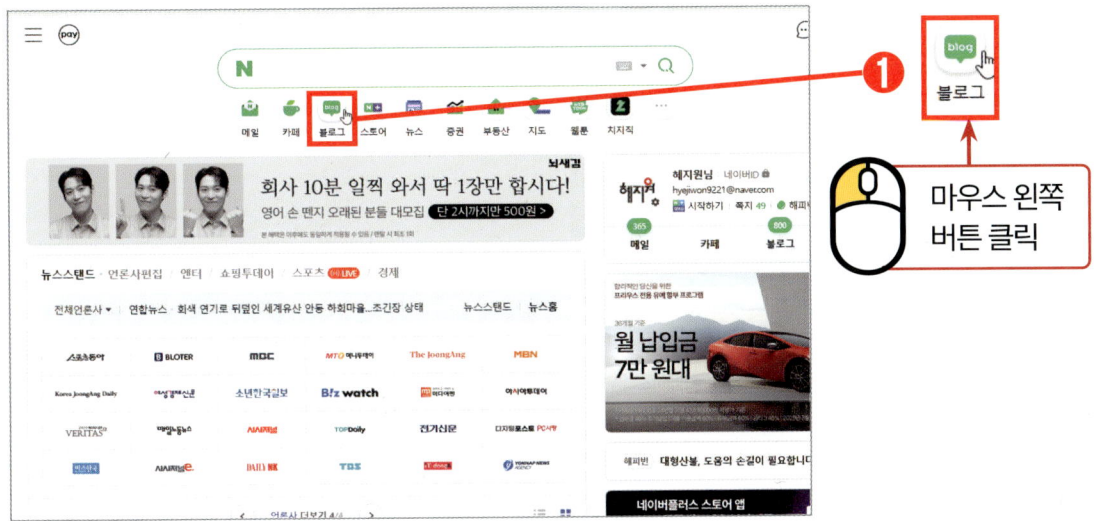

**02** 블로그 홈입니다. 원하는 검색어를 입력하고 Enter 키를 누릅니다.

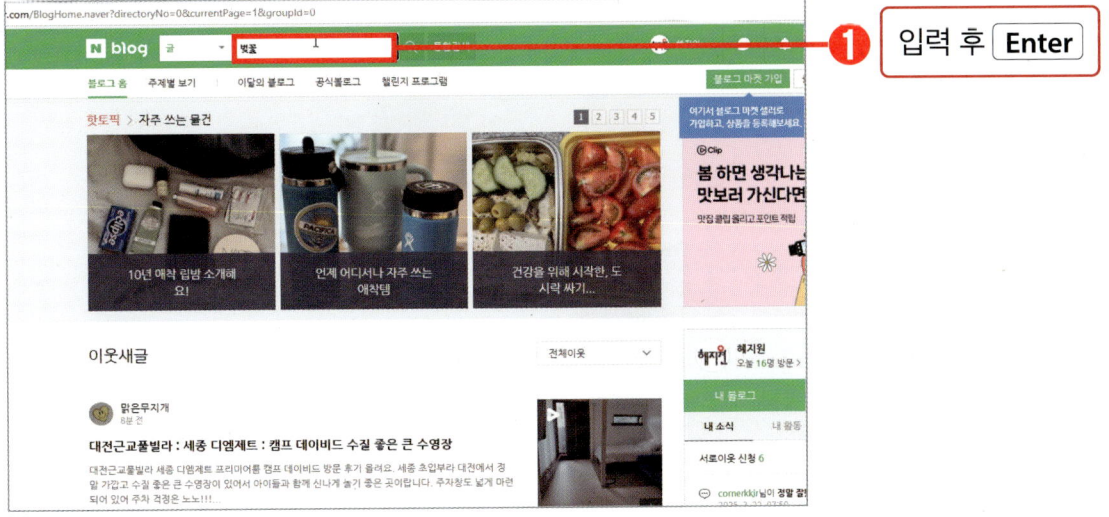

## 03  검색어와 관련된 다양한 글이 검색됩니다. 원하는 글을 클릭하면 해당 블로그로 이동합니다.

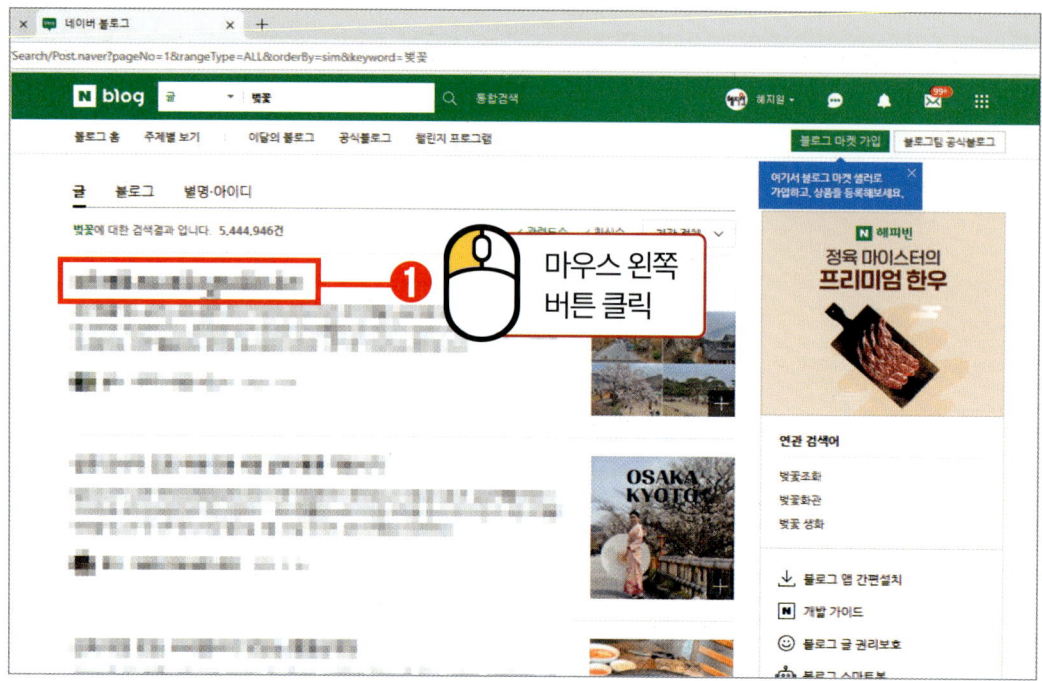

## 04  이번에는 주제별로 블로그를 찾아보겠습니다. [주제별 보기]를 클릭합니다.

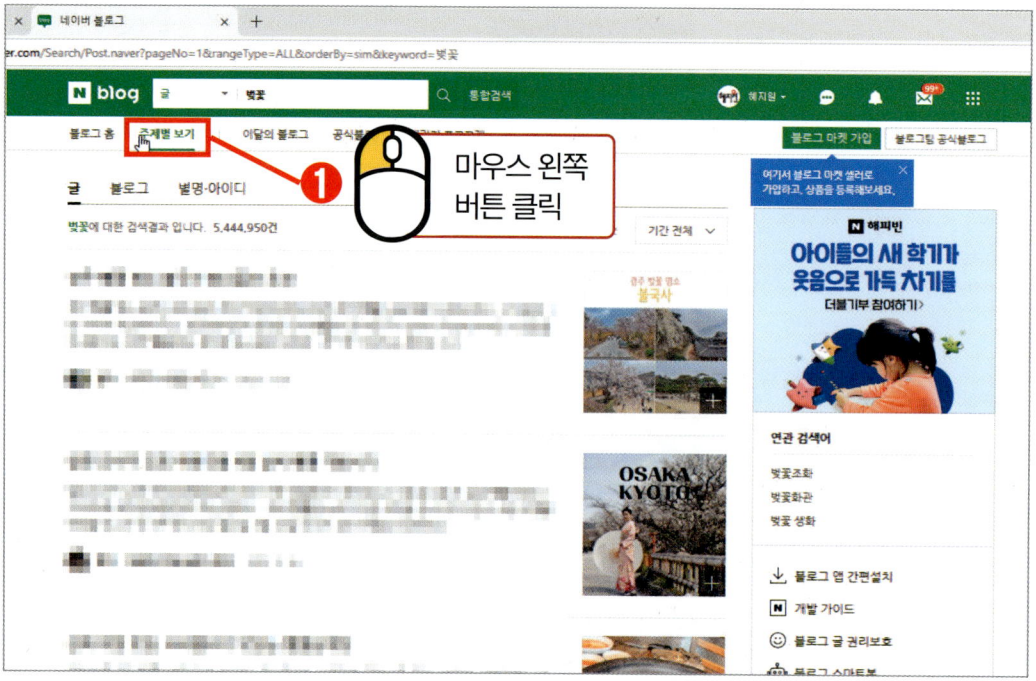

**05** 내가 원하는 주제와 관련된 글들을 모아서 볼 수 있습니다. [생활·노하우·쇼핑]을 클릭합니다. 뒤이어 [요리·레시피]를 클릭합니다.

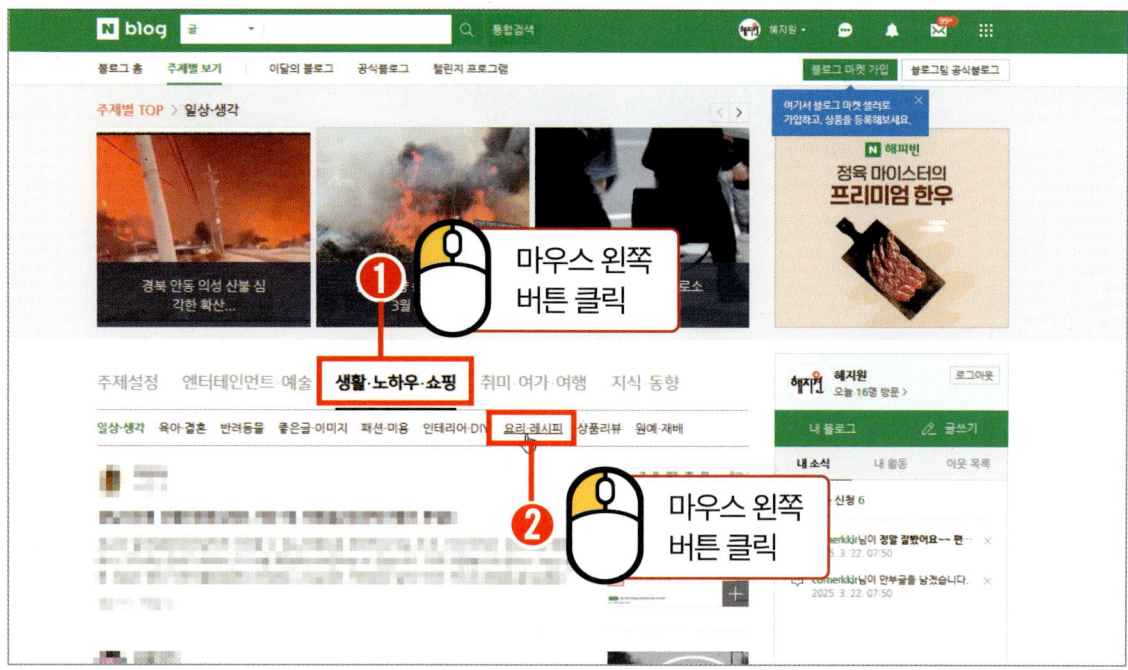

**06** 요리와 관련된 글들을 모아서 볼 수 있습니다. 원하는 글을 클릭합니다.

**07** 해당 블로그의 게시글로 이동합니다.

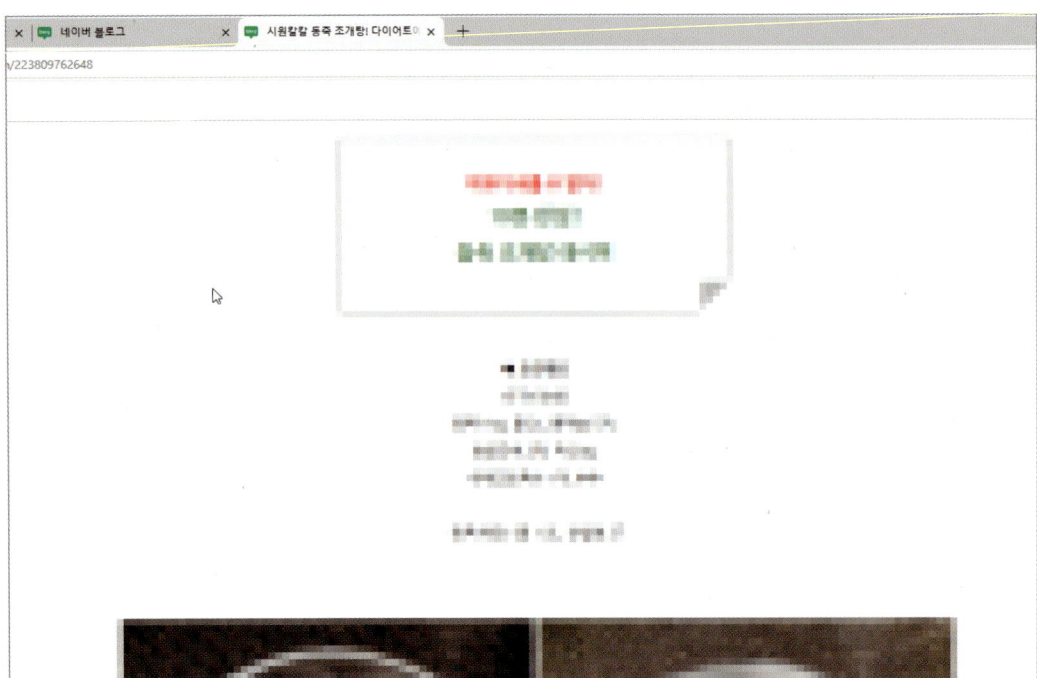

## 블로그 이웃추가

내가 자주 보거나 관심 있는 블로그는 '이웃추가' 기능을 통해 이웃으로 추가할 수 있습니다.

1. 원하는 블로그에서 [이웃추가]를 클릭합니다.

2. [이웃]과 [서로이웃] 중 원하는 항목을 선택합니다. [서로이웃]은 서로 이웃을 맺을 수 있는 기능으로, 상대방이 수락해야 합니다. [다음]을 클릭합니다.

제 03장 엣지로 네이버 기능 사용하기 / 83

3. 그룹을 선택하고 [다음]을 클릭합니다.

4. 해당 블로그가 이웃으로 추가되었습니다.

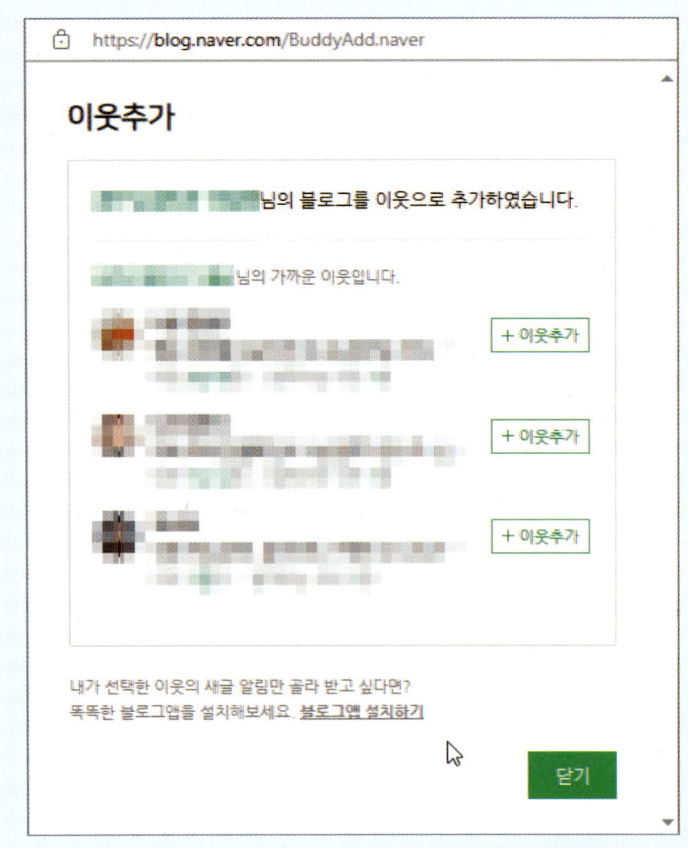

# Section 08 메일 보내기

상대방의 메일을 알고 있으면 필요한 내용과 파일을 첨부하여 메일을 보낼 수 있습니다.

**01** 네이버 홈페이지로 이동합니다. [메일]을 클릭합니다.

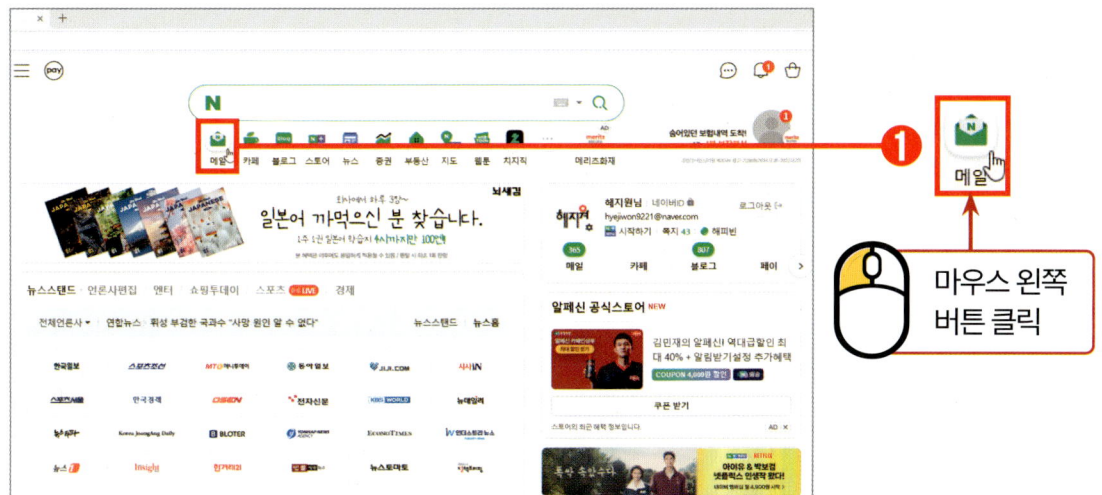

❶ 마우스 왼쪽 버튼 클릭

**02** 받은 메일 목록이 나타납니다. 메일을 쓰기 위해 [메일 쓰기]를 클릭합니다.

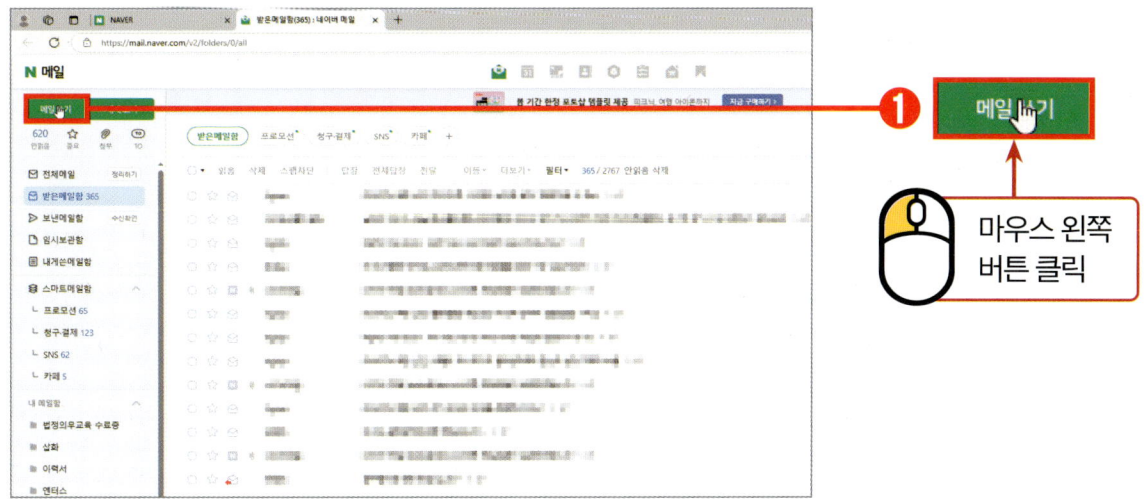

❶ 마우스 왼쪽 버튼 클릭

제 03장 엣지로 네이버 기능 사용하기 / 85

## 03 메일의 항목 구성은 다음과 같습니다.

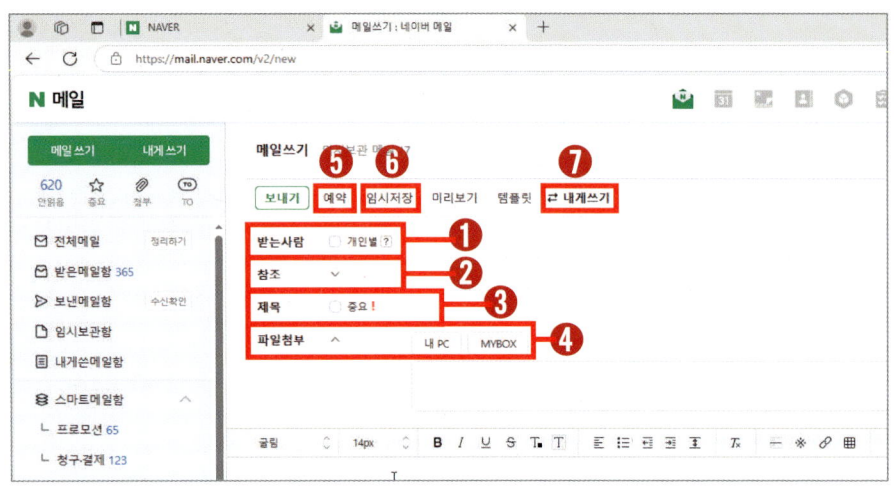

❶ **받는 사람** : 받는 사람의 메일 주소를 입력하는 곳입니다.

❷ **참조** : 참조할 사람의 메일 주소를 입력하는 곳입니다.

❸ **제목** : 메일 제목을 입력하는 곳입니다. [중요]에 체크하면 중요 아이콘이 생성됩니다.

❹ **파일첨부** : 같이 보낼 문서, 사진 등의 파일을 첨부할 수 있습니다.

❺ **예약** : 작성한 메일을 바로 보내지 않고 보낼 날짜와 시간을 지정할 수 있습니다.

❻ **임시저장** : 메일을 임시로 저장합니다.

❼ **내게쓰기** : 메일을 내게 보냅니다. 내가 필요할 때 볼 수 있도록 할 수 있습니다.

## 04 받는사람, 제목, 내용을 작성합니다. [보내기]를 클릭합니다.

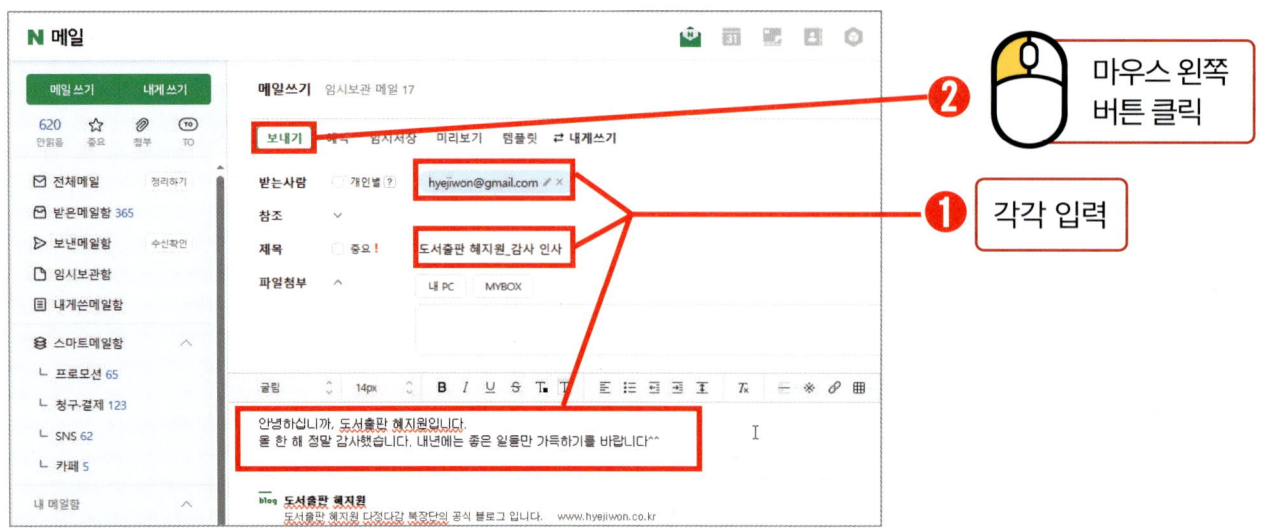

**05** 메일이 성공적으로 보내졌습니다. [보낸메일함]을 클릭하면 내가 보낸 메일을 확인할 수 있습니다.

# Section 09 메일 읽고 파일 첨부하여 답장하기

파일을 첨부하여 메일을 보내는 법을 알아보겠습니다.

## 01
[받은메일함]을 클릭합니다. 답변이 와 있는 것을 클릭합니다.

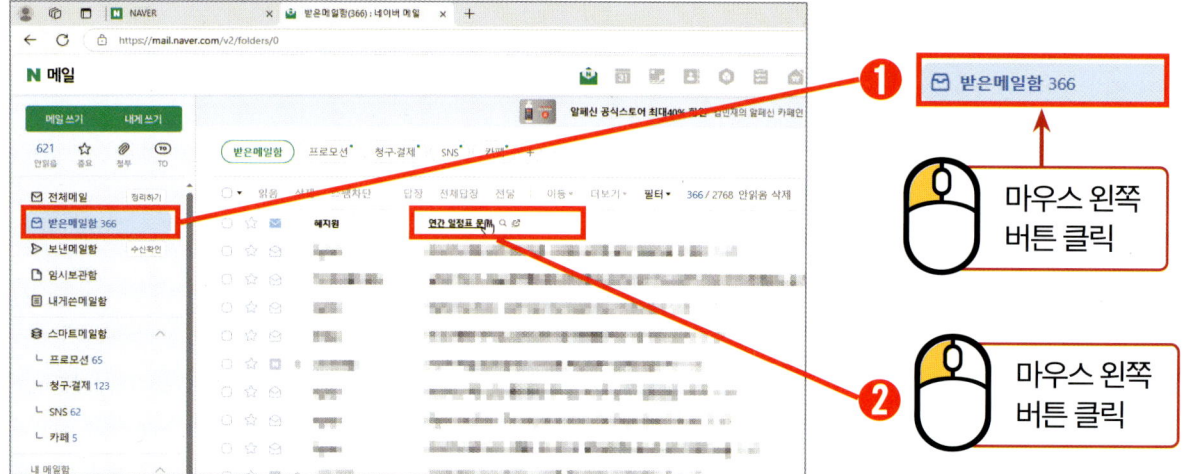

## 02
[답장]을 클릭합니다.

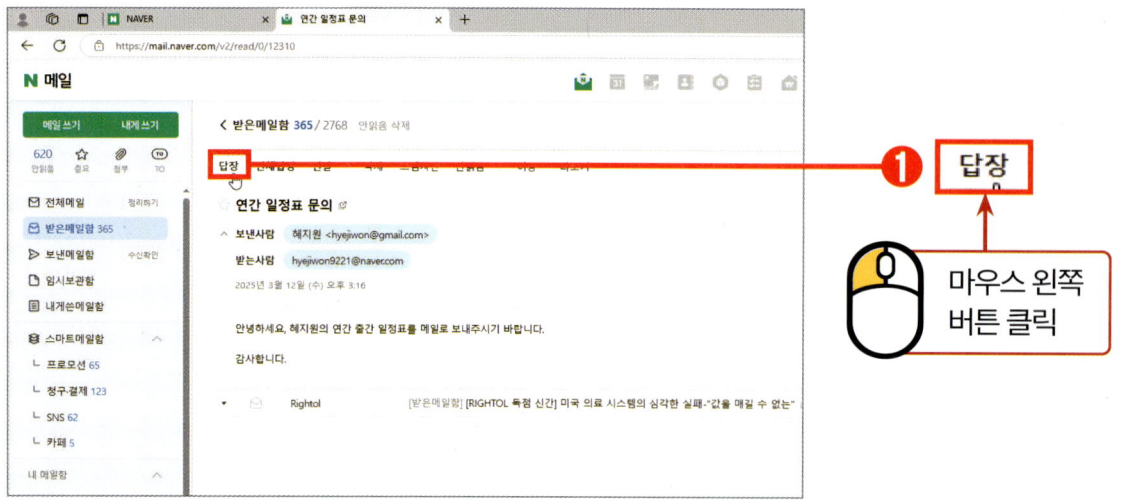

**03** 답장을 누르면 제목에 RE가 입력됩니다. 파일첨부의 [내 PC]를 클릭합니다.

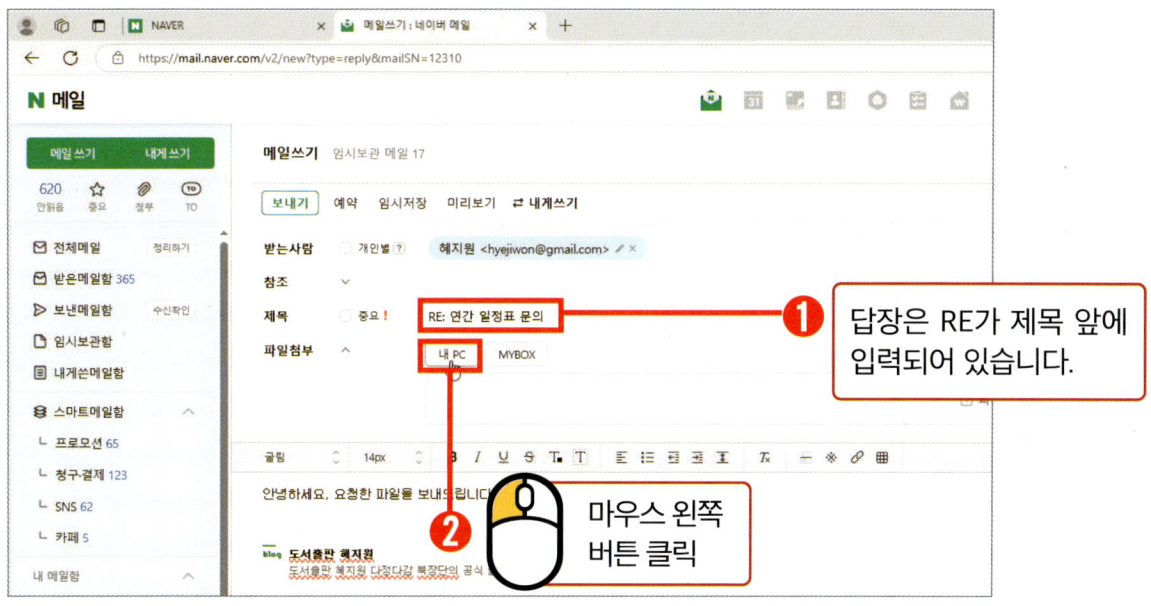

**04** 원하는 파일을 선택하고 [열기]를 클릭합니다.

**05** 파일이 첨부되었습니다. [보내기]를 클릭합니다. 메일이 전송됩니다.

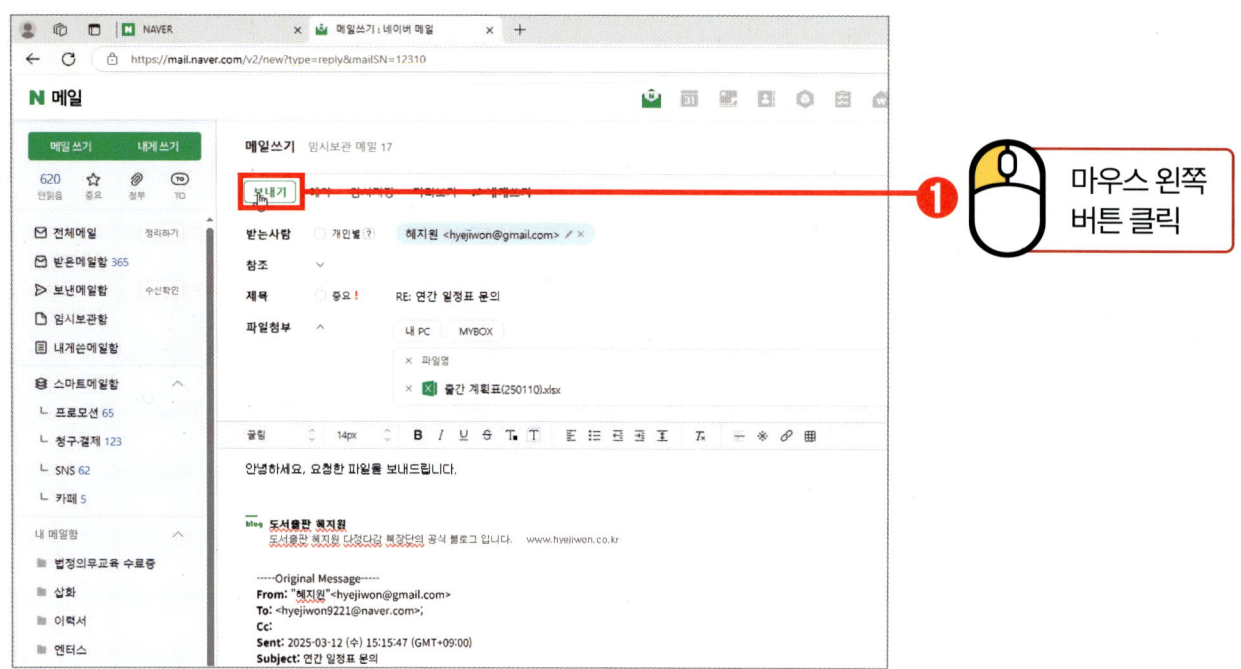

네이버 메일은 일반 파일은 10MB, 대용량 파일은 2GB×10개까지 보낼 수 있습니다. 파일이 많다면 메일을 몇 번에 걸쳐 보내야 합니다.

# Section 10 네이버 지도 이용하기

네이버 지도를 이용해서 장소 검색, 길찾기 등의 다양한 기능을 이용할 수 있습니다.

**01** 네이버 홈페이지에서 [지도]를 클릭합니다.

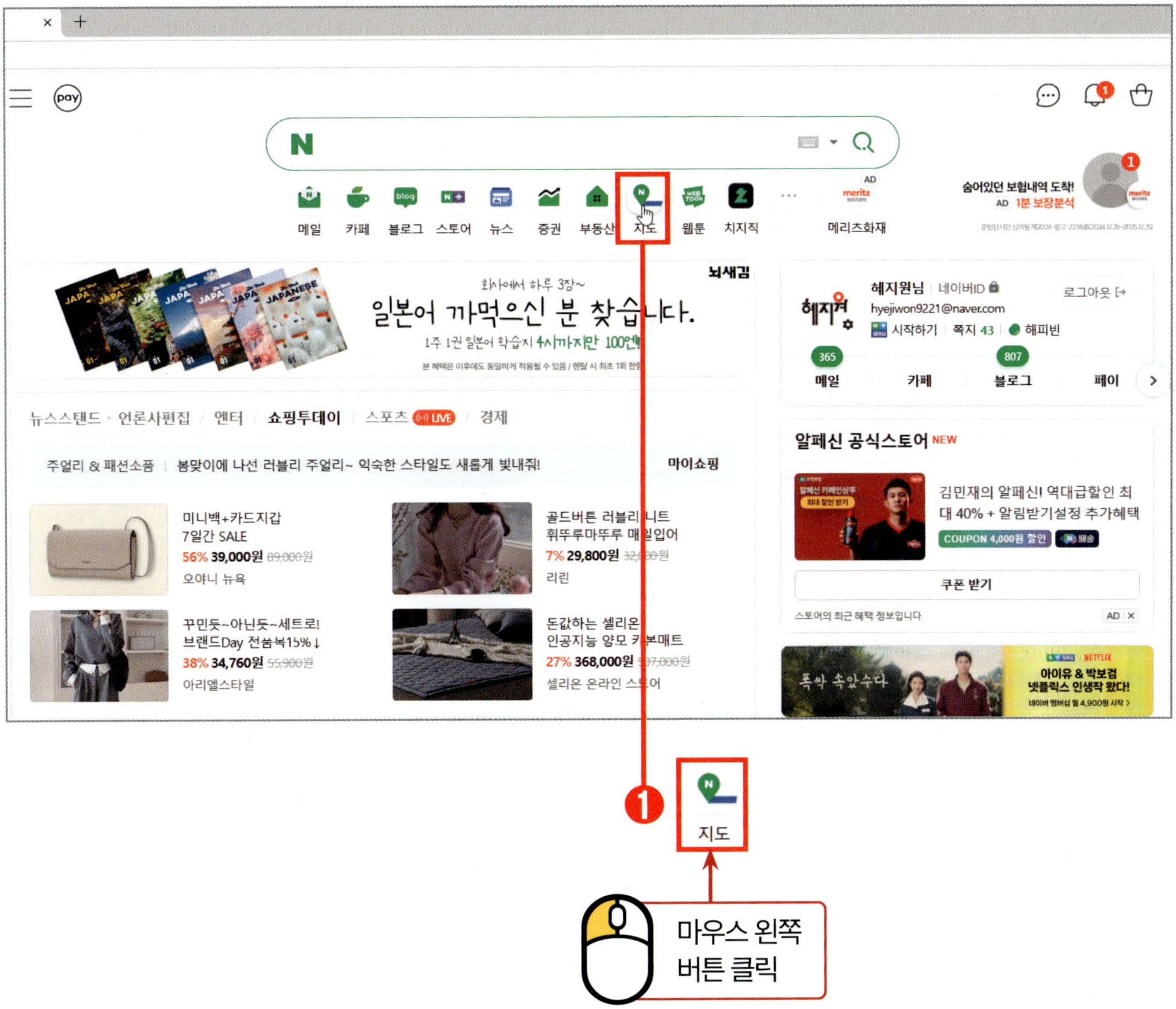

**02** 네이버 지도 페이지로 이동합니다. 지도의 기본 옵션은 다음과 같습니다.

❶ 장소 검색, 길 찾기, 대중교통 검색을 할 수 있습니다.
❷ 주변의 음식점, 카페, 주유소 등 편의시설을 쉽게 검색할 수 있습니다.
❸ 일반지도, 위성지도, 지형지도로 바꿔가며 볼 수 있습니다.
❹ 부가적인 기능을 이용할 수 있습니다.

**03** 근처의 편의점을 검색해보겠습니다. 위 목록에서 [편의점]을 클릭합니다.

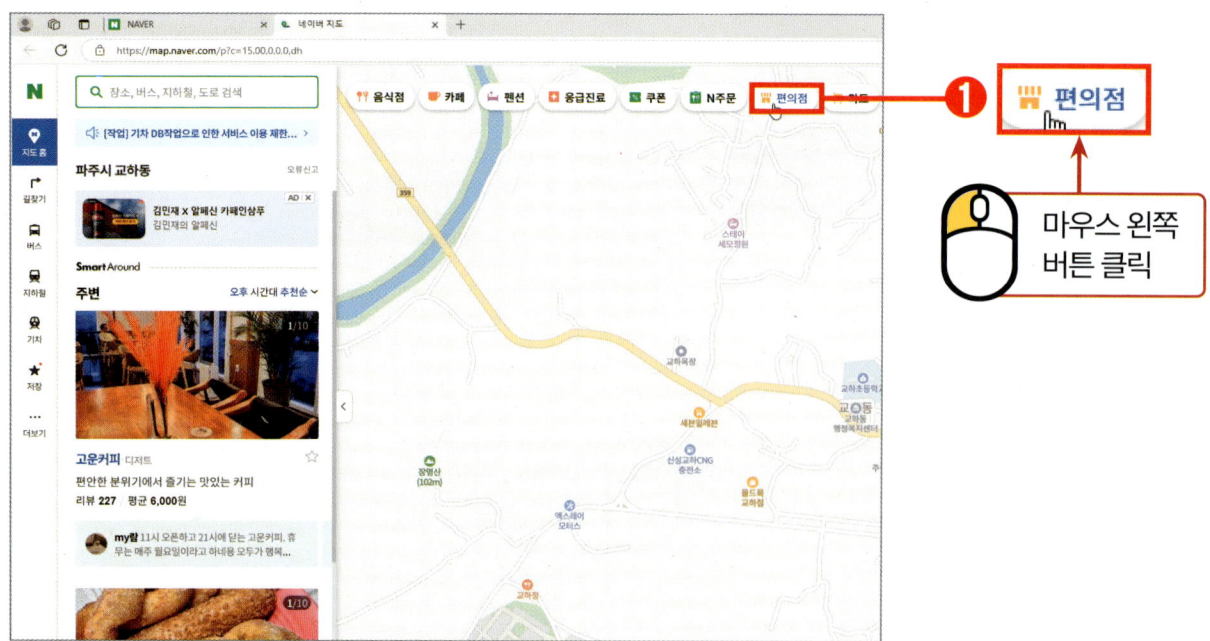

## 04 편의점 목록이 나타납니다. X를 눌러 초기화합니다.

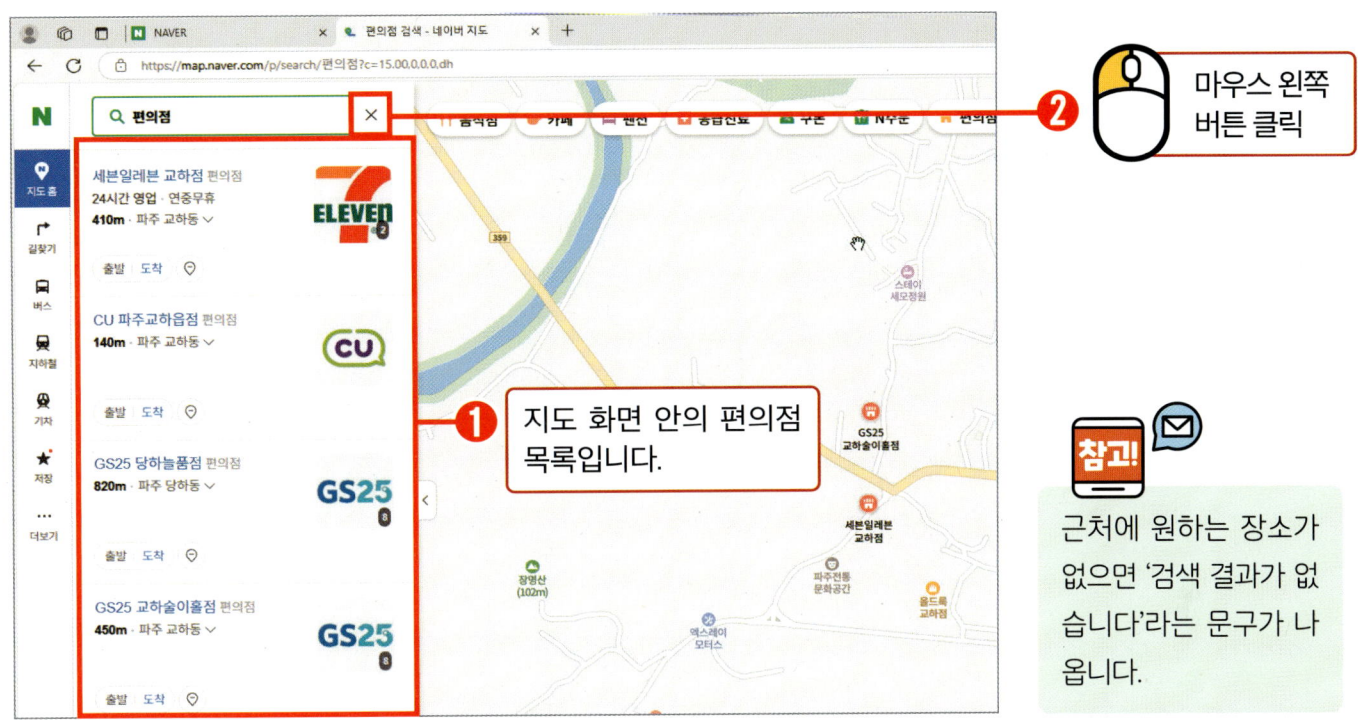

## 05 [길 찾기]를 클릭합니다. 출발지를 입력합니다.

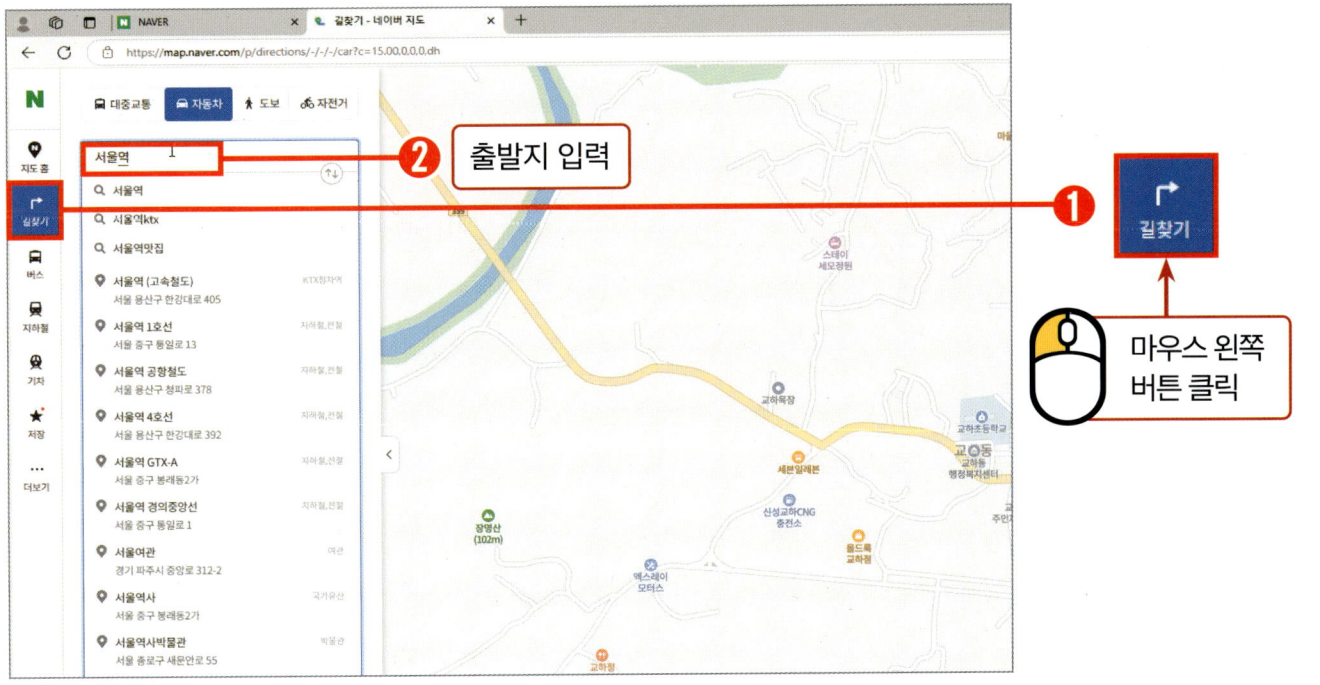

**06** 출발지의 키워드를 입력하면 키워드가 들어간 장소들이 나옵니다. 자신이 찾는 정확한 장소를 입력하거나, 목록에서 정확한 장소를 클릭합니다.

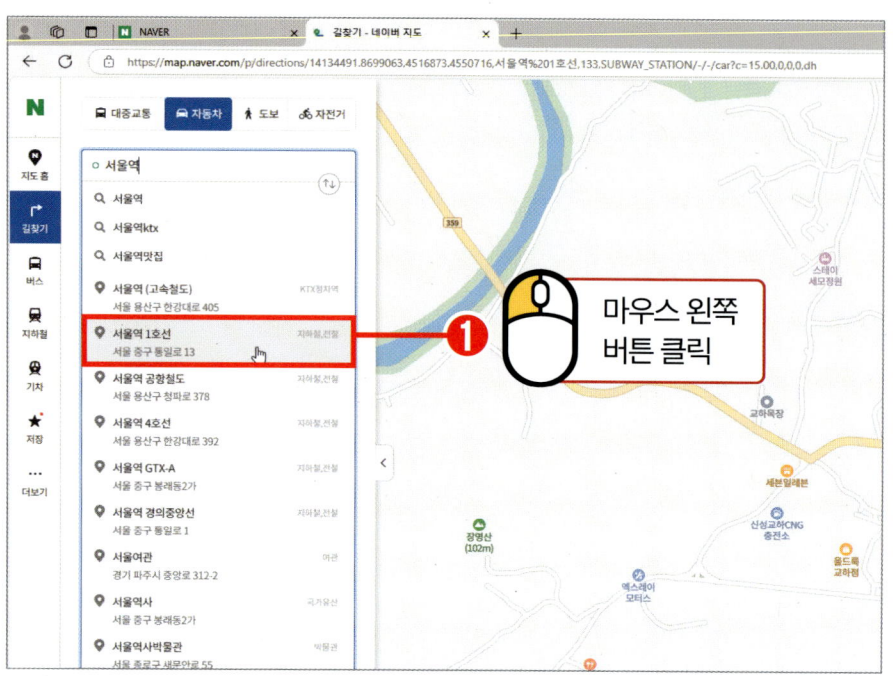

**07** 도착지를 입력합니다. 원하는 도착지를 클릭합니다.

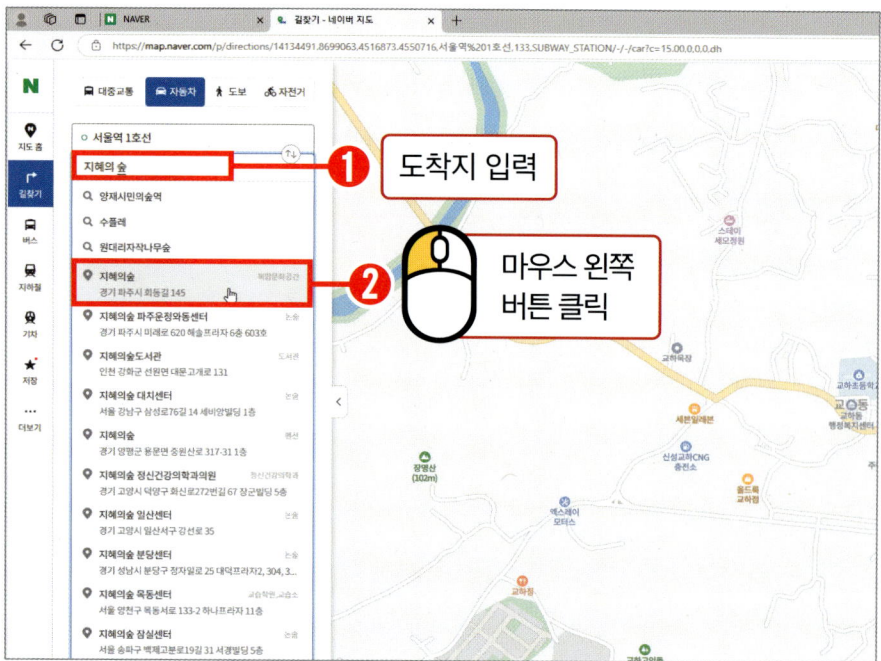

**08** 여러 추천 경로가 나타납니다. 대중교통으로 가야 한다면 [대중교통]을, 도보로 가야 한다면 [도보]를 클릭합니다.

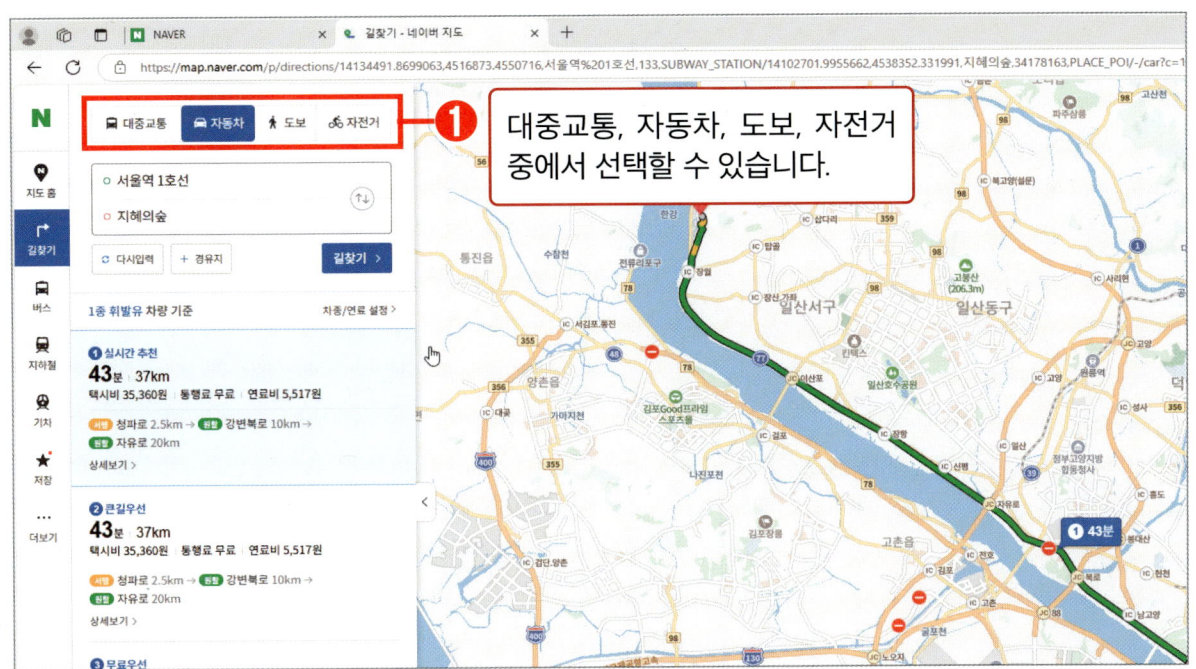

**09** 이번에는 [지하철]을 클릭합니다. 출발역과 도착역을 입력합니다.

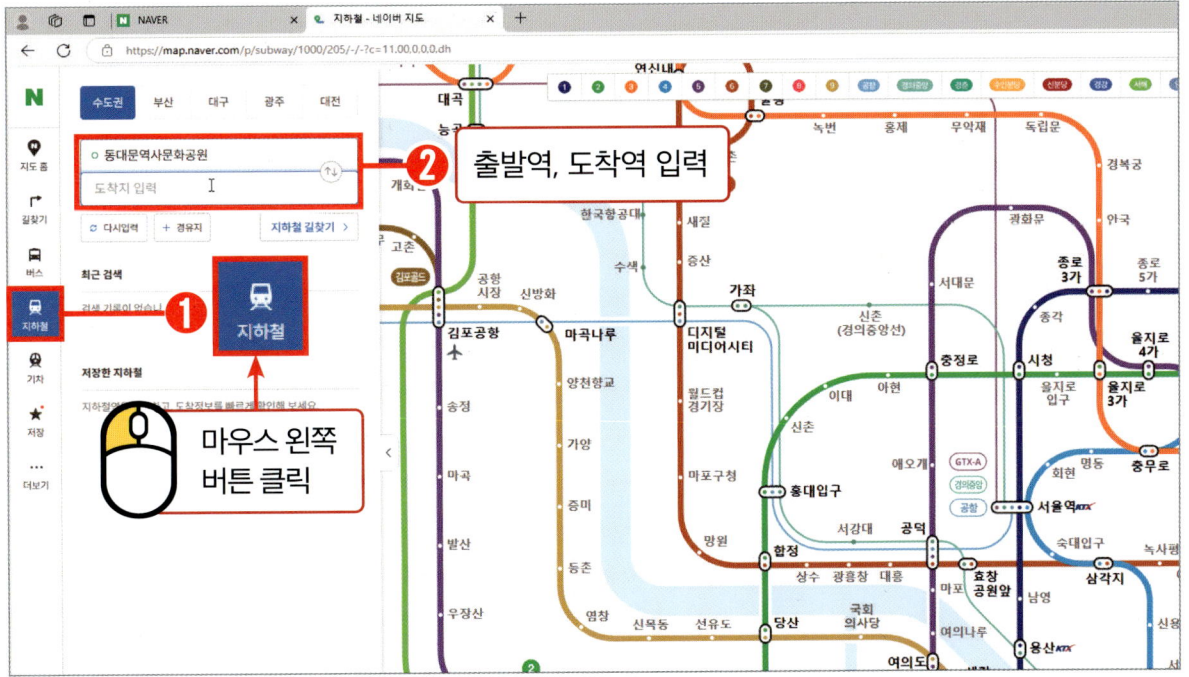

## 10 소요시간, 환승 등의 지하철 정보가 나타납니다.

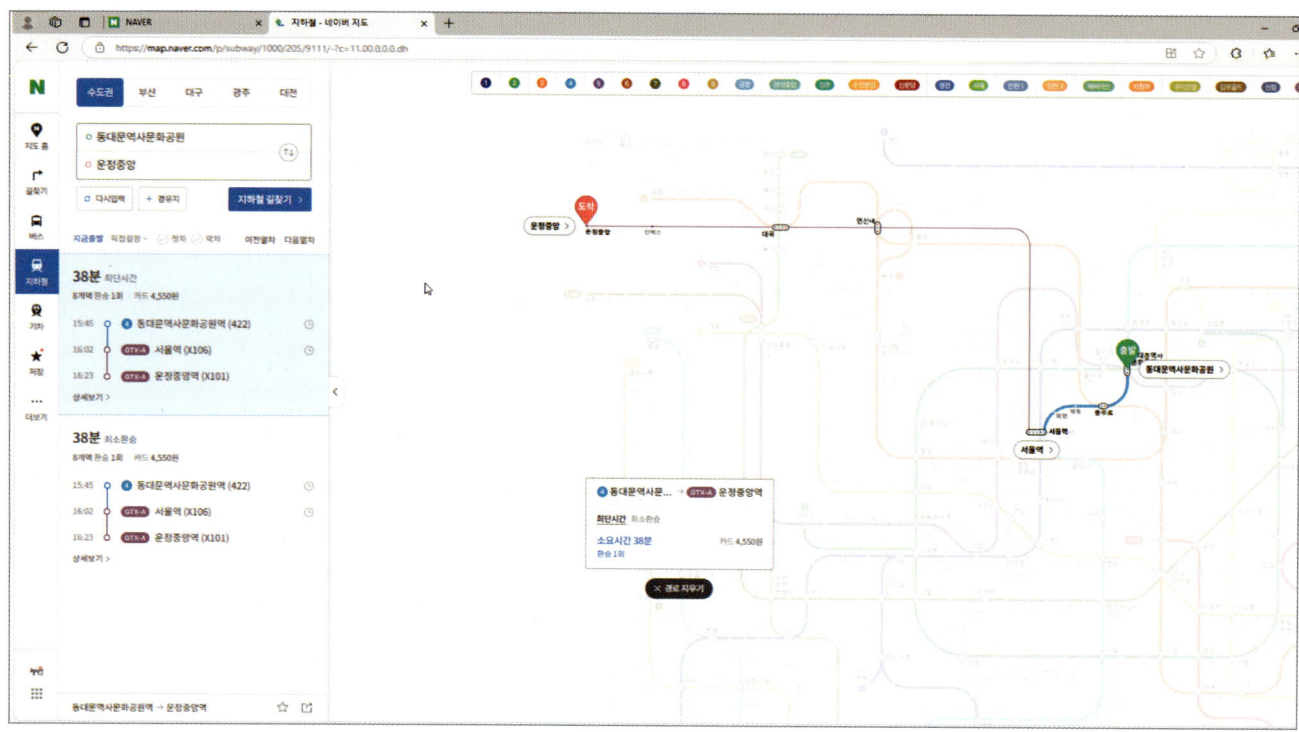

# Section 11 네이버 증권 이용하기

<<< 어른들을 위한 가장 쉬운 인터넷

네이버 증권을 이용하여 다양한 증권 정보를 알아볼 수 있습니다.

**01** 네이버 홈페이지에서 [증권]을 클릭합니다.

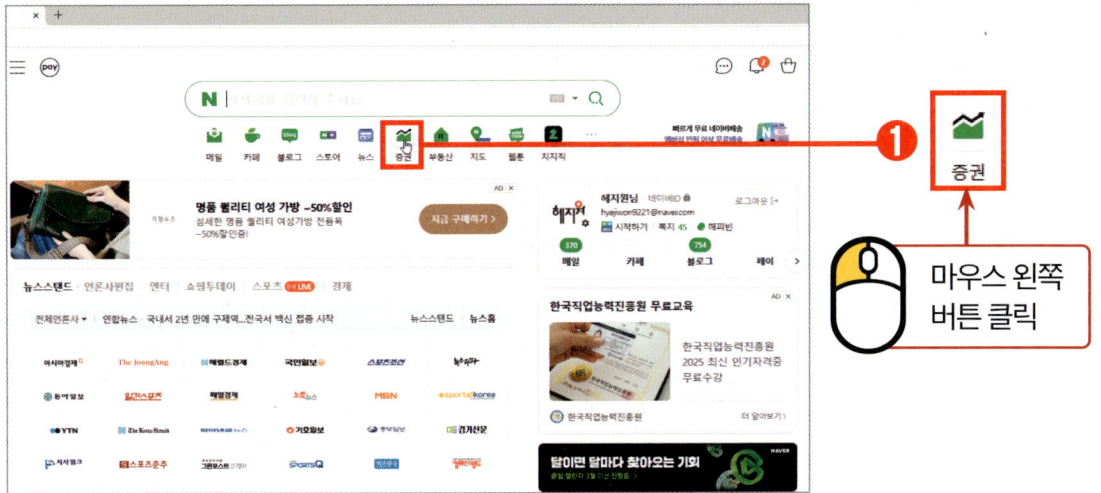

**02** 증권 서비스를 이용하기 위해서는 약관에 동의해야 합니다. [동의하고 서비스 시작하기]를 클릭합니다.

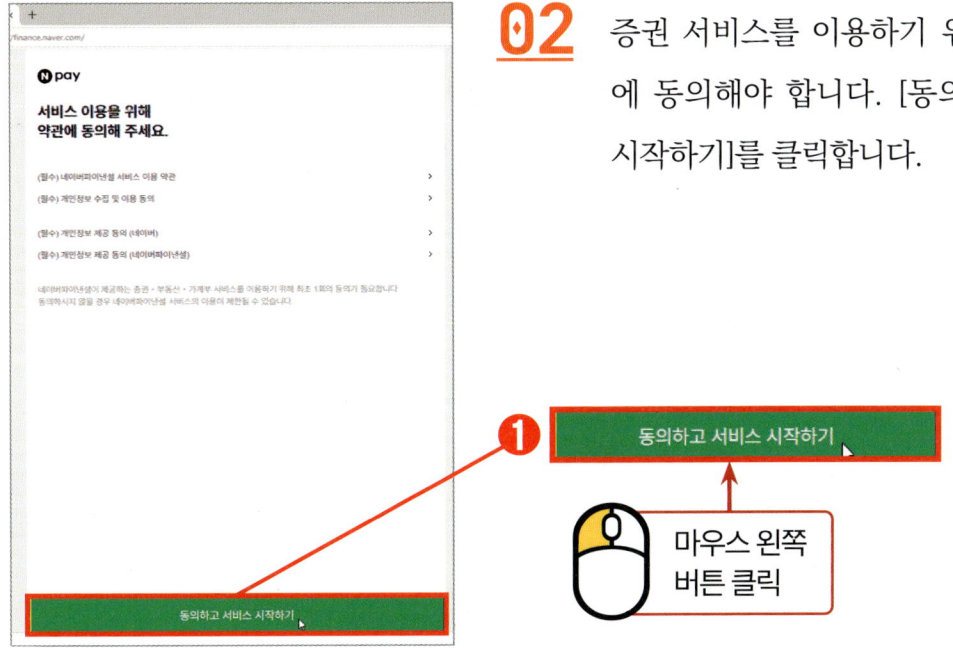

**03** 증권창입니다. 오늘의 증시, 상위 종목, 업종/테마별 증시 순위 등 다양한 정보를 볼 수 있습니다. [국내증시]를 클릭합니다.

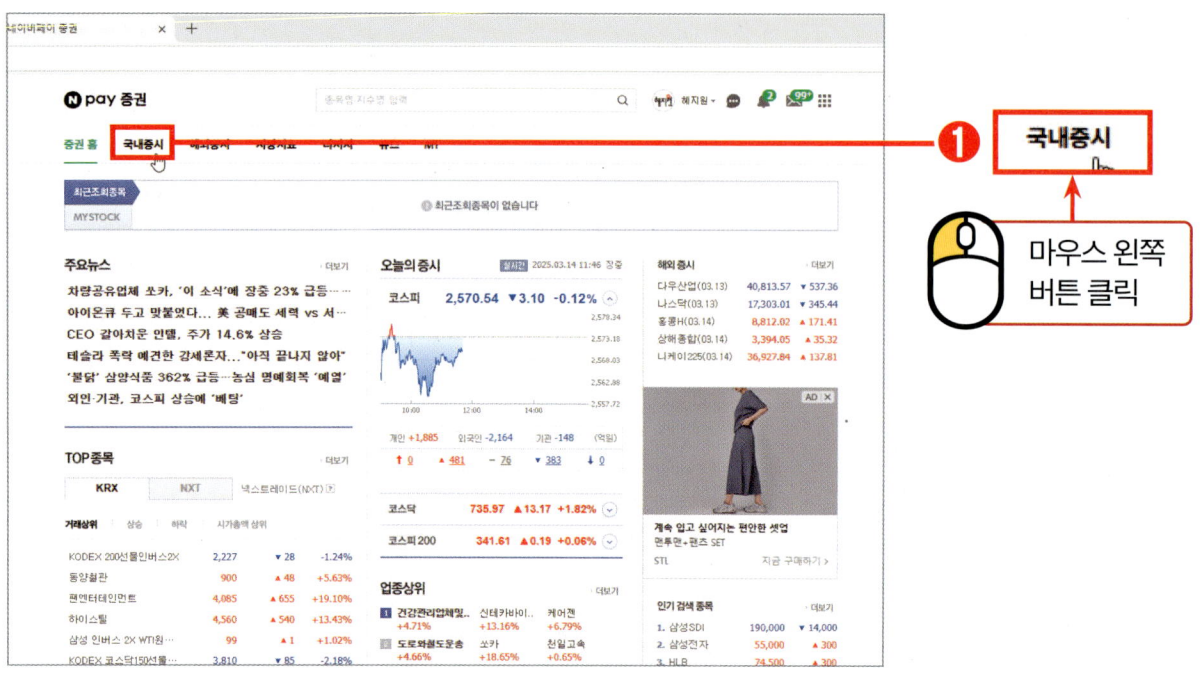

**04** 코스피, 코스닥 등의 시황을 확인할 수 있습니다. 이번에는 종목을 검색해보겠습니다. 검색란에 '삼성전자'라고 입력하고 Enter 키를 누릅니다.

참고! 비슷한 기업명이 많으므로, 기업명을 정확하게 확인하고 선택합니다.

**05** 해당 기업의 주가 상황이 나타납니다. 차트를 다양하게 선택하면서 확인해봅니다.

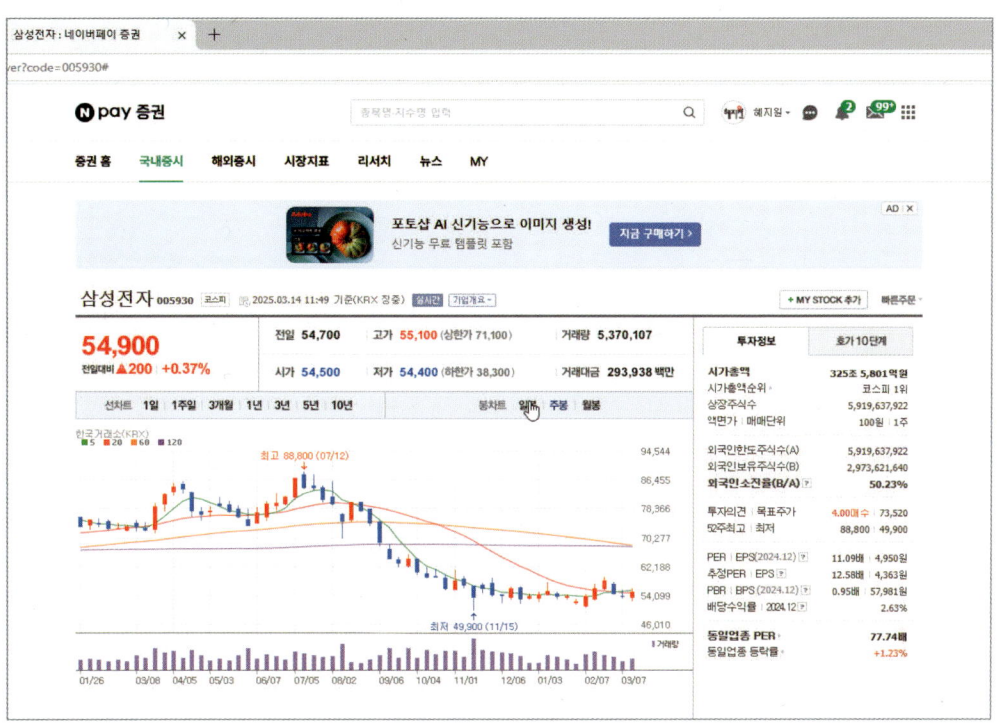

# Section 12 네이버 부동산 이용하기

네이버 부동산을 이용하여 부동산 매물 및 시세 조회 등을 알아볼 수 있습니다.

**01** 네이버 홈페이지에서 [부동산]을 클릭합니다.

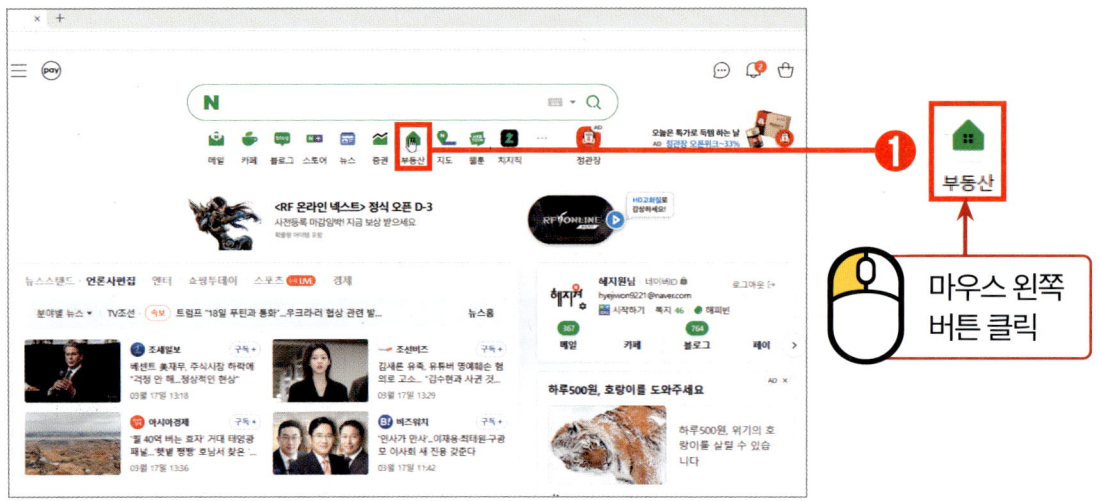

**02** 네이버 부동산 화면입니다. 부동산 뉴스, 매물, 분양 소식 등을 살펴볼 수 있습니다. 지역을 선택합니다. 경기도-하남시를 선택합니다.

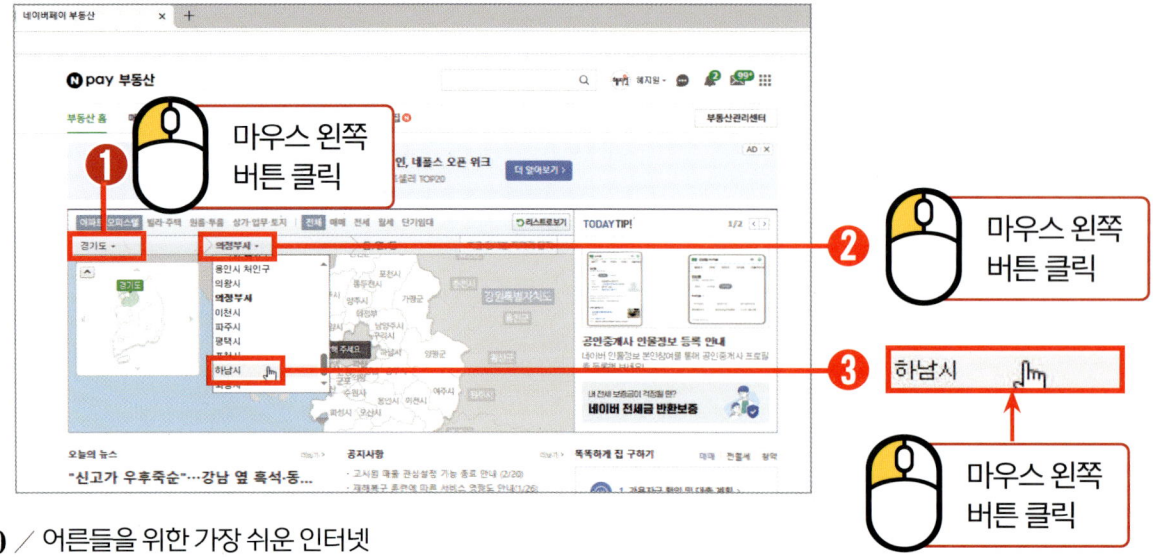

**03** 동을 바꾸고 싶다면 동을 클릭하고 원하는 동을 선택합니다. 책에서는 '풍산동'을 선택했습니다.

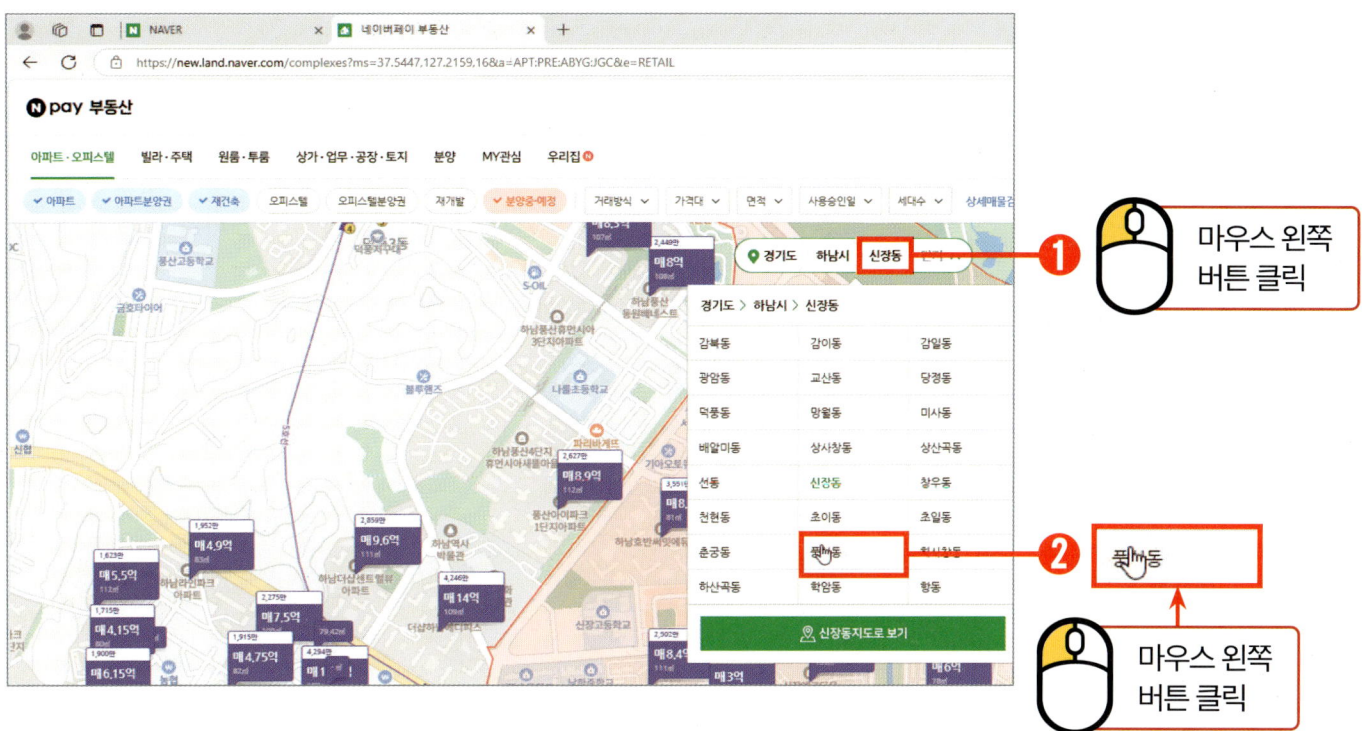

**04** [풍산동지도로 보기]를 클릭합니다.

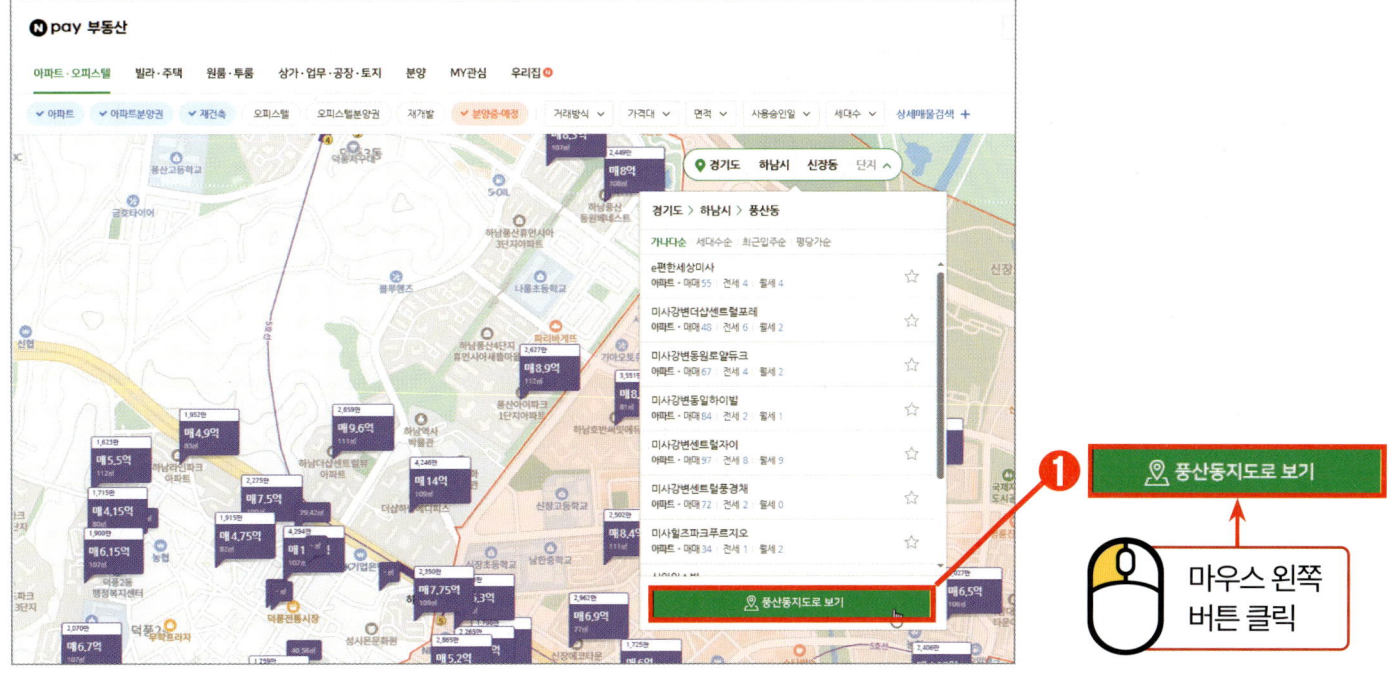

**05** 이번에는 옵션을 변경해보겠습니다. [아파트분양권], [재건축]을 클릭하여 옵션을 해제합니다.

**06** [거래방식]을 클릭합니다. [전세]를 클릭합니다. ✕ 를 클릭합니다.

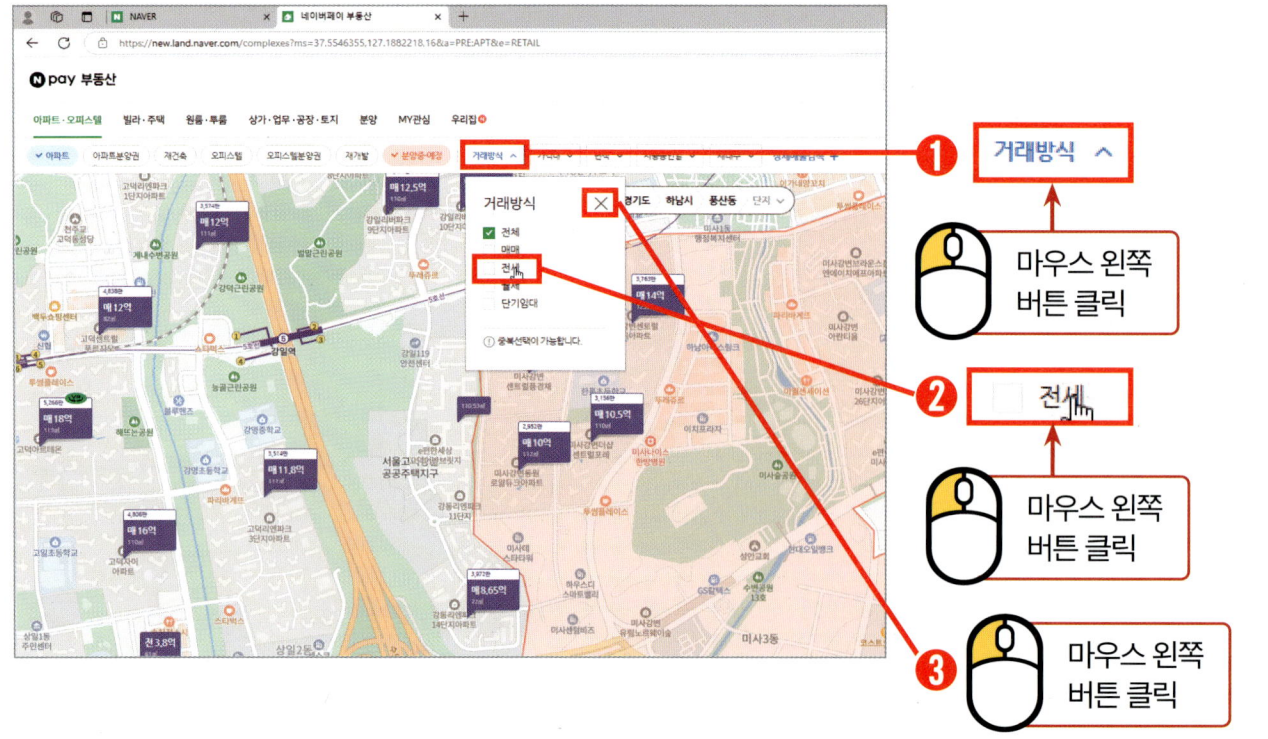

**07** [면적]을 클릭합니다. 원을 클릭한 채 드래그하여 자신이 원하는 평수를 설정합니다. ✕ 를 클릭합니다.

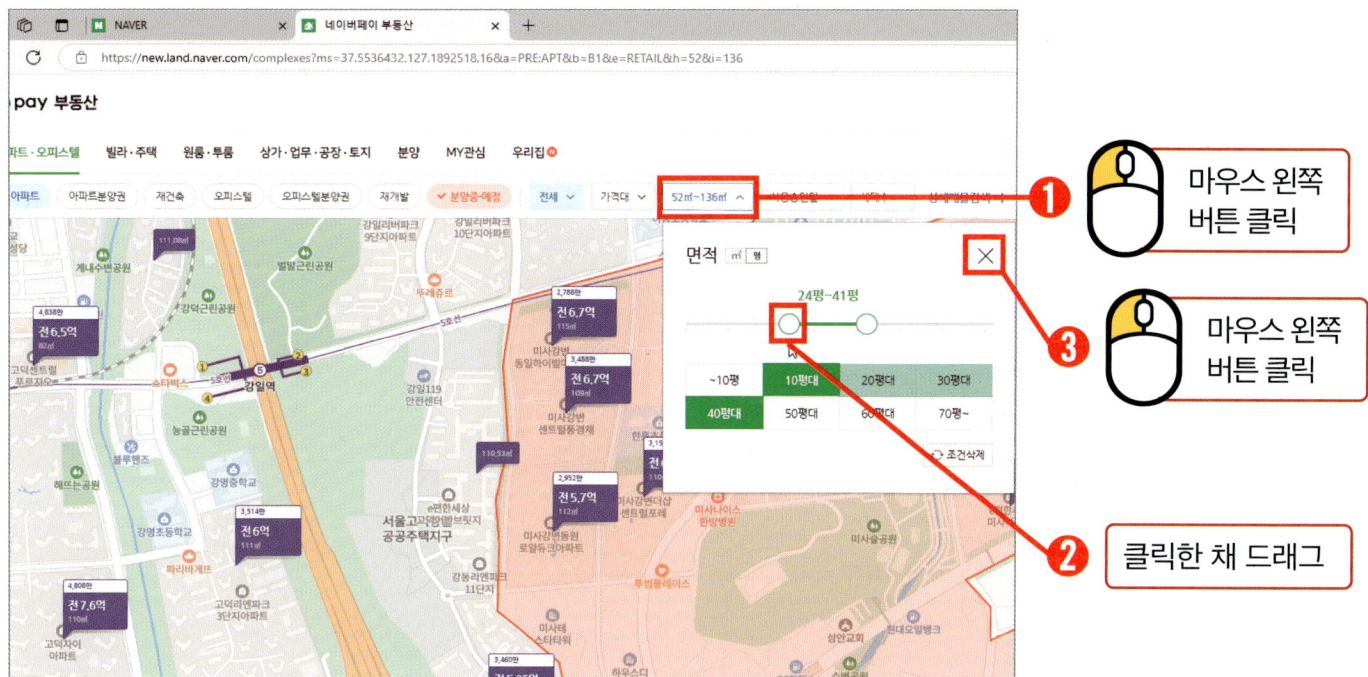

**08** 조건에 맞는 매물이 검색되었습니다. 보고 싶은 곳을 클릭합니다.

제 03장 엣지로 네이버 기능 사용하기 / 103

**09** 단지의 기본정보, 매매 정보 등이 나타납니다. 매물을 클릭하면 매물에 대한 자세한 정보가 나타납니다.

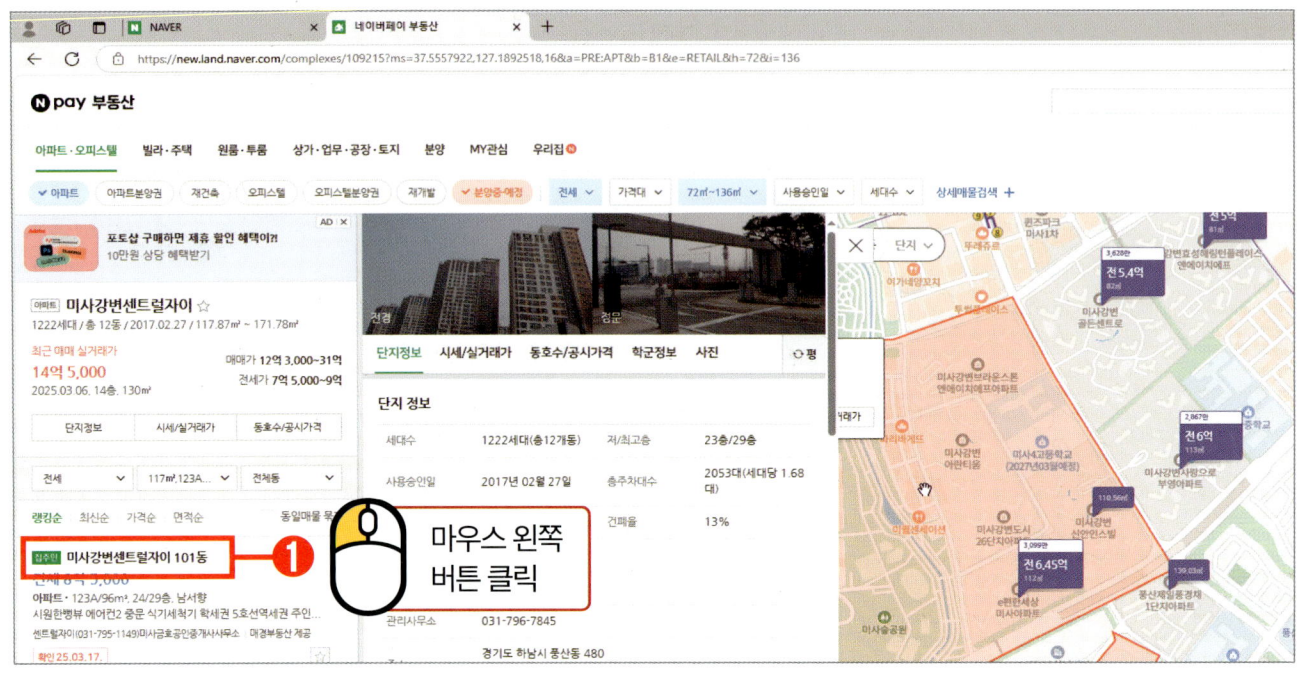

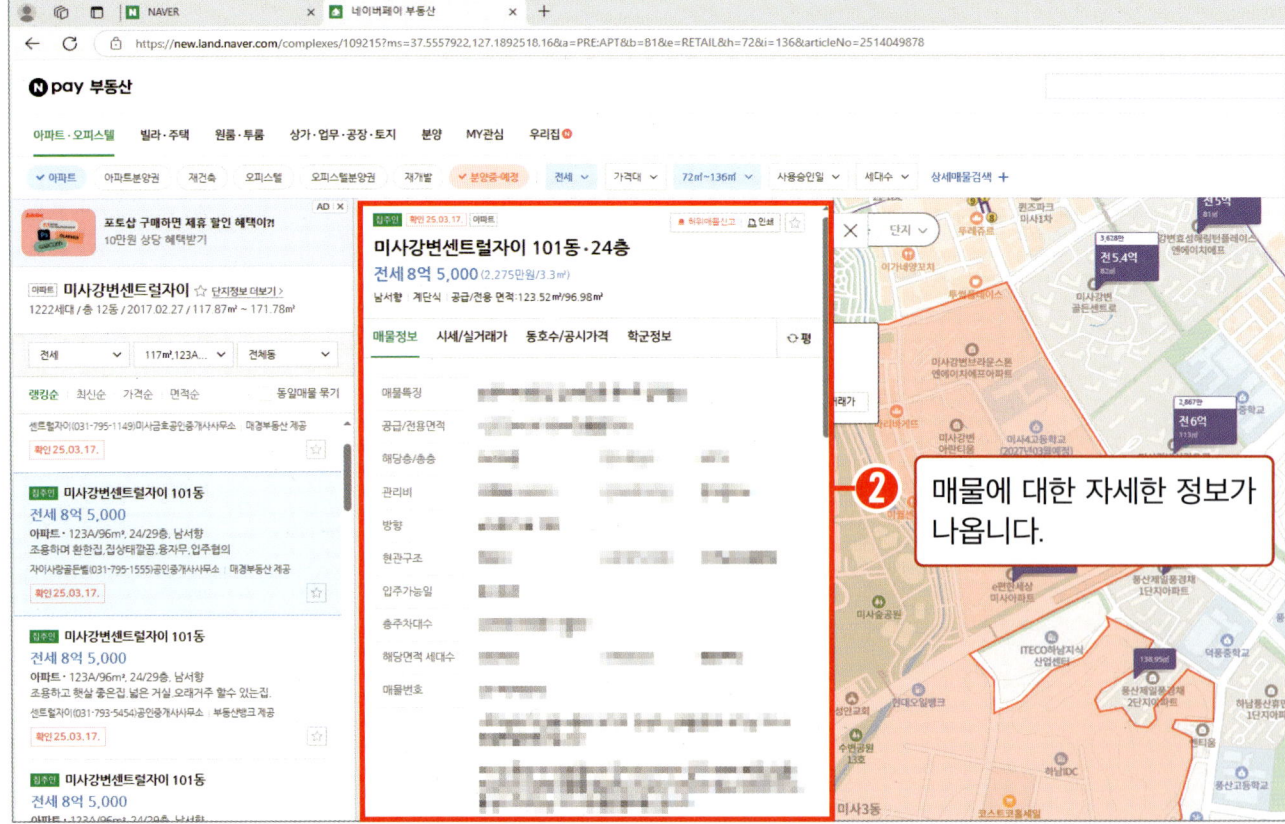

# Section 13 네이버 지식in 이용하기

지식in은 이용자들끼리 질문과 답을 할 수 있는 서비스입니다. 전문가들의 조언을 받을 수도 있습니다.

**01** 네이버 홈페이지에서 ⋯ 를 클릭합니다.

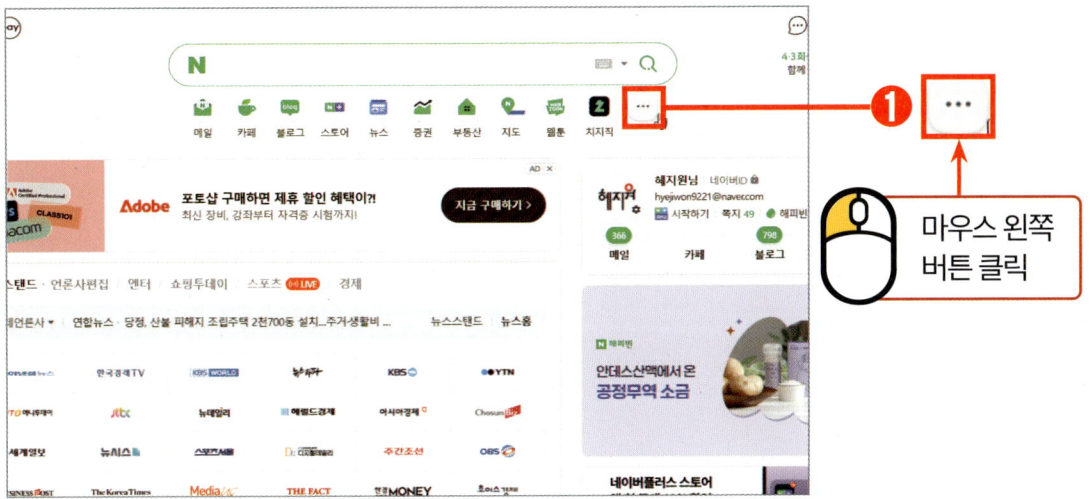

**02** [지식in]을 클릭합니다.

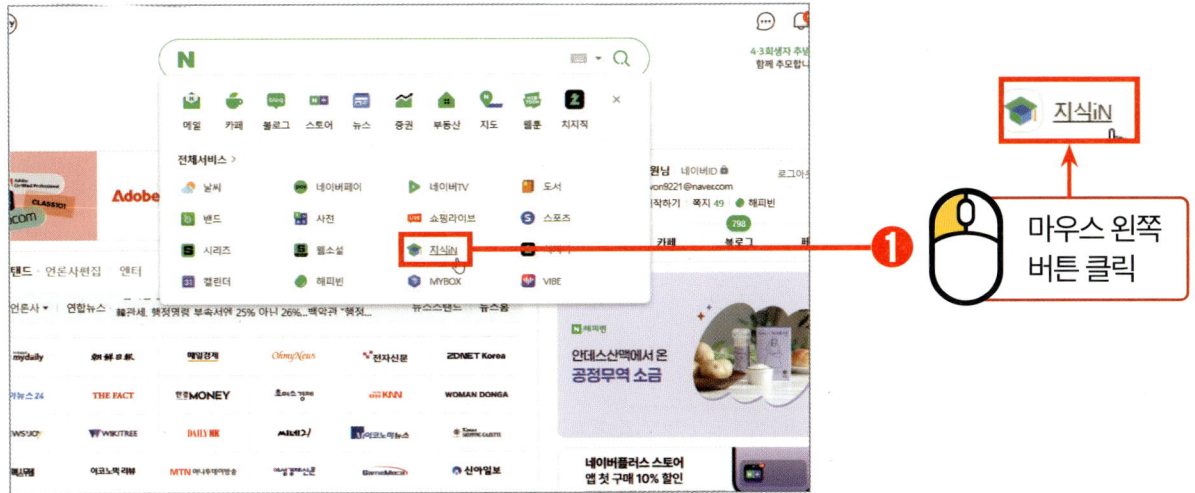

## 03  알고 싶은 내용에 대해 질문을 할 수 있습니다. [질문하기]를 클릭합니다.

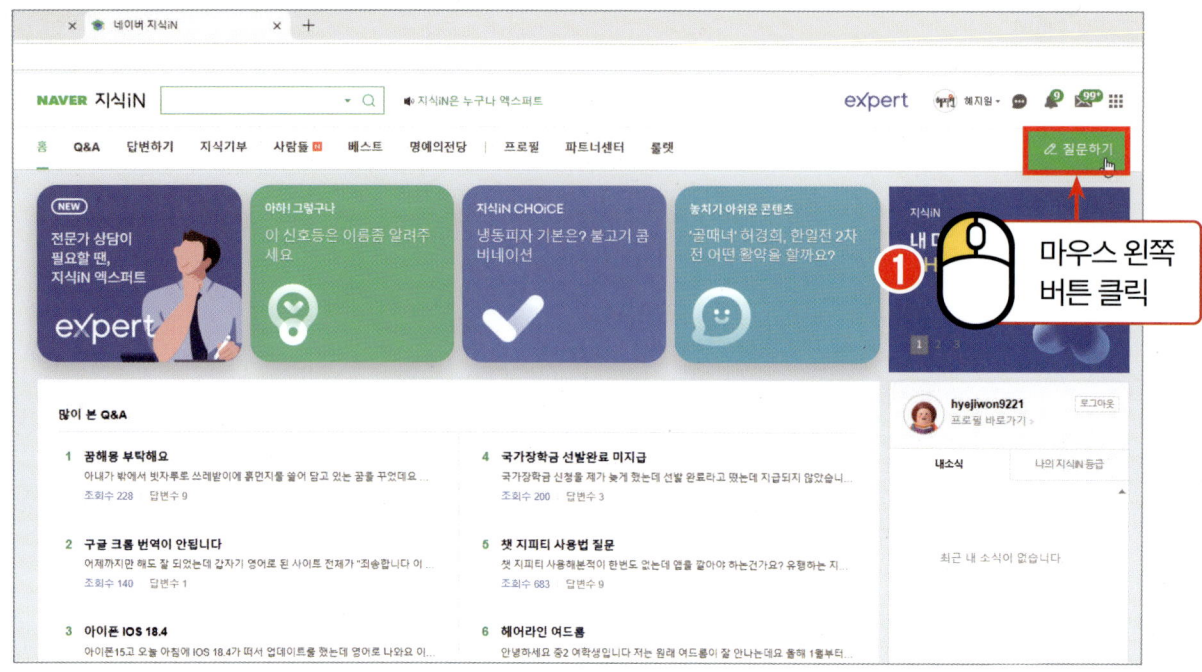

## 04  질문 제목과 내용을 작성합니다. [다음단계]를 클릭합니다.

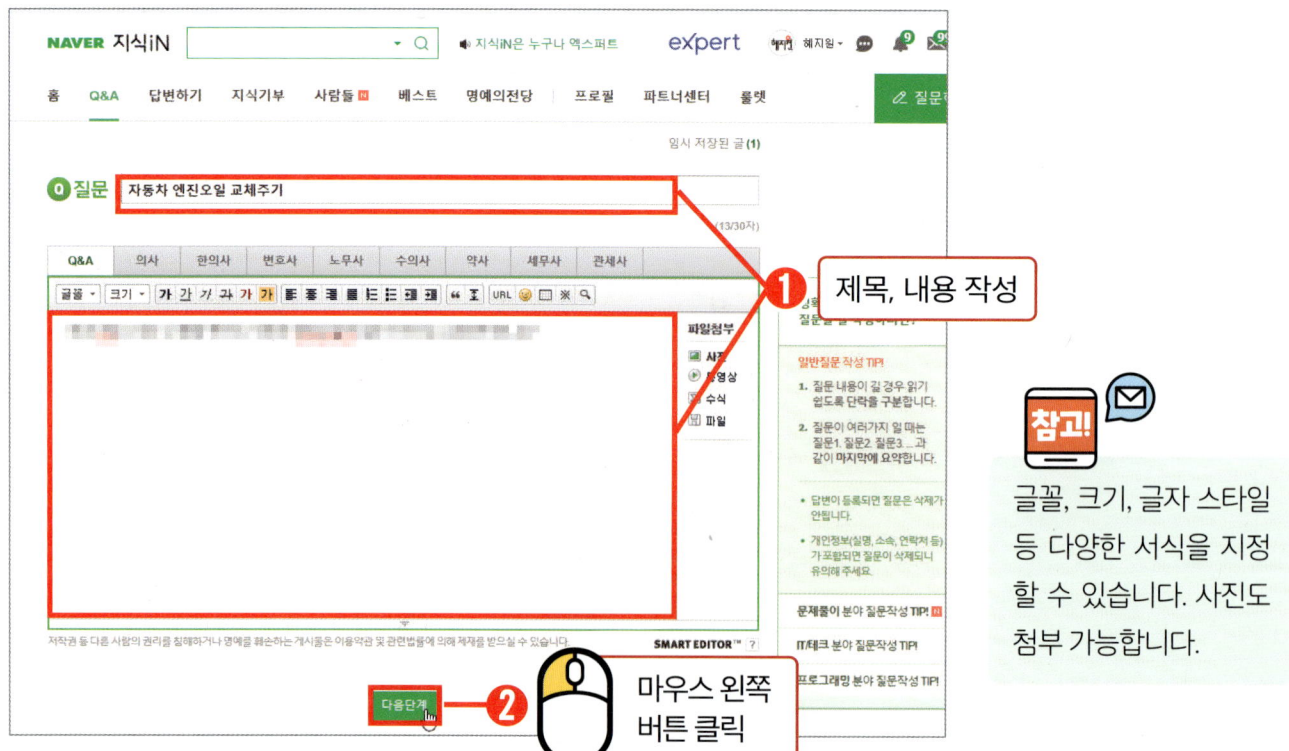

참고! 글꼴, 크기, 글자 스타일 등 다양한 서식을 지정할 수 있습니다. 사진도 첨부 가능합니다.

**05** 질문 분야를 선택합니다. [질문등록]을 클릭합니다. [확인]을 클릭합니다.

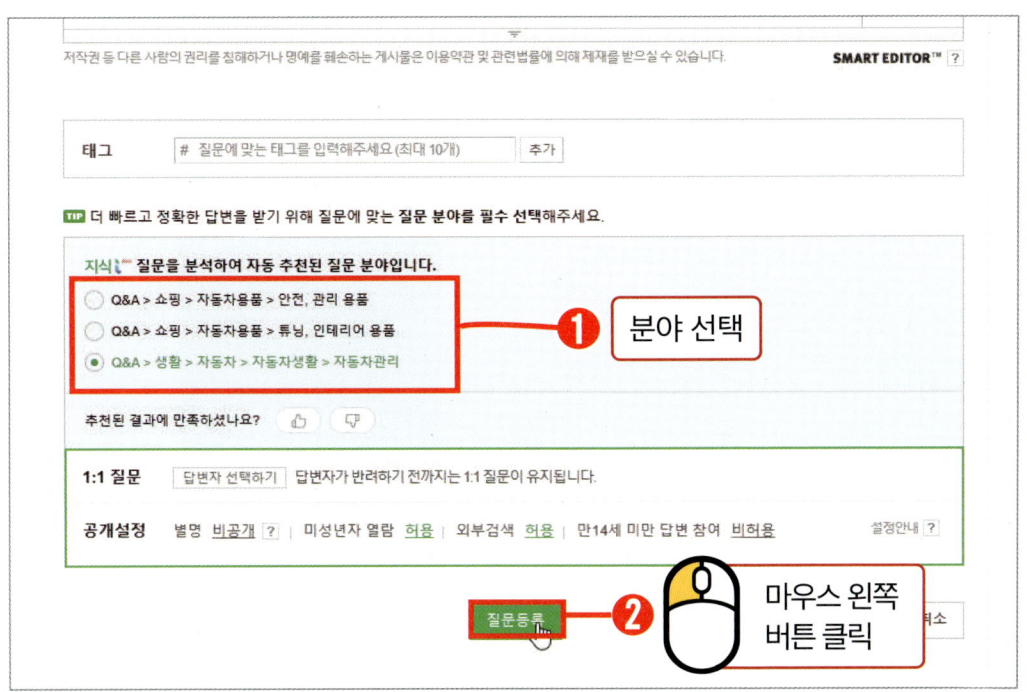

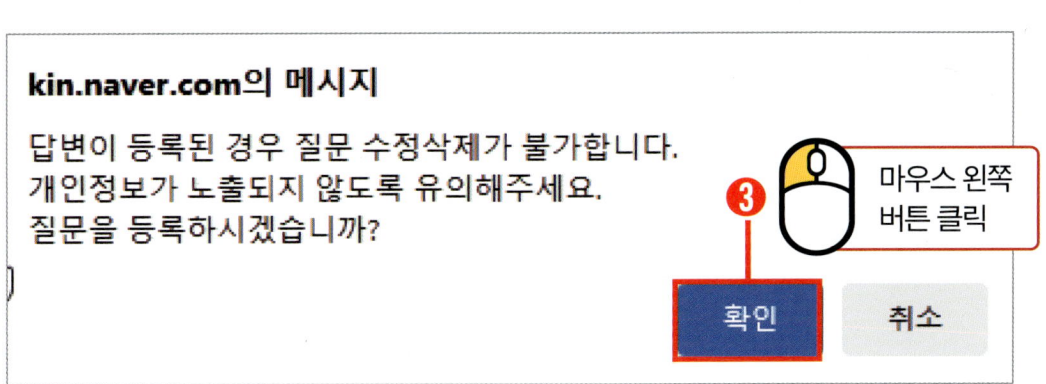

## 06 질문이 등록되었습니다.

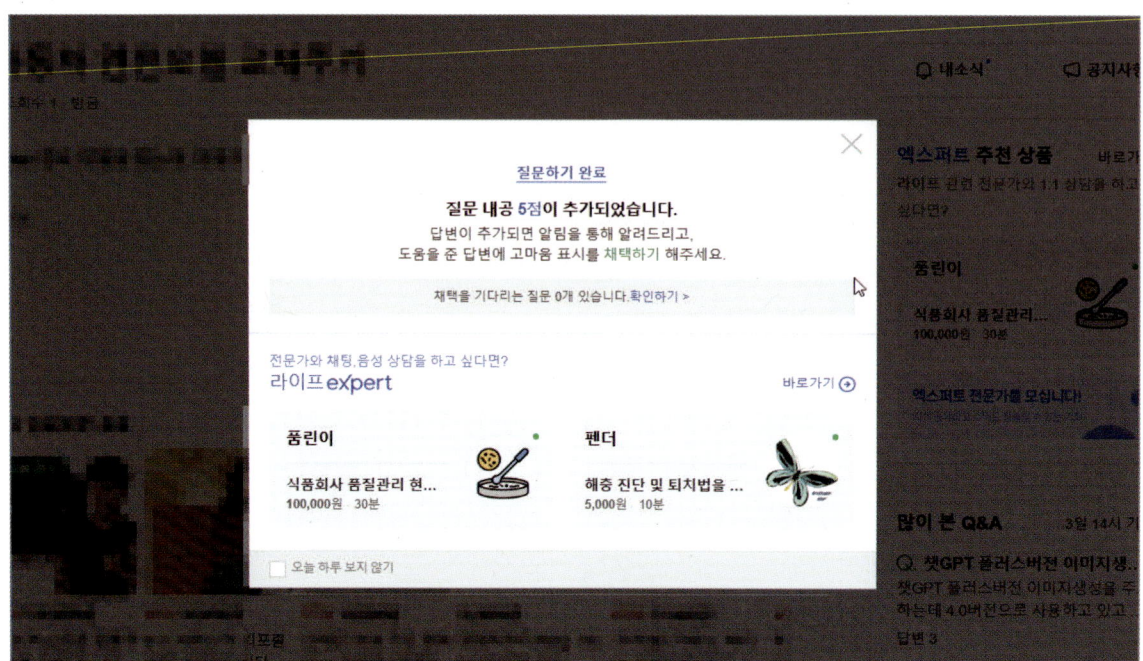

## 07 답변이 달리면 답변이 달렸다는 알림이 뜹니다.

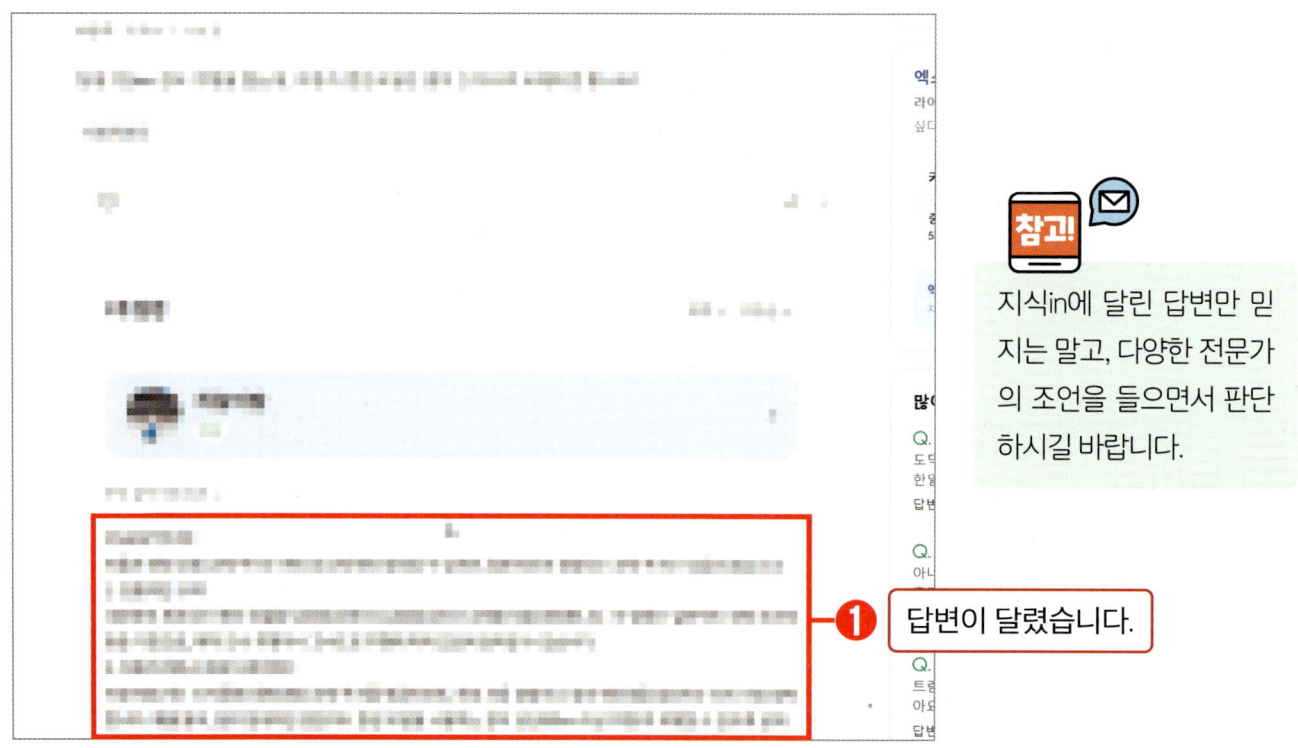

① 답변이 달렸습니다.

> **참고!**
> 지식in에 달린 답변만 믿지는 말고, 다양한 전문가의 조언을 들으면서 판단하시길 바랍니다.

# 제 04 장

# 다음, 네이트 접속 하기

네이버 외의 포털 사이트로는 다음, 네이트 등이 있습니다. 접속하여 주요 기능을 살펴보겠습니다.

# Section 01 다음 접속하기

네이버와 같은 포털사이트인 다음에 접속해보겠습니다.

**01** 검색란의 주소를 선택합니다.

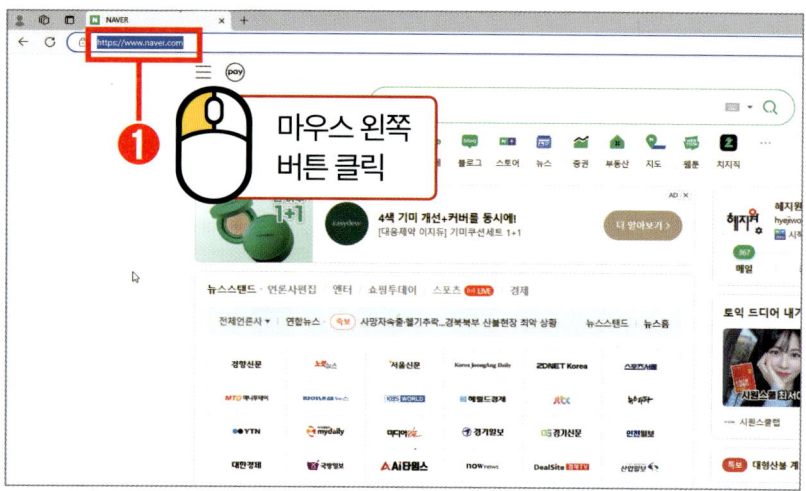

**02** www.daum.net을 입력하고 Enter 키를 누릅니다.

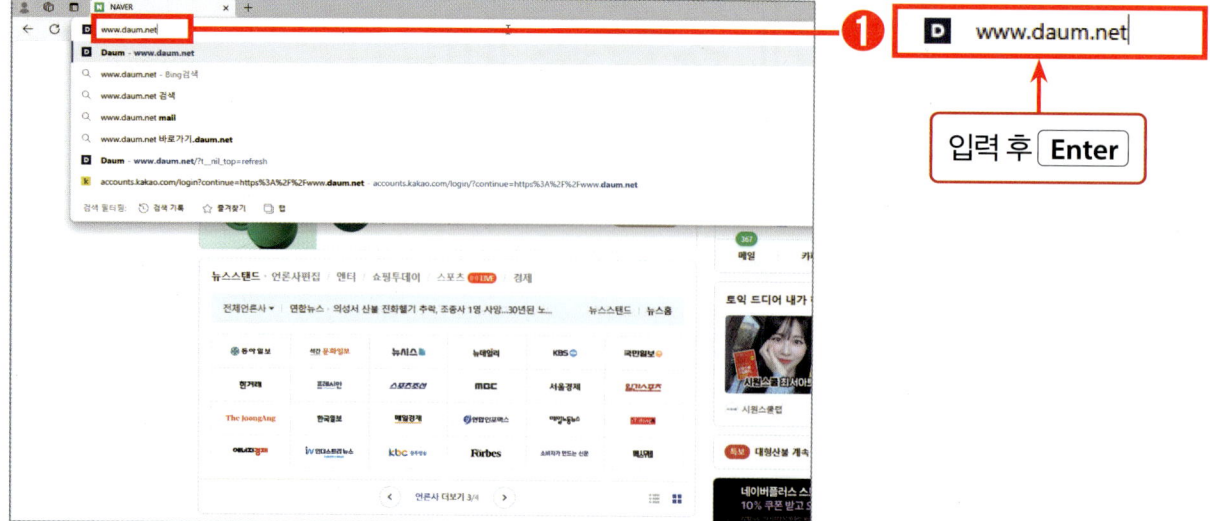

**03** 다음 홈페이지입니다. 원하는 내용을 클릭합니다.

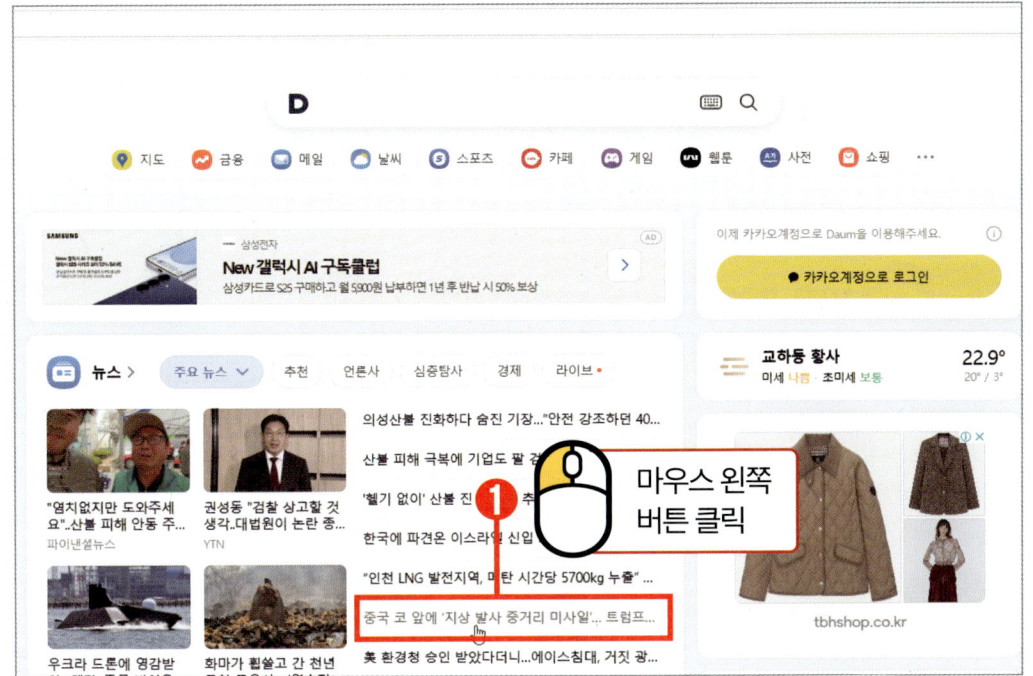

다음은 카카오계정으로 로그인할 수 있습니다.

**04** 뉴스를 볼 수 있습니다. ← 를 클릭합니다.

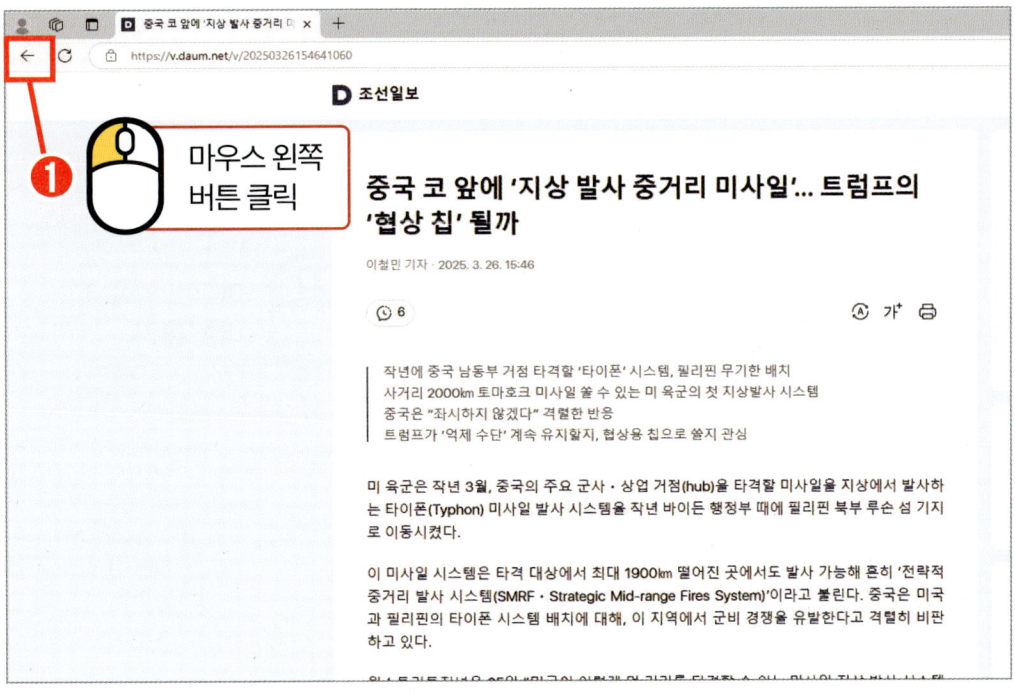

## 05 이전 페이지로 돌아갑니다. ···를 클릭합니다.

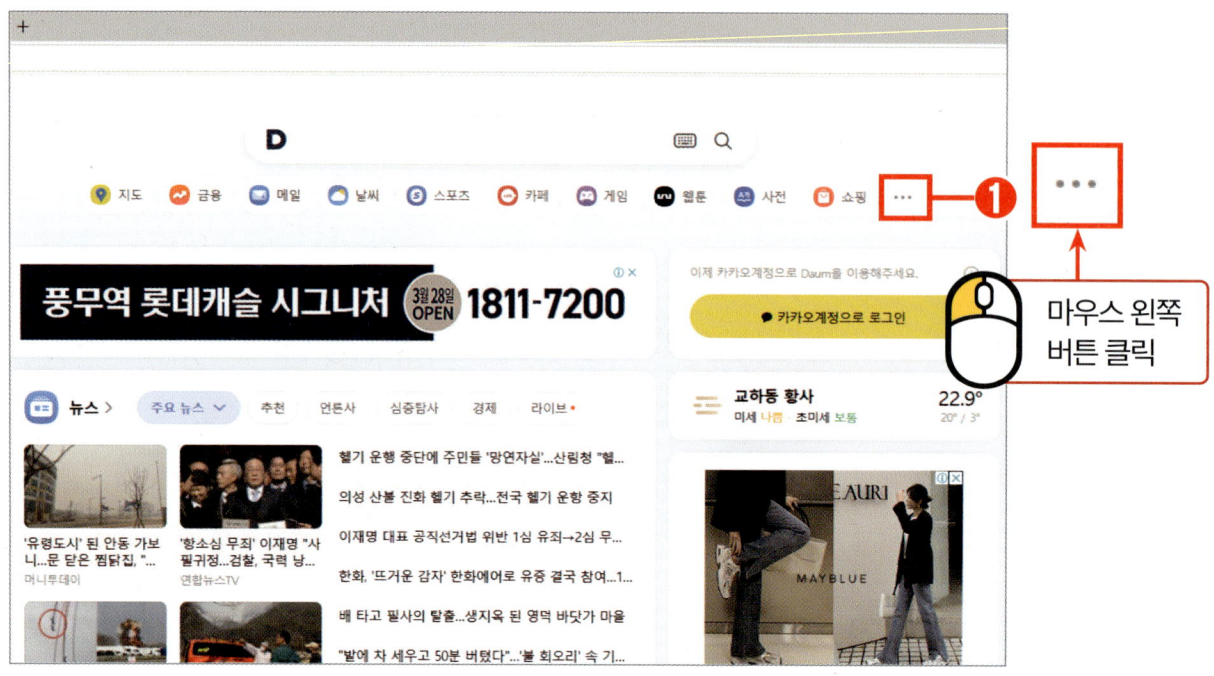

## 06 티스토리를 클릭합니다.

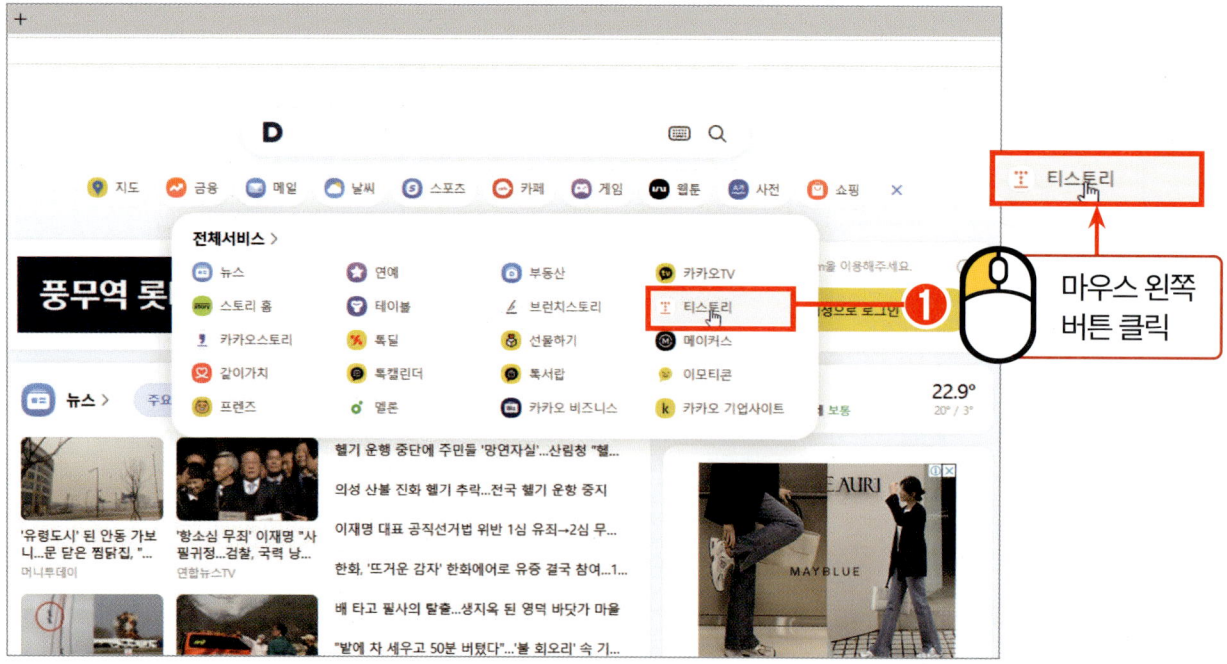

# 07
티스토리 블로그로 이동했습니다. 원하는 검색어를 입력하고 Enter 키를 누릅니다.

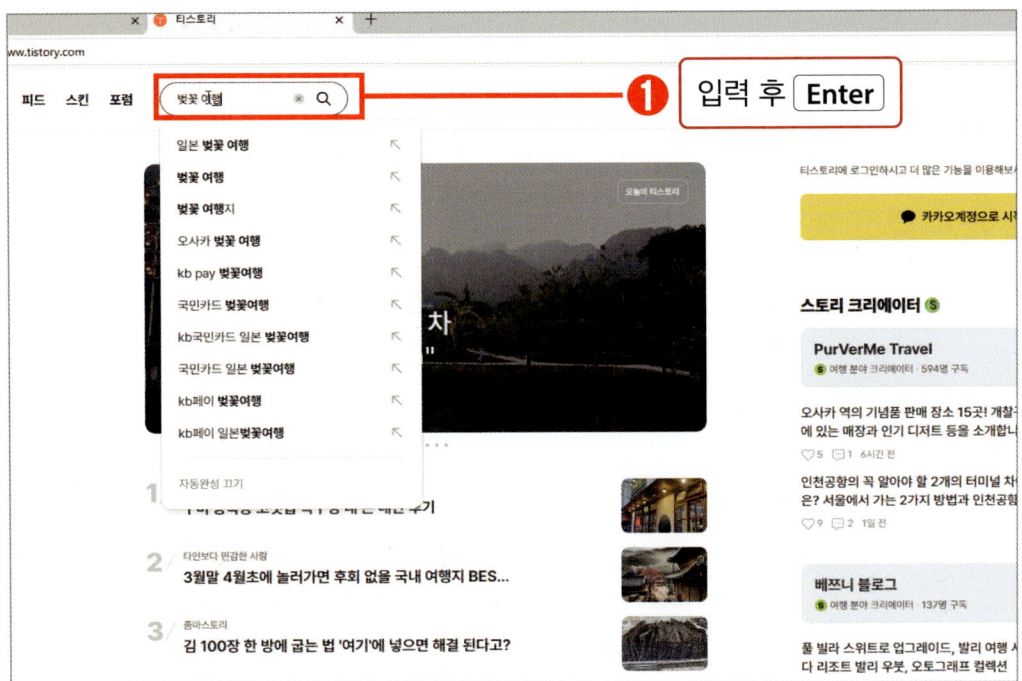

# 08
검색어와 관련된 글들이 나타납니다. 원하는 글을 클릭합니다.

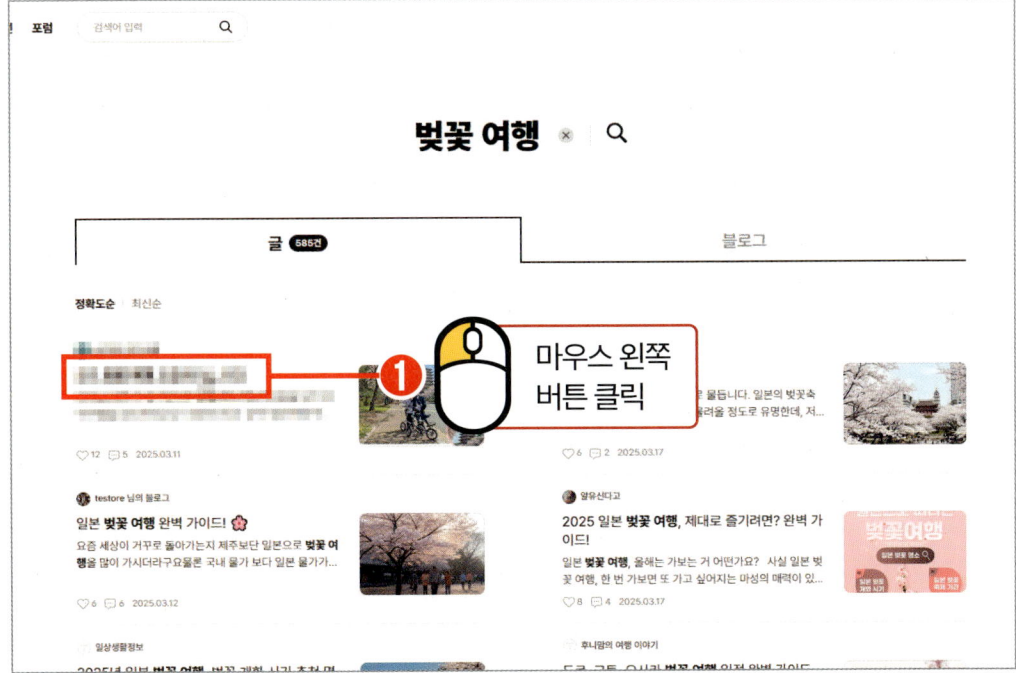

**09** 해당 블로그의 글로 이동합니다.

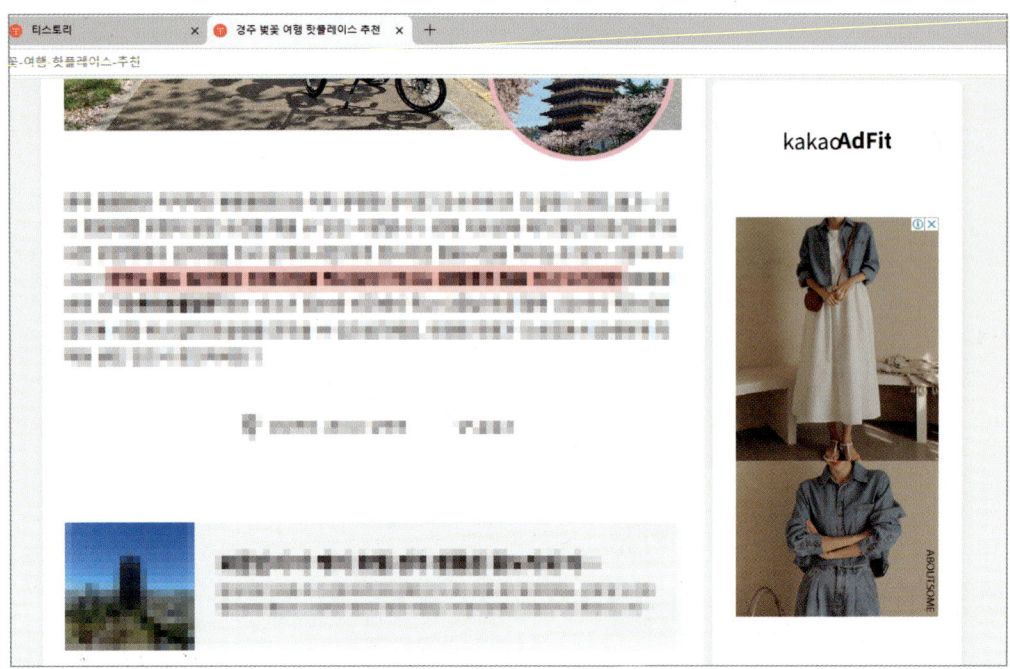

# Section 02 다음에서 날씨 살펴보기

다음에서 '날씨'를 살펴보겠습니다.

**01** 다음 홈페이지에서 날씨를 클릭합니다.

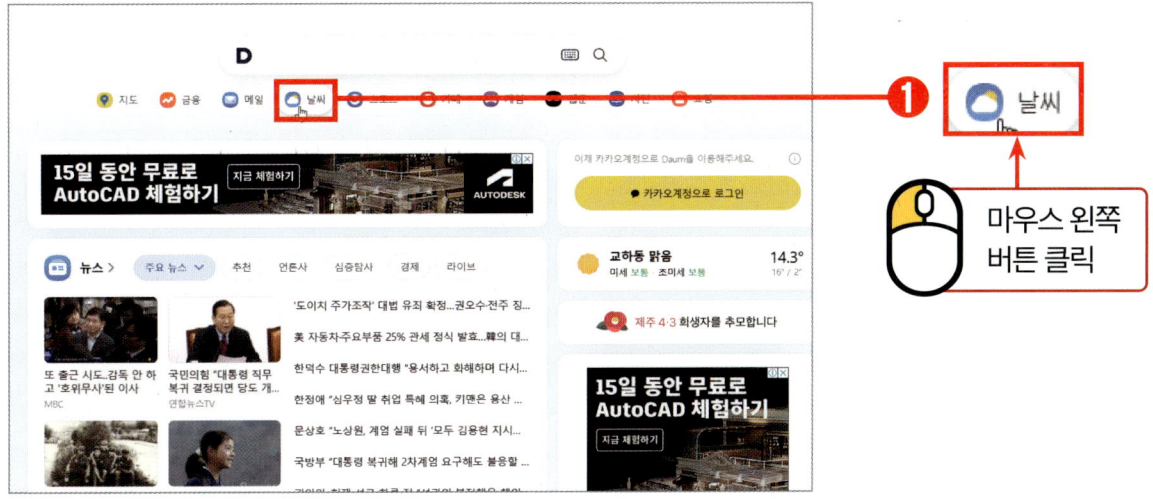

**02** [전국]을 클릭합니다.

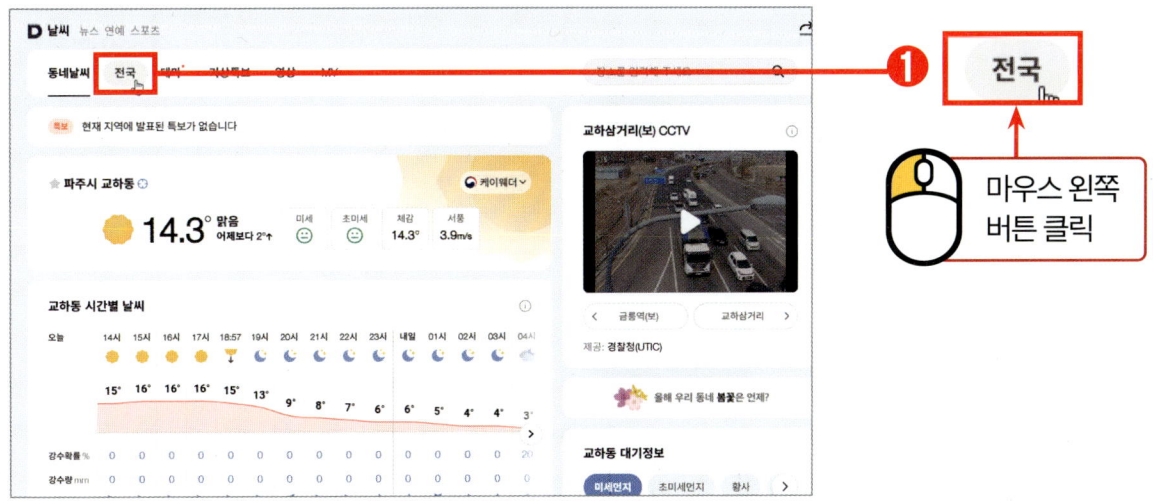

## 03
전국의 날씨를 알 수 있습니다. 요일을 클릭하면 요일에 따른 날씨 예보가 나타납니다. 다음은 [영상]을 클릭합니다.

## 04
각종 영상으로 한반도의 기상 상태를 볼 수 있습니다. 이번에는 원하는 장소를 찾아보겠습니다. '수원'을 입력하고 '경기도 수원시'를 클릭합니다.

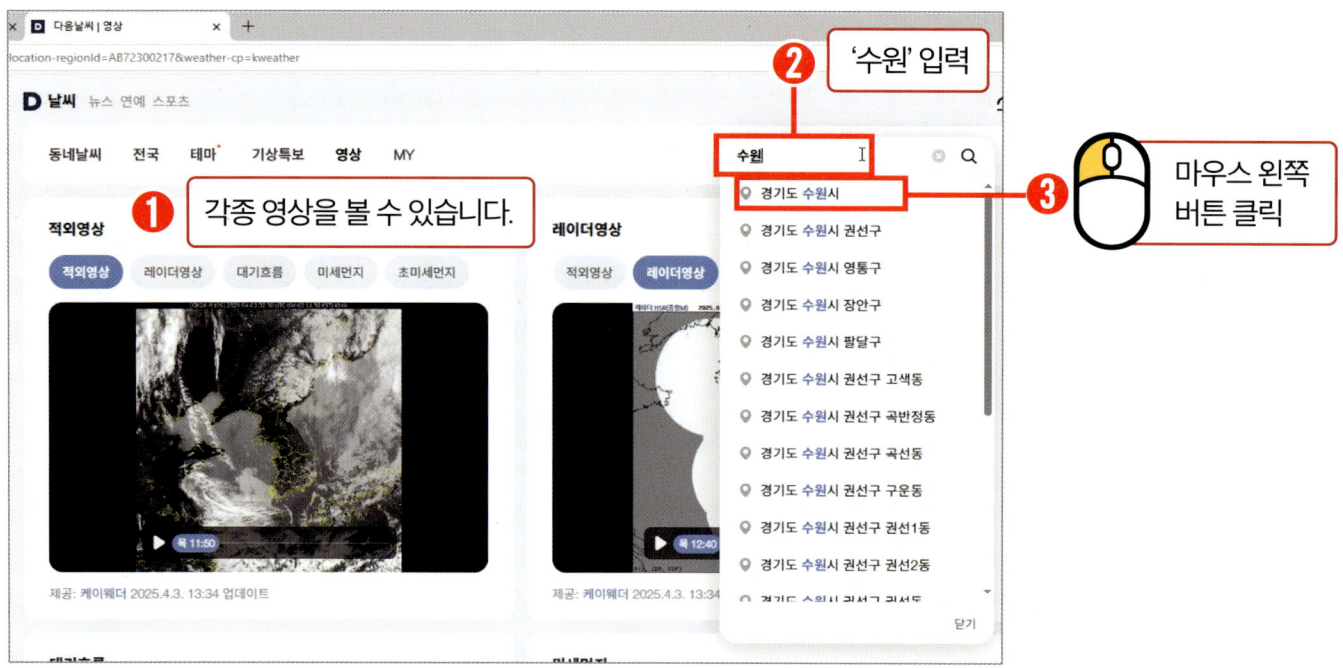

# 05  수원의 날씨가 검색되었습니다.

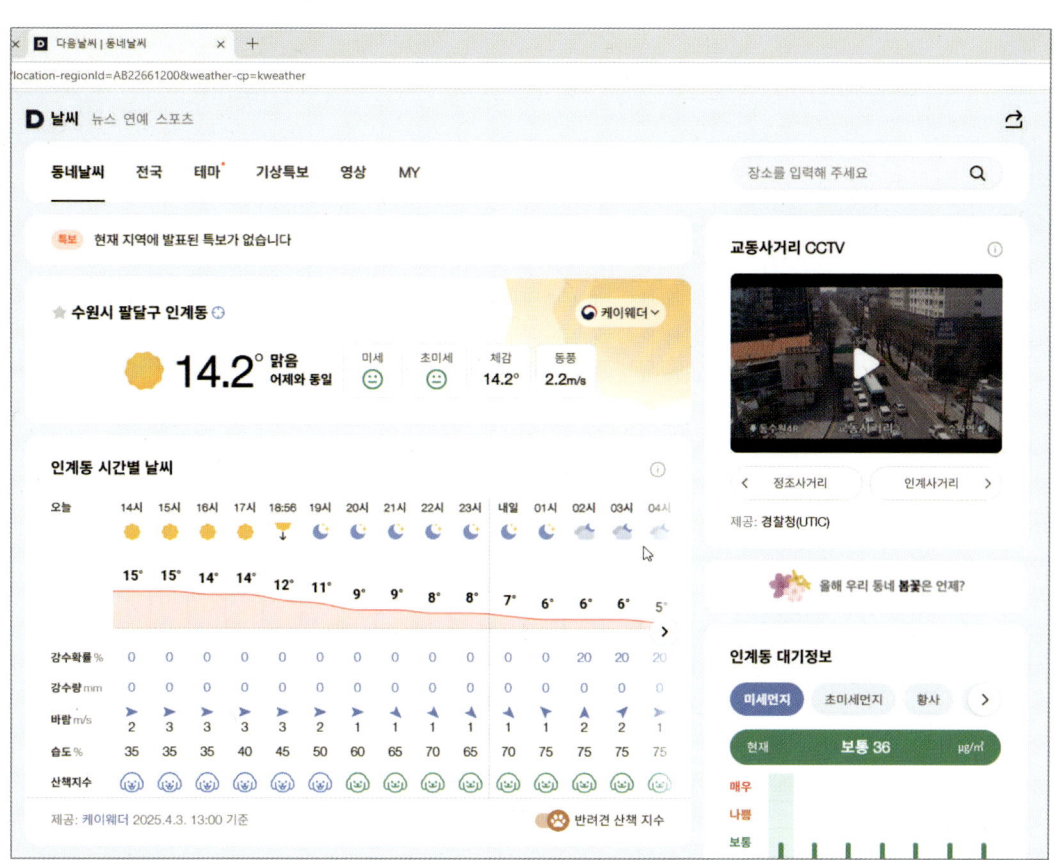

동, 면과 같은 작은 행정단위로도 검색할 수 있습니다.

# Section 03 네이트에 회원가입하기

다른 포털사이트인 네이트에 접속하여 회원가입을 해보겠습니다.

**01** 주소 입력란에 www.nate.com을 입력하고 Enter 키를 누릅니다.

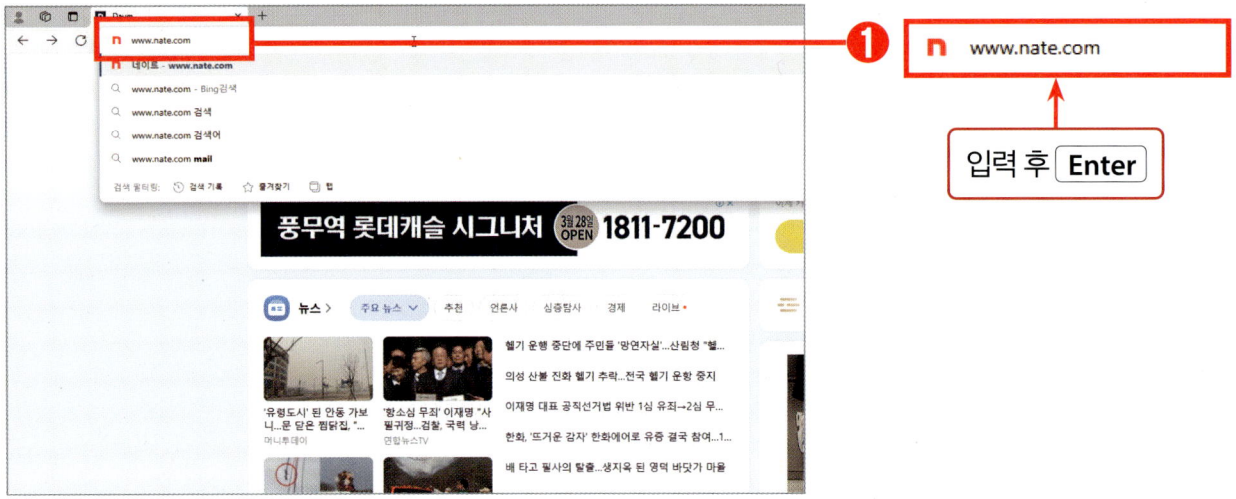

**02** 네이트 홈페이지입니다. [회원가입]을 클릭합니다.

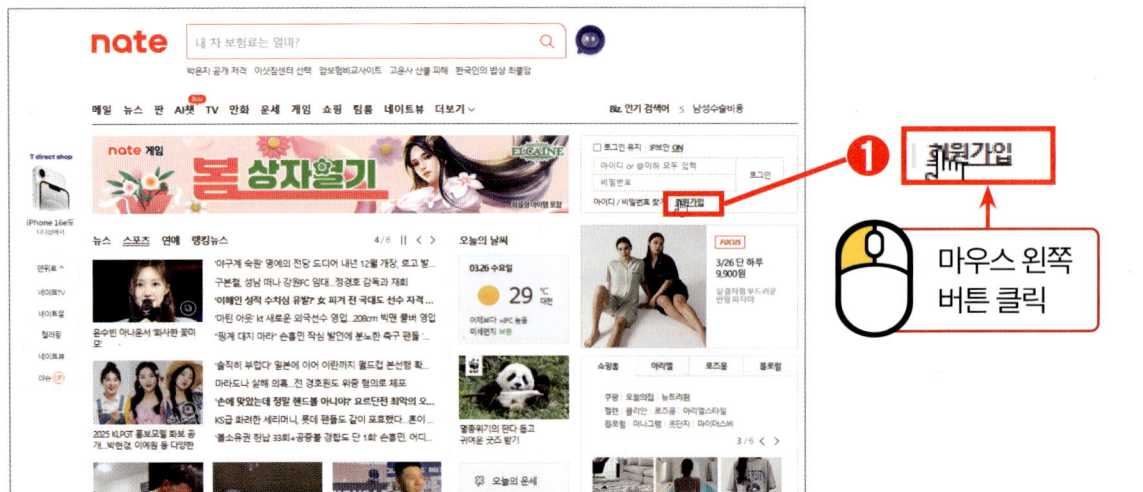

## 03 [모두 동의]를 클릭하고 [다음]을 클릭합니다.

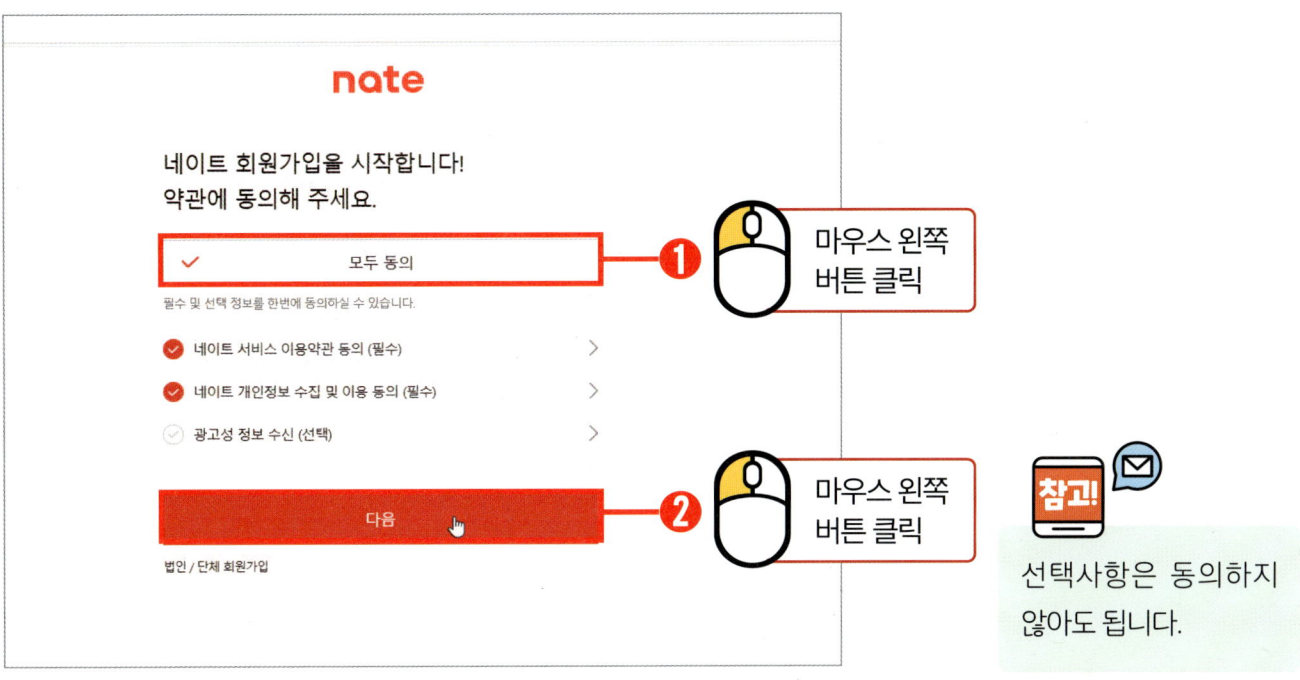

## 04 그림문자를 입력합니다. 휴대폰 번호를 입력하고 [인증번호 받기]를 클릭합니다.

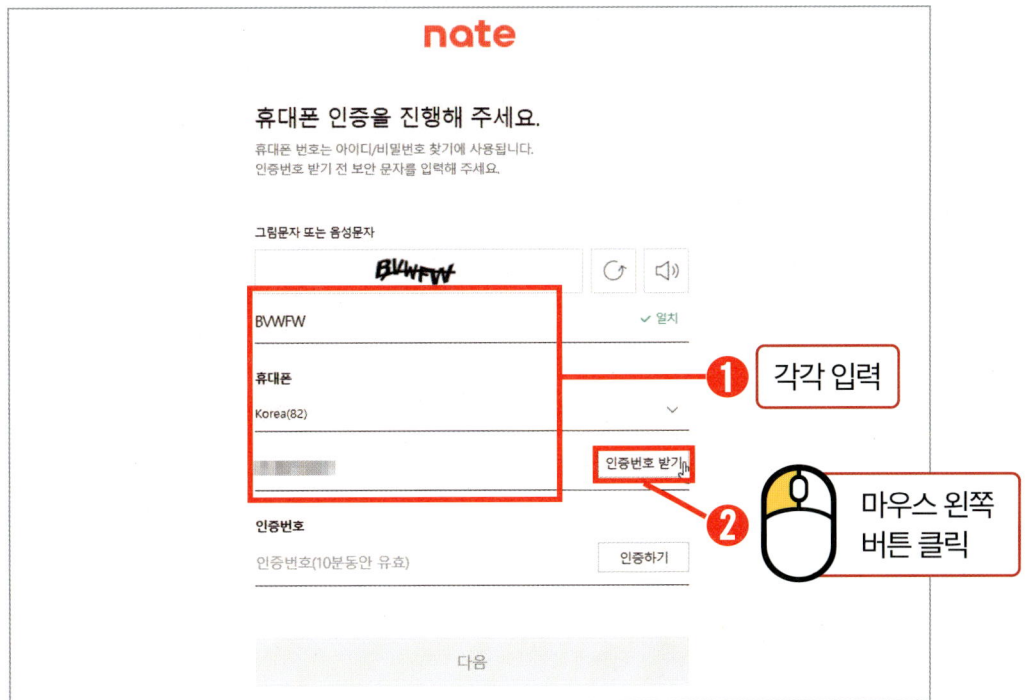

## 05 휴대폰으로 온 인증번호를 입력하고 [인증하기]를 클릭합니다.

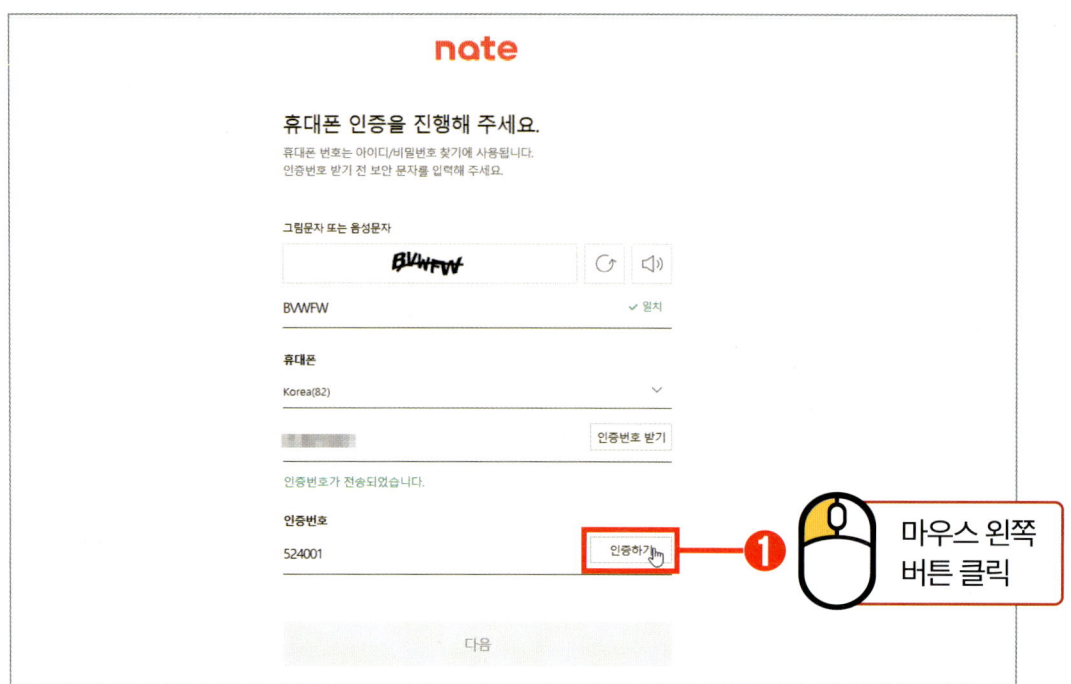

## 06 [다음]을 클릭합니다.

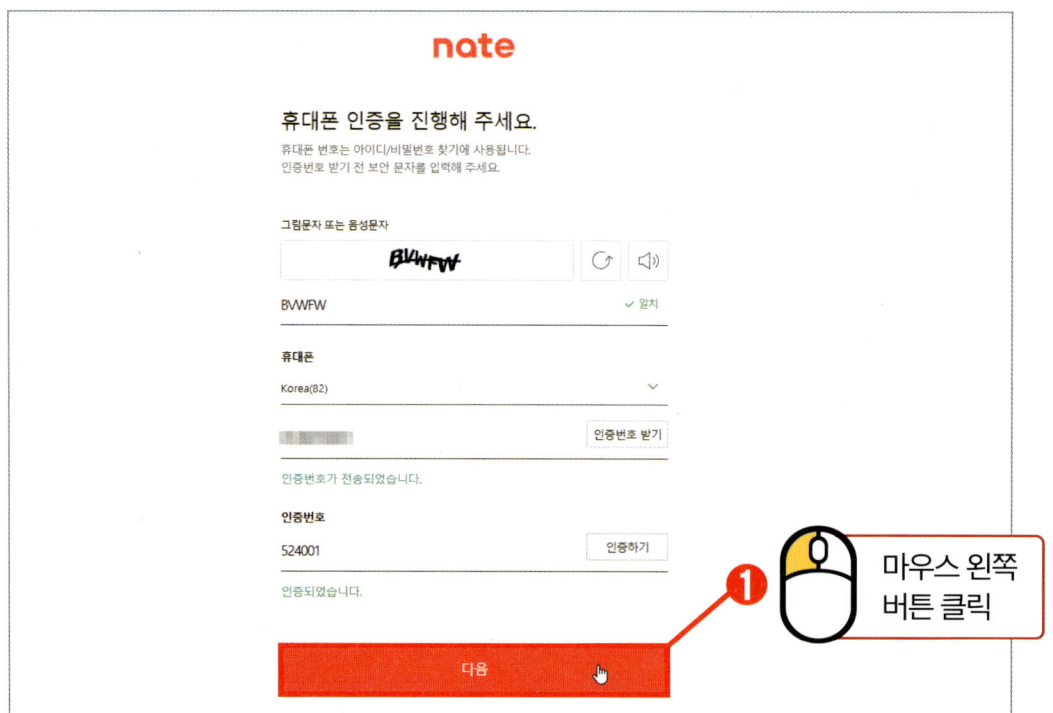

**07** 아이디를 입력하고 [중복확인]을 클릭합니다. [다음]을 클릭합니다.

참고! 사용할 수 있는 아이디 어야 다음 과정을 진행할 수 있습니다.

**08** 비밀번호와 비밀번호 확인을 입력하고 [다음]을 클릭합니다.

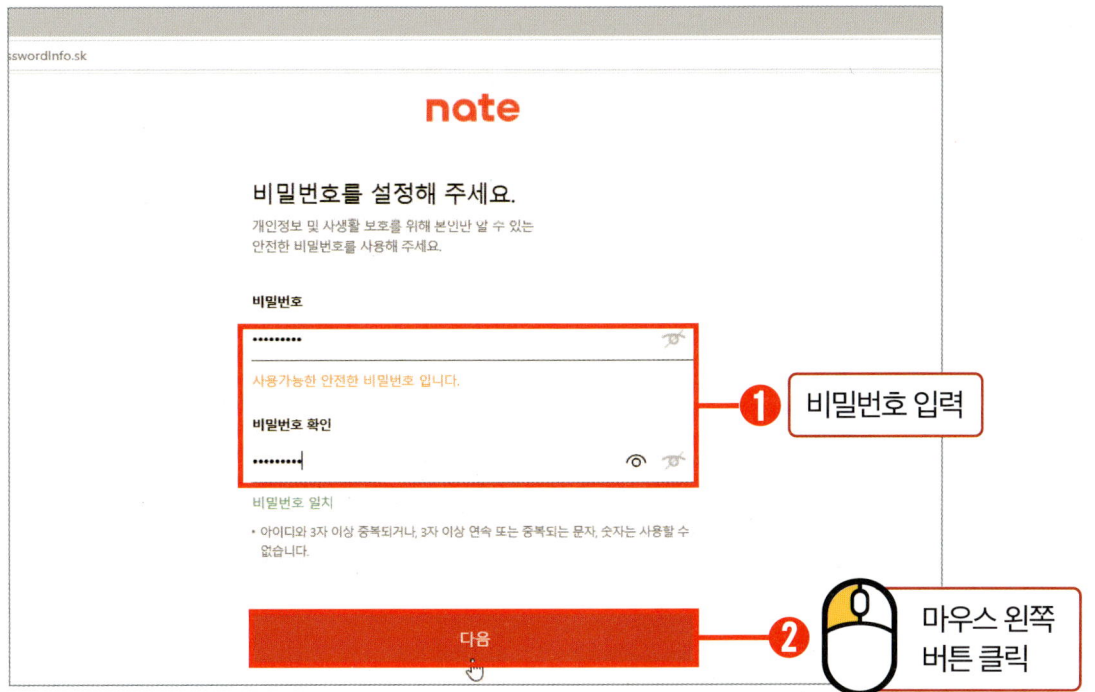

**09** 아이디/비밀번호 찾기에 이용할 다른 포털사이트의 이메일 주소를 입력합니다. 여기서는 앞서 가입한 네이버 이메일 주소를 입력합니다. [다음]을 클릭합니다.

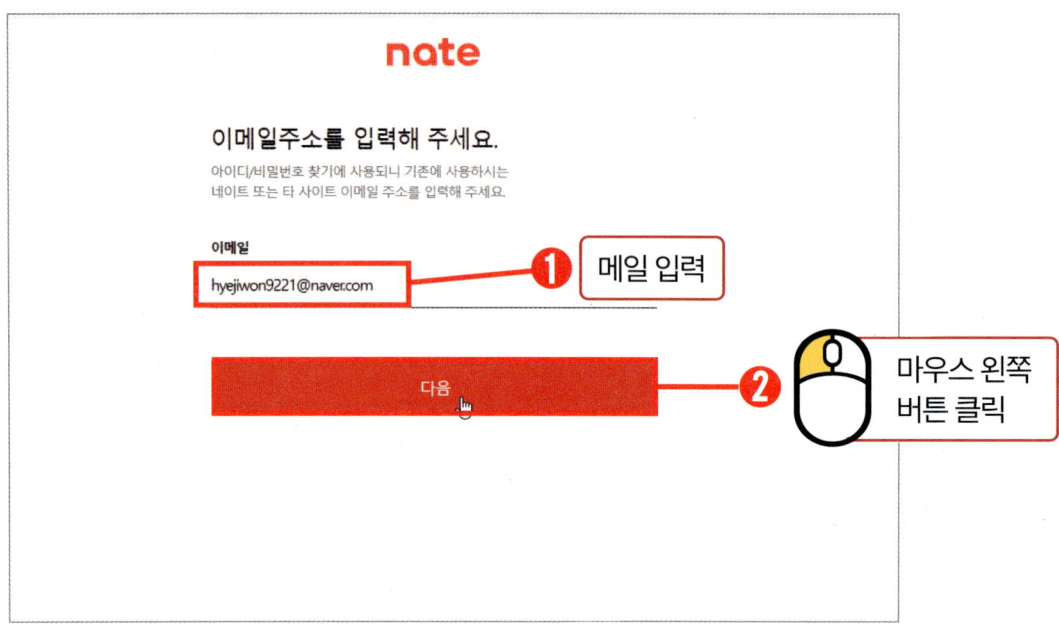

**10** 이름, 생년월일, 성별을 선택하고 [다음]을 클릭합니다.

**11** 해외 IP 차단에서 [ON]에 클릭하고 [다음]을 클릭합니다.

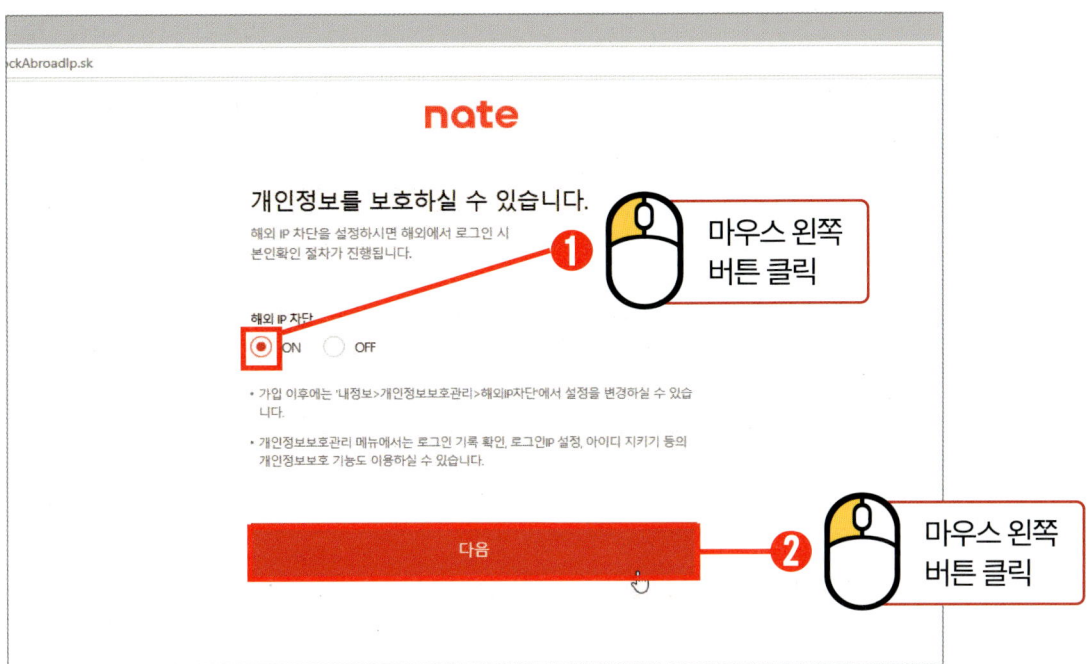

**12** 네이트 회원가입이 완료되었습니다. [확인]을 클릭합니다.

# Section 04 네이트 기능 알아보기

네이트 역시 네이버, 다음과 같이 다양한 기능을 제공하고 있습니다.

## 01 아이디와 비밀번호를 입력하고 [로그인]을 클릭합니다.

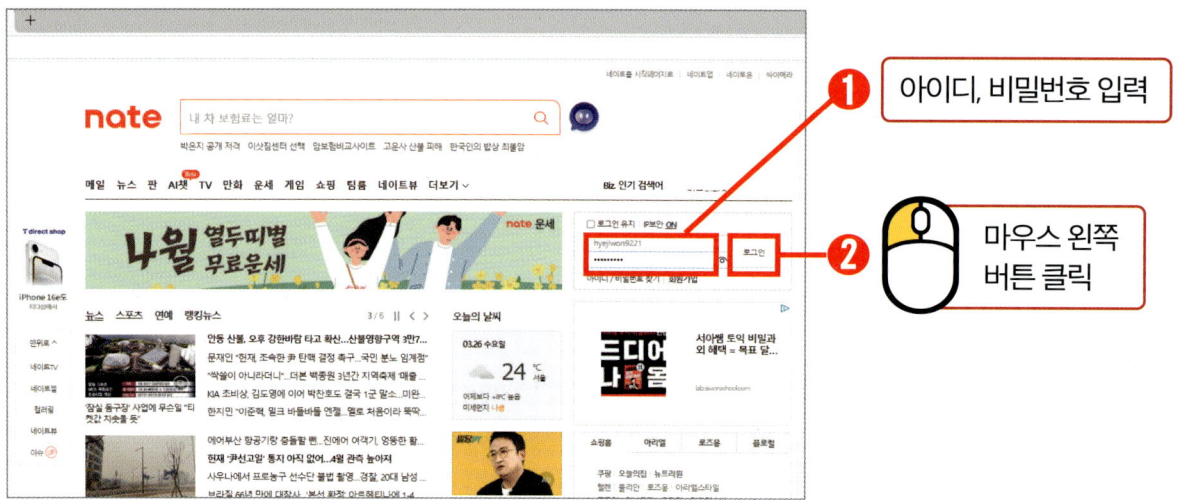

## 02 [뉴스]를 클릭합니다.

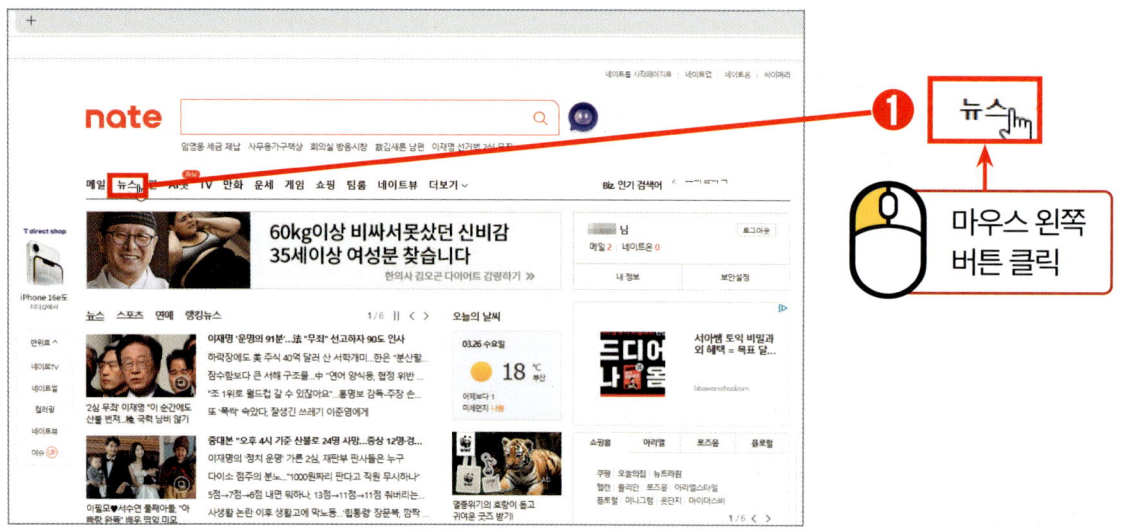

## 03 네이트에서 제공하는 다양한 뉴스를 볼 수 있습니다. ←를 클릭해 되돌아갑니다.

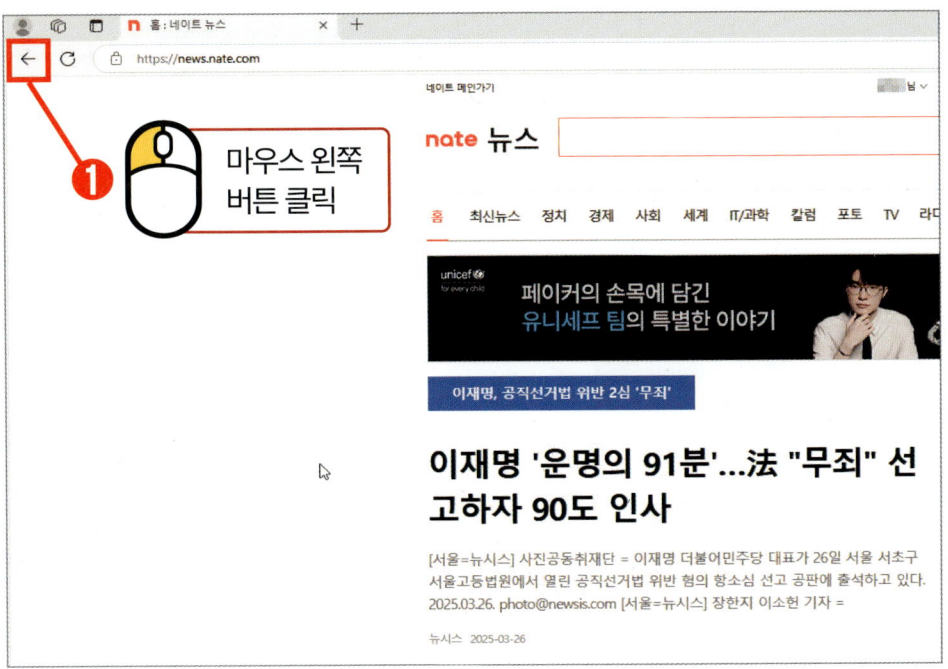

## 04 [운세]를 클릭합니다.

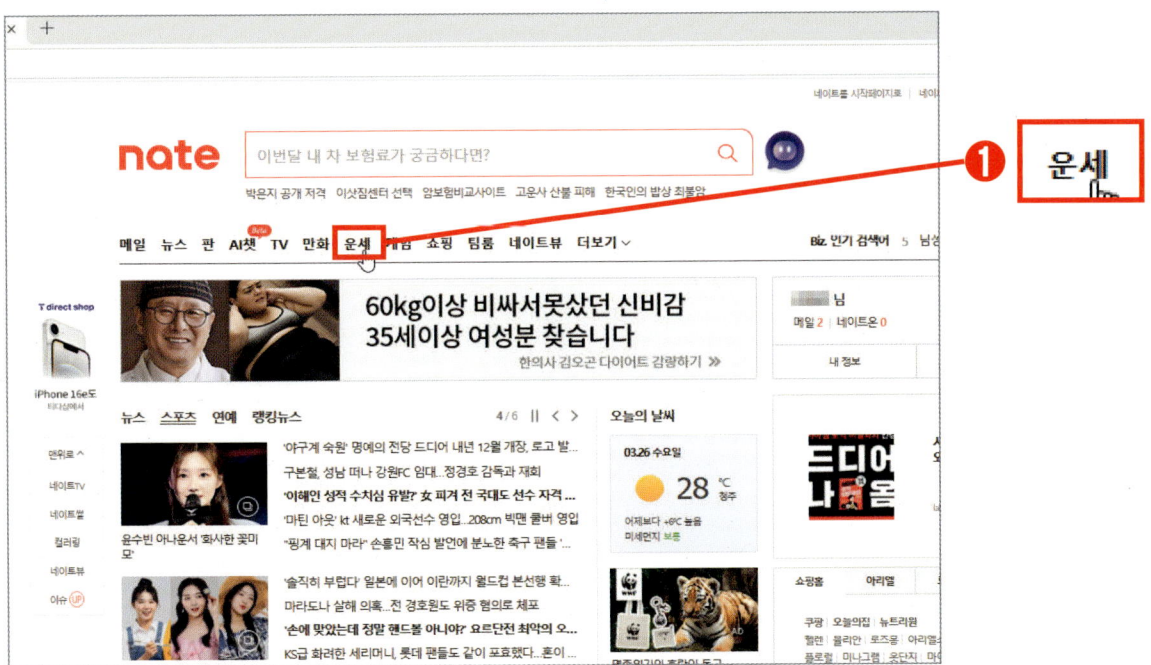

## 05 운세를 알아보겠습니다. [무료운세]를 클릭합니다.

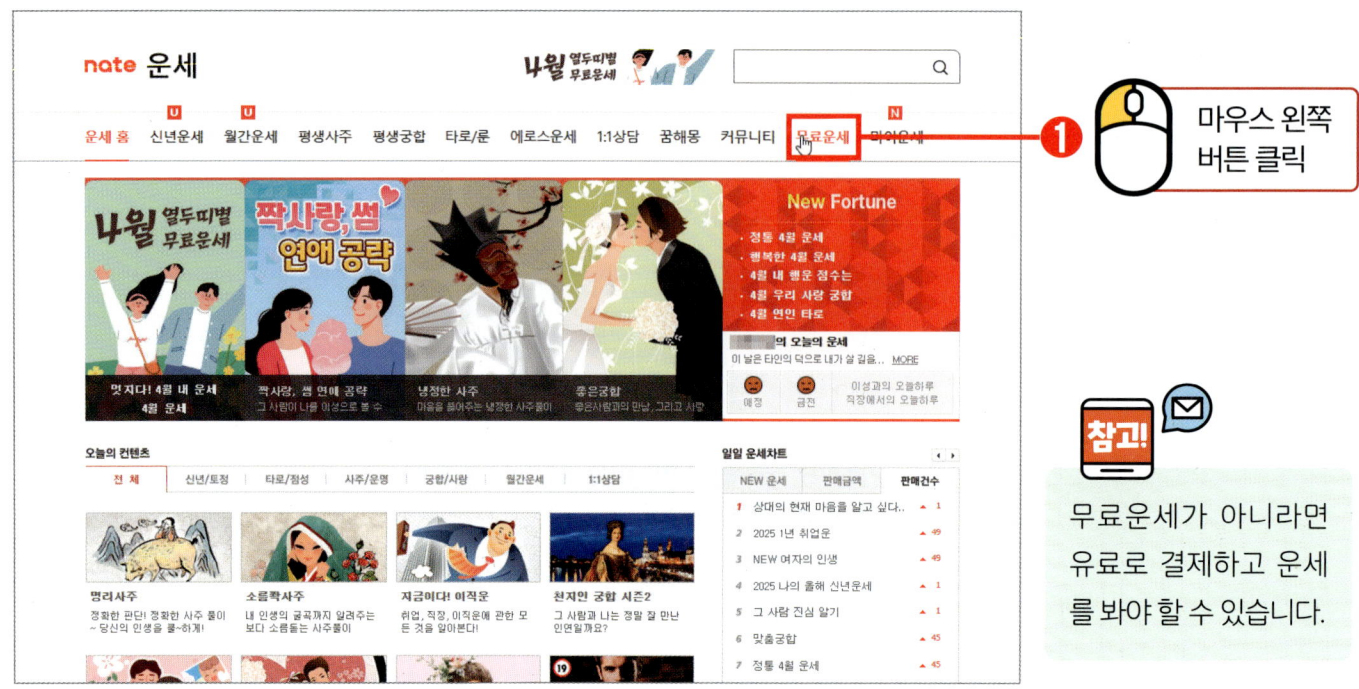

## 06 오늘의 운세를 볼 수 있습니다. 상단의 [네이트 메인가기]를 클릭합니다. 네이트의 다양한 기능을 클릭하며 익혀봅니다.

# 제 05 장

# 인터넷으로 영상 매체 보고 게임하기

인터넷을 통해 다양한 사이트에 접속하여 영상 매체를 시청할 수 있습니다. 또한 게임을 다운로드받을 수 있습니다.

# Section 01 지상파 방송 보기

mbc, kbs, sbs 같은 지상파 방송뿐 아니라 다양한 방송사들의 뉴스, 방송을 언론사 홈페이지에서 볼 수 있습니다.

**01** 검색란에 'mbc'를 입력하고 Enter 키를 누릅니다.

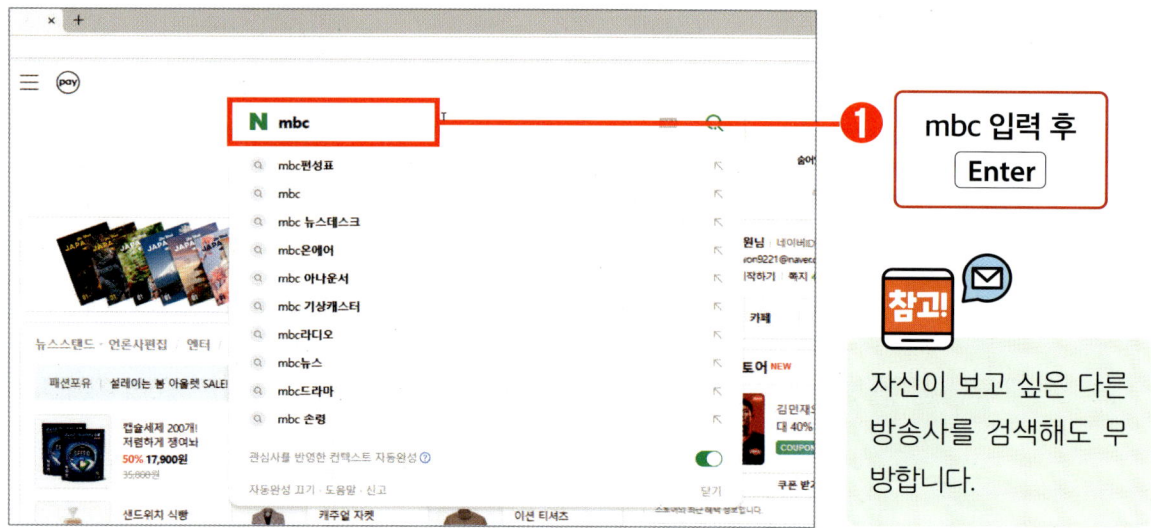

❶ mbc 입력 후 Enter

참고! 자신이 보고 싶은 다른 방송사를 검색해도 무방합니다.

**02** mbc 홈페이지를 클릭합니다.

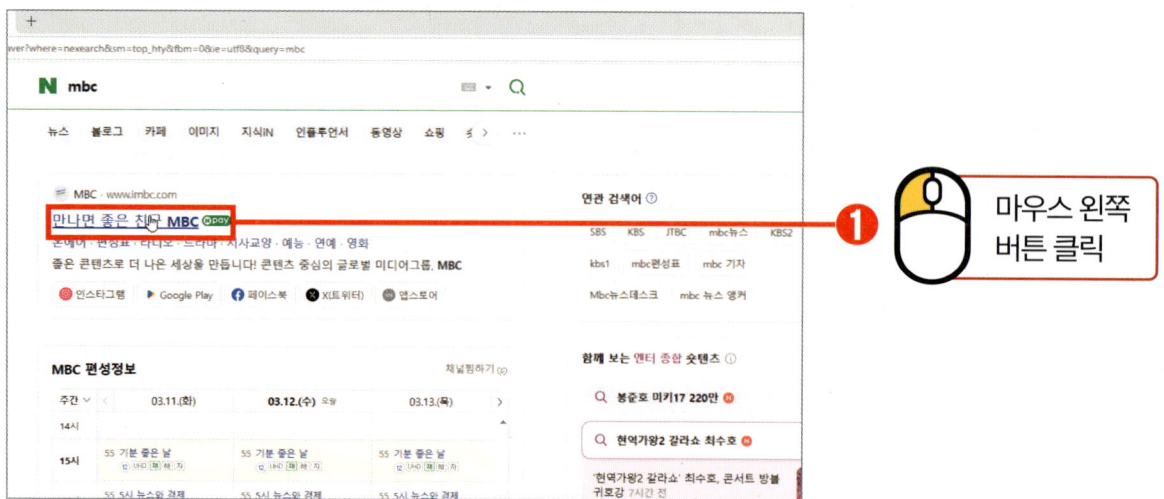

❶ 마우스 왼쪽 버튼 클릭

## 03 ON AIR라고 되어 있는 부분이 현재 방송이 송출되고 있는 시간표입니다. 클릭해봅니다.

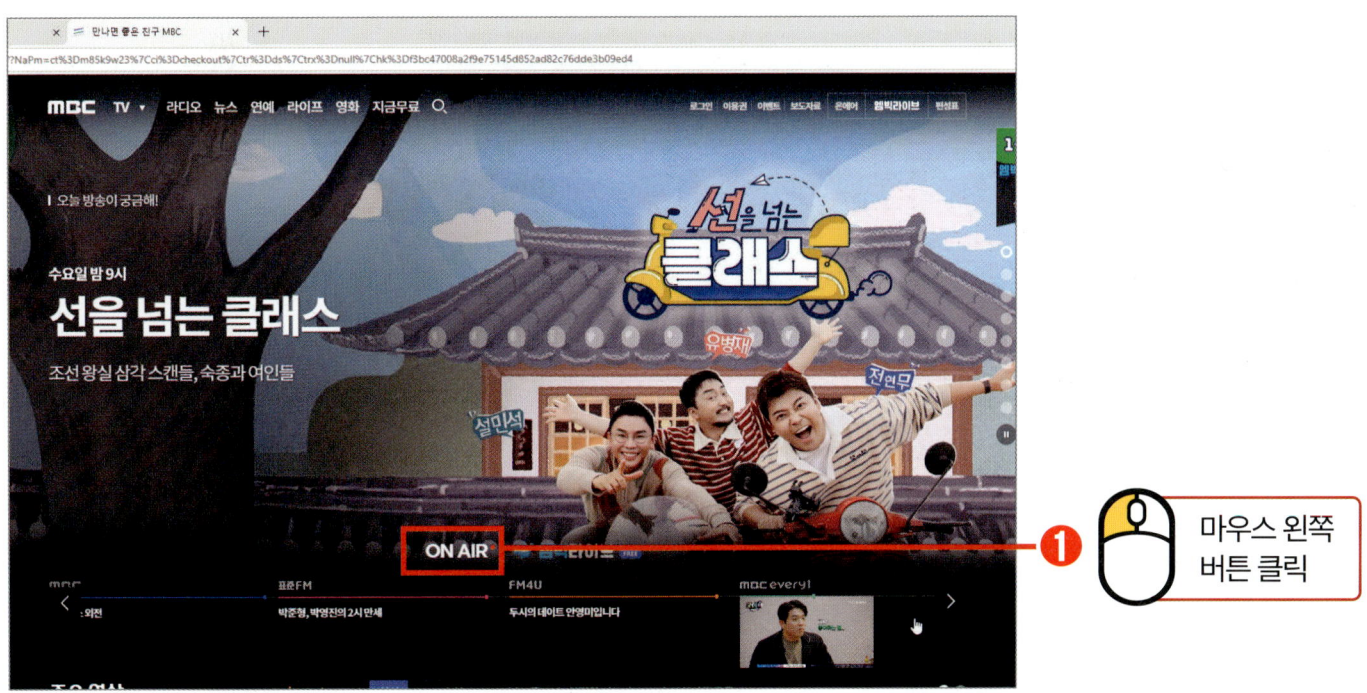

## 04 광고가 지나간 후, 영상을 시청할 수 있습니다. 하지만 비회원 상태에서는 3분 미리보기만 가능합니다. 오른쪽 상단의 [로그인]을 클릭합니다.

## 05 [회원가입]을 클릭합니다.

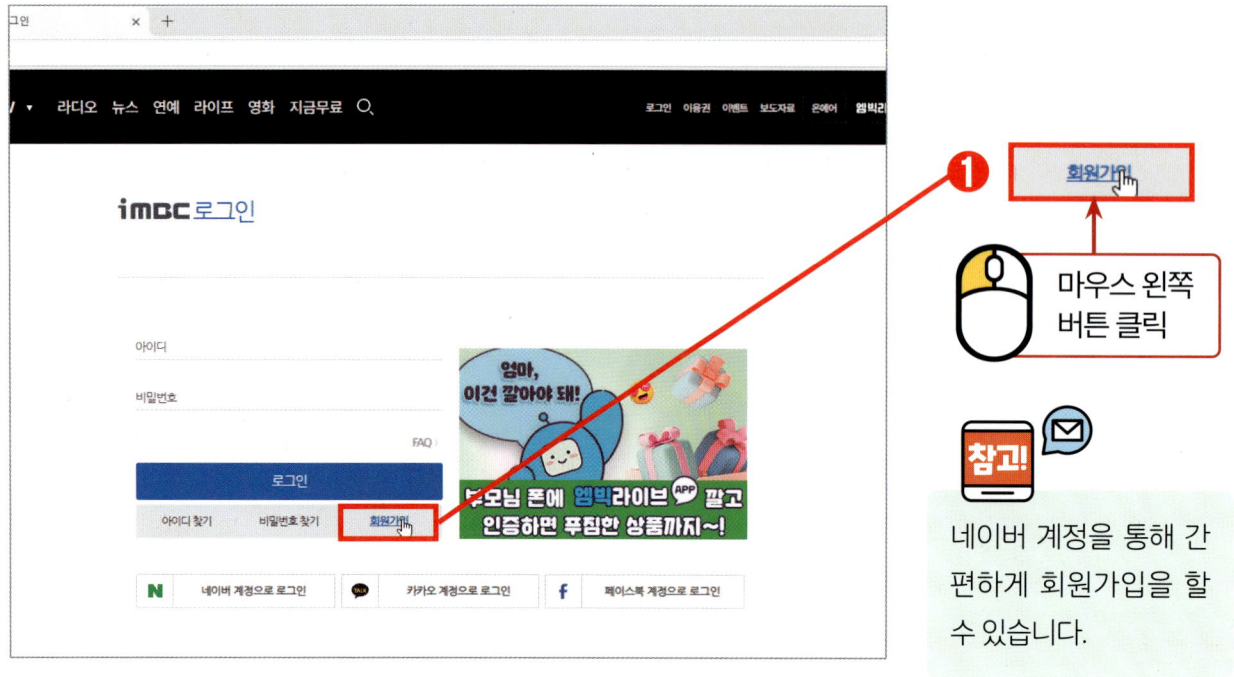

네이버 계정을 통해 간편하게 회원가입을 할 수 있습니다.

## 06 [전체동의]에 체크합니다. 스크롤을 아래로 내려 [국내 거주자 가입]을 클릭합니다.

**07** 아이디, 비밀번호, 이름, 생년월일, 휴대폰, 이메일을 입력합니다. 휴대폰 옆의 [인증]을 클릭합니다.

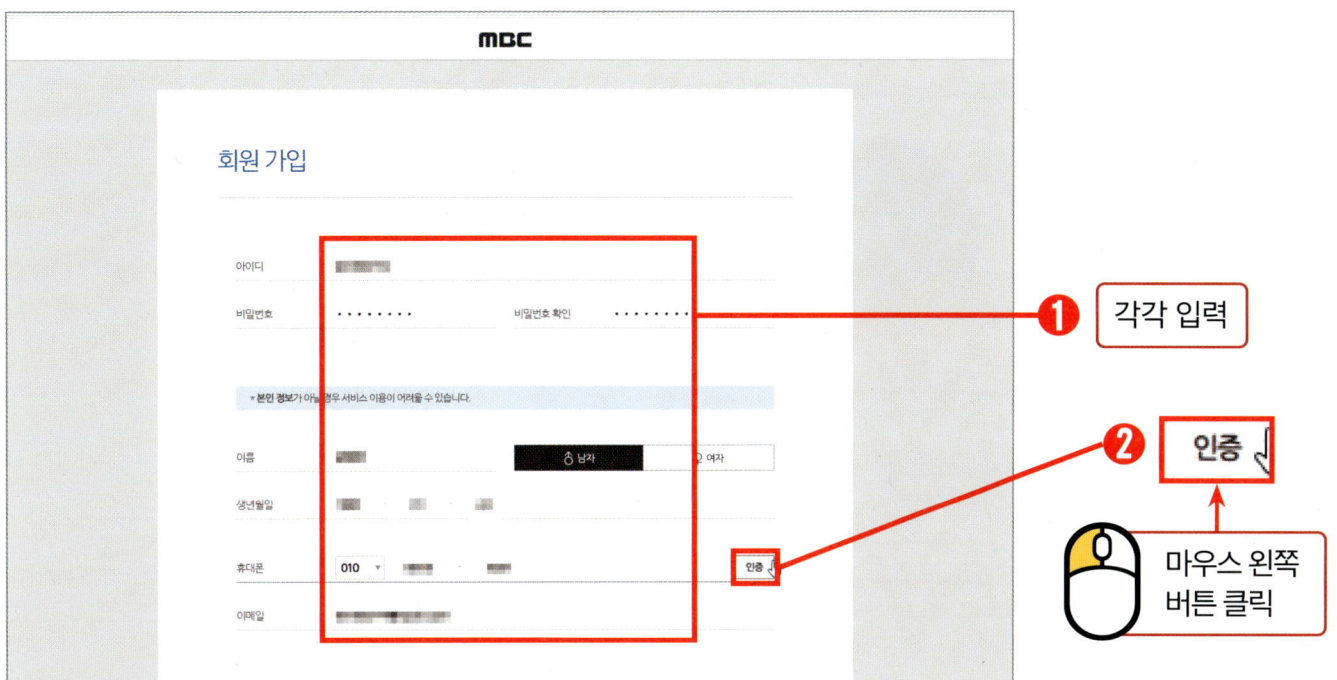

**08** 휴대폰으로 온 인증번호를 입력하고 [확인]을 클릭합니다. 스크롤바를 아래로 내려 [회원가입]을 클릭합니다.

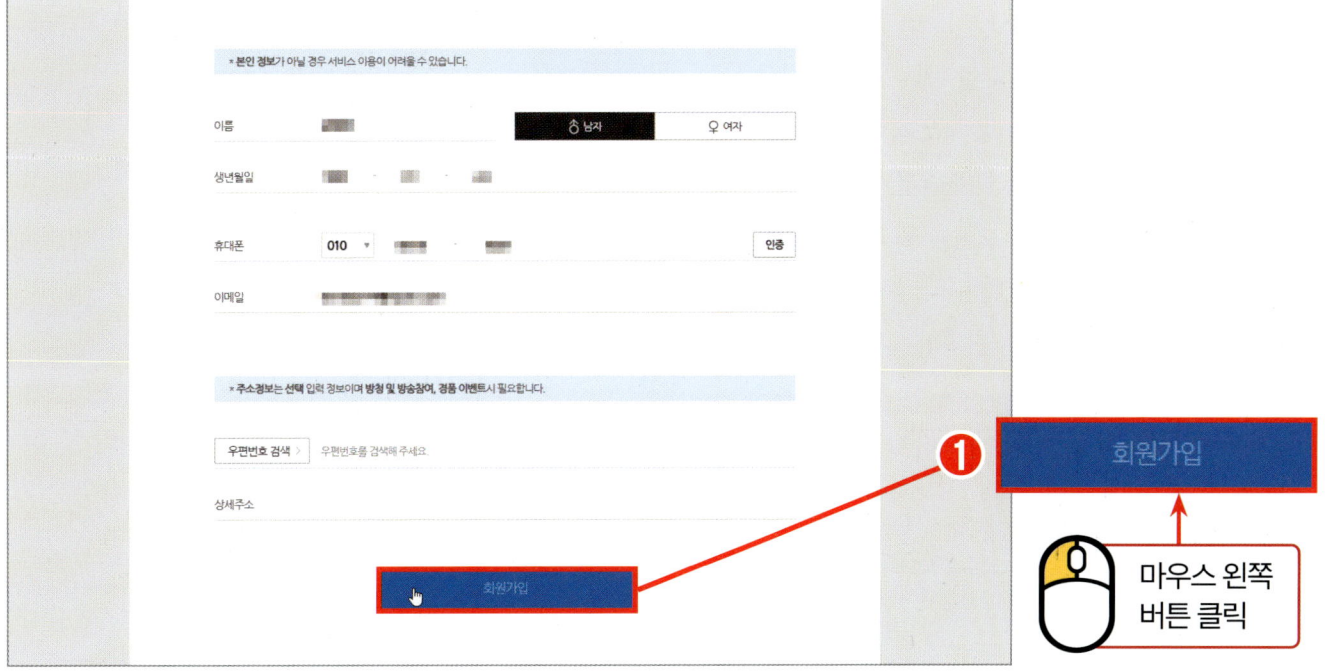

**09** 회원가입이 완료되었습니다. [로그인]을 클릭합니다.

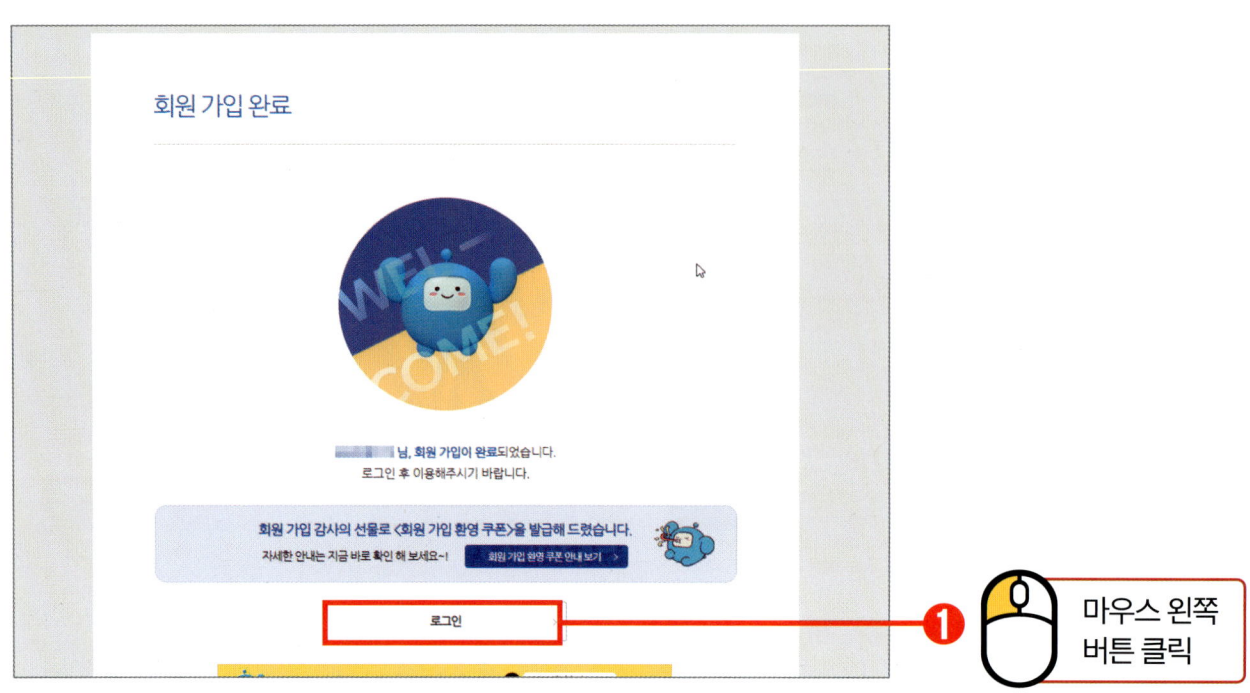

### 암호를 저장하시겠습니까?

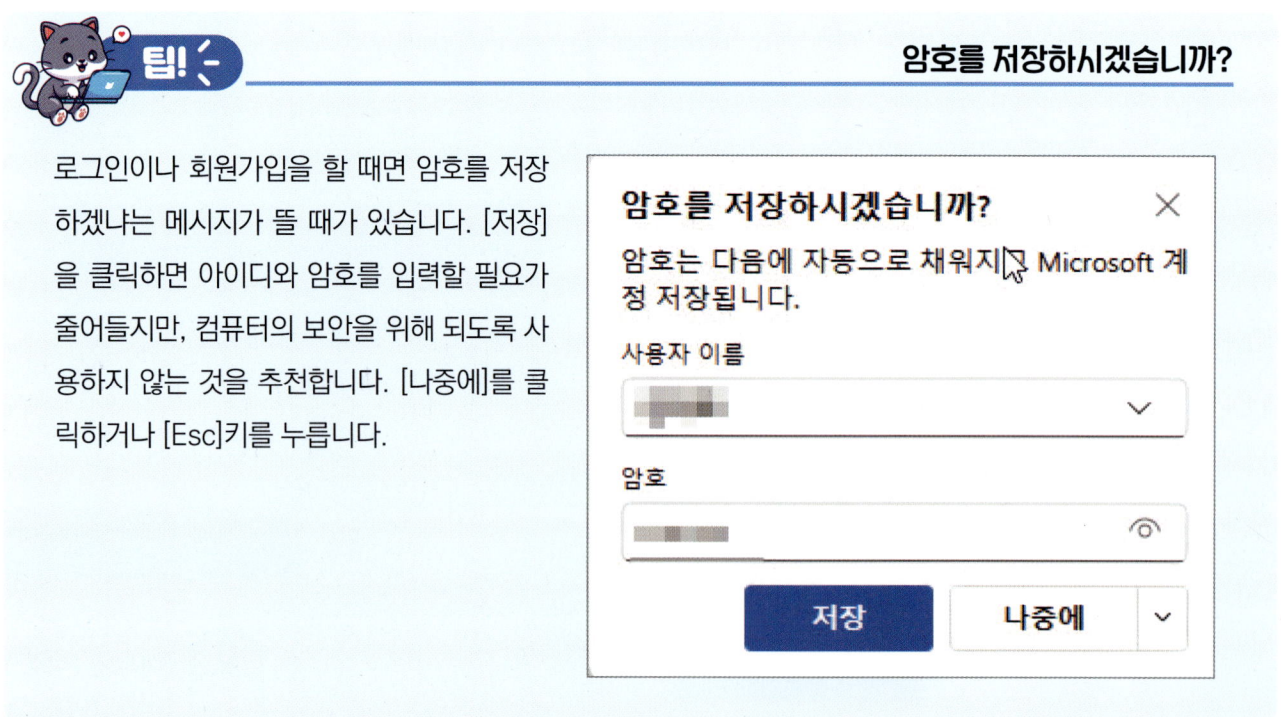

로그인이나 회원가입을 할 때면 암호를 저장하겠냐는 메시지가 뜰 때가 있습니다. [저장]을 클릭하면 아이디와 암호를 입력할 필요가 줄어들지만, 컴퓨터의 보안을 위해 되도록 사용하지 않는 것을 추천합니다. [나중에]를 클릭하거나 [Esc]키를 누릅니다.

**10** 아이디와 비밀번호를 입력하고 [로그인]을 클릭합니다.

**11** 방송을 볼 수 있습니다.

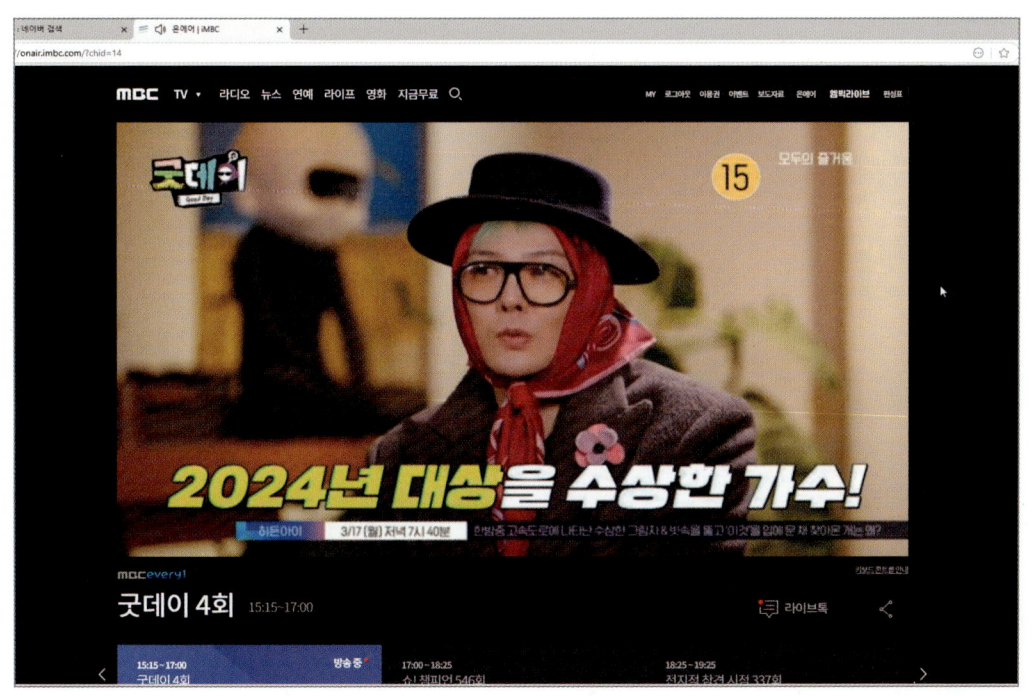

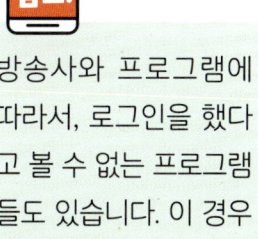

방송사와 프로그램에 따라서, 로그인을 했다고 볼 수 없는 프로그램들도 있습니다. 이 경우 결제를 하고 봐야 할 수 있습니다.

# Section 02 스포츠 중계 기록 보기

네이버에서 제공하는 스포츠 기능을 통해 스포츠 기록을 실시간으로 확인할 수 있습니다.

**01** 네이버 홈페이지에서 [스포츠]를 클릭합니다. 원하는 종목을 클릭합니다.

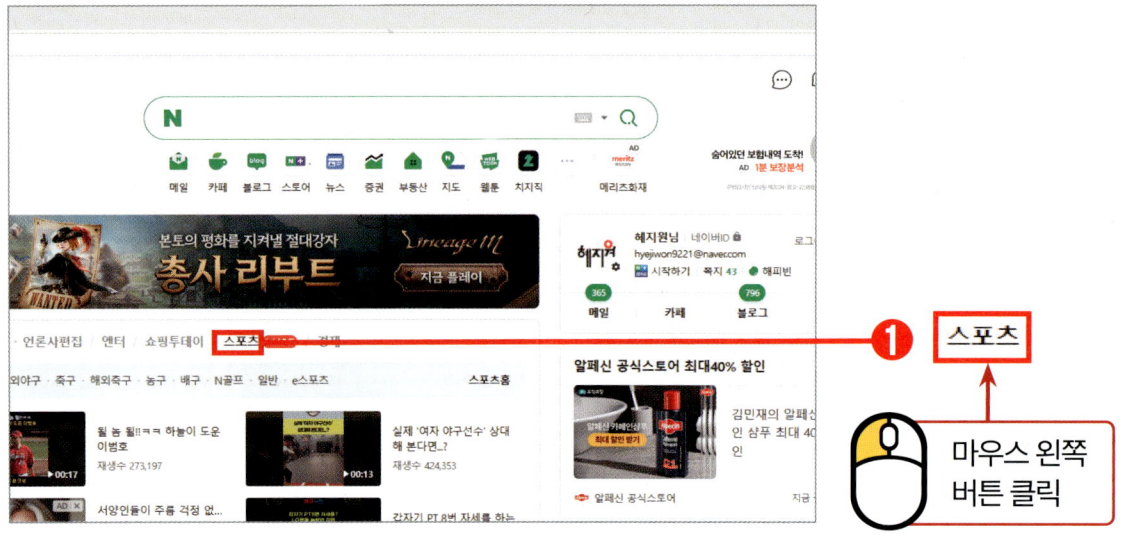

마우스 왼쪽 버튼 클릭

**02** 야구 종목을 클릭한 화면입니다. 뉴스, 영상, 일정, 순위 등을 확인할 수 있습니다. 예정이 있는 경기를 클릭합니다.

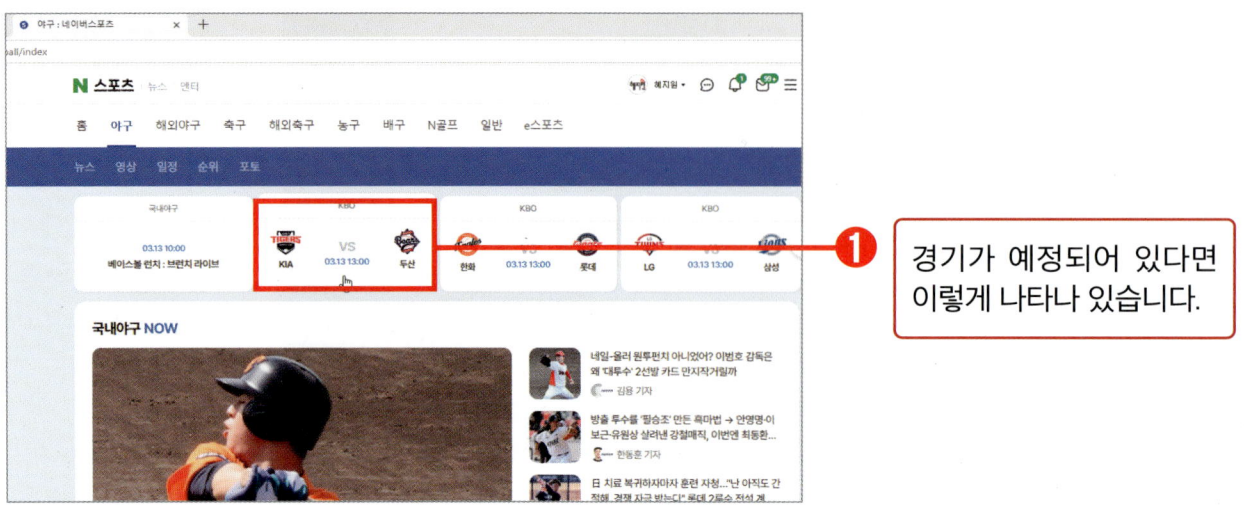

경기가 예정되어 있다면 이렇게 나타나 있습니다.

## 03 해당 경기의 기본 분석, 라인업, 메시지 중계 기록, 영상 등을 볼 수 있습니다. 다시 왼쪽 상단의 [야구]를 클릭합니다.

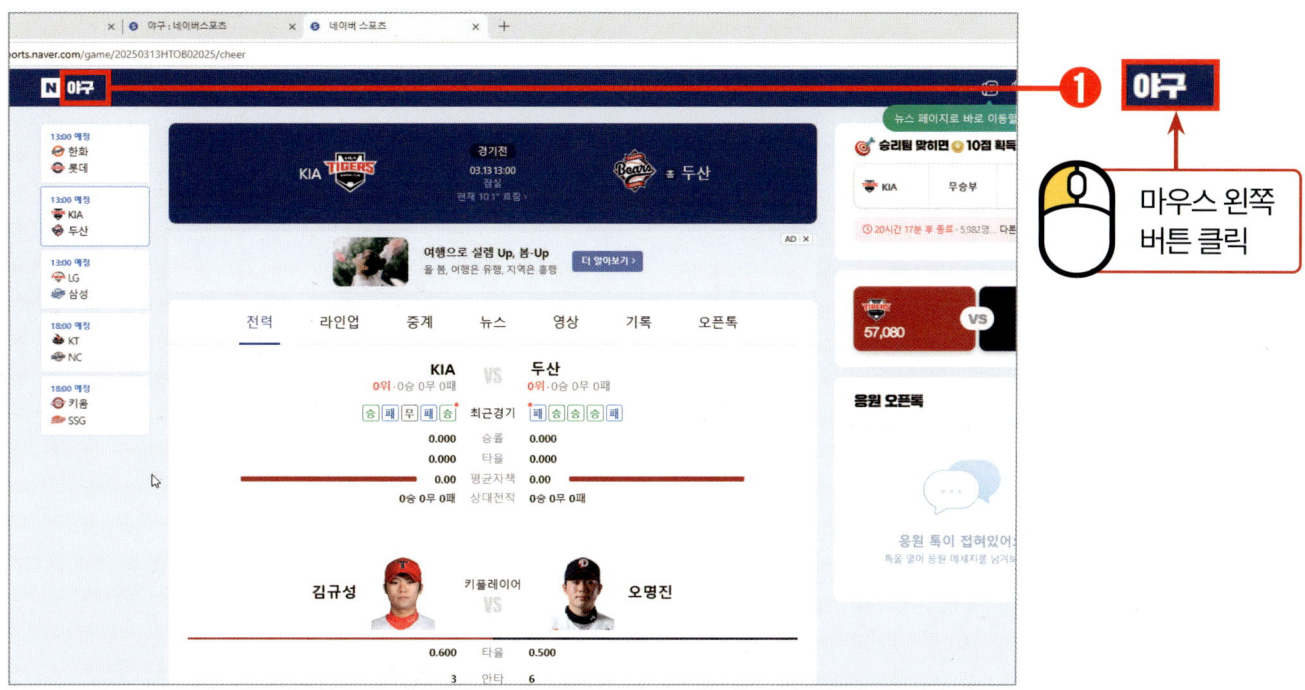

## 04 [일정]을 클릭합니다.

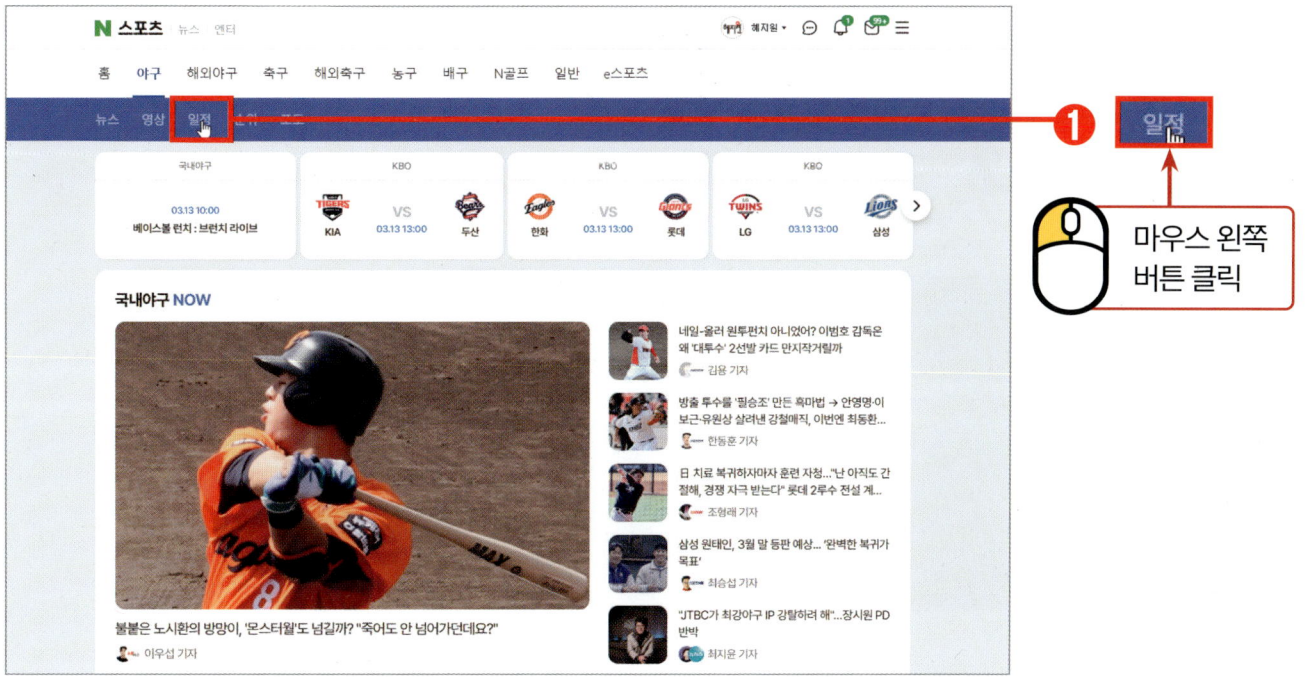

**05** 이전 날짜를 선택하면 이전에 진행한 경기를 살펴볼 수 있습니다. 이전 날짜를 클릭하고 경기를 클릭합니다.

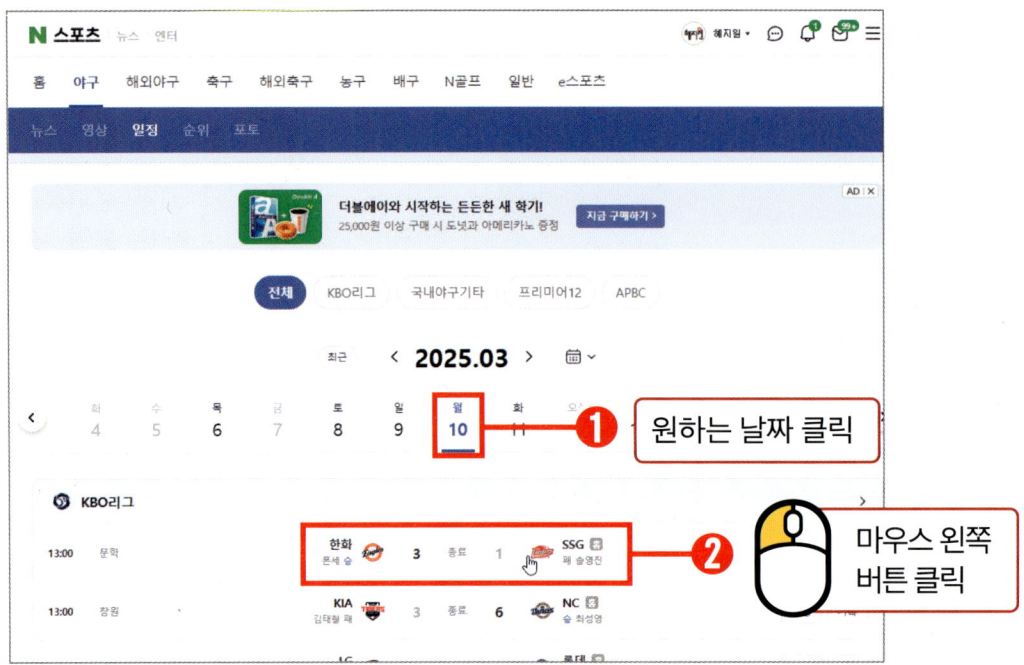

**06** 해당 경기의 주요 영상, 중계 등을 확인할 수 있습니다.

# Section 03 스포츠 실시간 중계 보기

실시간으로 스포츠 중계를 시청할 수 있습니다. 다만 종목에 따라 네이버로 시청이 어려운 종목도 있습니다.

**01** 네이버 홈페이지에서 [스포츠]를 클릭합니다. 라이브 방송이 진행되고 있는 경기가 있다면 클릭합니다.

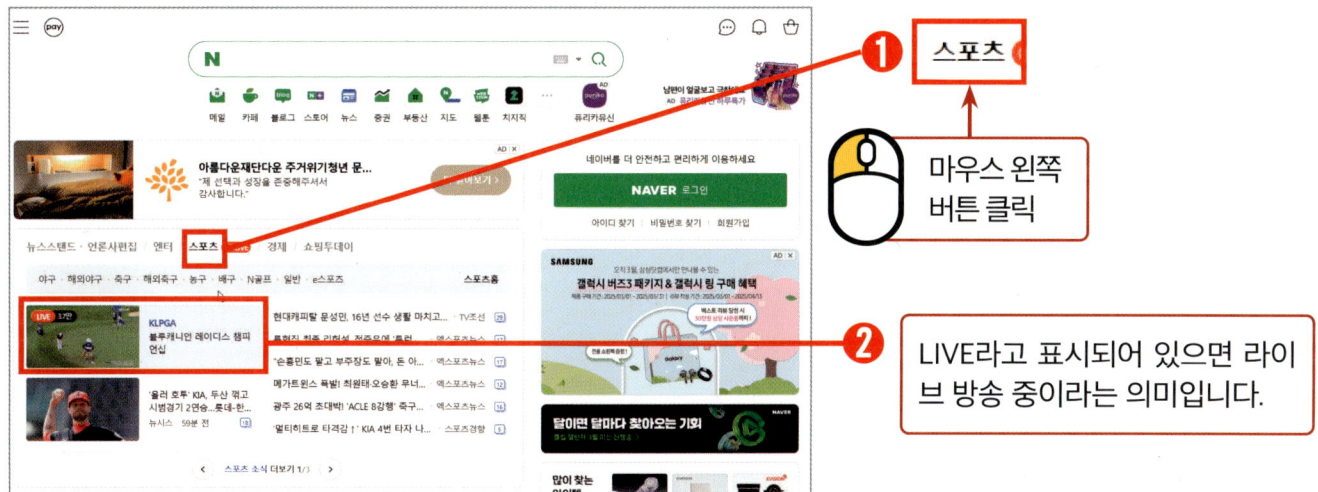

**02** 라이브 방송이 송출됩니다.

**03** 스크롤바를 아래로 내리면 실시간 중계 기록, 관련 영상을 확인할 수 있습니다. 또한 실시간 중계 화면이 축소되어 오른쪽 하단에 나타납니다.

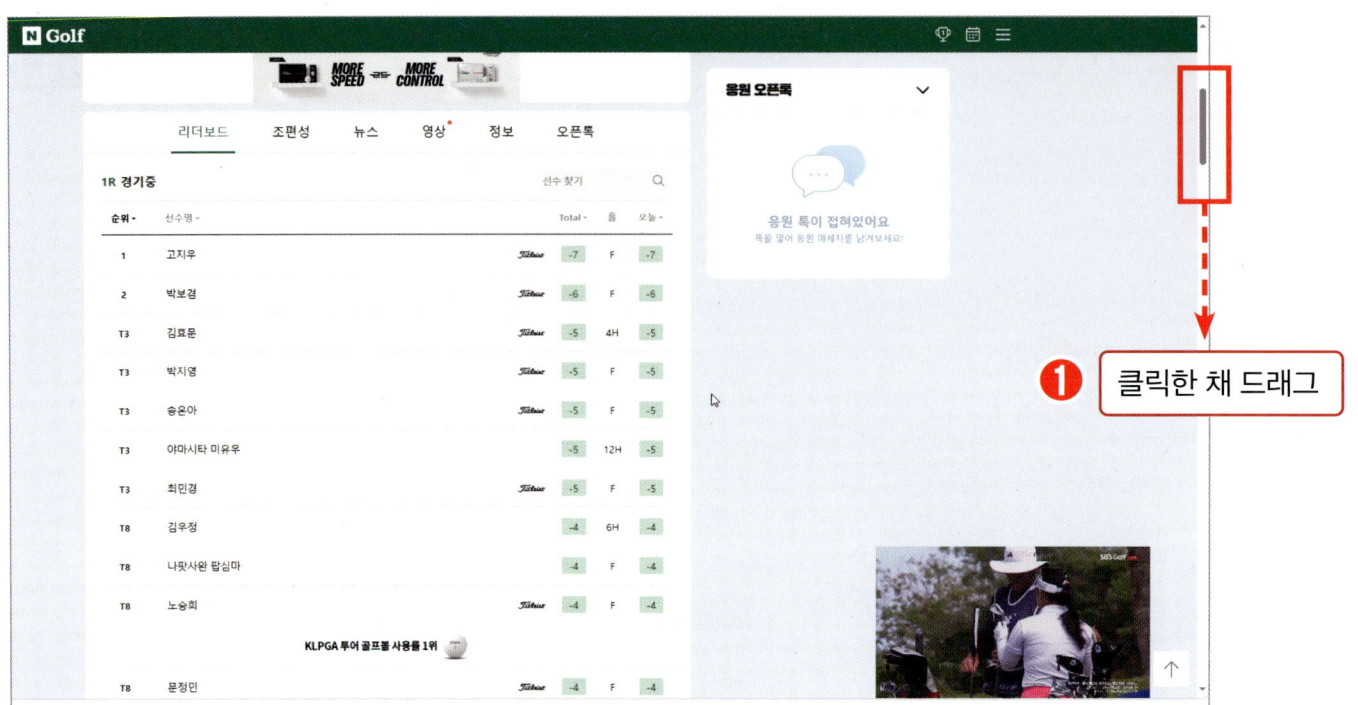

야구, 축구 등의 일부 종목은 별도의 제휴 사이트에서만 중계 시청이 가능하기도 합니다.

# Section 04 유튜브 동영상 시청하기

대표적인 영상 플랫폼 유튜브에 접속하여 동영상을 시청하겠습니다.

**01** 주소 표시줄을 클릭합니다. www.youtube.com을 입력하고 Enter 키를 누릅니다.

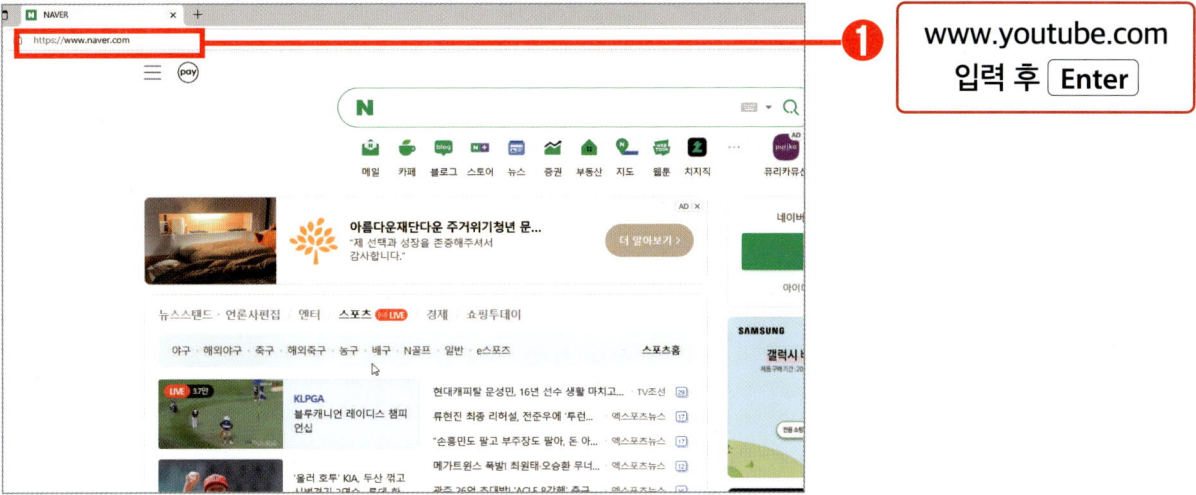

**02** 유튜브 사이트로 이동합니다. 원하는 키워드를 입력하고 🔍 를 클릭하거나 Enter 키를 누릅니다.

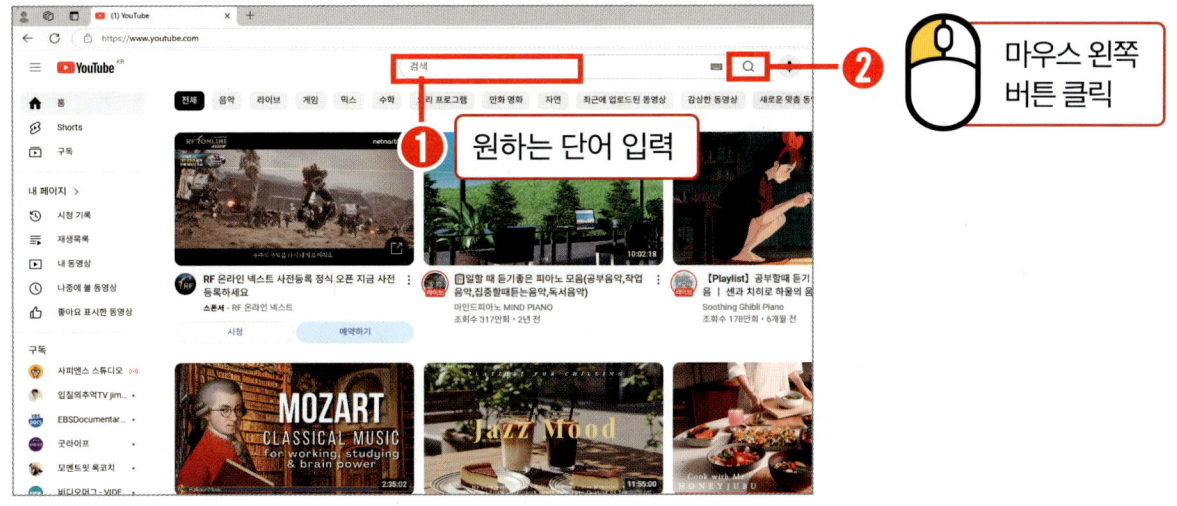

## 03  내가 검색한 결과에 맞는 영상들이 나타납니다. 원하는 영상을 클릭합니다.

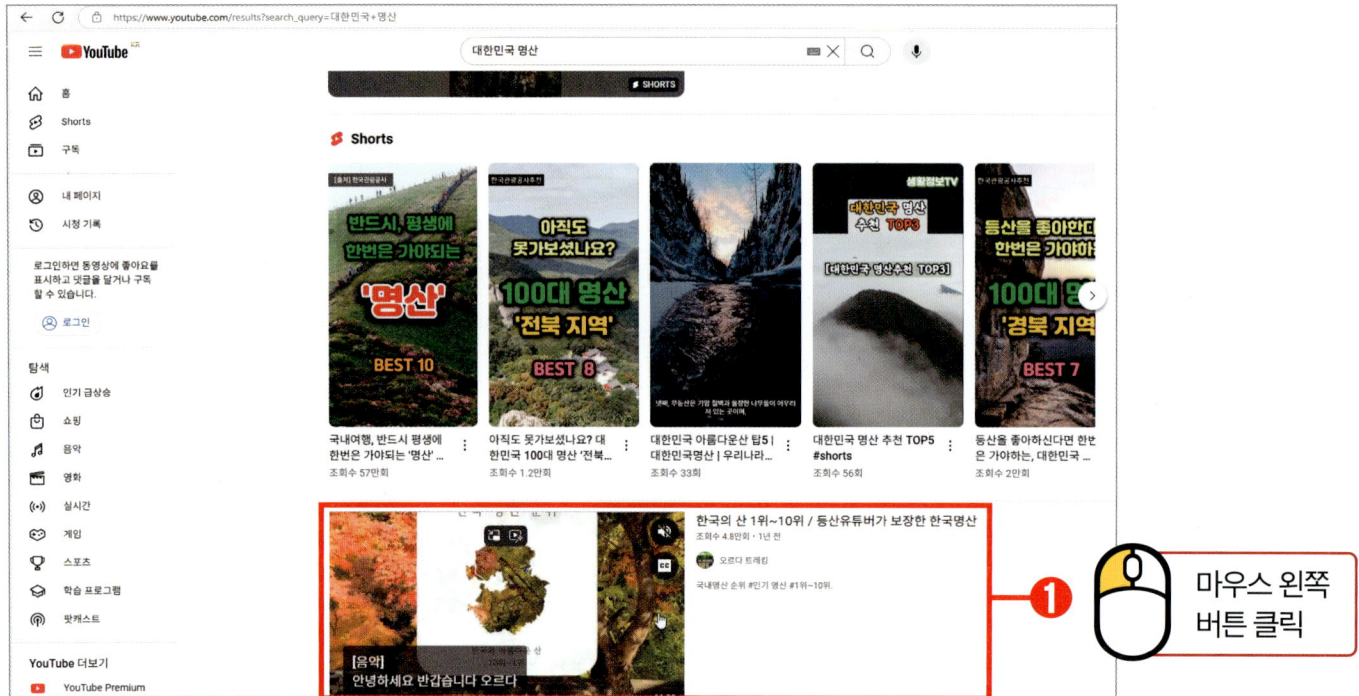

## 04  영상이 재생됩니다.

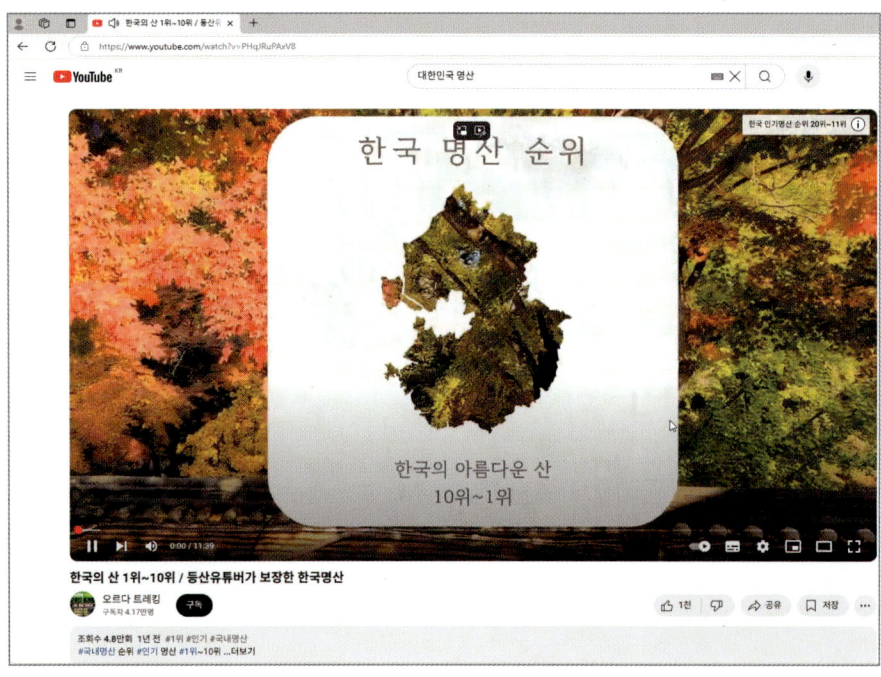

## 유튜브 화면의 구성 요소

유튜브 화면의 구성 요소는 다음과 같습니다.

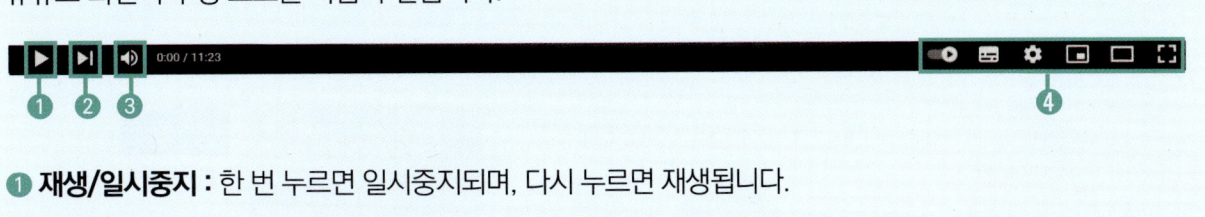

① **재생/일시중지** : 한 번 누르면 일시중지되며, 다시 누르면 재생됩니다.

② **다음 영상** : 다음으로 재생될 예정인 영상으로 넘어갑니다.

③ **소리** : 소리를 조절할 수 있고, 클릭하면 음소거됩니다.

④ 자동재생, 자막, 화면 크기 등을 조절할 수 있는 메뉴 목록입니다.

**05** 스크롤을 아래로 내립니다. 댓글 목록을 볼 수 있습니다. [댓글 추가]에 댓글을 입력하고 등록하면 내 댓글이 등록됩니다. [구독]을 클릭합니다.

## 06 구독이 추가되었다는 안내와 함께 [구독중]으로 바뀝니다. 구독이 되면 해당 유튜버가 영상을 올릴 때 내게 알림이 뜹니다.

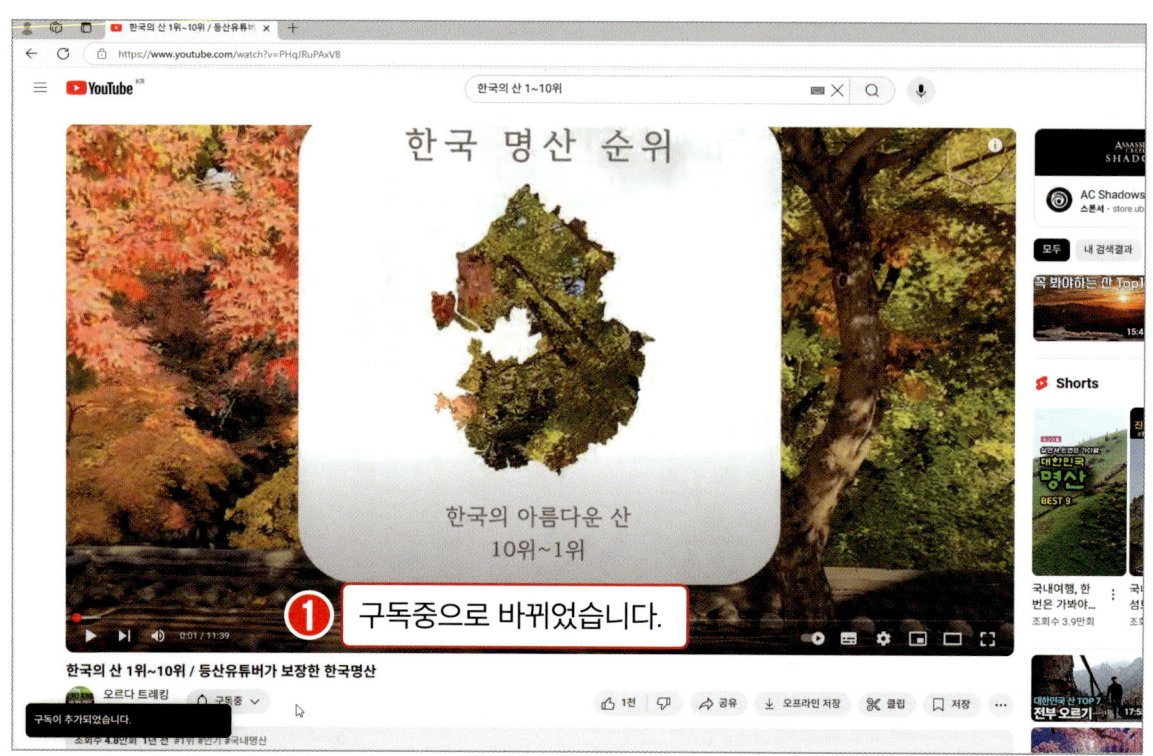

유튜브 구독 관리 등을 이용하려면 구글 계정에 로그인이 되어 있어야 합니다.

# Section 05 넷플릭스에 가입하기

넷플릭스에서 다양한 영상을 시청할 수 있습니다. 다만 넷플릭스는 월마다 일정 금액을 지불해야 이용할 수 있습니다.

**01** 네이버 검색란에 '넷플릭스'라고 검색하고 Enter 키를 누릅니다.

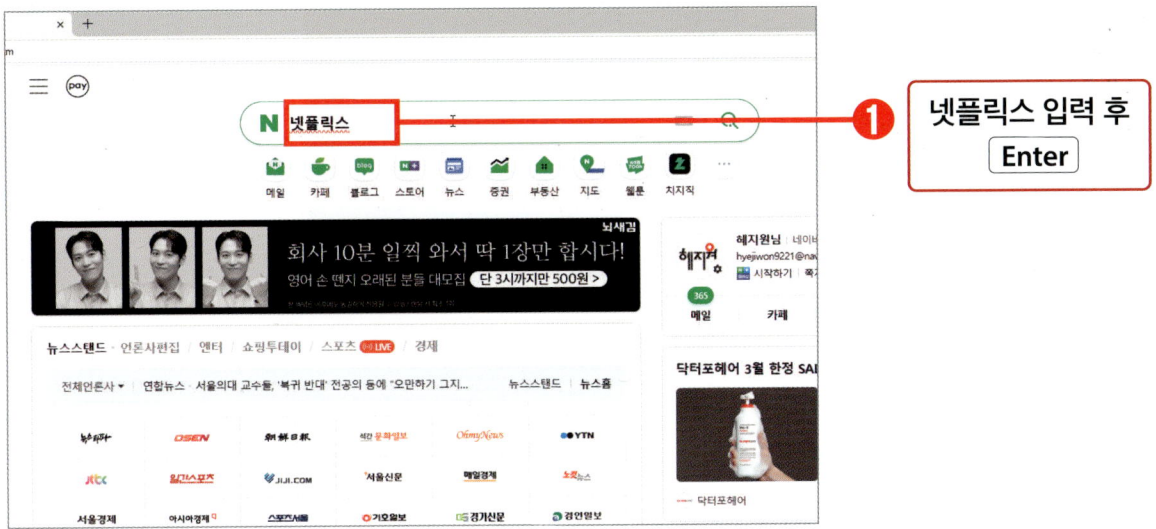

❶ 넷플릭스 입력 후 Enter

**02** 넷플릭스 홈페이지를 클릭합니다.

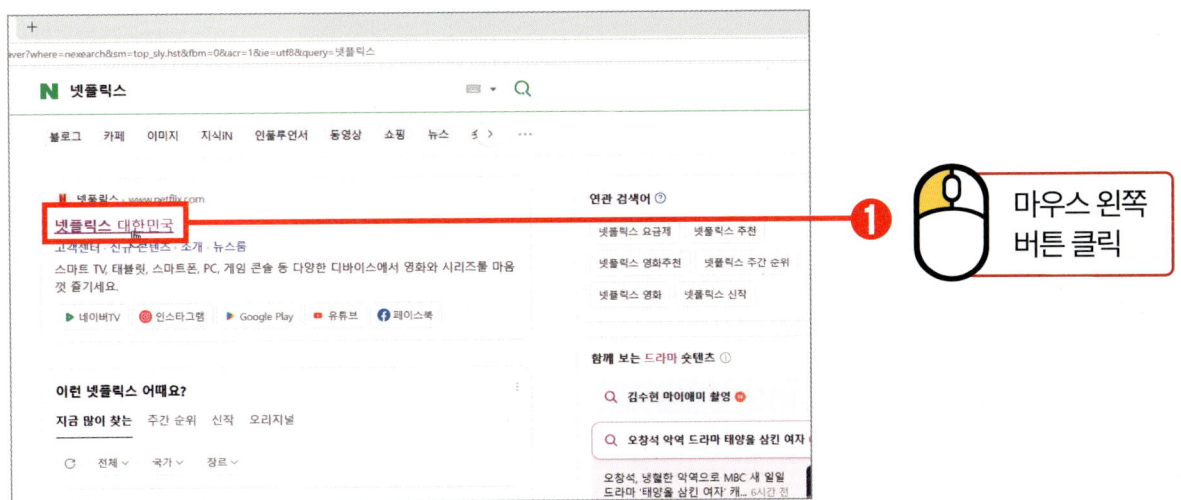

❶ 마우스 왼쪽 버튼 클릭

제 05장 인터넷으로 영상 매체 보고 게임하기 / 143

## 03 넷플릭스 홈페이지입니다. [로그인]을 클릭합니다.

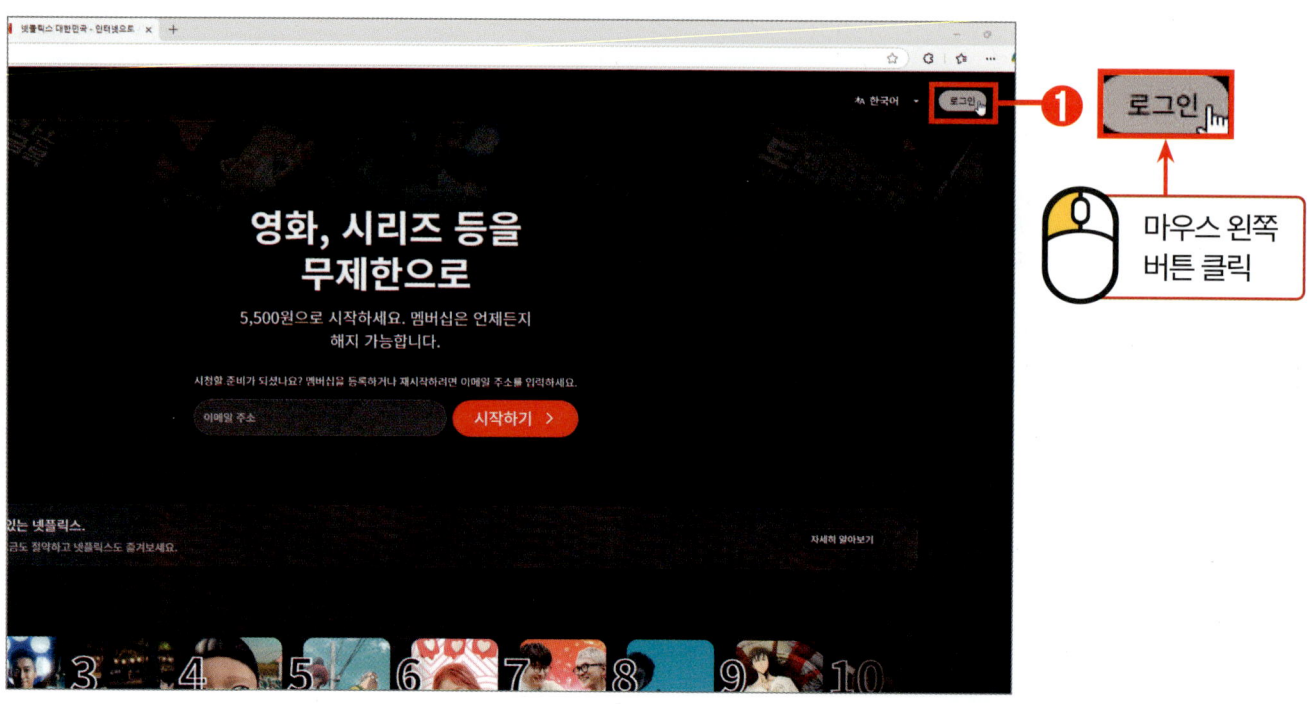

## 04 하단의 [지금 가입하세요]를 클릭합니다.

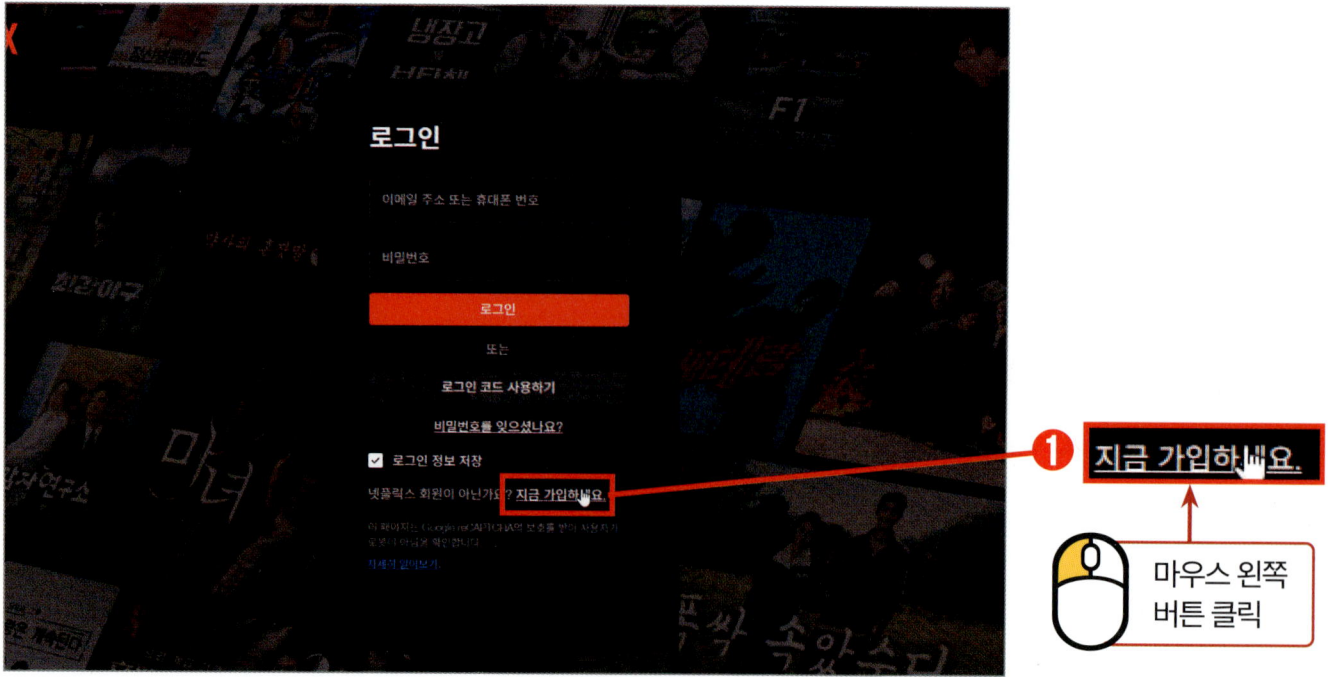

**05** 사용할 이메일 주소를 입력하고 [시작하기]를 클릭합니다.

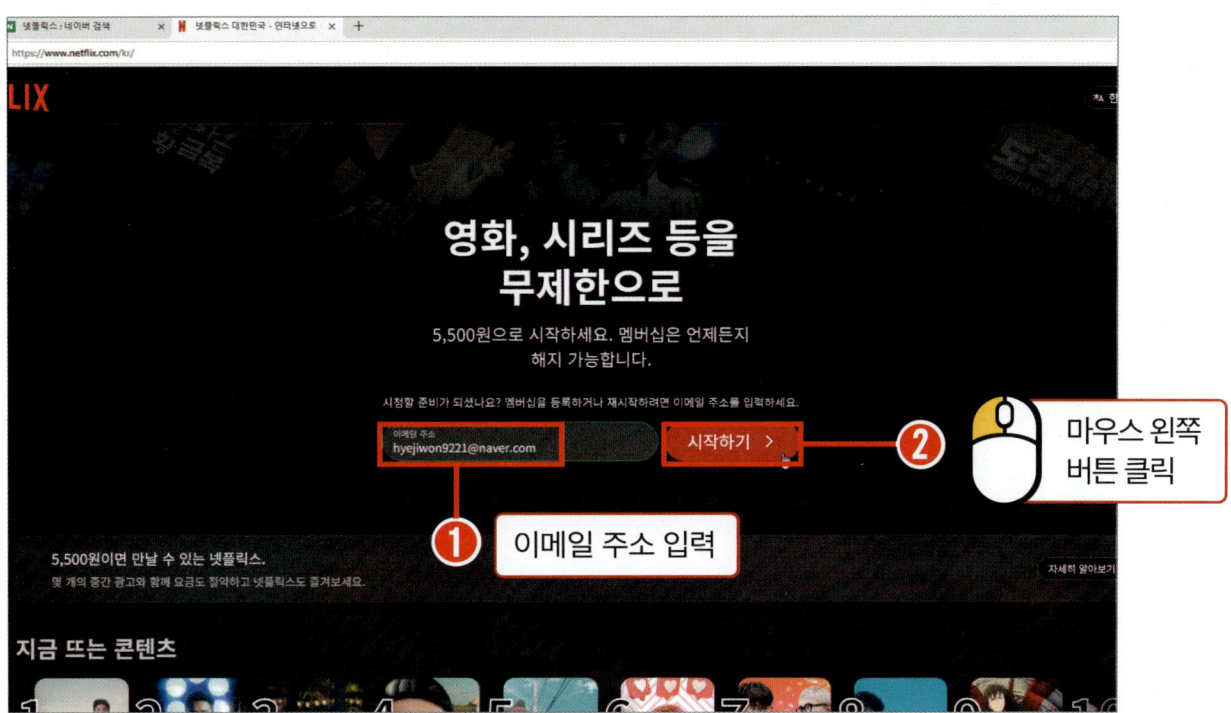

**06** 계정 설정을 마무리하겠다는 화면이 나오면 [다음]을 클릭합니다.

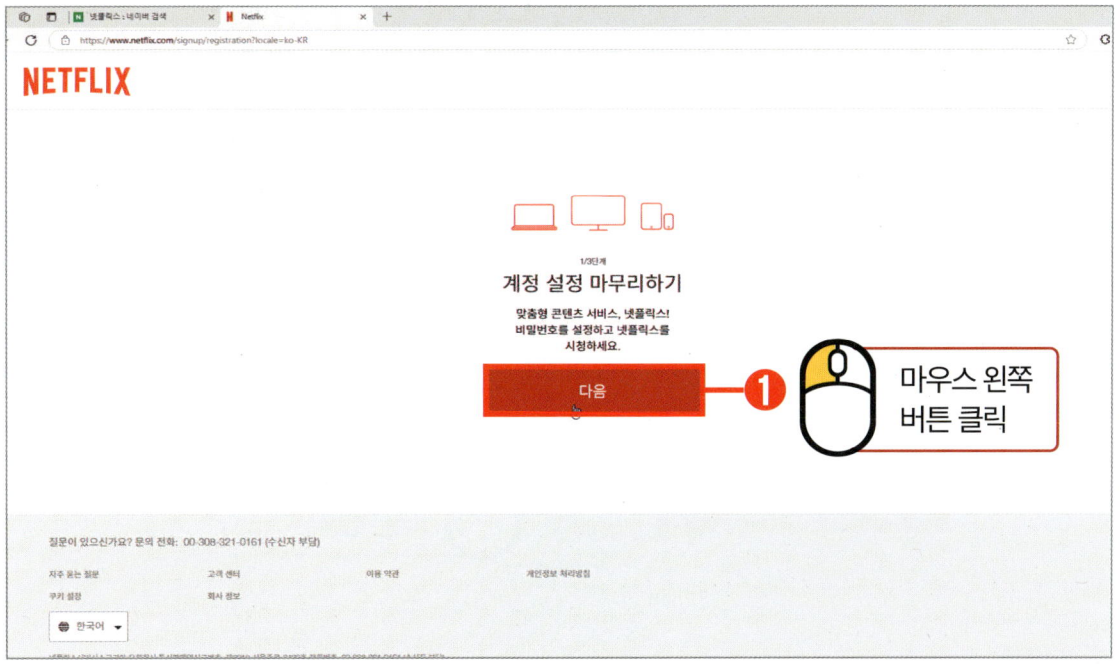

**07** 비밀번호를 입력합니다. 아래의 항목에 동의하고 [동의하고 계속]을 클릭합니다.

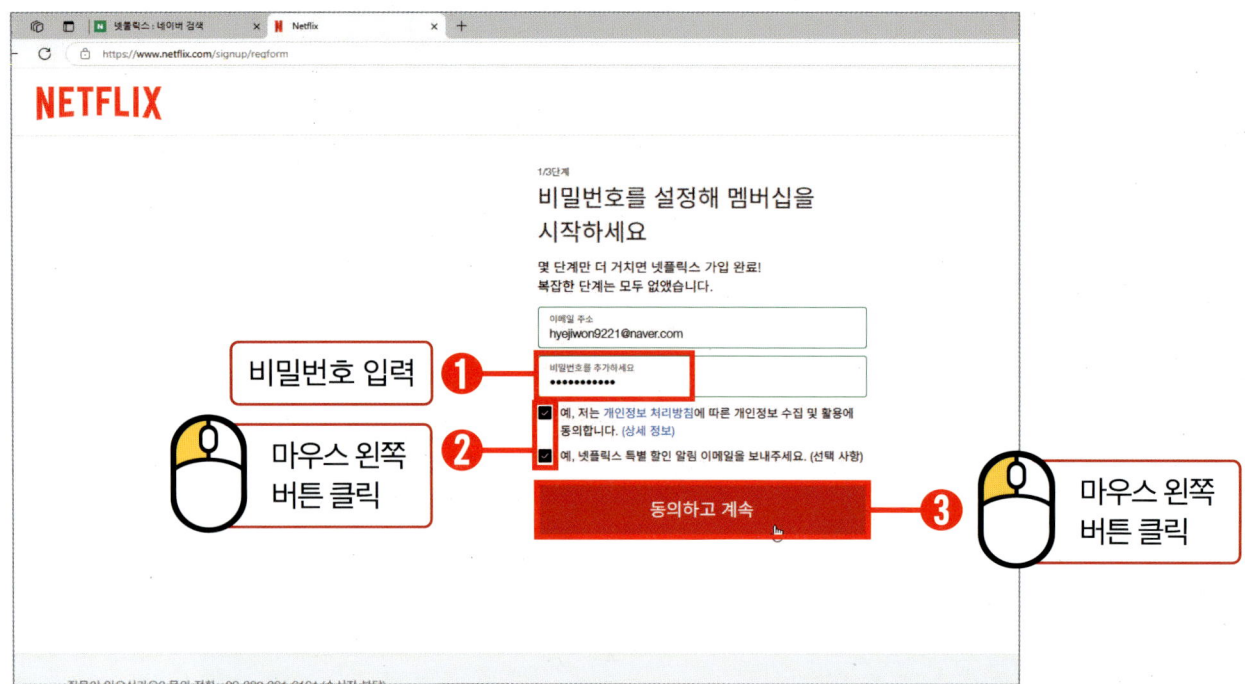

**08** 원하는 멤버십을 선택하는 화면입니다. [다음]을 클릭합니다.

**09** 원하는 요금제를 선택합니다. [다음]을 클릭합니다.

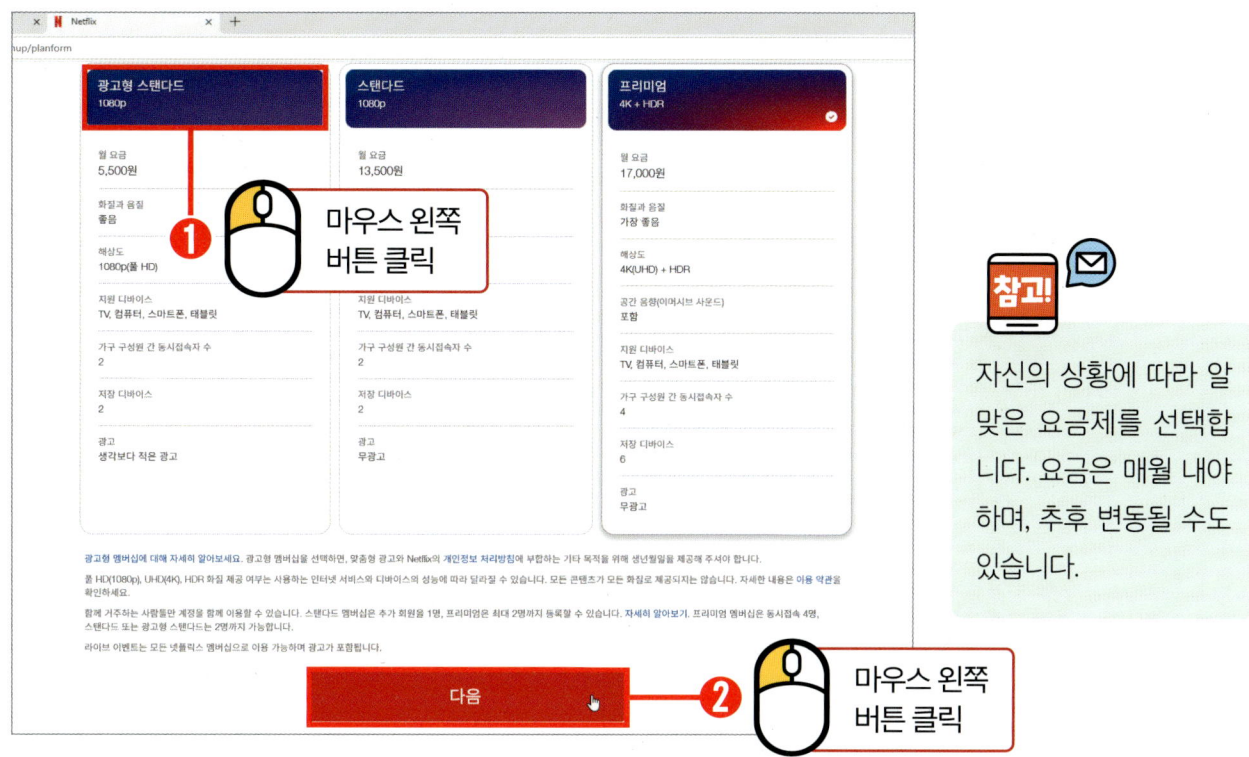

**10** 결제 방법을 선택합니다. 원하는 결제 수단을 선택합니다. 여기서는 [신용카드 또는 체크카드]를 선택했습니다.

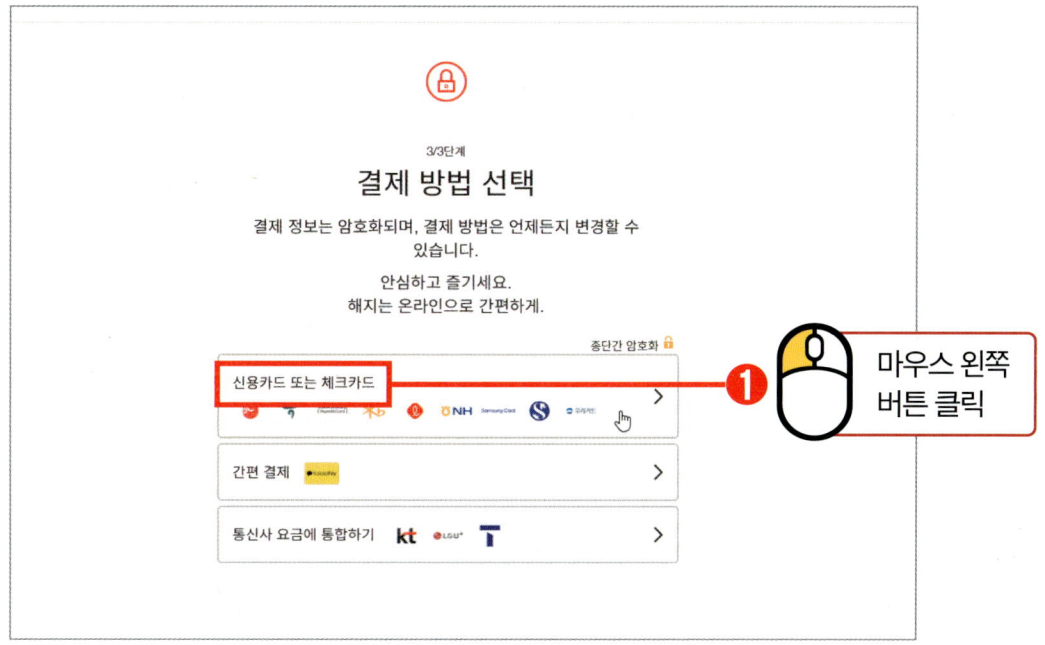

**11** 카드 번호, 유효기간, 이름, 생년월일을 입력합니다. [19세 이상이며 약관에 모두 동의합니다]를 클릭합니다. [유료 멤버십 시작]을 클릭하여 절차를 마무리하면 넷플릭스를 이용할 수 있습니다.

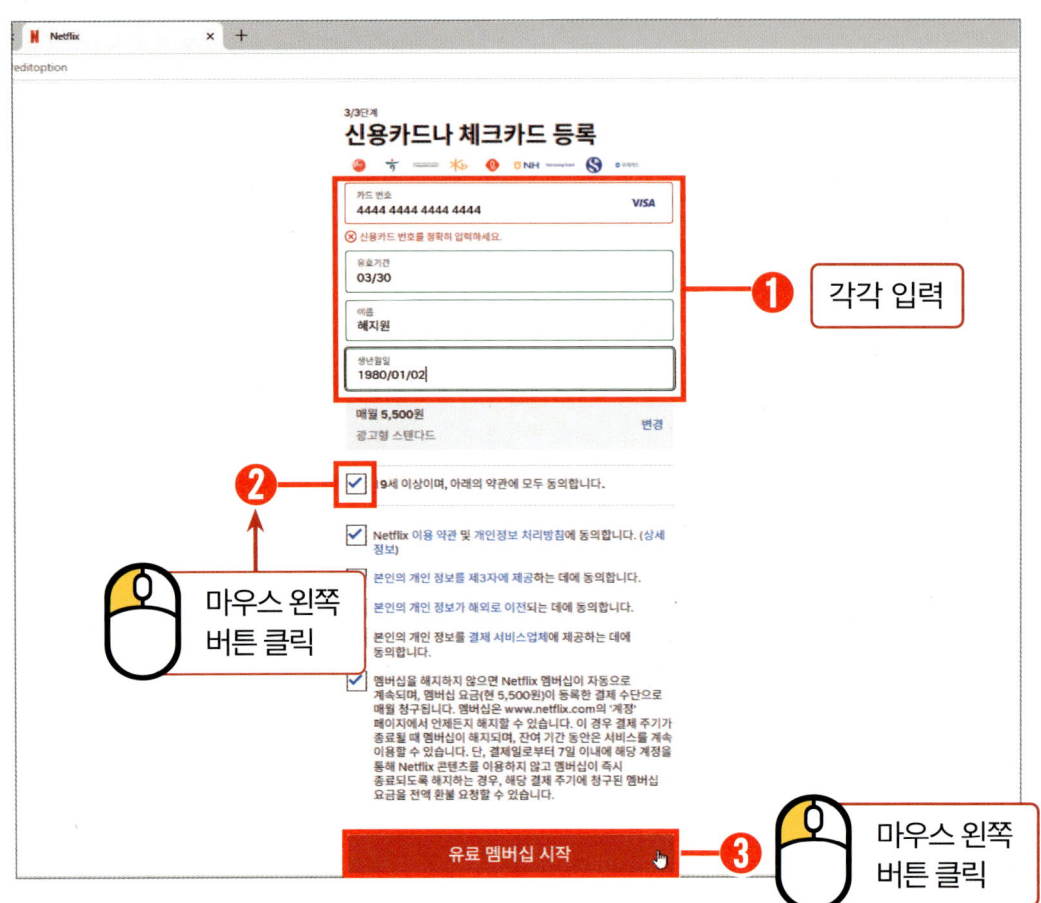

 멤버십에 따라 볼 수 있는 작품 목록이 달라집니다.

# Section 06 고스톱 설치하여 치기

인터넷으로 게임도 다운로드받을 수 있습니다. 고스톱을 실행해보겠습니다.

**01** 검색란에 '한게임 고스톱'이라고 입력하고 Enter 키를 누릅니다.

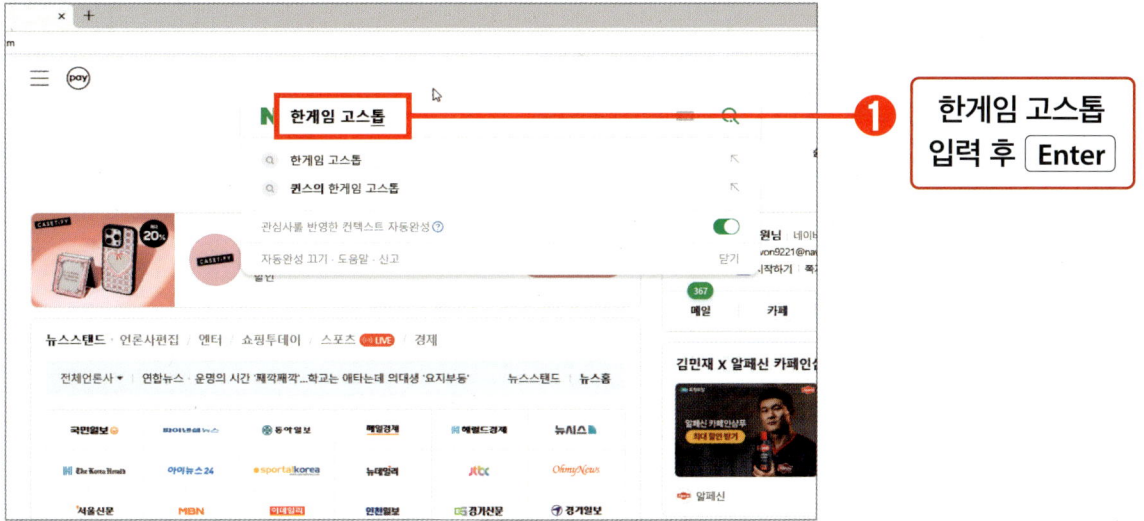

**02** 한게임 고스톱을 클릭합니다.

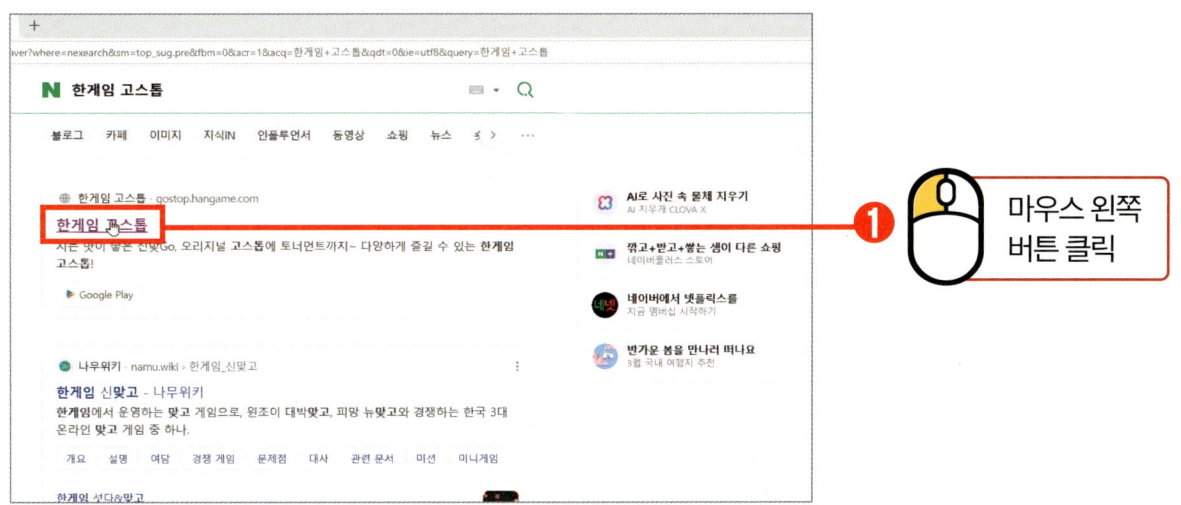

## 03
고스톱은 성인게임이기 때문에 회원가입을 하고 시작할 수 있습니다. 로그인 아래의 [회원가입]을 클릭합니다.

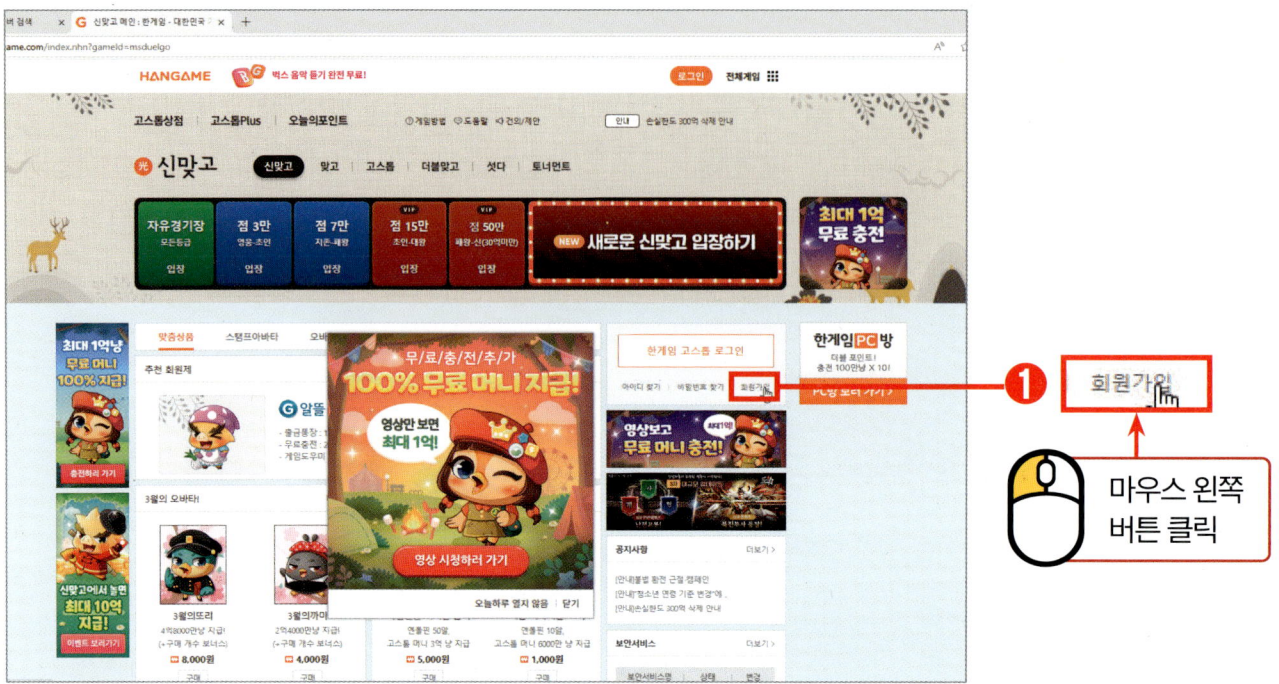

## 04
[네이버 아이디로 회원가입]을 클릭합니다.

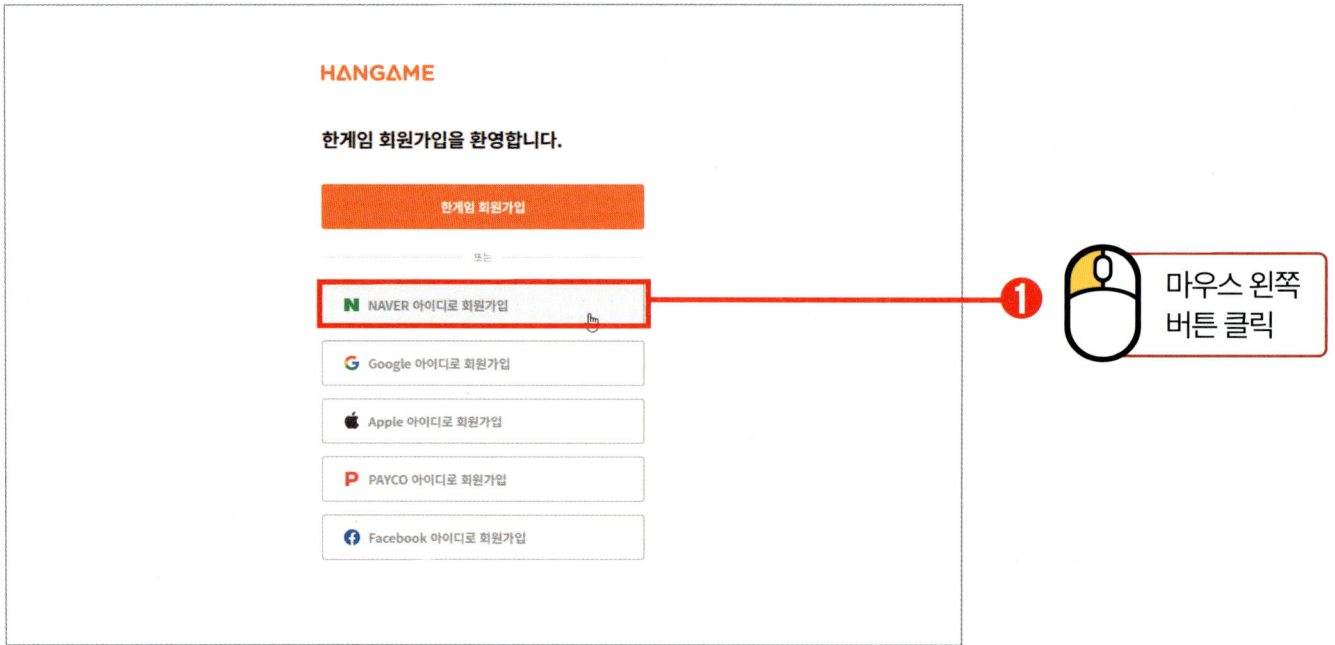

**05** [전체 동의하기]를 체크하고 [동의하기]를 클릭합니다.

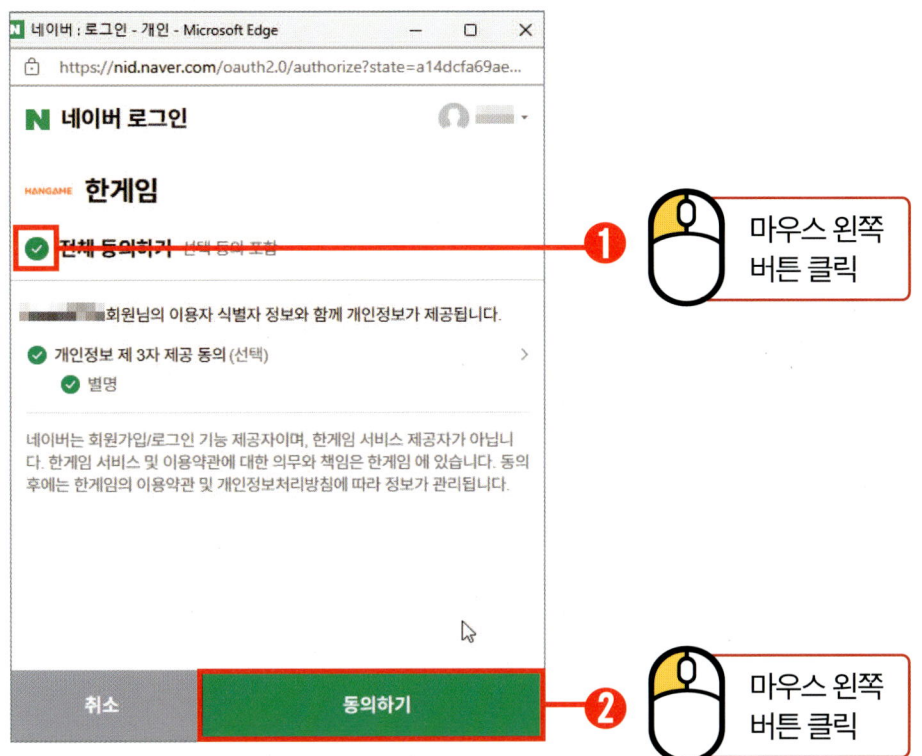

**06** [아래 내용에 모두 동의합니다]에 체크하고 [동의]를 클릭합니다.

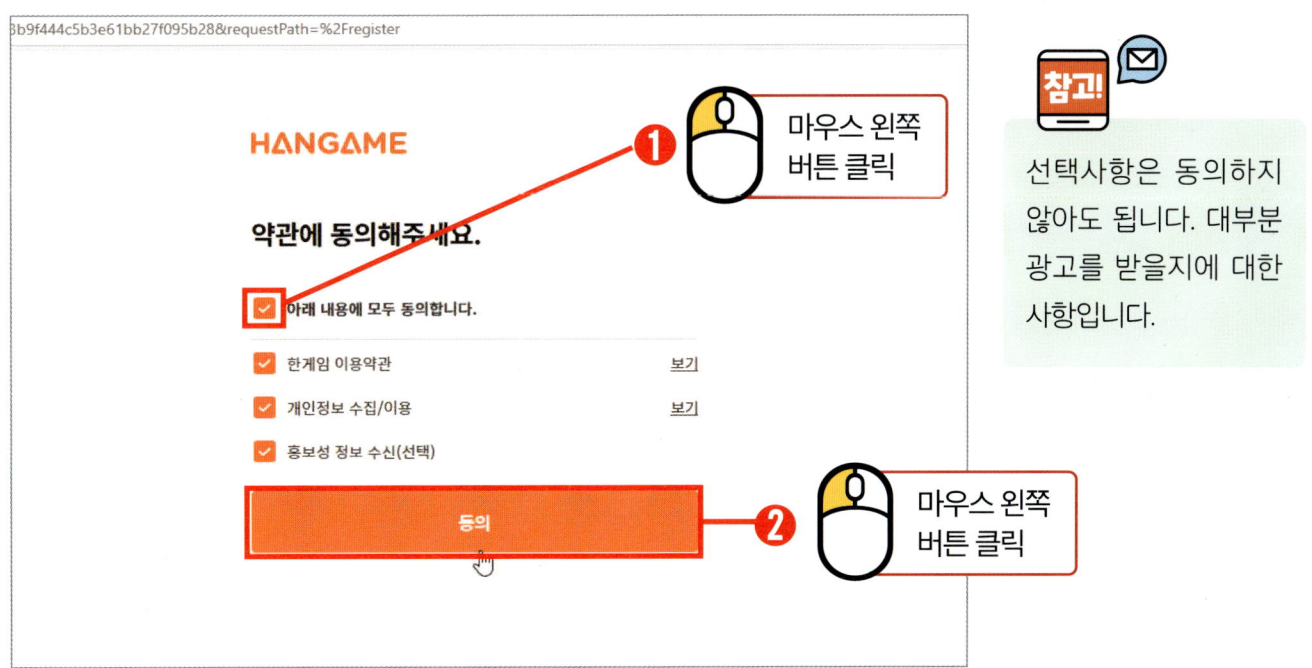

참고! 선택사항은 동의하지 않아도 됩니다. 대부분 광고를 받을지에 대한 사항입니다.

## 07 휴대폰으로 본인인증을 하겠습니다. [휴대폰]을 클릭하고 [확인]을 클릭합니다.

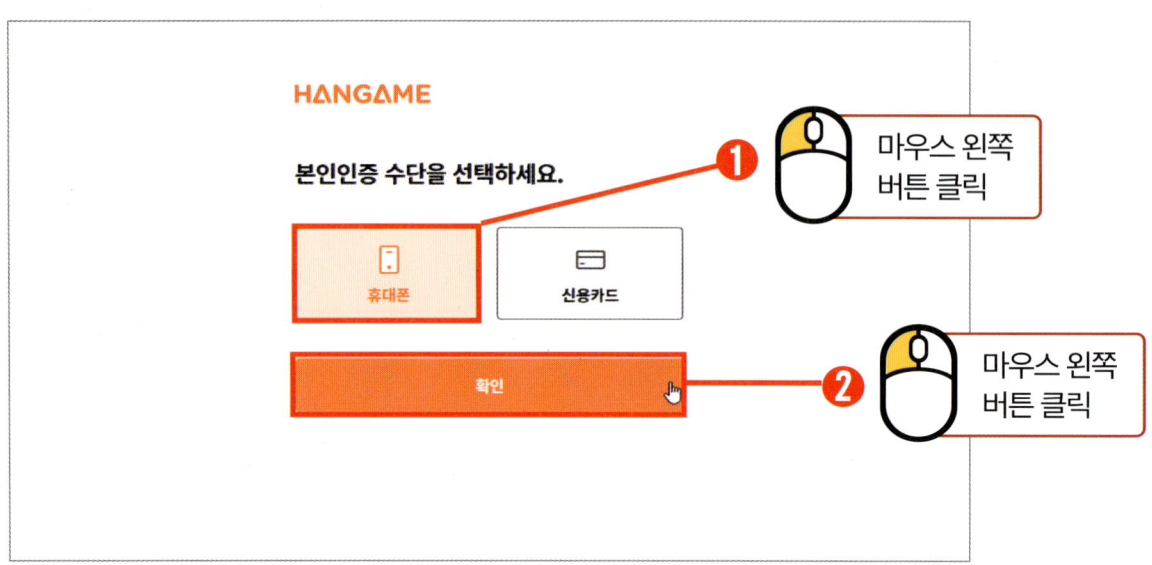

## 08 [아래 내용에 모두 동의합니다]에 체크하고 [동의]를 클릭합니다.

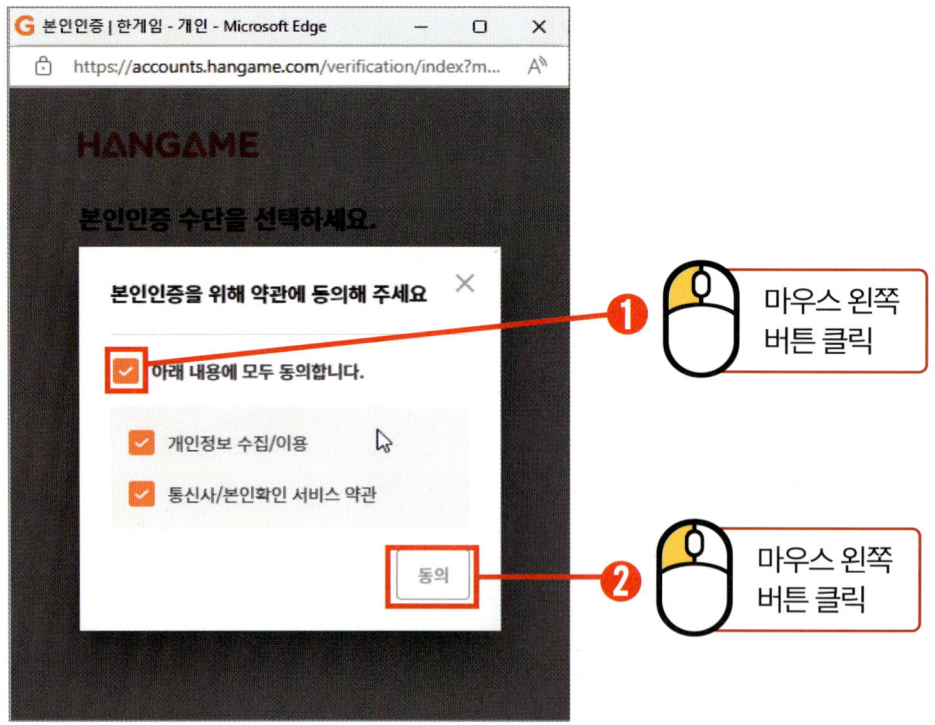

**09** 자동입력방지 문자를 입력하고 [확인]을 클릭합니다.

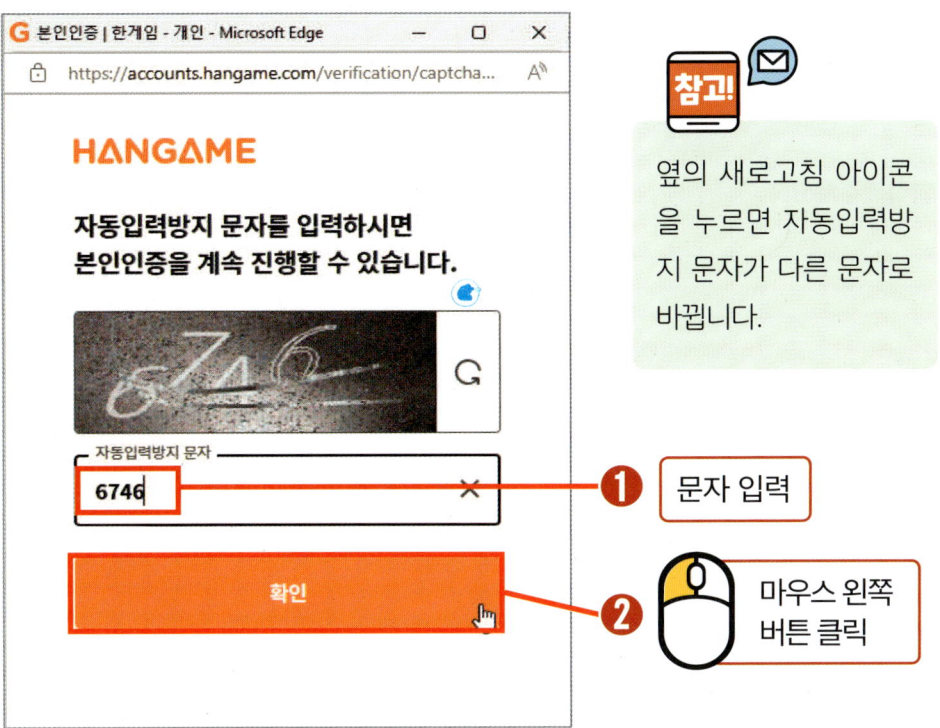

**10** 이름, 주민번호, 휴대폰 번호를 입력하고 [인증번호]를 클릭합니다. 인증번호를 입력하고 [확인]을 클릭합니다.

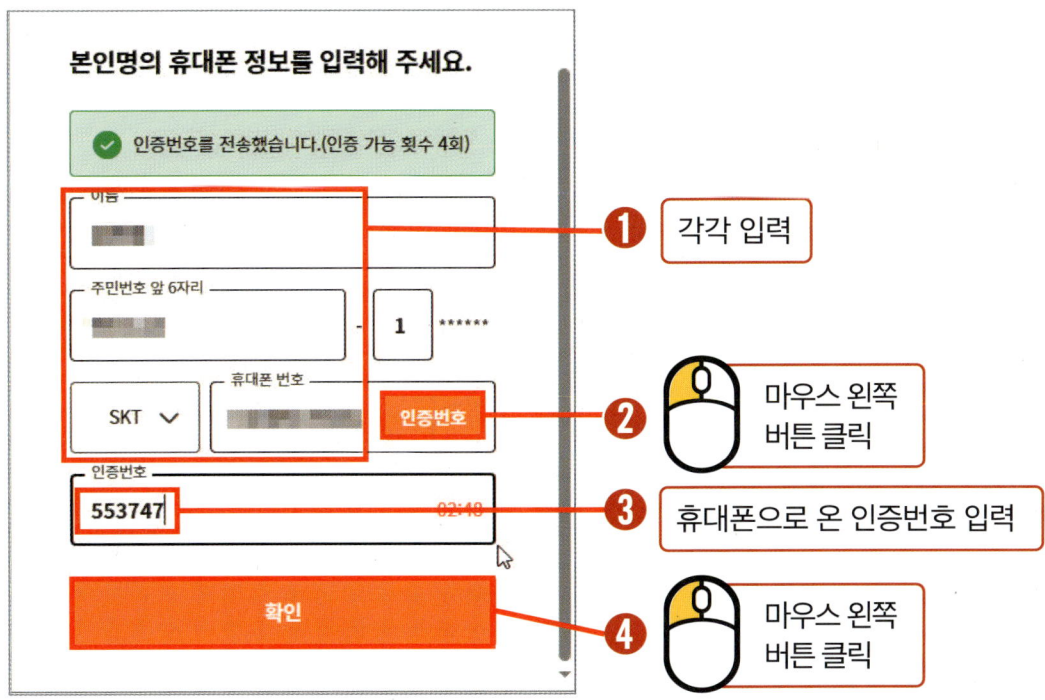

제 05장 인터넷으로 영상 매체 보고 게임하기 / **153**

**11** 네이버 메일을 입력하고 [다음]을 클릭합니다.

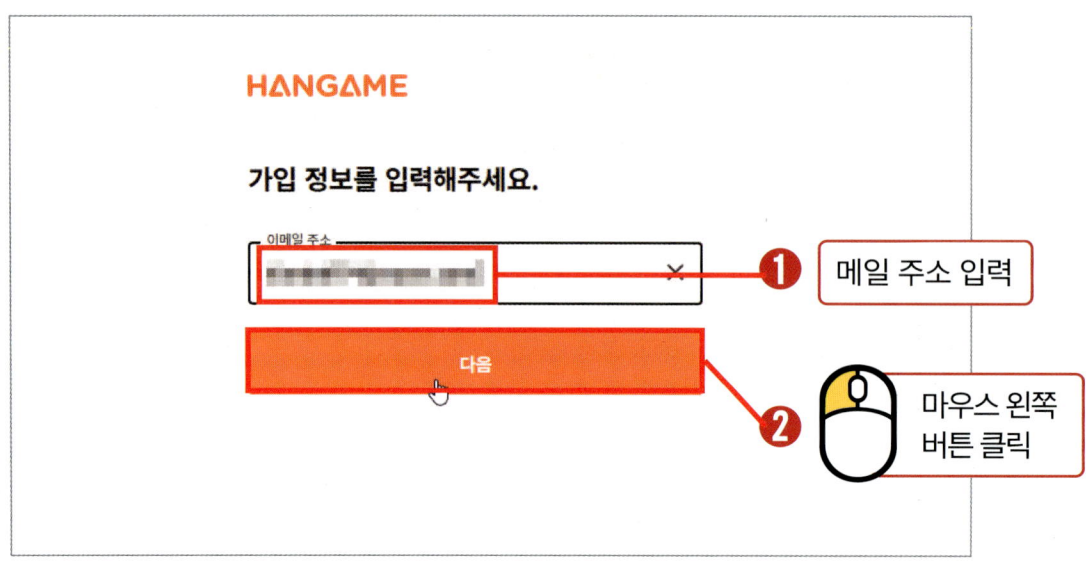

**12** 회원가입이 완료되었습니다. [확인]을 클릭하여 홈페이지로 이동합니다.

## 13  보안서비스 입력 화면은 건너뛰기 위해 왼쪽 상단의 HANGAME을 클릭합니다.

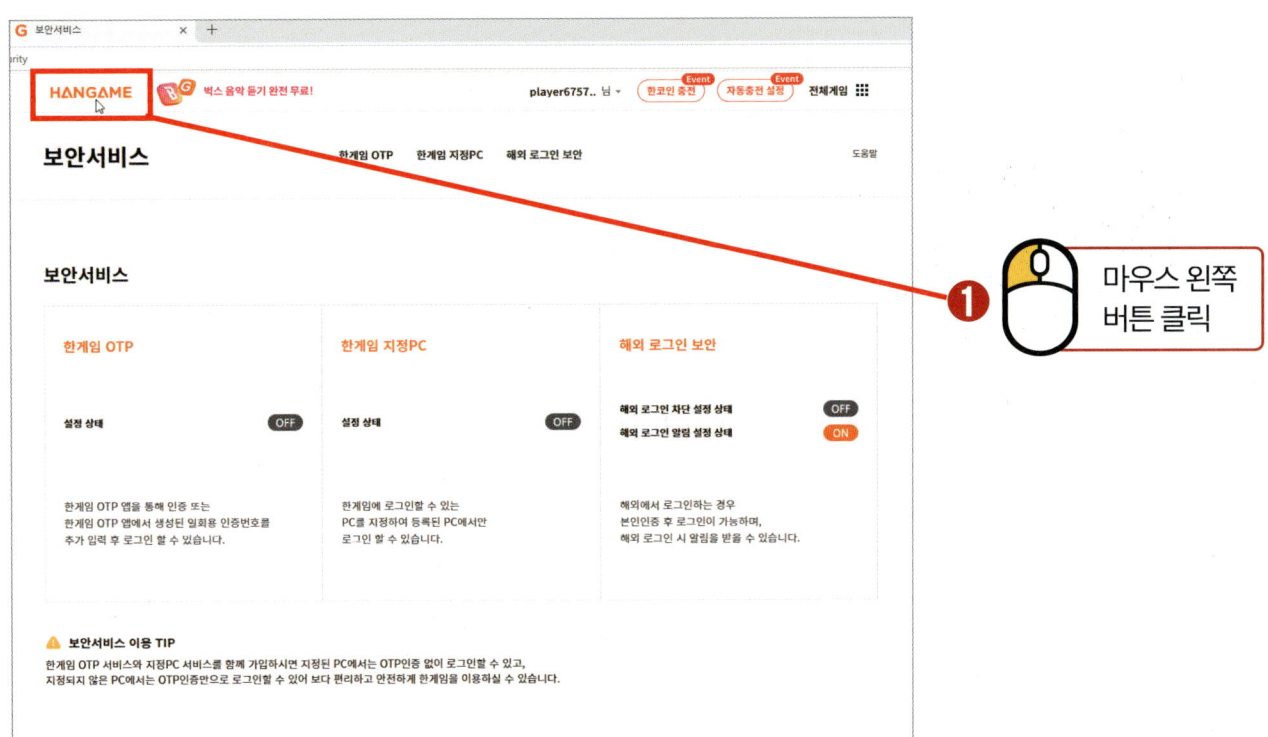

## 14  [고스톱]-[신맞고]를 클릭합니다.

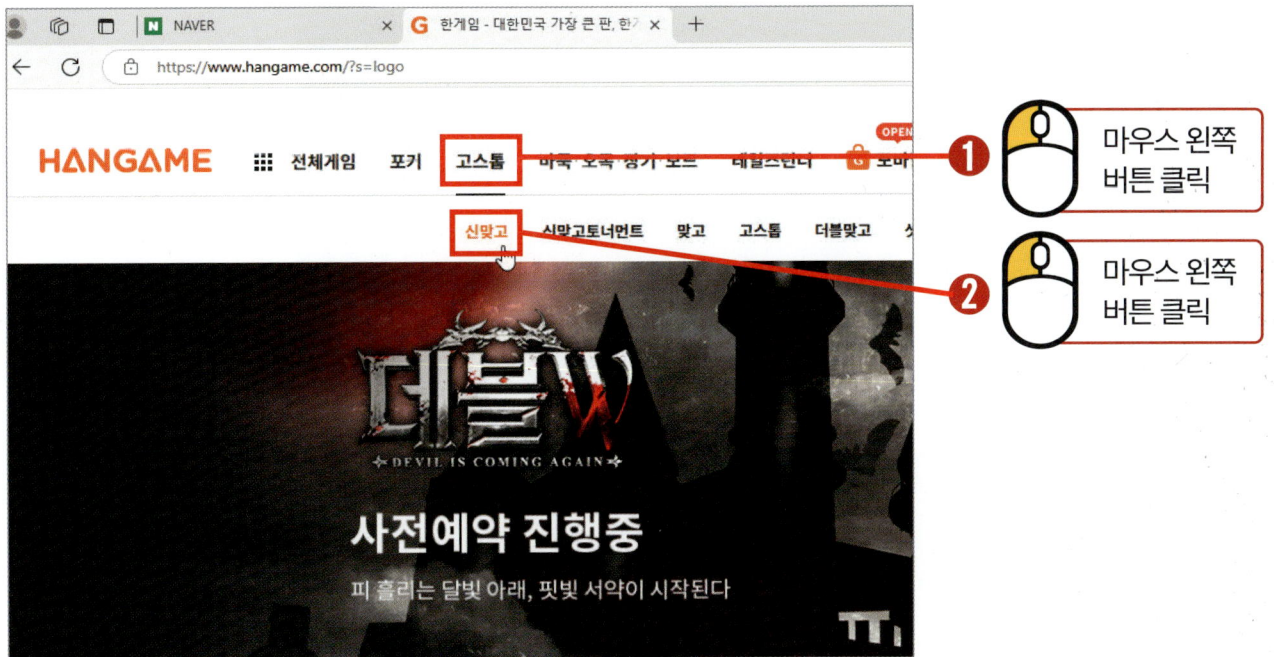

## 15  [새로운 신맞고 입장하기]를 클릭합니다.

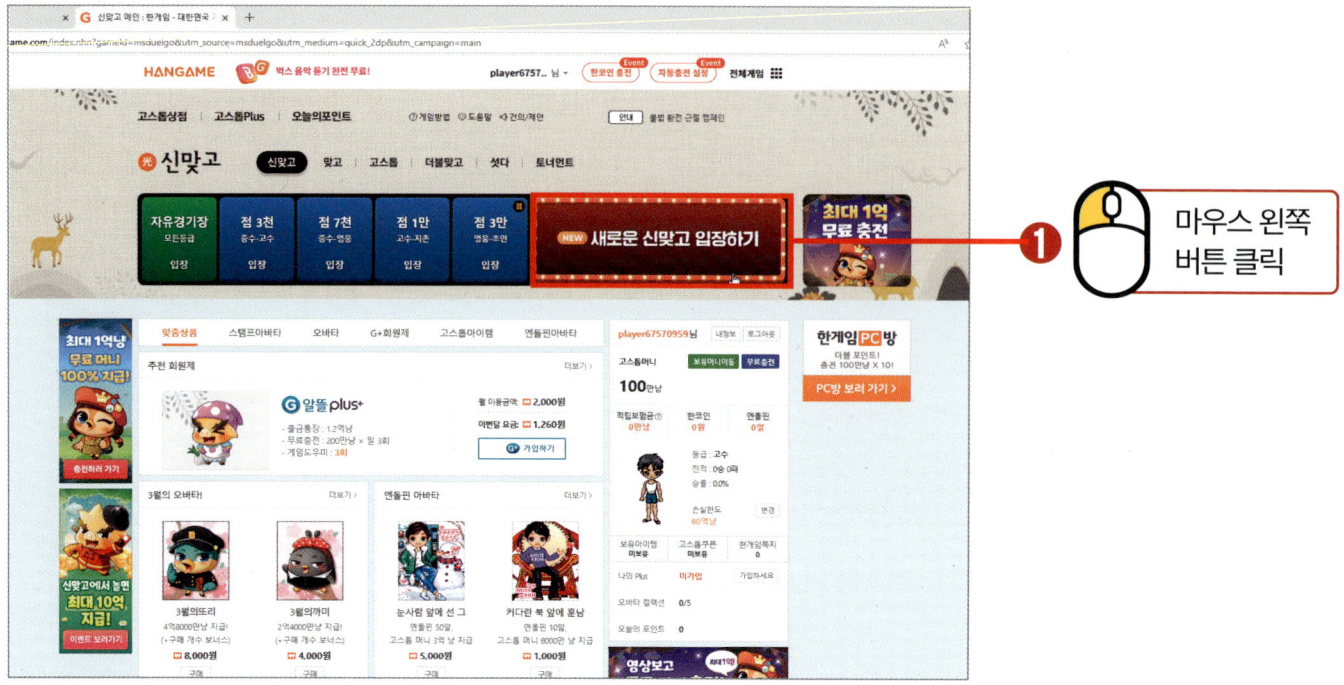

## 16  [한스타터2 다운로드]를 클릭합니다.

**17** 다운로드가 완료되면 오른쪽 상단의 [파일 열기]를 클릭합니다.

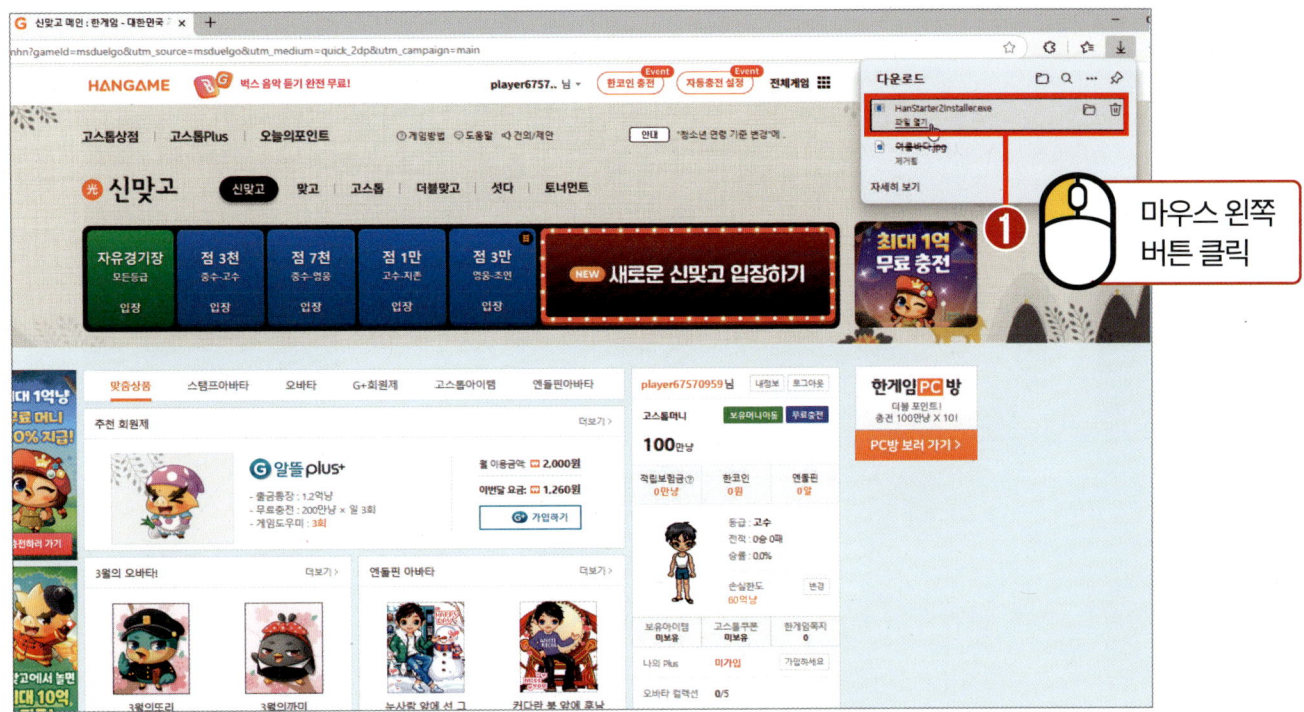

**18** 설치가 완료되었다는 메시지가 뜨면 다시 [새로운 신맞고 입장하기]를 클릭합니다.

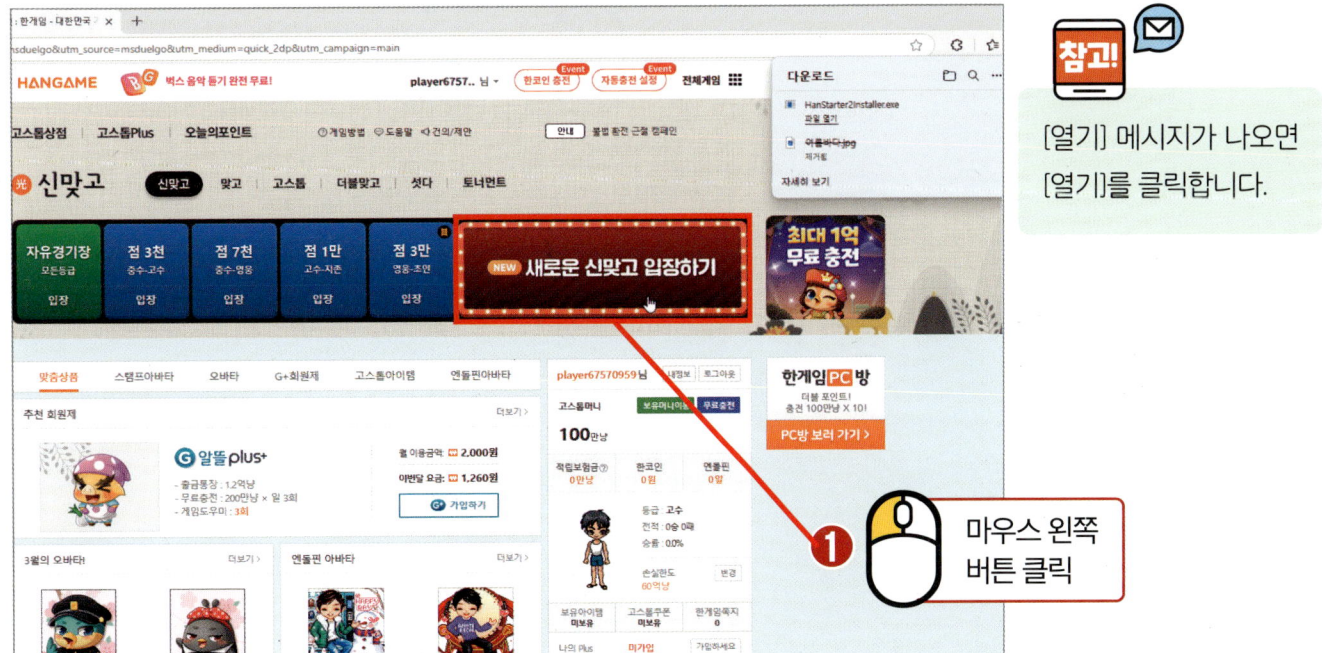

# 19  게임 설치 창이 나옵니다. 게임을 설치하여 시행하면 됩니다.

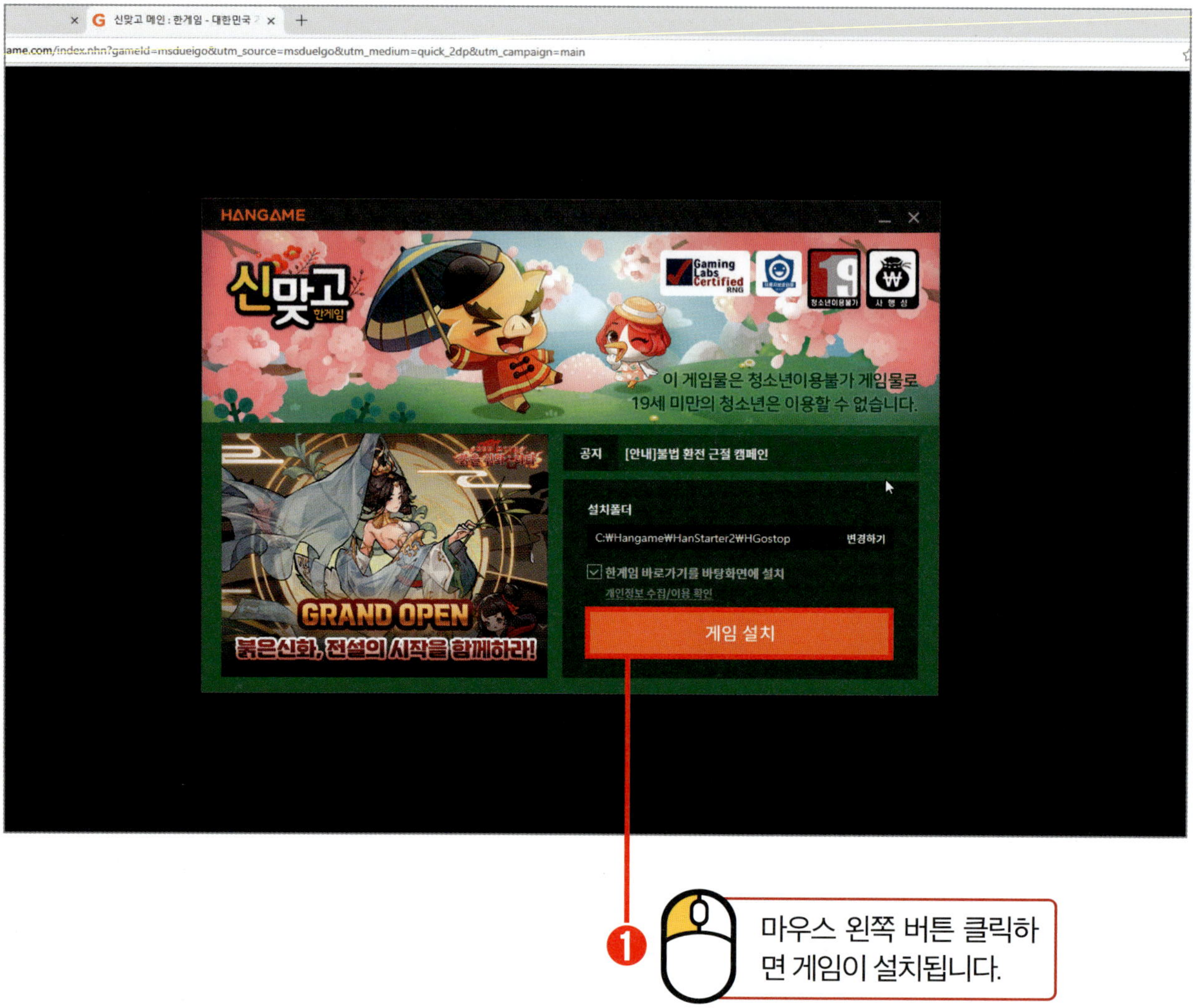

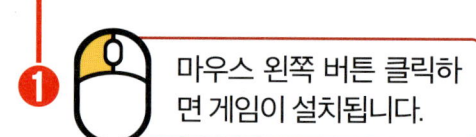

❶ 마우스 왼쪽 버튼 클릭하면 게임이 설치됩니다.

# 제 06 장

# 카카오톡 설치하여 사용하기

인터넷으로 카카오톡을 컴퓨터에 설치하여 사용할 수 있습니다. 모바일에서 쓰는 기능과 동일하게 사용할 수 있으니 활용해보길 바랍니다.

# Section 01 카카오톡 설치하기

카카오톡을 설치하는 방법에 대해 알아보겠습니다. 휴대폰 카카오톡에 등록된 아이디와 비밀번호로 컴퓨터 카카오톡에 로그인합니다.

**01** 네이버 검색란에 카카오톡을 입력하고 Enter 키를 누릅니다.

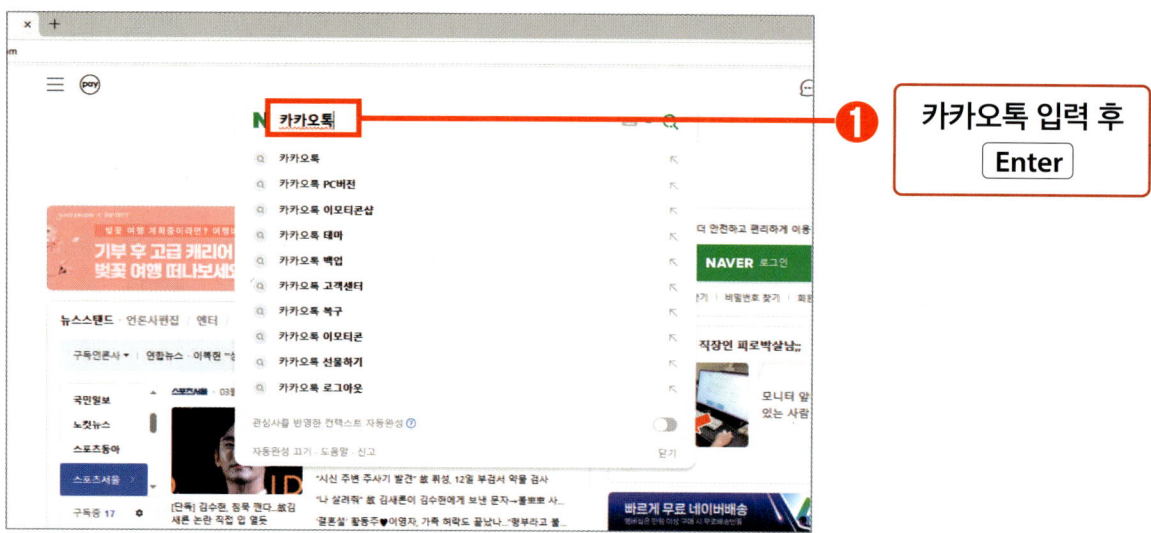

① 카카오톡 입력 후 Enter

**02** 카카오톡 홈페이지를 클릭합니다.

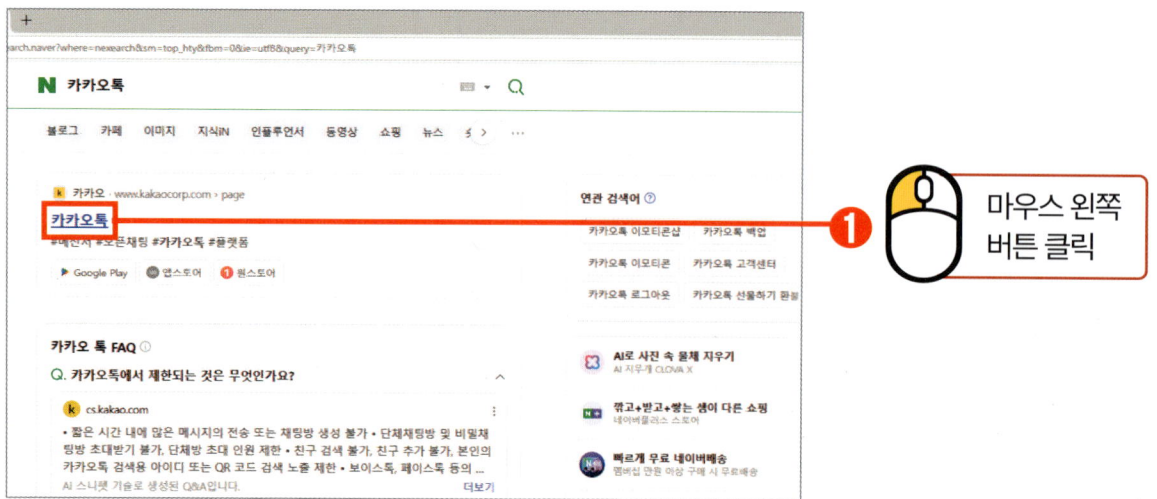

① 마우스 왼쪽 버튼 클릭

**03** 카카오톡 홈페이지로 이동합니다. 오른쪽 상단의 [다운로드]를 클릭합니다. [Windows]를 클릭합니다.

기기에 따라서는 안드로이드(Android), 맥(mac) 버전을 설치해야 합니다.

**04** 다운로드가 완료되면 [파일 열기]를 클릭합니다. 다운로드가 실행됩니다.

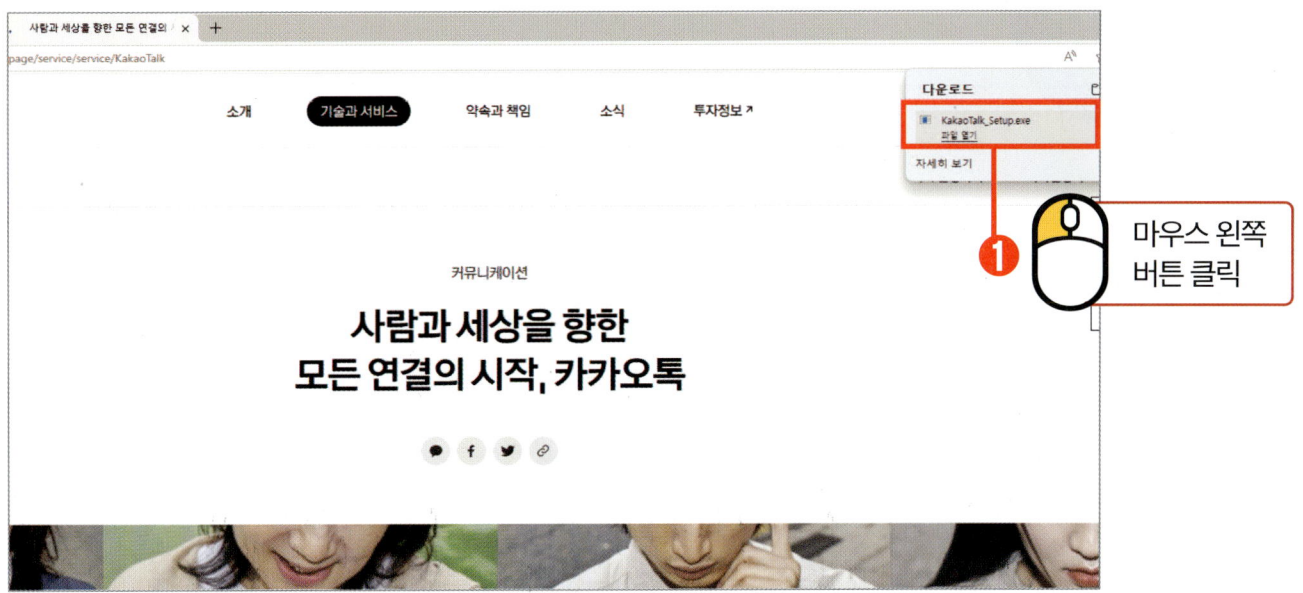

**05** 언어를 선택하는 창입니다. 한국어가 선택되어 있으면 [OK]를 클릭합니다.

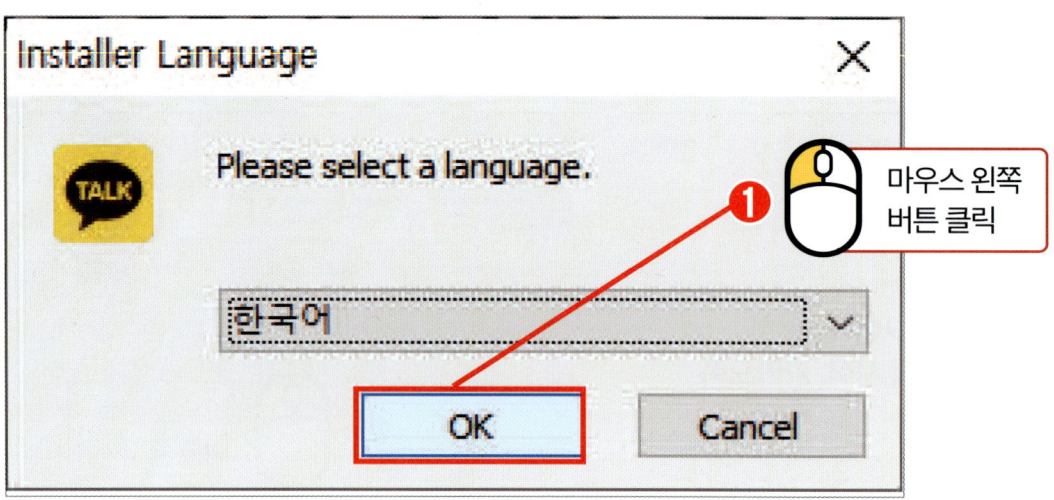

**06** 설치창이 나타납니다. [다음]을 클릭합니다.

## 07 [동의함]을 클릭합니다.

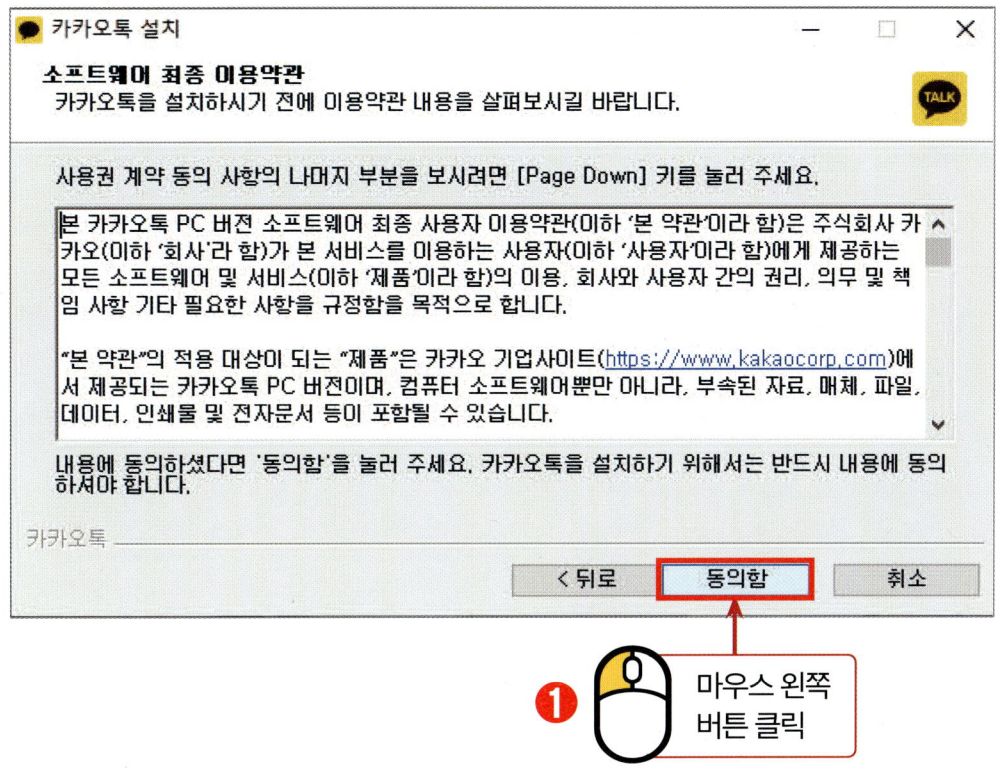

## 08 설치 위치를 지정하는 창입니다. [설치]를 클릭합니다.

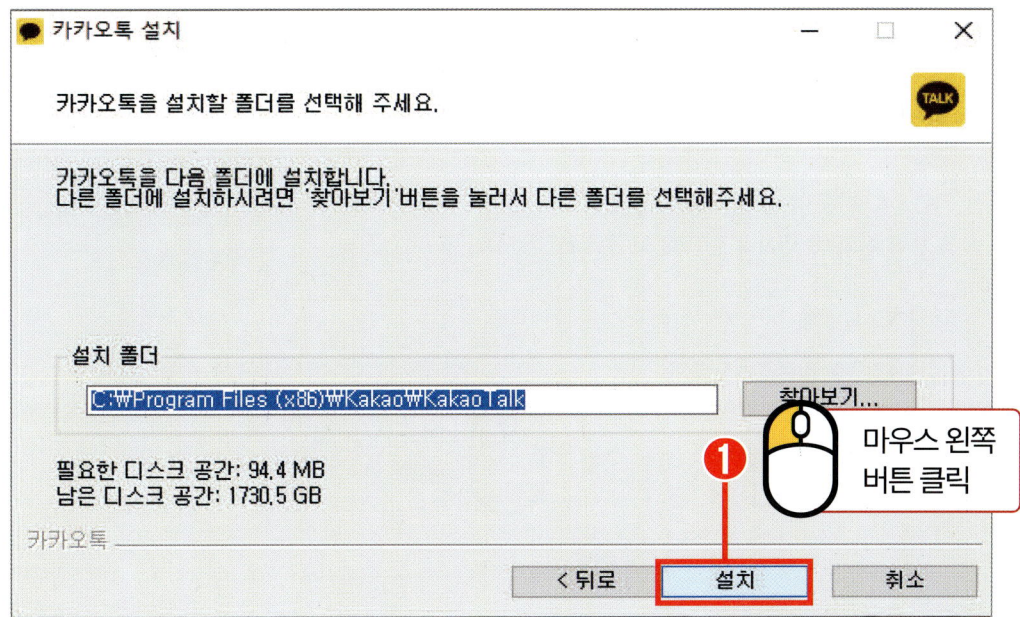

 **찾아보기를 누를 경우**

찾아보기를 누르게 되면 설치할 위치를 지정할 수 있습니다. 다른 드라이브에 설치하고 싶거나 설치 파일을 다른 위치에 지정하고 싶은 경우에 사용합니다.

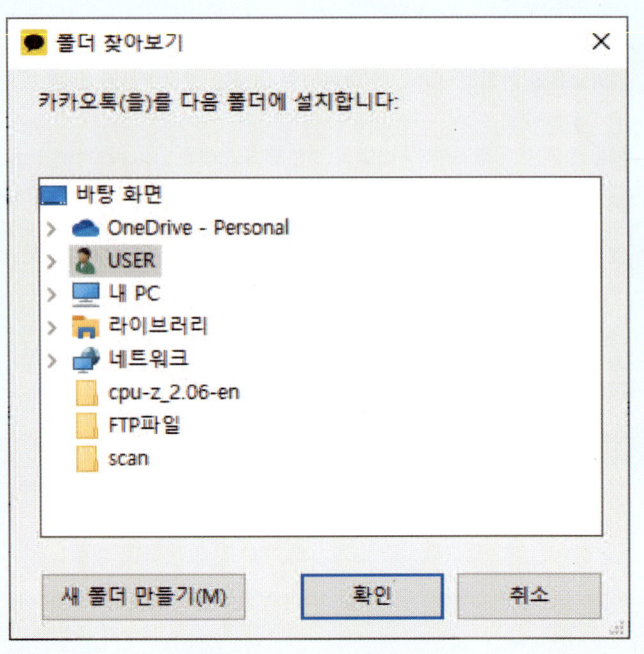

**09** 설치가 진행되고, 설치가 끝나면 완료창이 나타납니다. 카카오톡 실행과 바탕화면에 바로가기 만들기가 체크되어 있는 상태에서 [마침]을 클릭합니다.

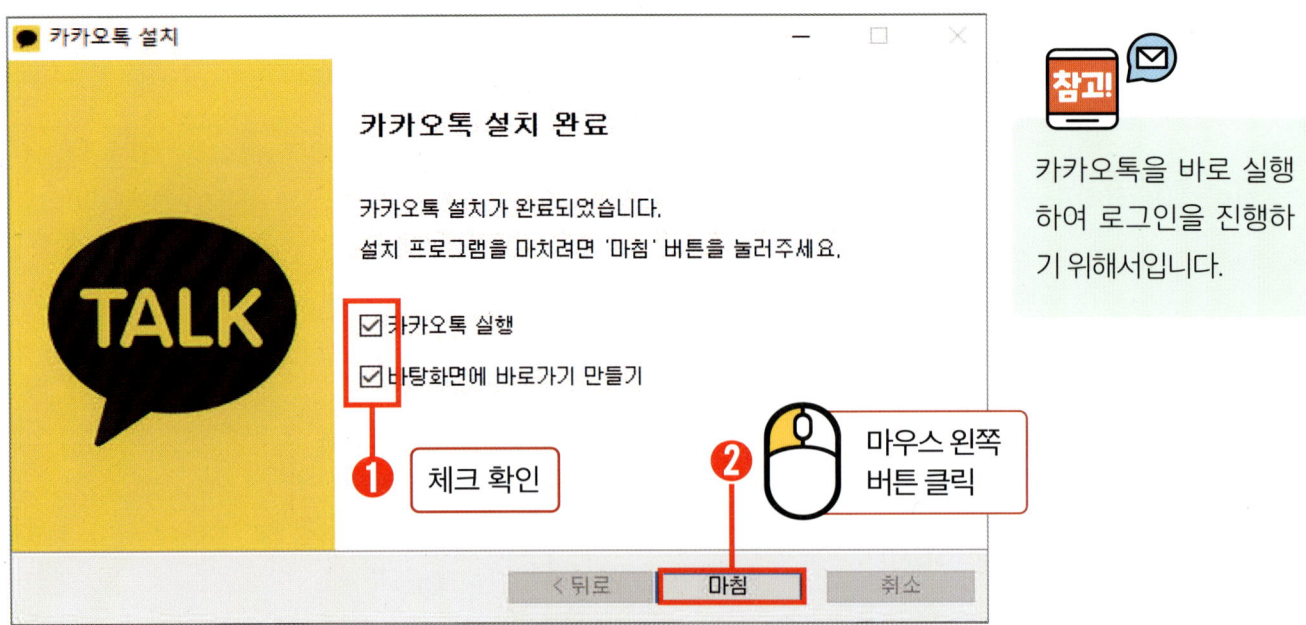

카카오톡을 바로 실행하여 로그인을 진행하기 위해서입니다.

**10** 계정과 비밀번호를 입력하고 [로그인]을 클릭합니다. 자신 스마트폰의 카카오톡에 등록되어 있는 계정과 비밀번호를 입력해야 연동하여 사용할 수 있습니다.

❶ 계정, 비밀번호 입력
❷ 마우스 왼쪽 버튼 클릭

### 아이디, 비밀번호가 생각나지 않는다면?

아이디나 비밀번호가 생각나지 않는다면 아래의 [카카오계정 찾기], [비밀번호 재설정]을 클릭하여 찾을 수 있습니다.

**11** 최초로 로그인할 경우 인증을 해야 합니다. [내 PC 인증하기]를 클릭합니다.

❶ 마우스 왼쪽 버튼 클릭

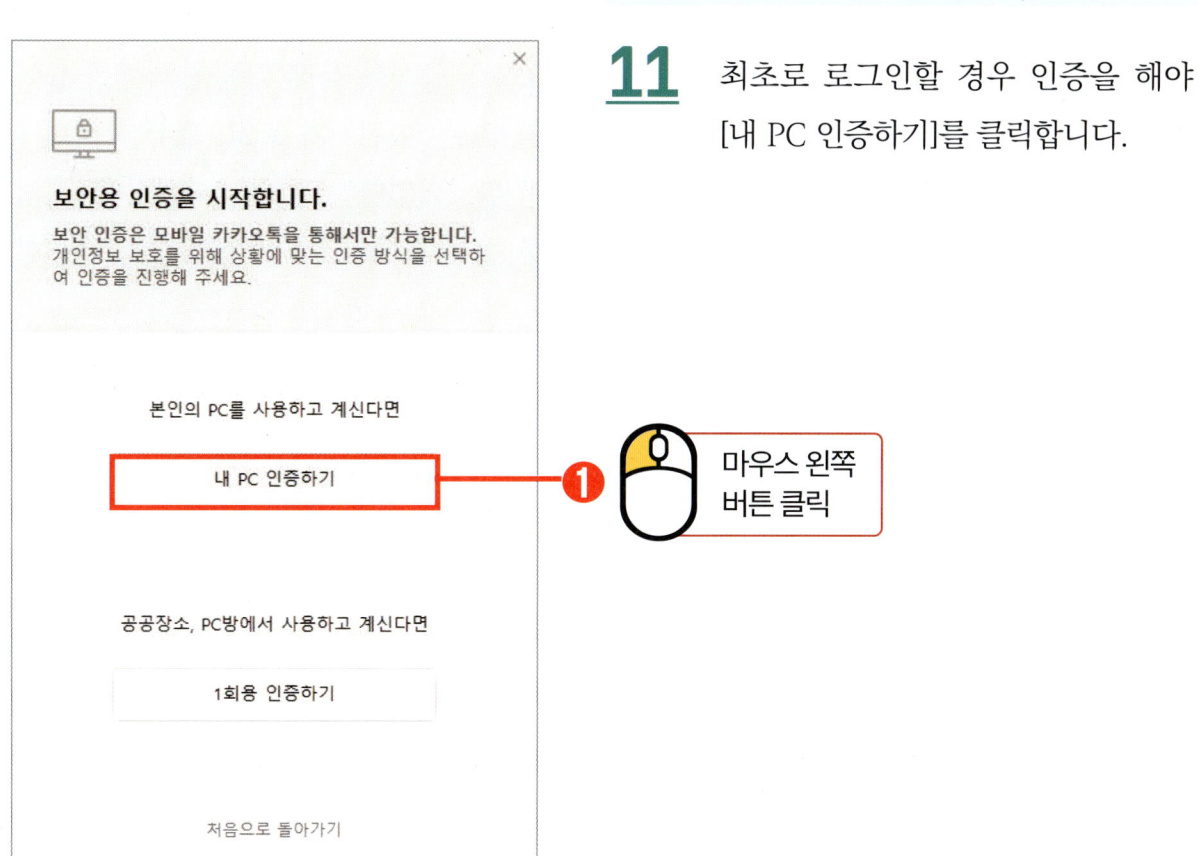

제 06장 카카오톡 설치하여 사용하기

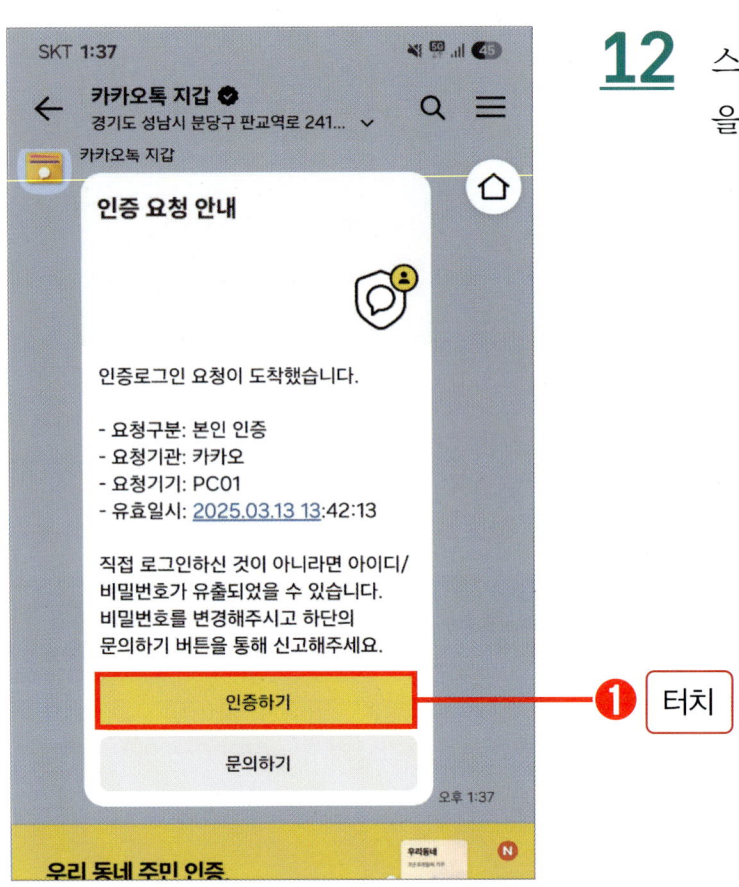

**12** 스마트폰의 카카오톡으로 다음의 메시지가 왔을 것입니다. [인증하기]를 선택합니다.

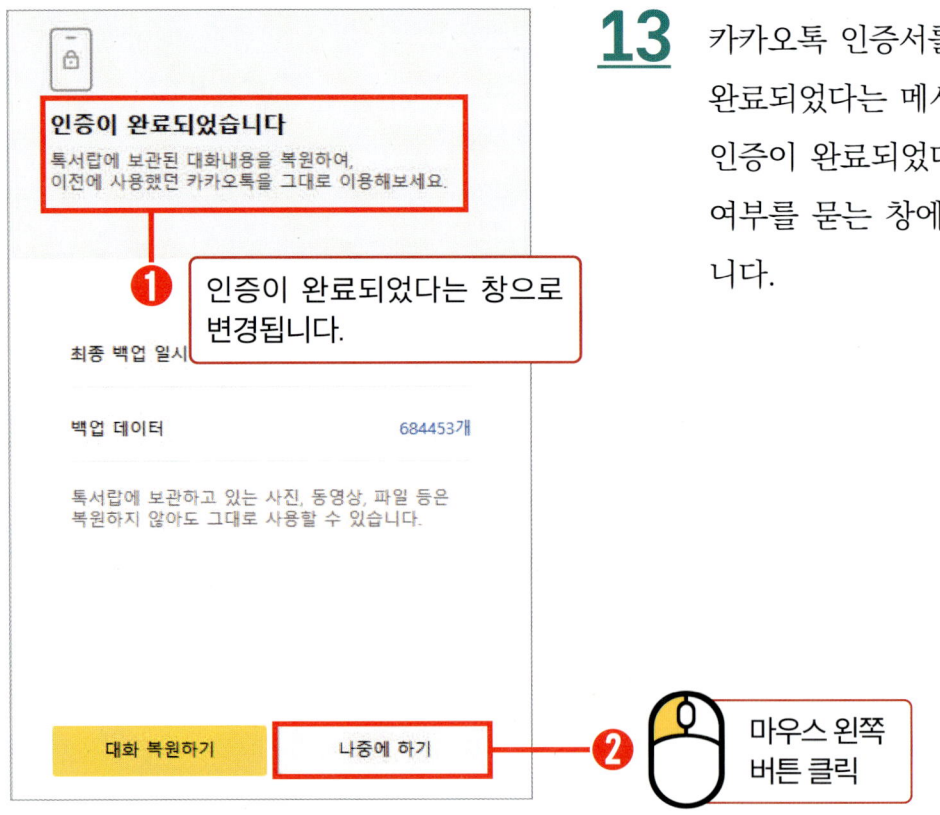

**13** 카카오톡 인증서를 통해 인증을 하면 인증이 완료되었다는 메시지가 뜨고, 컴퓨터 화면에 인증이 완료되었다는 창이 나타납니다. 백업 여부를 묻는 창에서 [나중에 하기]를 클릭합니다.

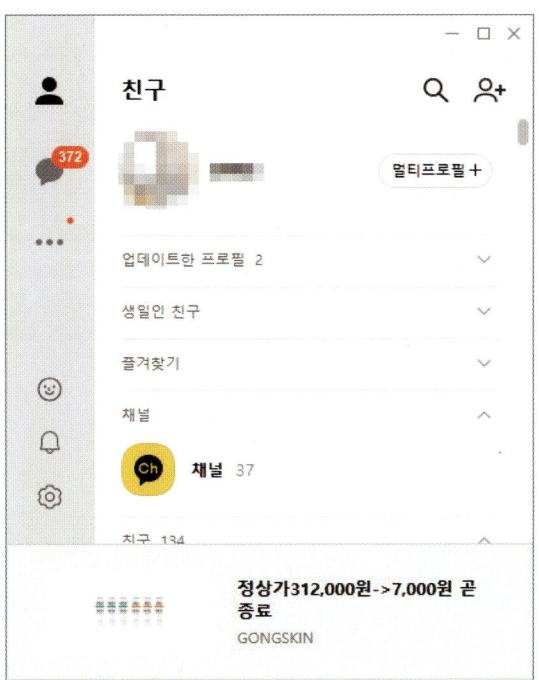

**14** 카카오톡 로그인이 진행됩니다.

# Section 02 프로필 변경하기

프로필을 변경하고 메시지를 추가로 입력할 수 있습니다.

**01** 나의 프로필을 클릭합니다.

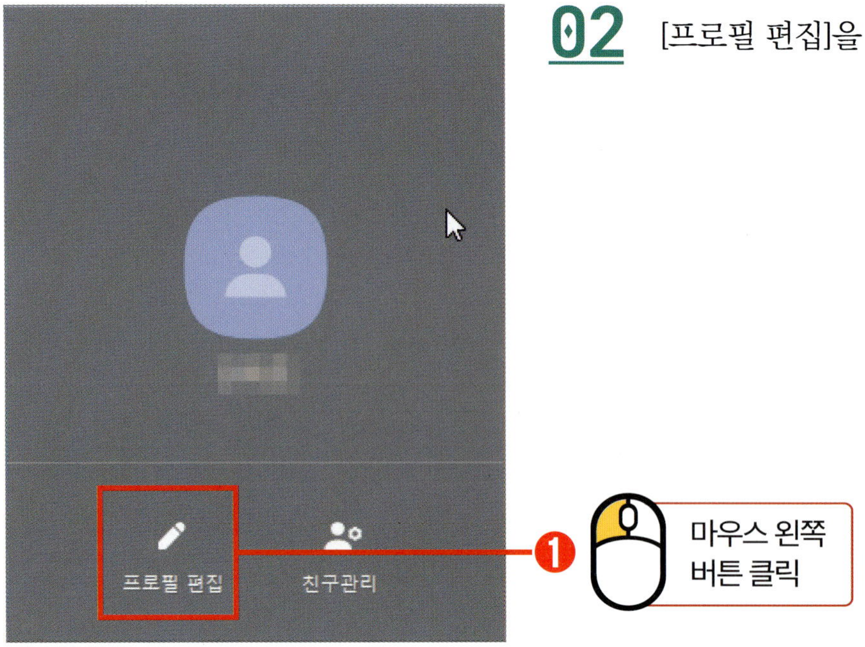

❶ 마우스 왼쪽 버튼 클릭

**02** [프로필 편집]을 클릭합니다.

❶ 마우스 왼쪽 버튼 클릭

**03** 상태메시지에 원하는 메시지를 입력합니다. 📷를 클릭합니다. [사진 변경]을 클릭합니다.

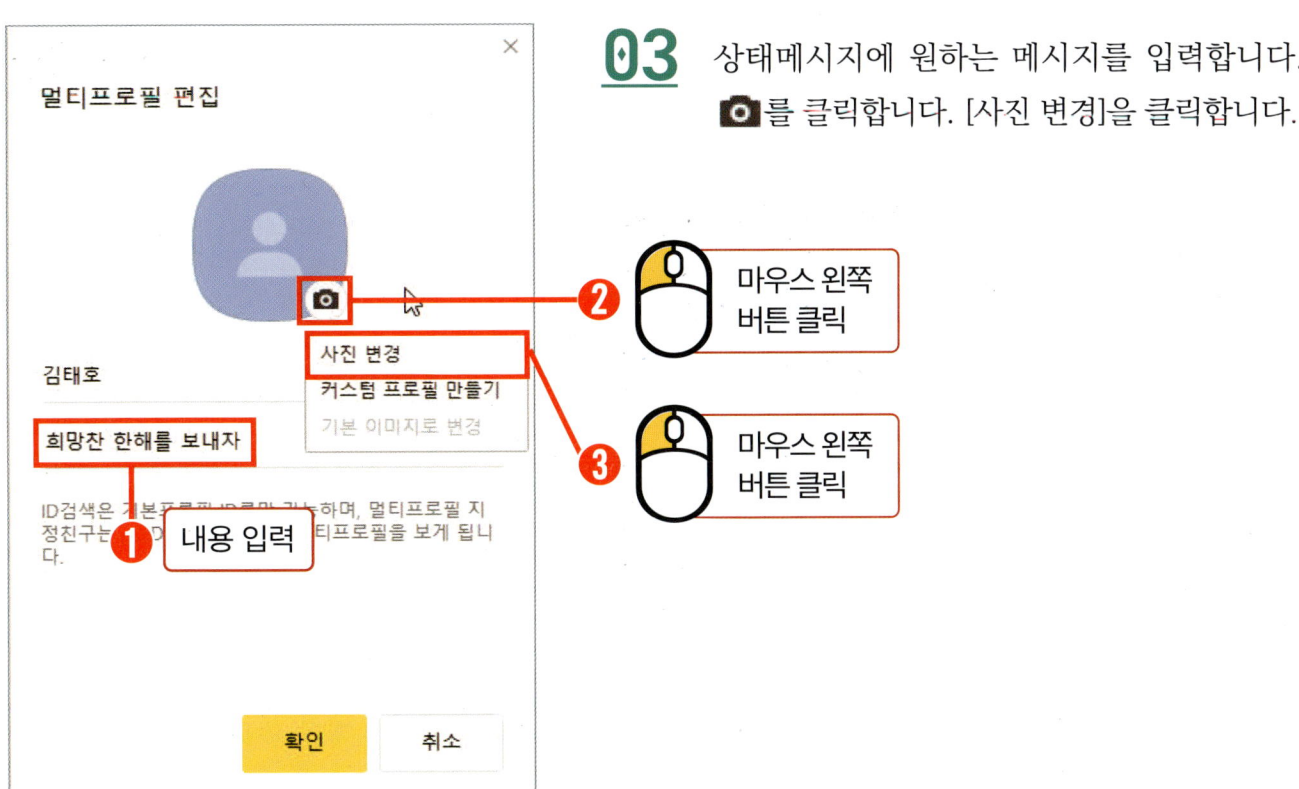

**04** 원하는 프로필 사진을 선택합니다. [열기]를 클릭합니다.

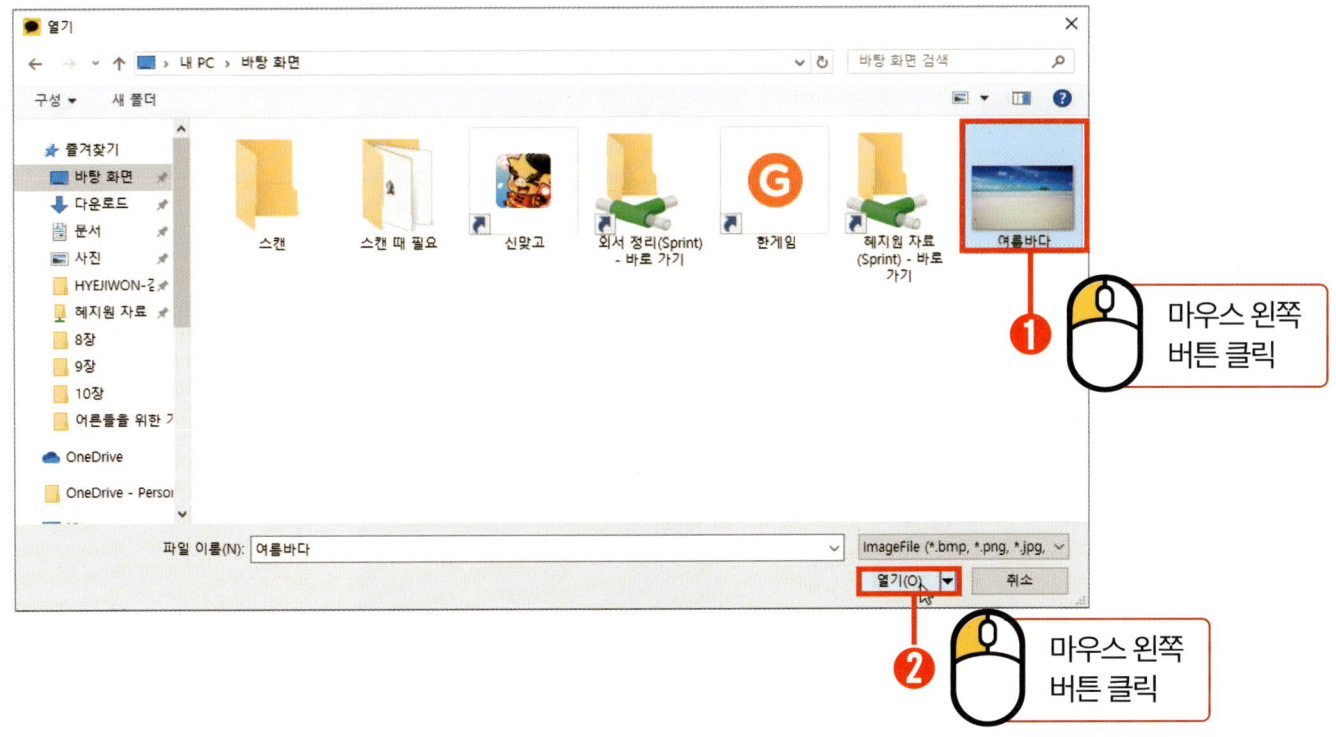

**05** 바꿀 사항이 없다면 [완료]를 클릭합니다.

**06** [확인]을 클릭합니다. 상태메시지와 프로필이 바뀌었습니다.

## Section 03 다른 사람과 메시지 주고받기

다른 사람과 메시지를 주고받아보겠습니다. 메시지를 작성하고 보내는 방법은 스마트폰에서 카카오톡을 사용할 때와 동일합니다.

**01** 메시지를 주고받고 싶은 사람을 더블클릭합니다.

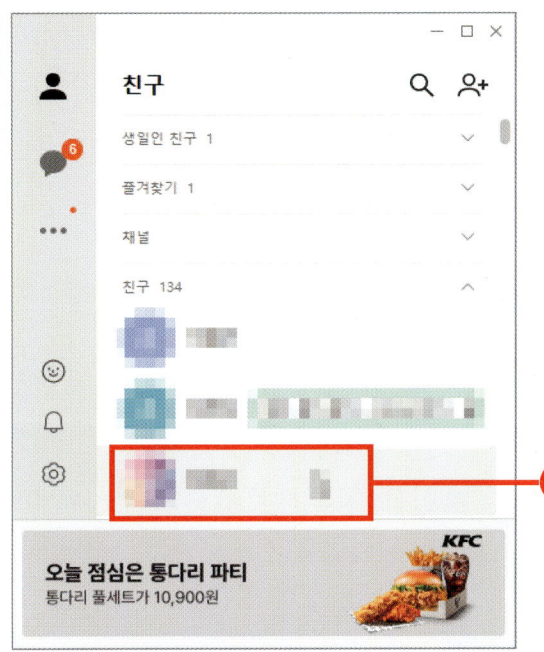

> 한 번 클릭한 뒤에 [1대1 채팅]을 클릭해도 됩니다.

**02** 대화창이 열립니다. 메시지 입력란에 원하는 내용을 입력합니다. Enter 키를 누릅니다.

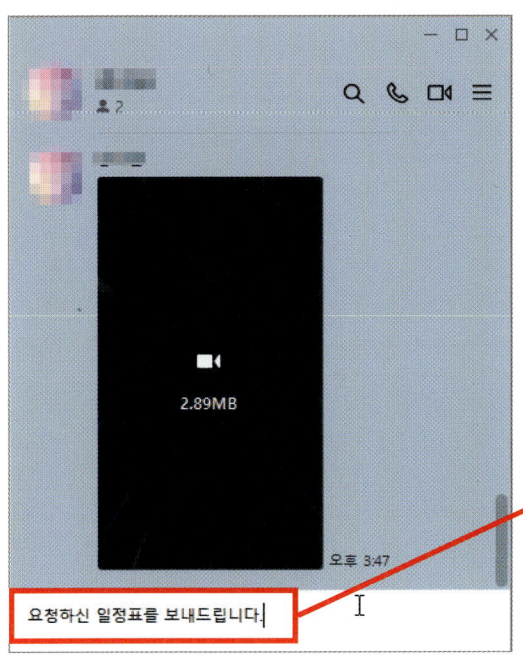

제 06장 카카오톡 설치하여 사용하기 / 171

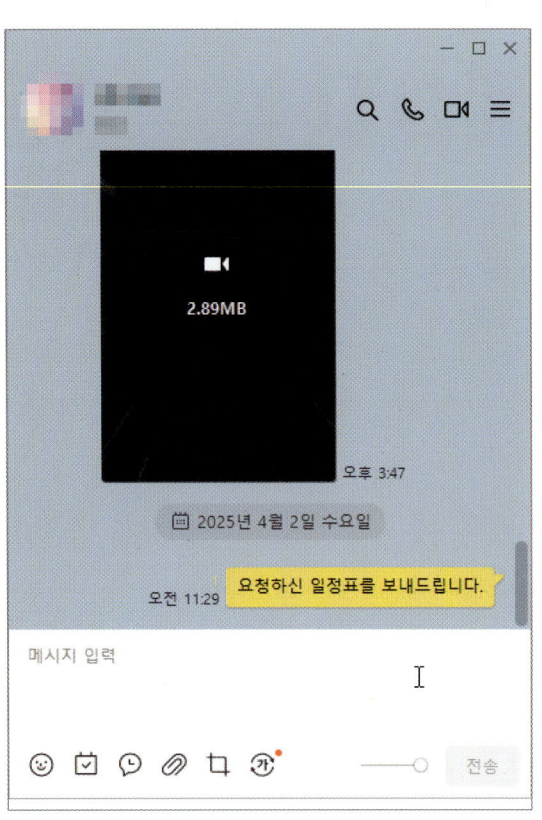

**03** 메시지가 보내집니다.

**04** 이번에는 파일을 첨부해보겠습니다. 📎를 클릭합니다.

마우스 왼쪽 버튼 클릭

## 05 원하는 문서나 사진을 찾아 선택한 후 [열기]를 클릭합니다.

## 06 Enter 키를 누르거나 [전송]을 클릭합니다.

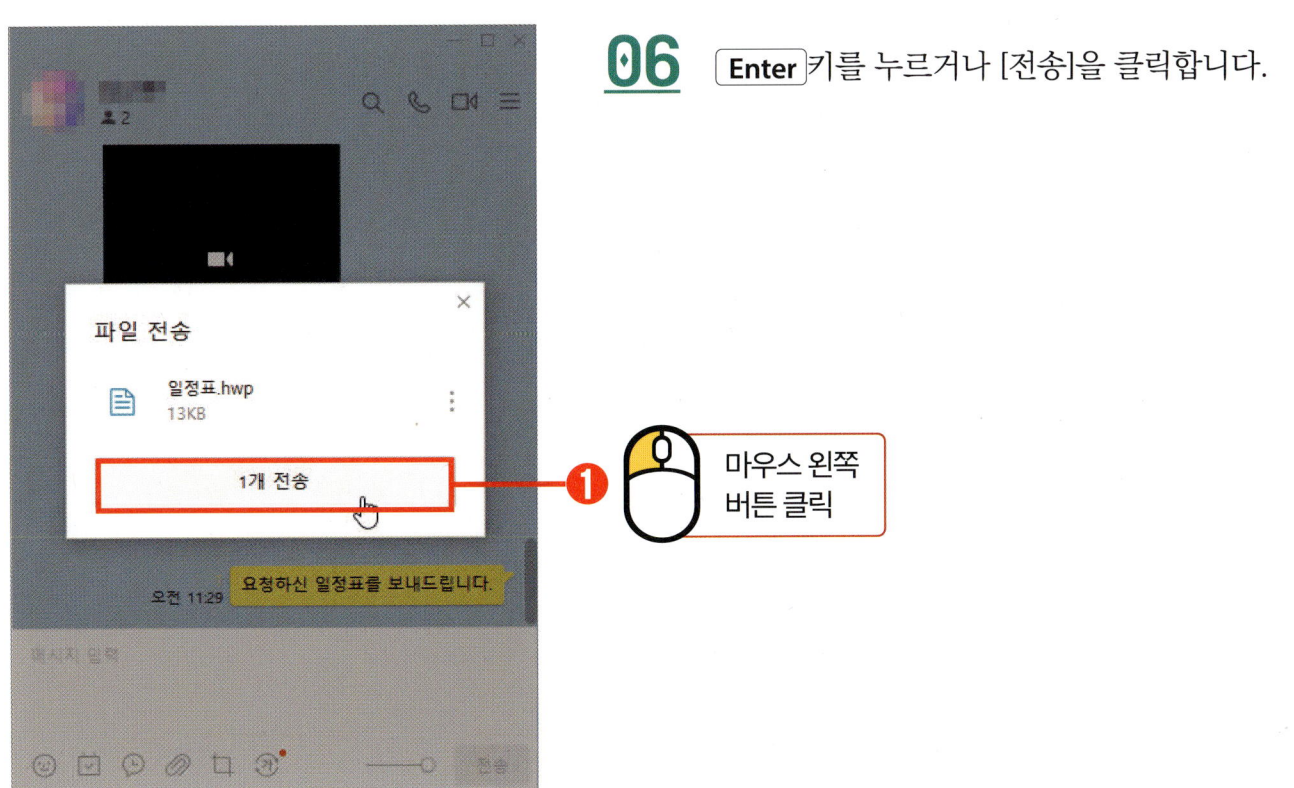

**07** 파일이 전달되었습니다.

파일은 용량에 따라 30일까지만 열어볼 수도 있습니다. 또한 일정 용량을 초과하면 파일을 보낼 수 없습니다.

**08** 마지막으로 예약 메시지를 보내보겠습니다. 🕐를 클릭합니다.

❶ 마우스 왼쪽 버튼 클릭

**09** 예약할 메시지를 입력합니다. ❶ 내용 입력

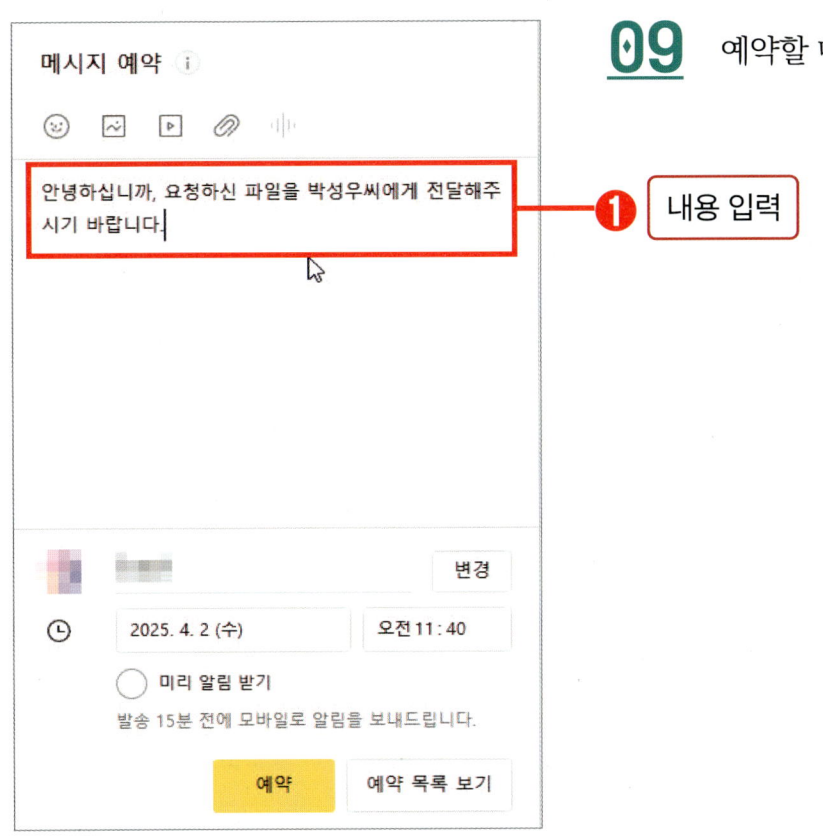

**10** 아래의 날짜를 클릭합니다. 원하는 날짜를 클릭합니다. ❶ 마우스 왼쪽 버튼 클릭

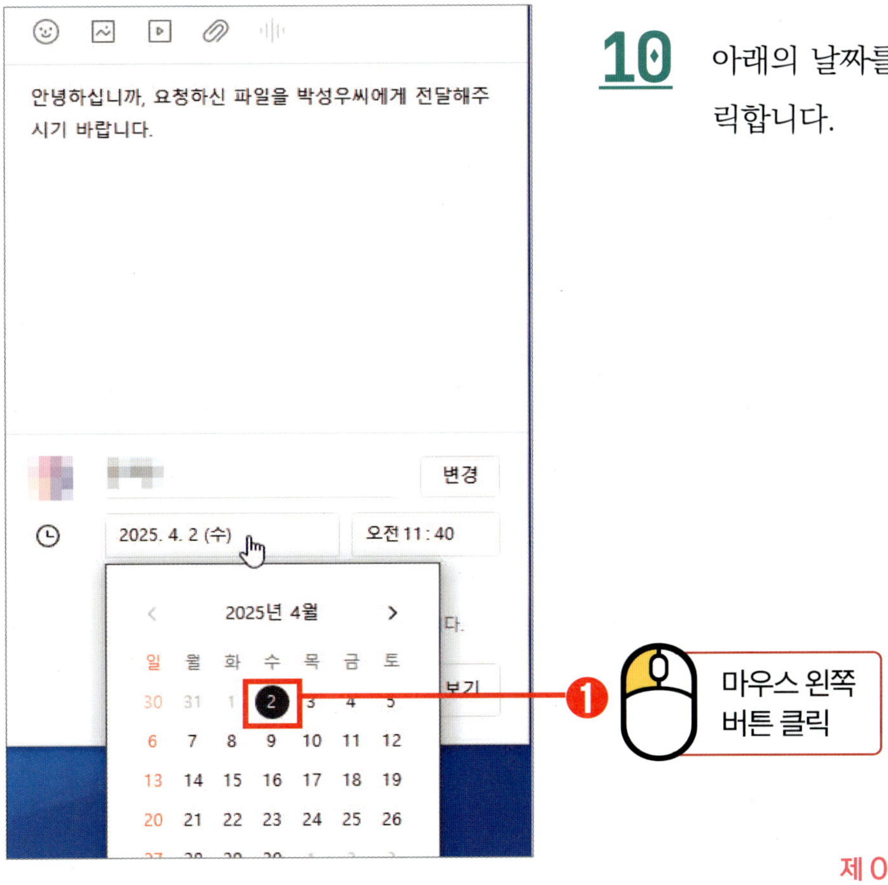

**11** 시간을 클릭하여 오전/오후, 시간대를 클릭합니다.

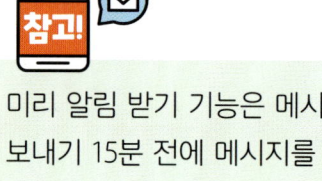

미리 알림 받기 기능은 메시지를 보내기 15분 전에 메시지를 보낼 예정이라는 알림을 보내주는 기능입니다.

**12** [예약]을 클릭합니다.

176 / 어른들을 위한 가장 쉬운 인터넷

**13** 메시지가 예약되었습니다.

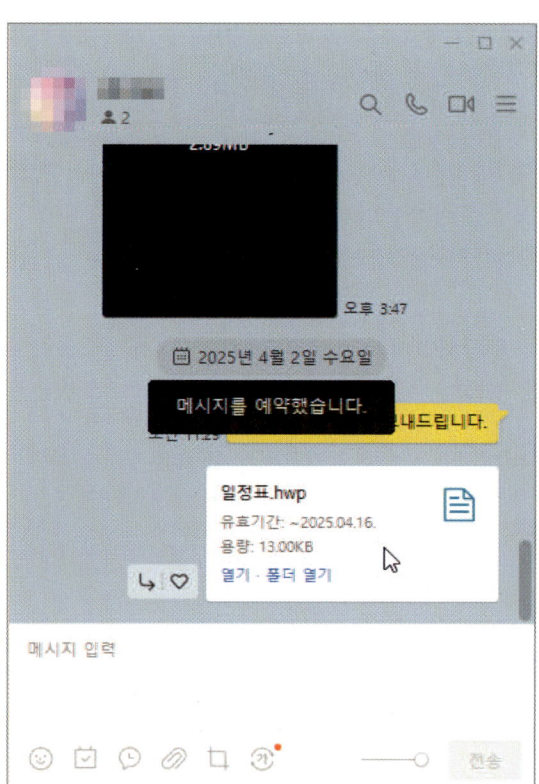

### 메시지 예약 취소

[예약 목록 보기]를 클릭하면 내가 예약해둔 메시지 목록을 볼 수 있습니다. 취소하고 싶은 메시지를 클릭하고 [취소]를 클릭하면 메시지 예약이 취소됩니다. 취소된 메시지는 복구할 수 없고, 다시 예약 절차를 밟아야 합니다.

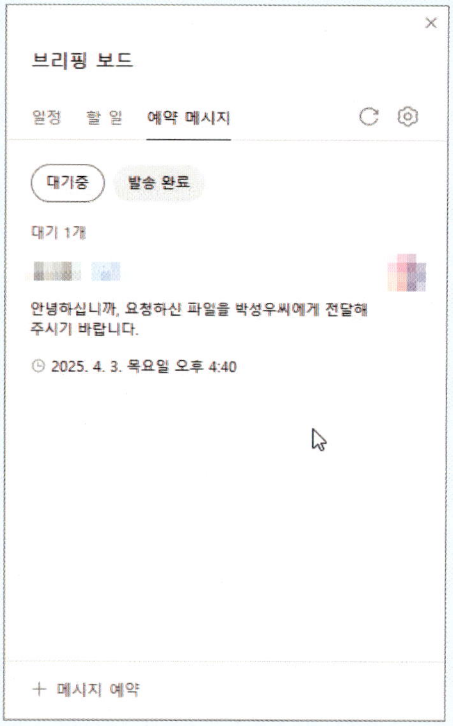

# Section 04 대화방 만들고 삭제하기

대화방을 만들어 그룹 채팅을 해보겠습니다.

**01** [채팅]을 클릭합니다. 대화방을 추가하기 위해 를 클릭합니다.

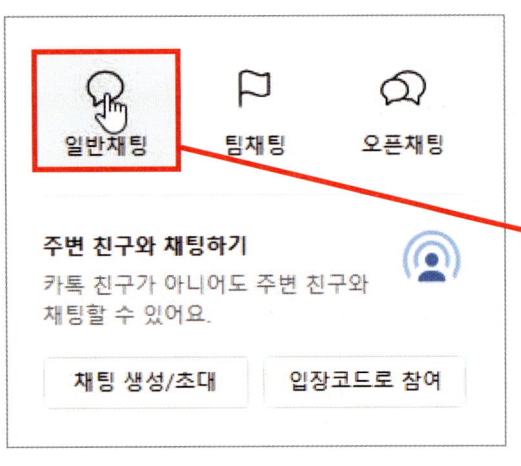

**02** [일반채팅]을 클릭합니다.

 오픈채팅은 공개된 링크를 통해 익명으로 다수의 사람이 모여 채팅을 하는 공간입니다.

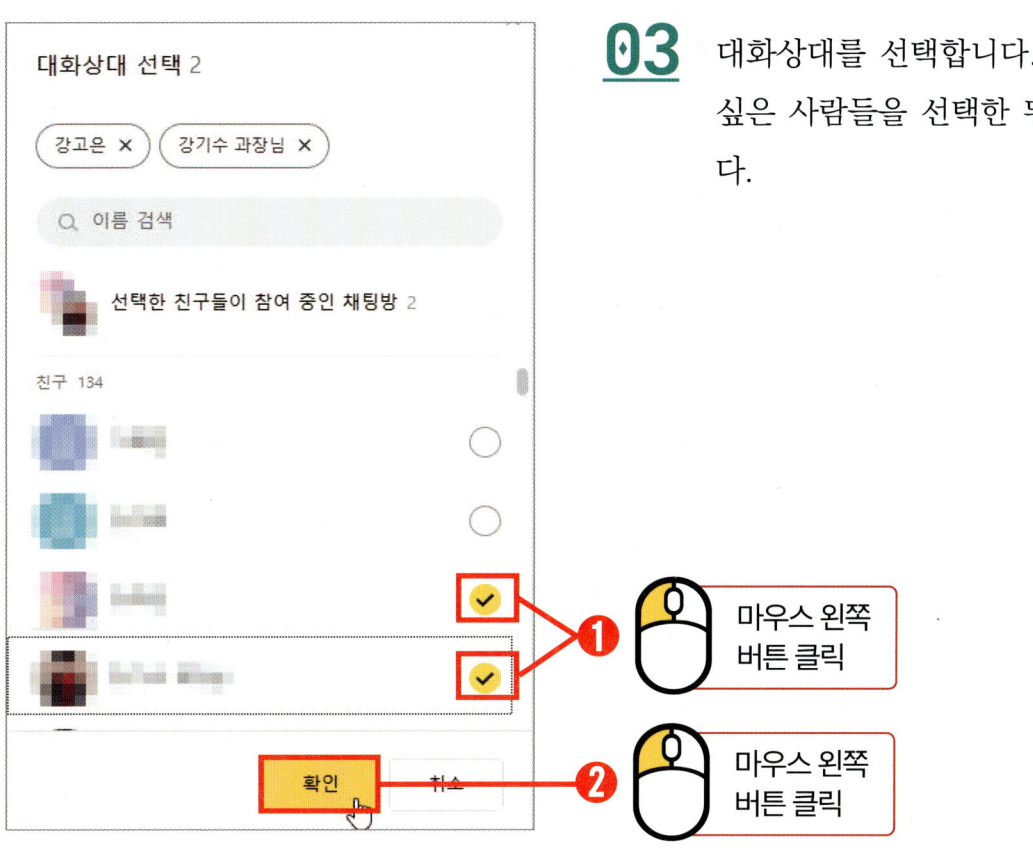

**03** 대화상대를 선택합니다. 대화방에 초대하고 싶은 사람들을 선택한 뒤 [확인]을 클릭합니다.

**04** 채팅방 이름을 입력하고 [확인]을 클릭합니다.

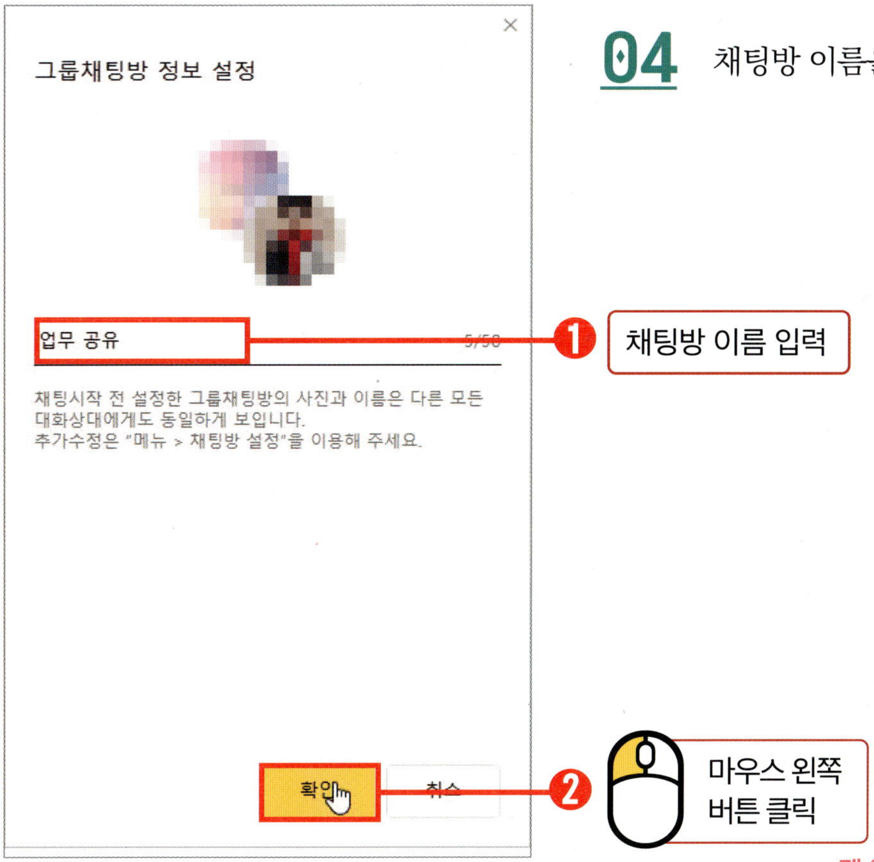

**05** 대화방이 생성되었습니다. 대화를 해봅시다.

옆의 숫자는 아직 메시지를 읽지 않은 사람의 수입니다. 한 명이 읽을 때마다 숫자가 1씩 줄어들고, 다 읽으면 숫자가 사라집니다.

**06** 대화방에서 나가보겠습니다. ≡를 클릭합니다. [채팅방 나가기]를 클릭합니다.

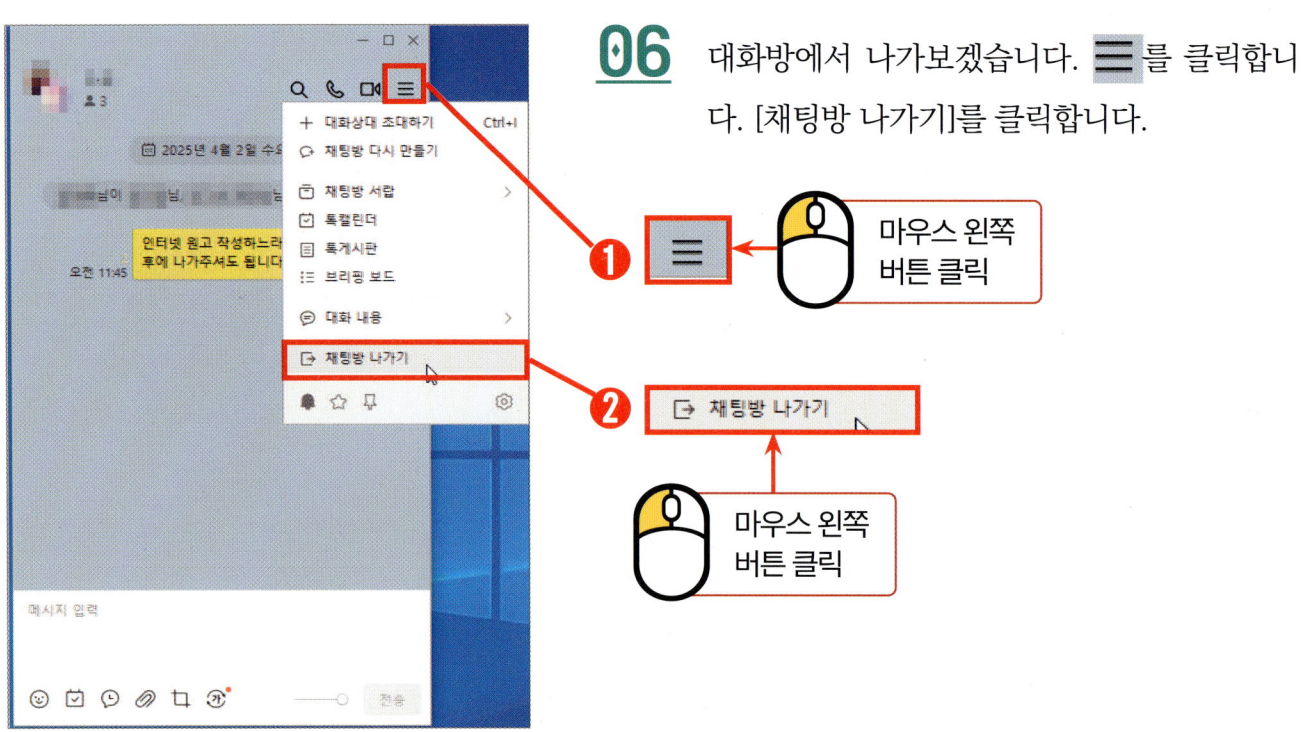

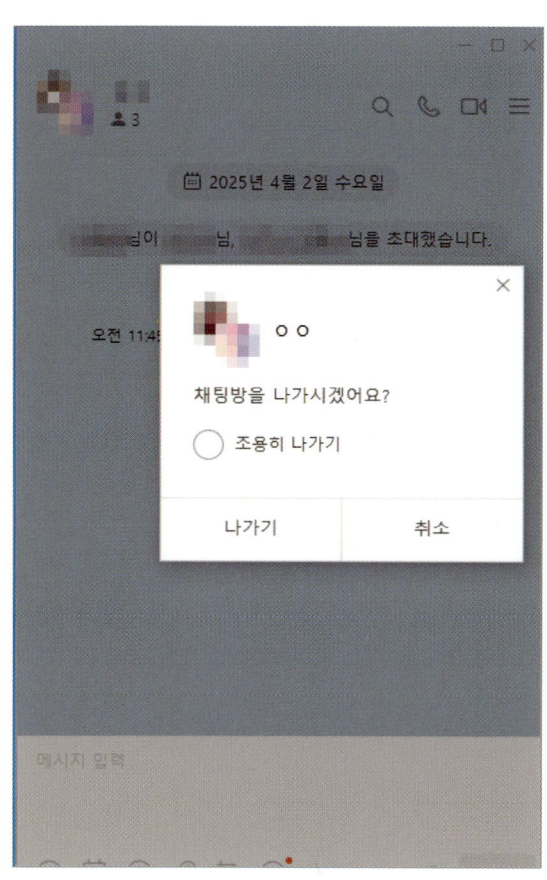

**07** [나가기]를 클릭하면 채팅방에서 나가집니다.

대화방을 나가게 되면 내용이 삭제되고 복원이 불가능합니다.

# Section 05 나와 채팅하기

내 프로필을 더블클릭하면 나와의 채팅을 할 수 있습니다. 내가 카카오톡에 보관해두고 싶은 문서, 링크 등을 내 채팅방에 업로드하면 편하게 이용할 수 있습니다.

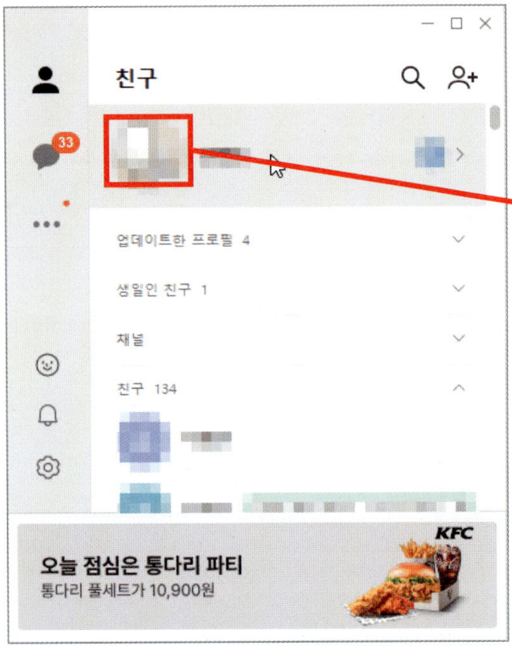

**01** 내 프로필을 더블클릭합니다.

❶ 마우스 왼쪽 버튼 더블클릭

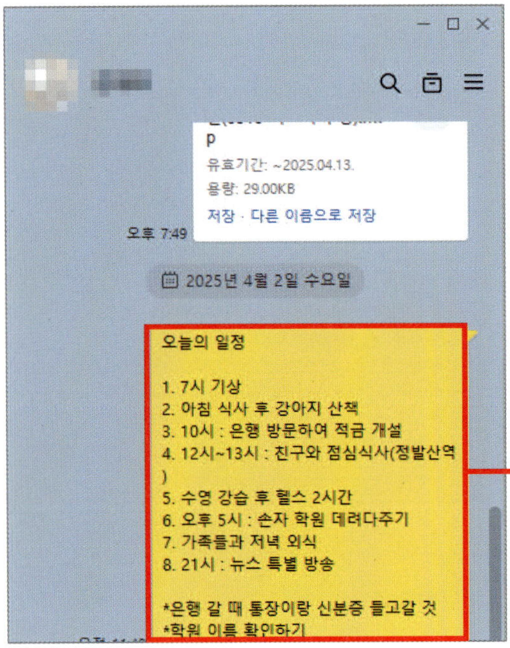

**02** 나와의 채팅방으로 이동합니다. 적어서 기억해 둬야 하는 일정 등을 입력하고 [Enter] 키를 누릅니다.

❶ 입력 후 [Enter]

# 제 07 장

# 인터넷 쇼핑몰 이용하고 택배 조회하기

쿠팡, 11번가, G마켓, 네이버 쇼핑 등 다양한 온라인 쇼핑몰이 존재합니다. 쿠팡과 11번가에서 쇼핑하는 방법을 알아보겠습니다. 또한 택배를 조회하는 방법을 알아보겠습니다.

# Section 01 쿠팡에 가입하기

쿠팡에 가입하여 물건을 구매해보겠습니다.

## 01 검색란에 쿠팡을 입력하고 Enter 키를 누릅니다.

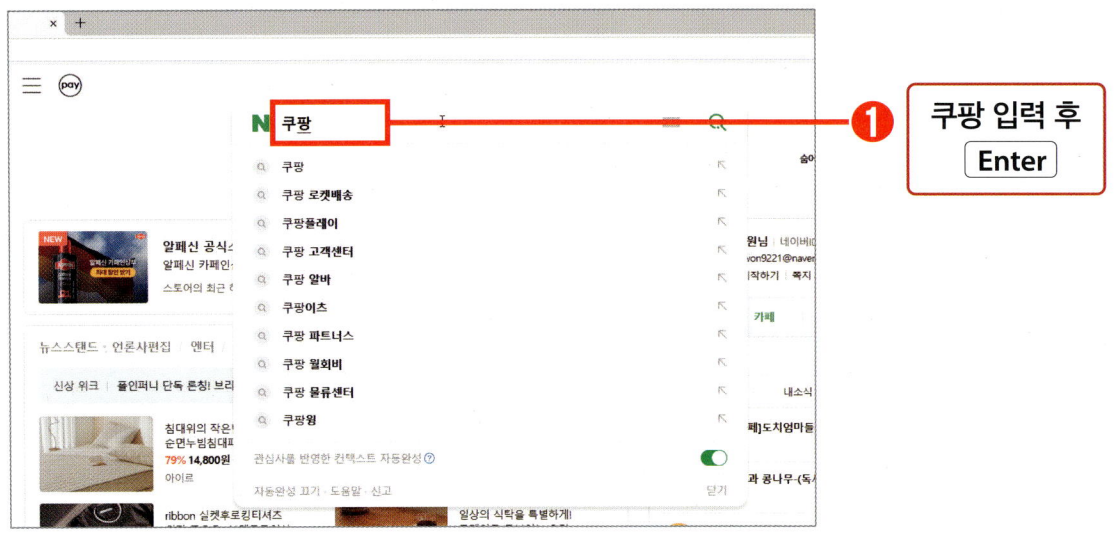

## 02 쿠팡 홈페이지를 클릭합니다.

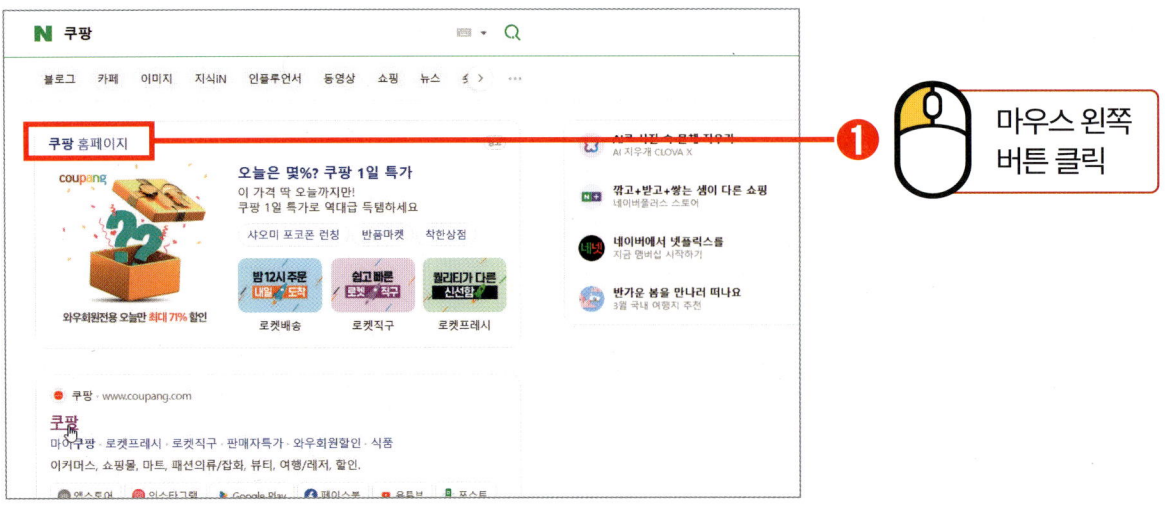

## 03  쿠팡 홈페이지가 나옵니다. 오른쪽 상단의 [회원가입]을 클릭합니다.

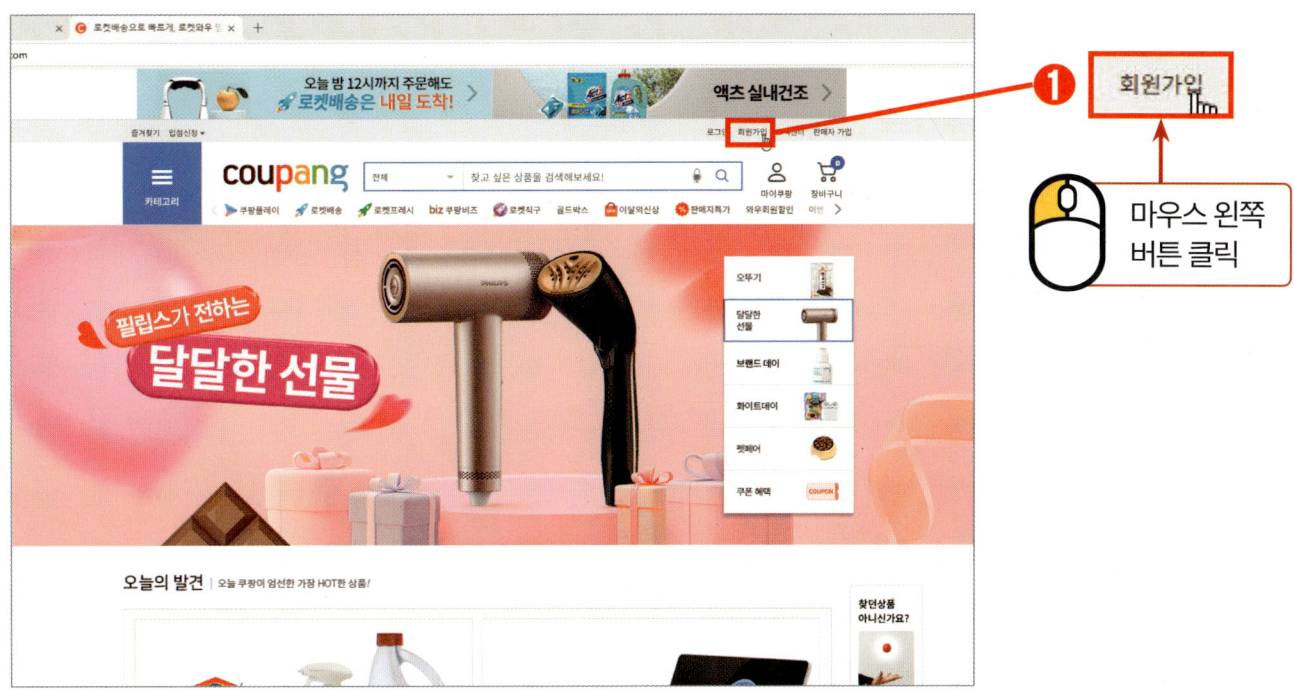

## 04  회원정보를 입력합니다. 아이디(이메일), 비밀번호, 이름, 휴대폰 번호를 입력합니다.

제 07장 인터넷 쇼핑몰 이용하고 택배 조회하기 / 185

**05** [모두 확인하였으며 동의합니다]에 체크하고 스크롤바를 내려 [동의하고 가입하기]를 클릭하면 가입이 완료됩니다.

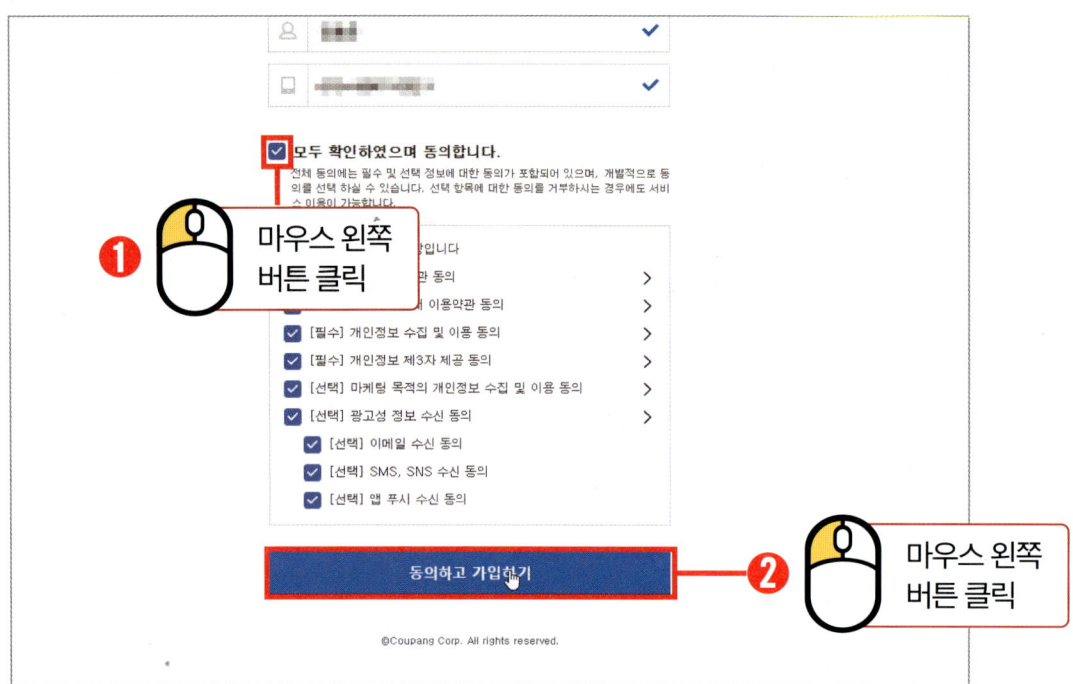

 **온라인 쇼핑몰의 회원 등급제**

쿠팡은 일반회원, 와우회원 등 회원 등급에 따라서 할인 혜택이 달라집니다. 와우회원은 월마다 내야 하는 비용이 있으니, 자신의 상황에 맞게 회원 등급을 정하길 바랍니다.

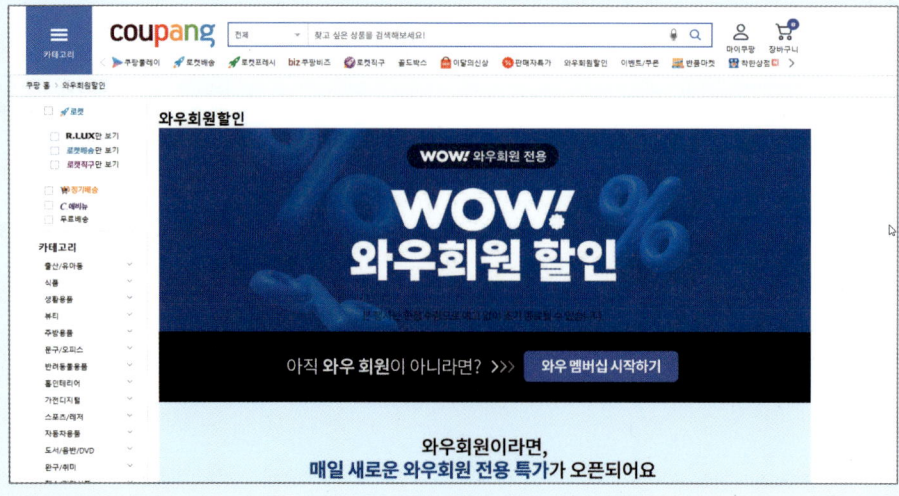

# Section 02 물건 검색하고 장바구니에 담기

구매하고 싶은 물건을 검색하여 장바구니에 담아보겠습니다.

## 01 검색란에 자신이 원하는 상품명을 입력하고 Enter 키를 누릅니다.

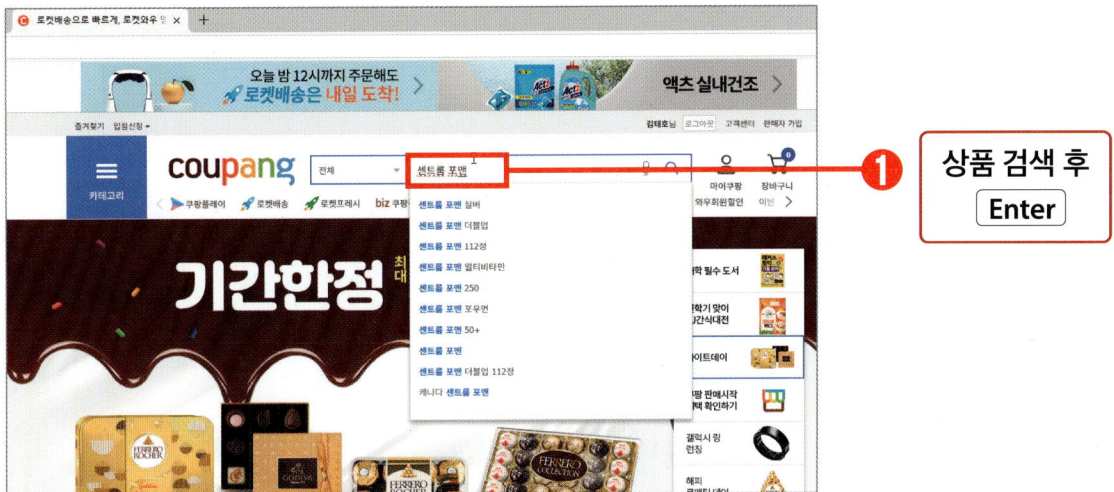

❶ 상품 검색 후 Enter

## 02 여러 상품이 나타납니다. 스크롤바를 내리며 자신이 원하는 상품을 클릭합니다.

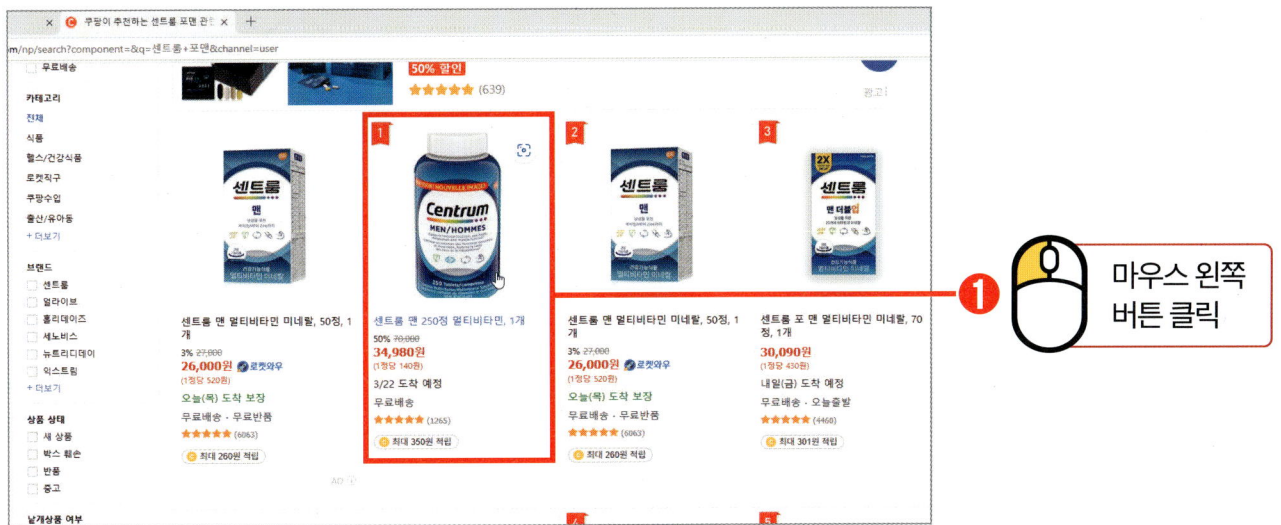

❶ 마우스 왼쪽 버튼 클릭

제 07장 인터넷 쇼핑몰 이용하고 택배 조회하기 / 187

## 03  상품 상세 페이지로 이동합니다. 수량을 선택하고 [장바구니에 담기]를 클릭합니다.

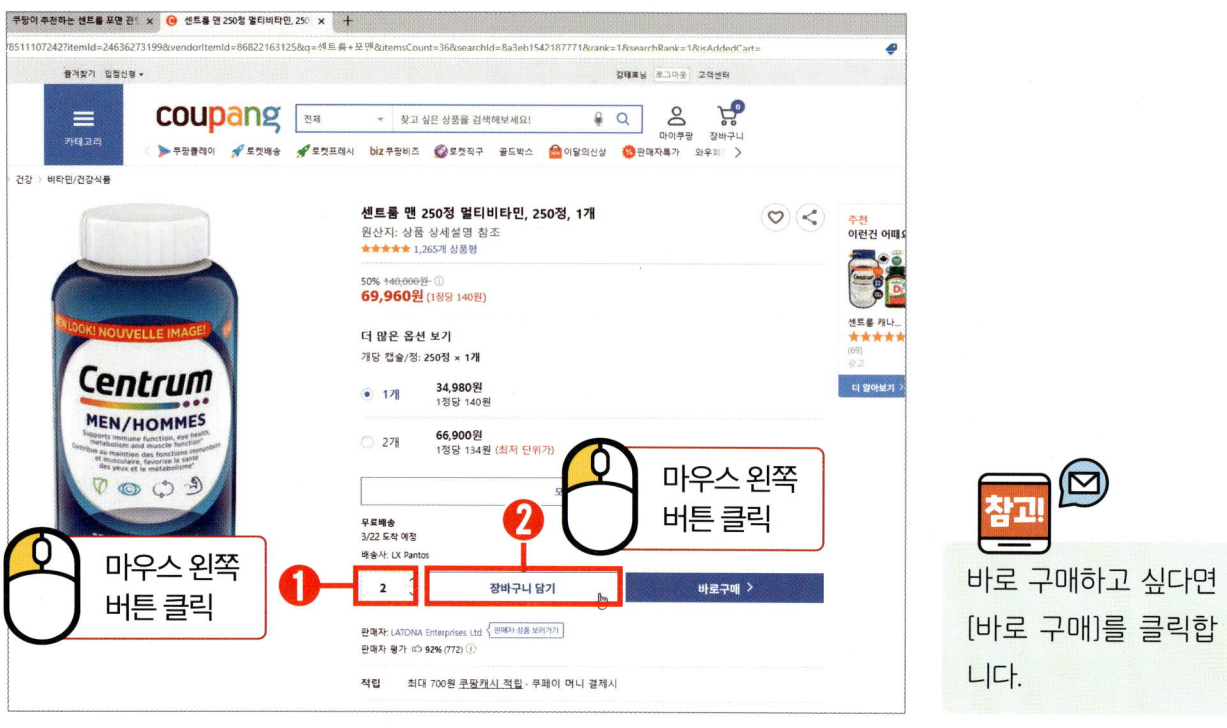

## 04  오른쪽 상단의 [장바구니]의 개수가 1로 늘어났습니다. [장바구니]를 클릭합니다.

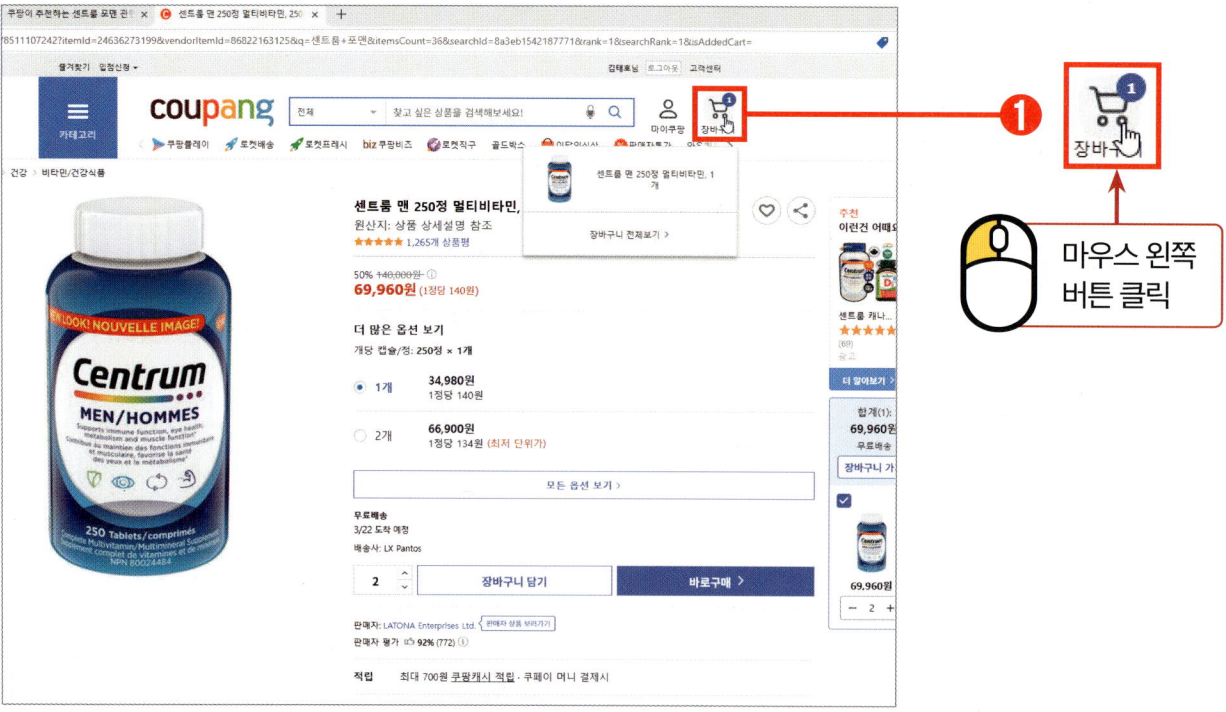

**05** 상품이 장바구니에 추가되었습니다. [COUPANG]을 클릭합니다.

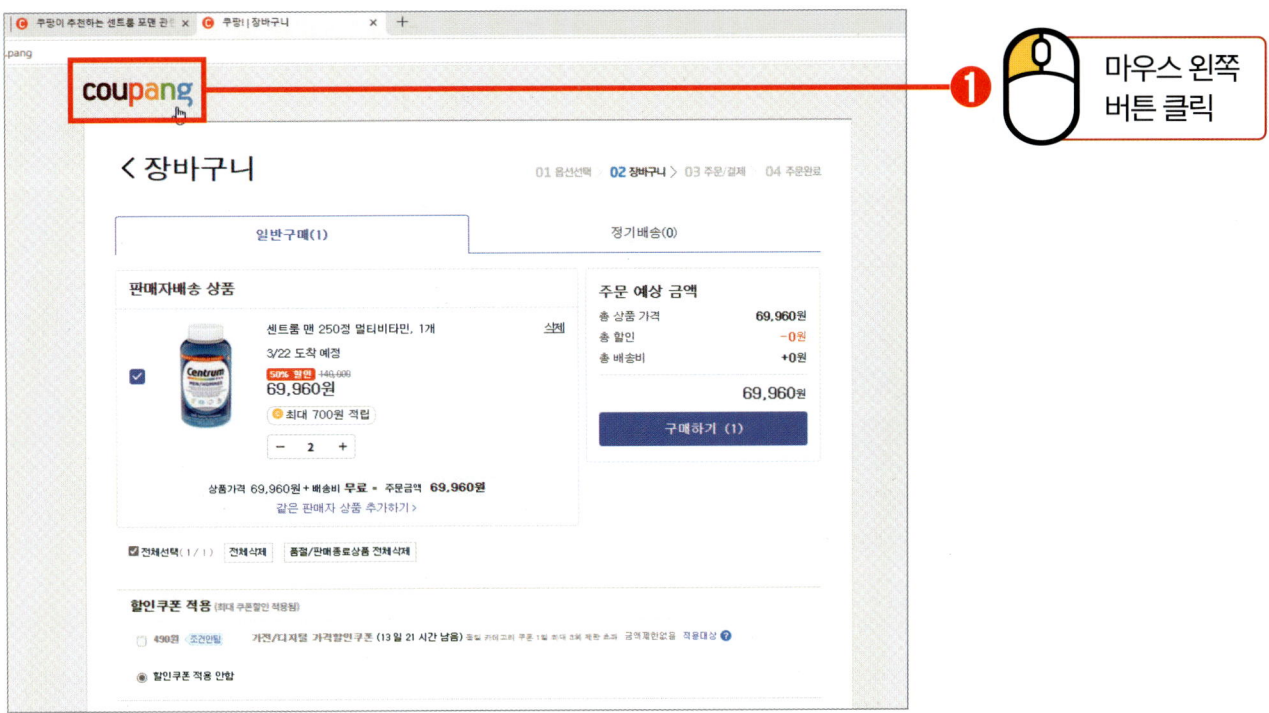

**06** 상품 검색과 장바구니에 담기로 몇 개의 상품을 더 담습니다.

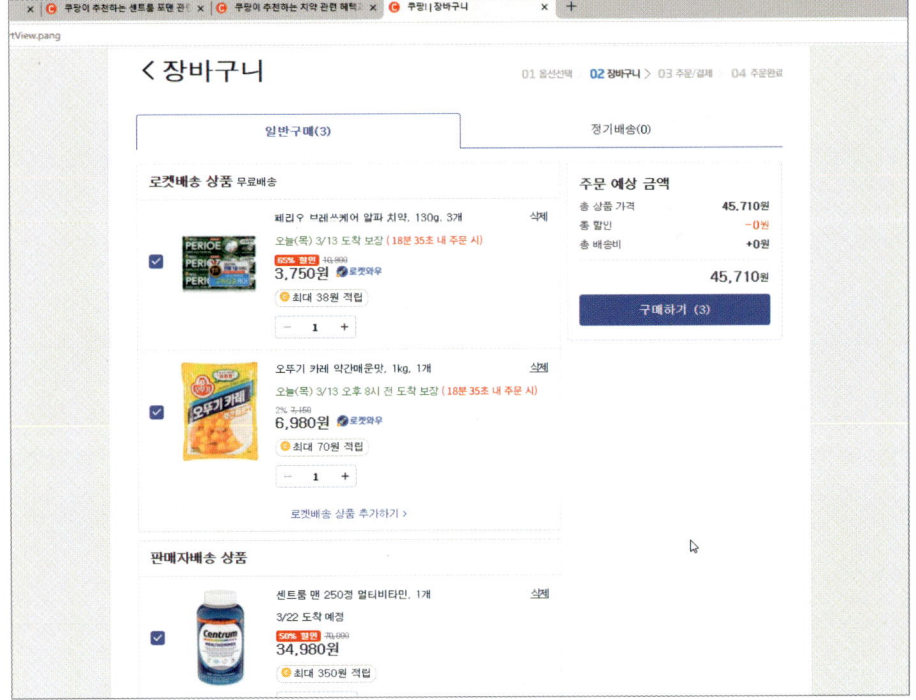

# 쇼핑몰 카테고리

쇼핑몰은 쇼핑을 편하게 하기 위해 여러 카테고리로 제품을 분류해놓았습니다. 원하는 카테고리에서 제품을 두루두루 살펴보고 싶다면 자신이 원하는 카테고리를 클릭하여 찾아보시길 바랍니다.

# Section 03 물건 구매하기

물건을 구매하는 방법을 살펴보겠습니다. 결제 수단으로는 신용카드나 계좌이체를 할 수 있습니다.

**01** 장바구니 페이지에서 구매를 원하는 상품에 체크합니다. [구매하기]를 클릭합니다.

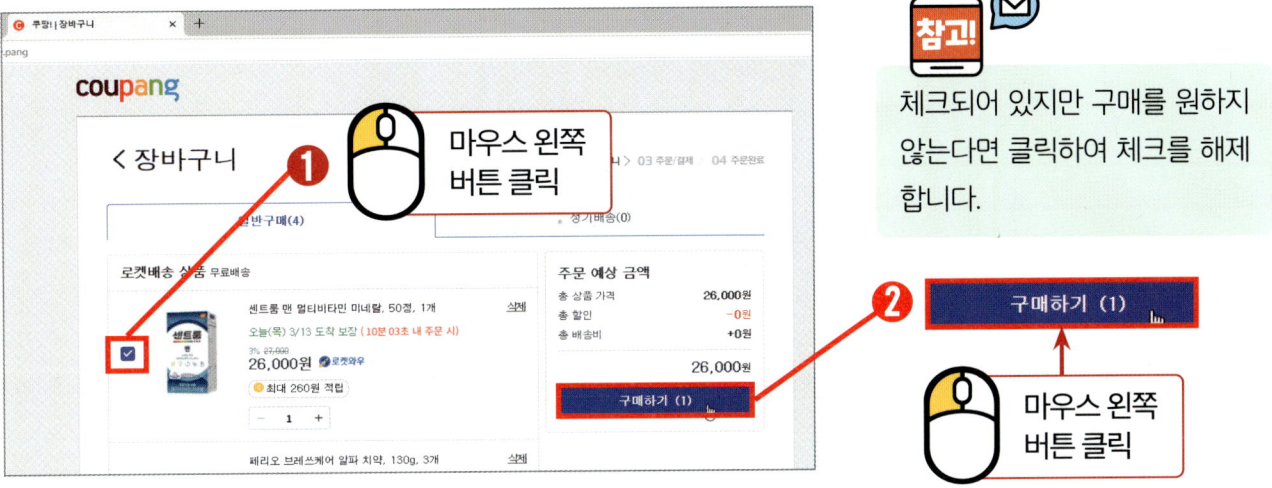

참고! 체크되어 있지만 구매를 원하지 않는다면 클릭하여 체크를 해제합니다.

**02** 등록되어 있는 구매자 기본 정보를 확인합니다. 받는사람정보에서 [배송지 변경]을 클릭합니다.

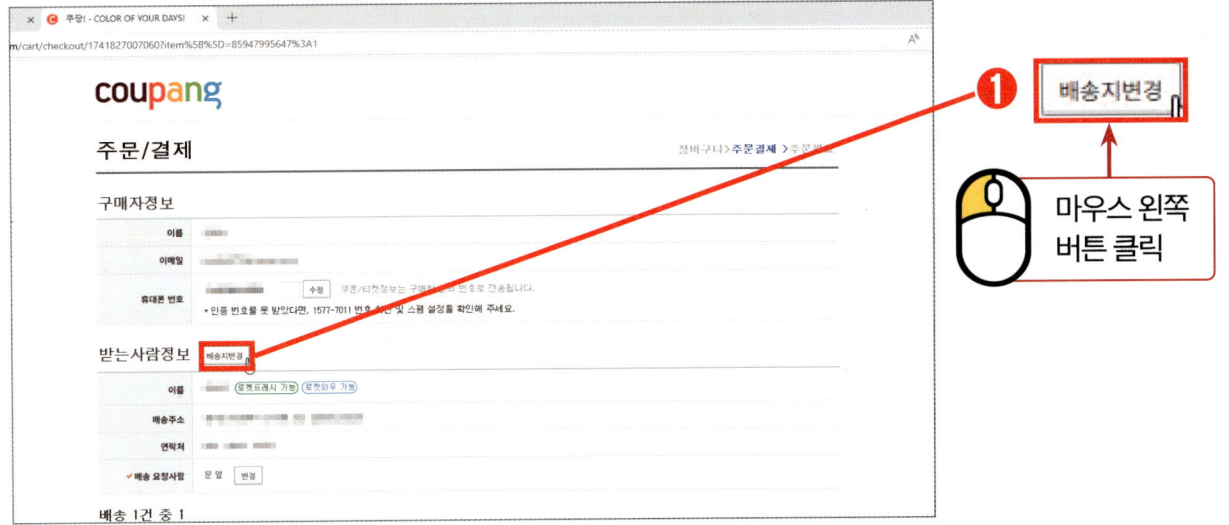

## 03 스크롤바를 아래로 내려 [배송지 추가]를 클릭합니다.

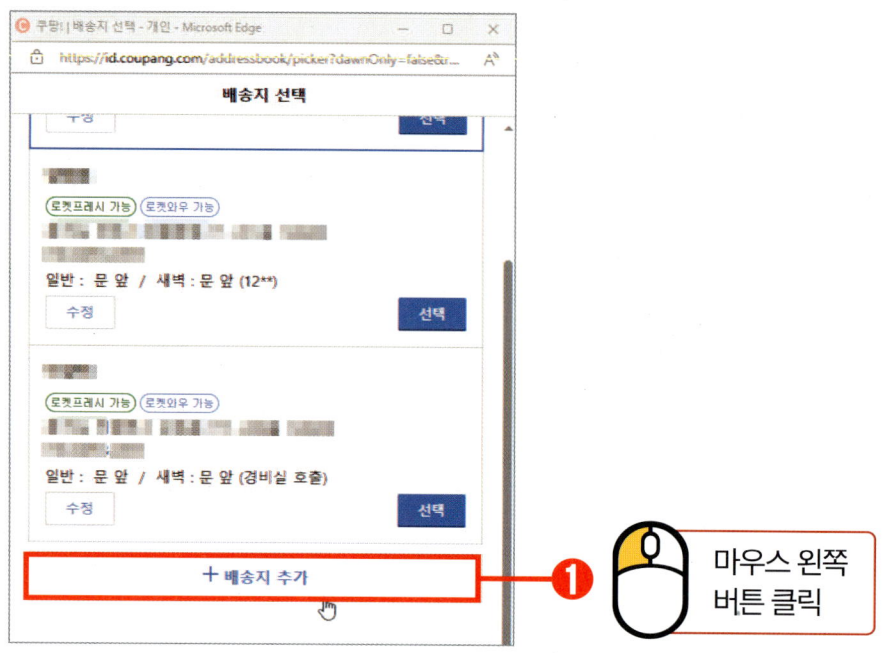

## 04 받는 사람, 휴대폰 번호를 입력합니다. [우편번호 찾기]를 클릭합니다.

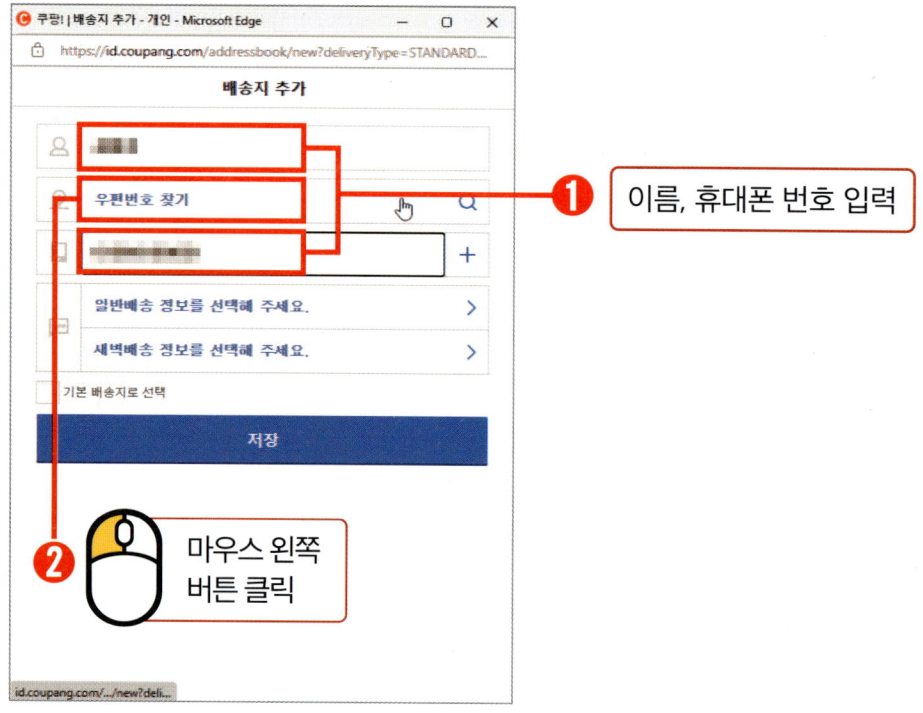

## 05 도로명 주소를 입력합니다. 🔍를 클릭합니다.

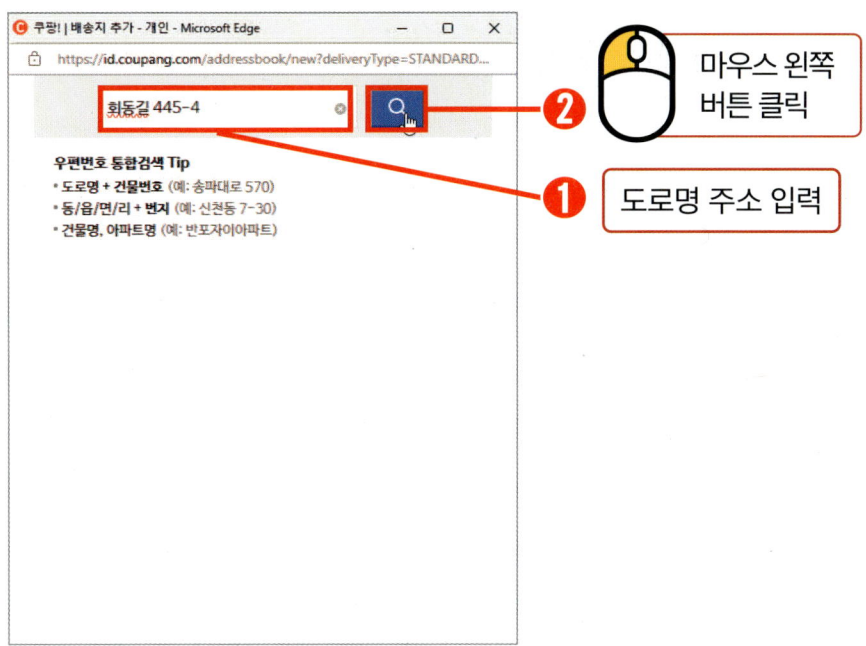

## 06 자신의 주소를 찾았으면 클릭합니다.

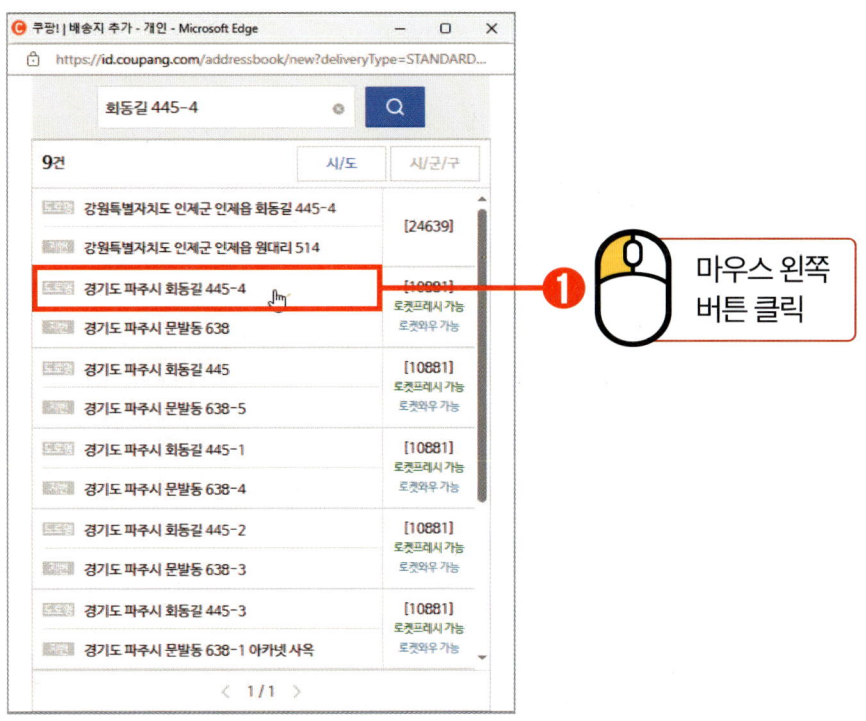

## 07 [상세주소]를 입력합니다. [저장]을 클릭합니다.

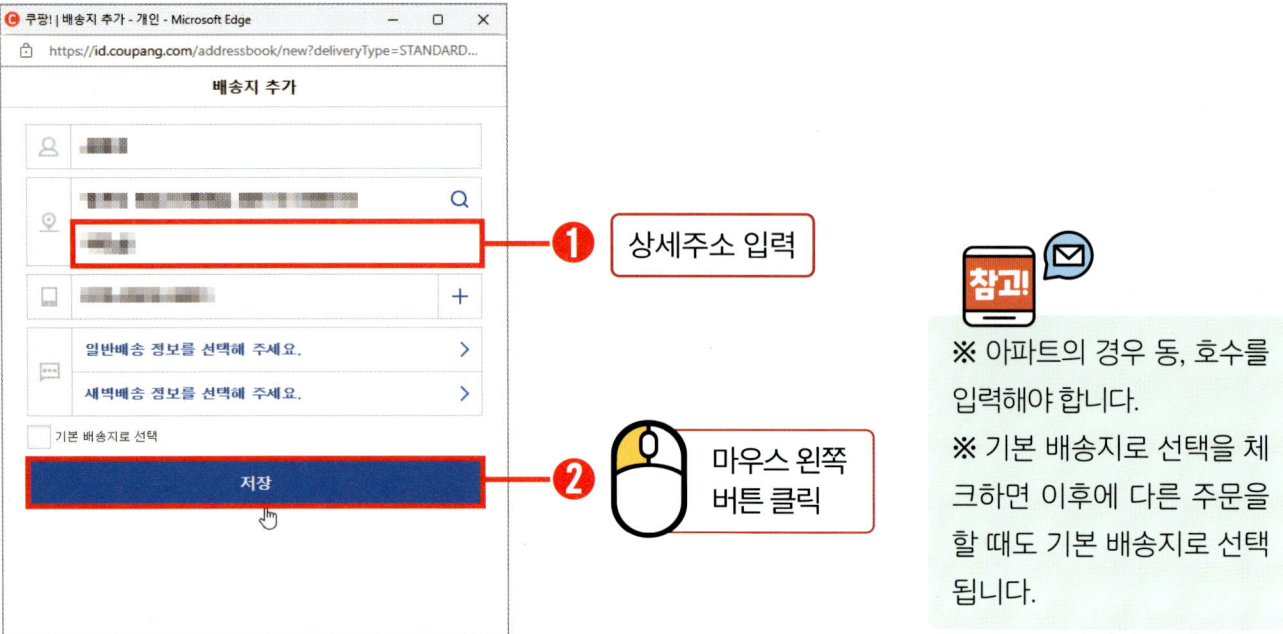

※ 아파트의 경우 동, 호수를 입력해야 합니다.
※ 기본 배송지로 선택을 체크하면 이후에 다른 주문을 할 때도 기본 배송지로 선택됩니다.

## 08 [선택]을 클릭합니다.

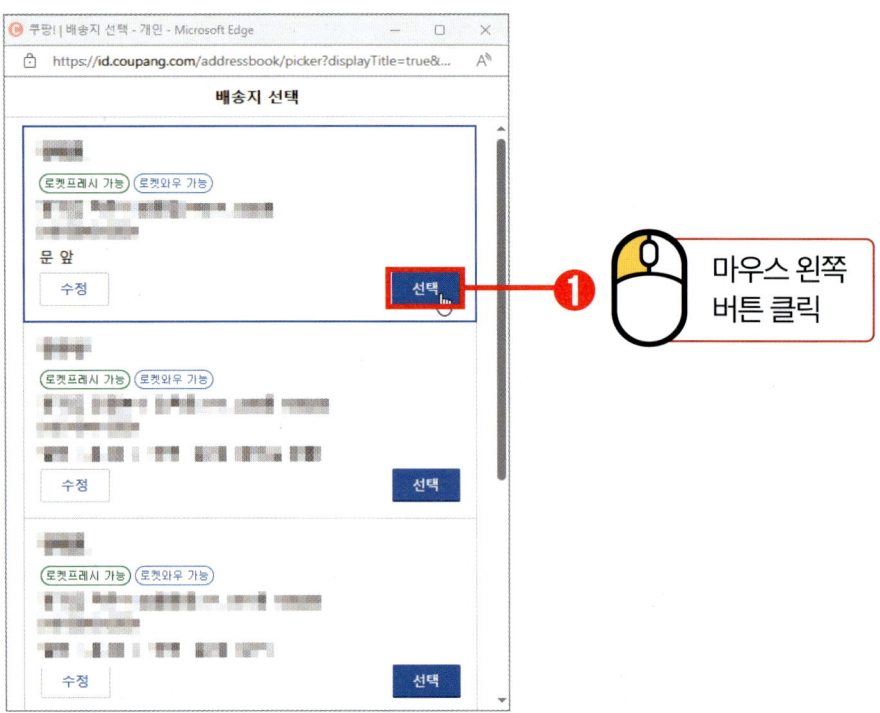

**09** 스크롤바를 아래로 내립니다. 결제정보를 선택하겠습니다. [결제방법]에서 계좌이체를 클릭합니다. ✔를 클릭하여 원하는 은행을 클릭합니다.

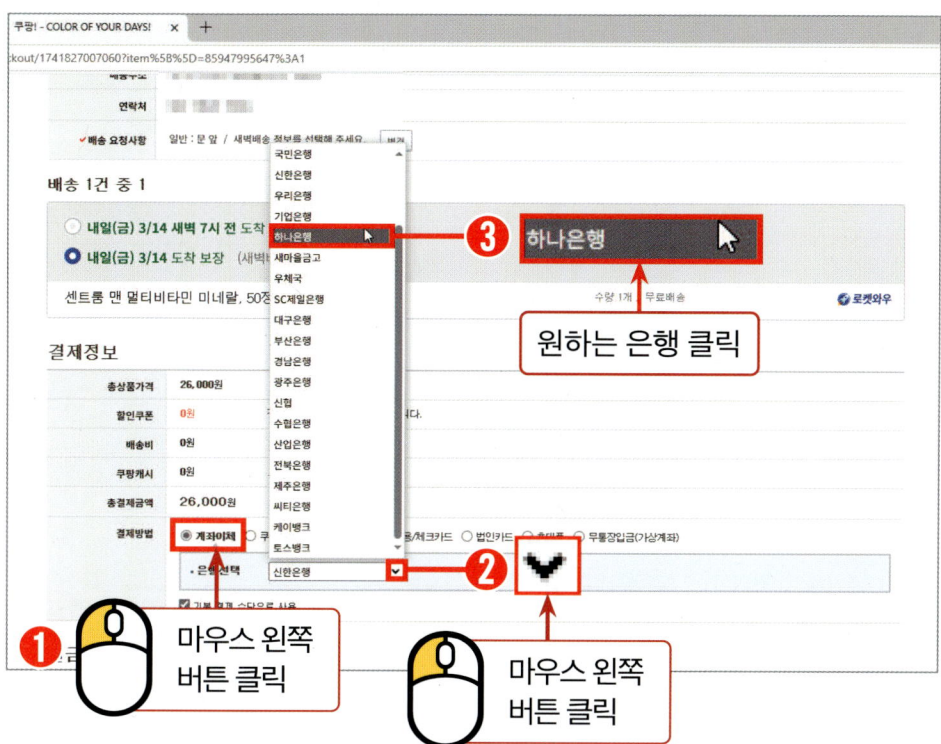

**10** [결제하기]를 클릭합니다.

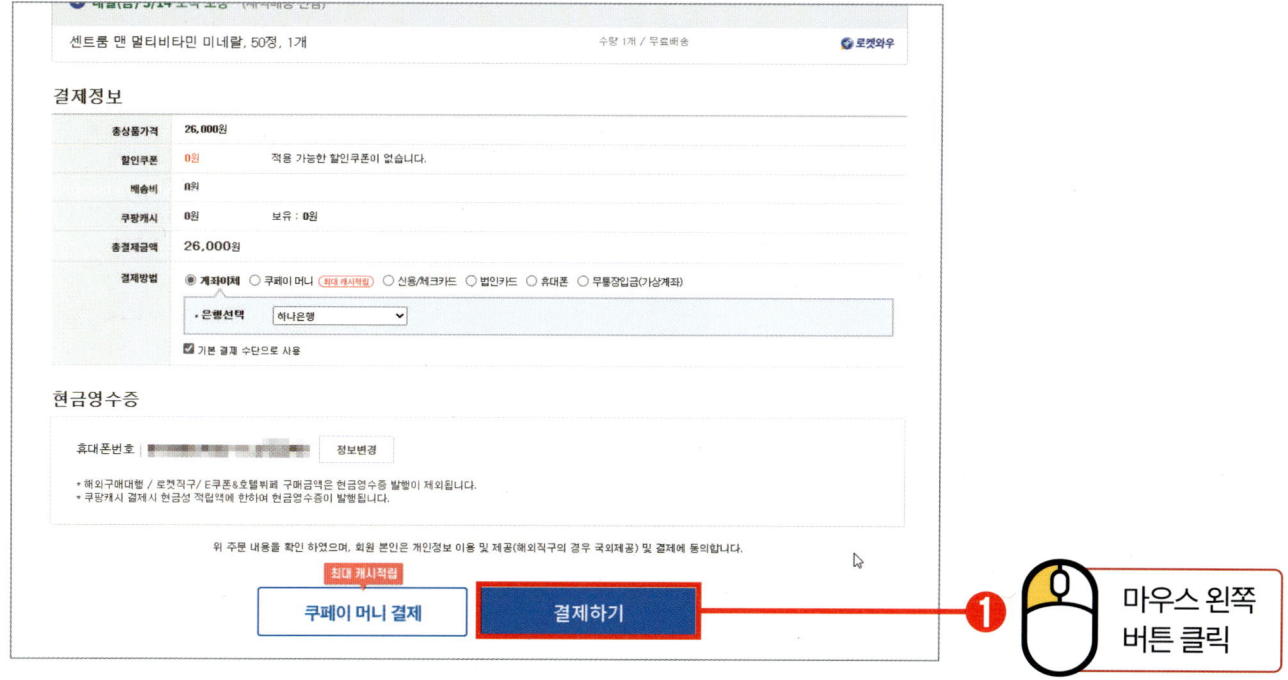

**11** 계좌 확인창이 나옵니다. 자신의 계좌번호를 입력합니다. [계좌 확인 요청]을 클릭합니다.

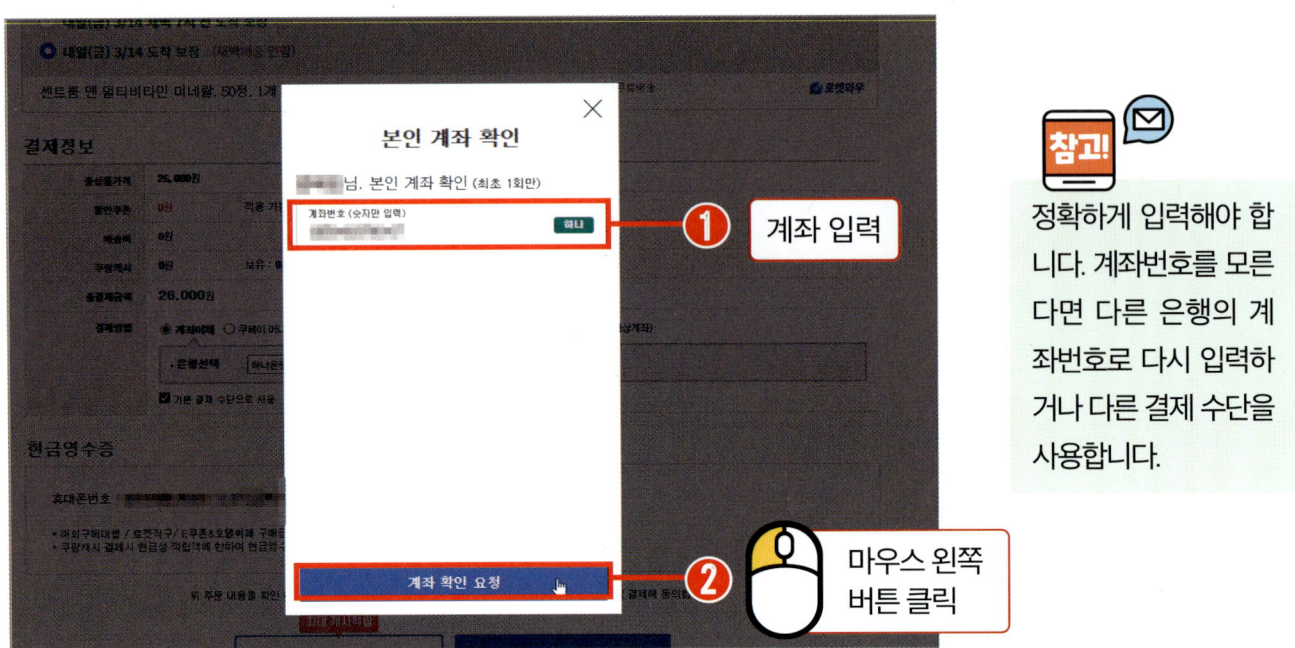

참고! 정확하게 입력해야 합니다. 계좌번호를 모른다면 다른 은행의 계좌번호로 다시 입력하거나 다른 결제 수단을 사용합니다.

**12** [닫기]를 클릭합니다. 내 핸드폰의 은행 앱에서 입금자명 4글자를 확인합니다. 핸드폰에 은행 앱이 깔려 있어야 쉽고 빠르게 확인할 수 있습니다.

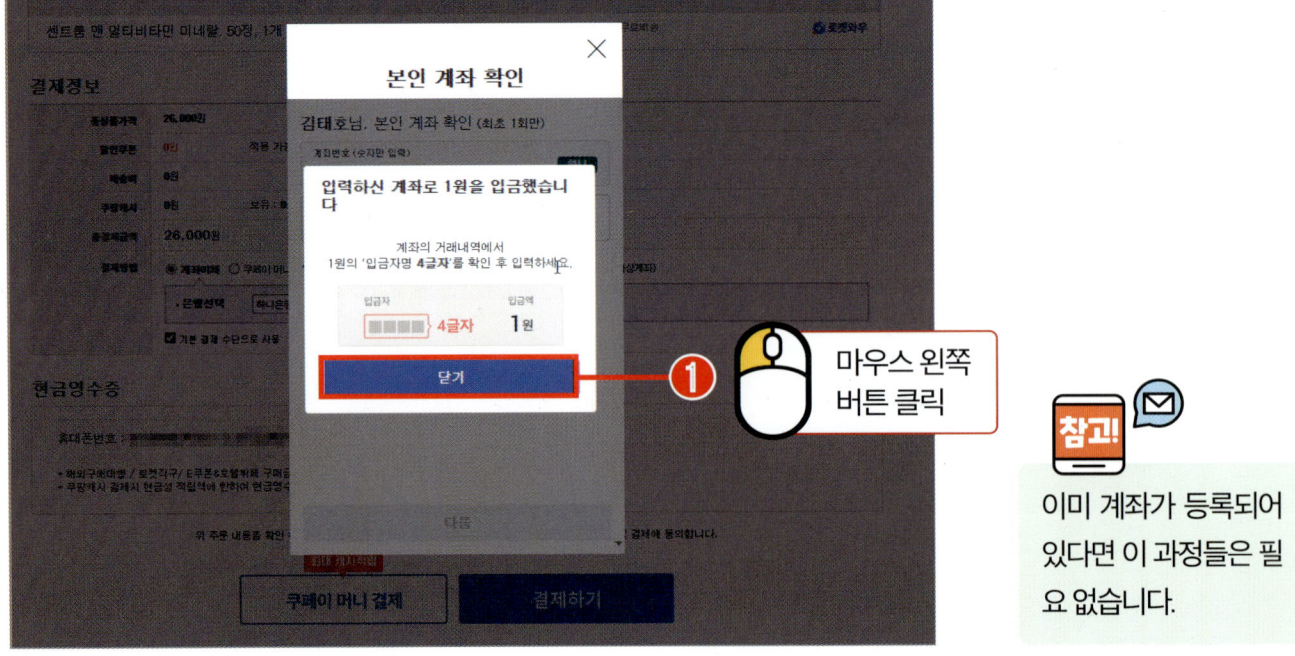

참고! 이미 계좌가 등록되어 있다면 이 과정들은 필요 없습니다.

**13** 입력 후 [다음]을 클릭합니다.

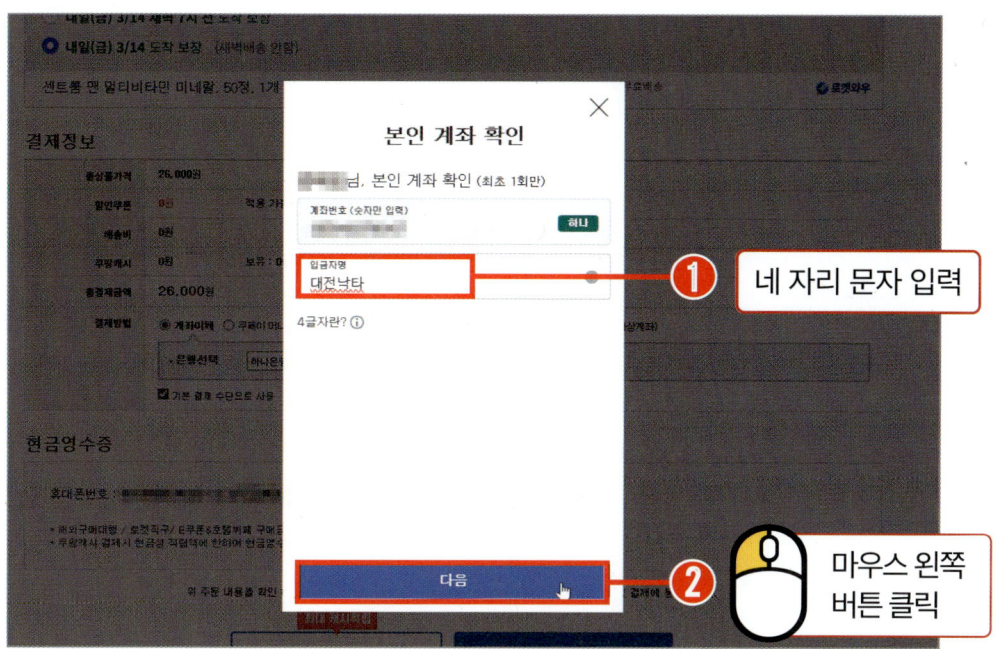

**14** 전화 인증을 받기 위해 본인의 전화번호를 확인하고 [ARS 인증 전화 받기]를 클릭합니다. 전화가 오면 생년월일 6자리를 휴대폰 키패드에 입력합니다.

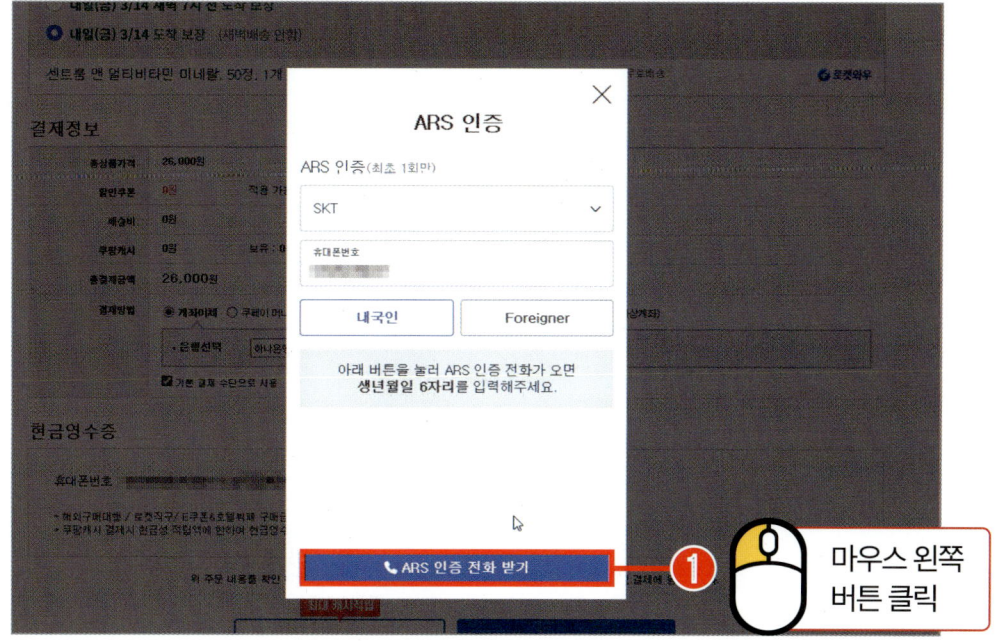

**15** 통화 완료 후 [인증 완료]를 클릭합니다.

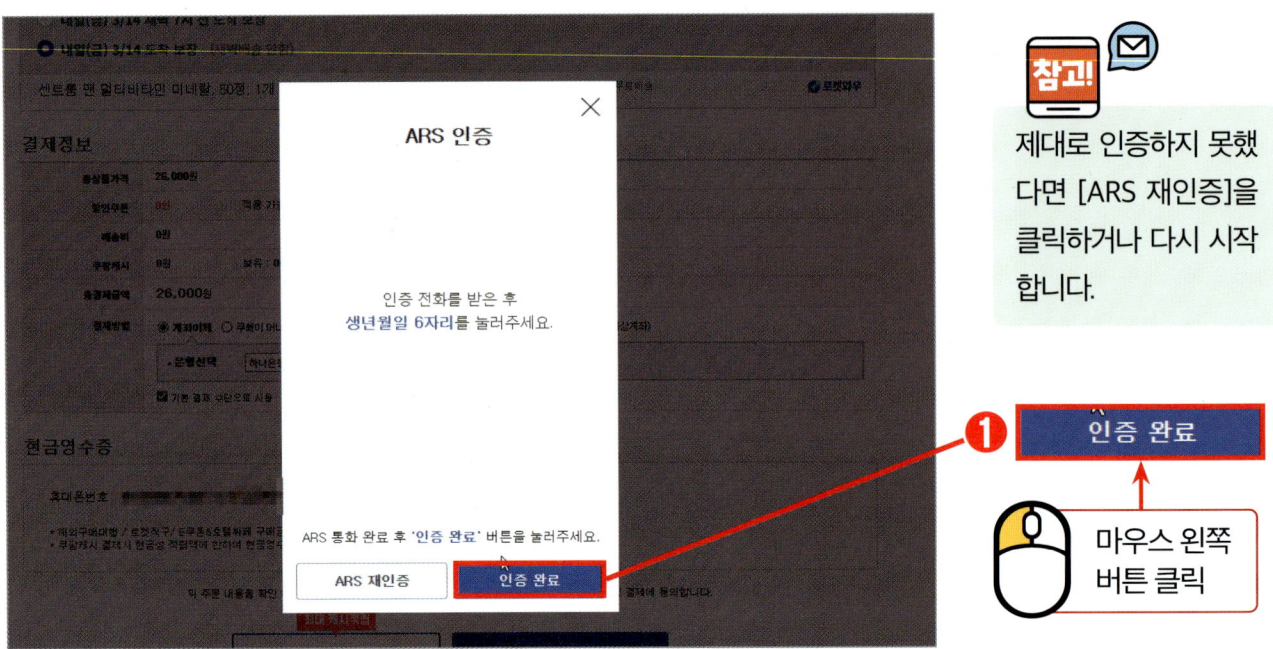

> 참고!
> 제대로 인증하지 못했다면 [ARS 재인증]을 클릭하거나 다시 시작합니다.

**16** 등록이 완료됨과 동시에 주문이 완료되었다는 창으로 이동합니다. [주문 상세보기]를 클릭합니다.

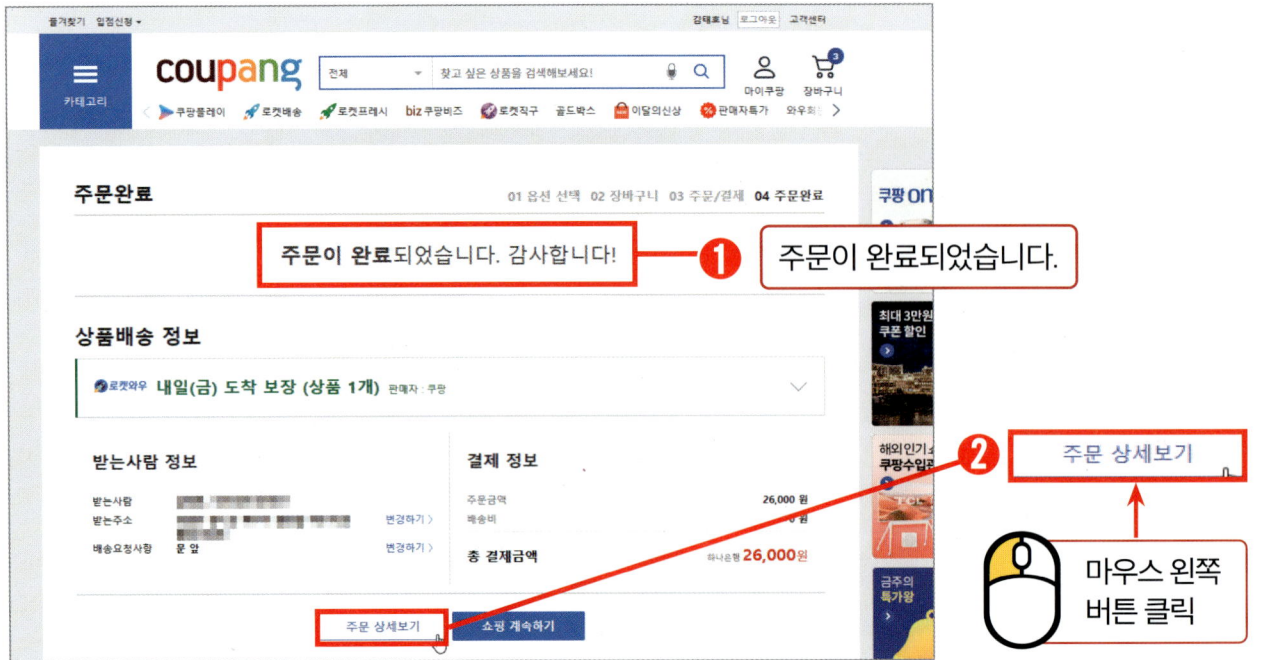

**17** 주문 상세보기에서는 배송조회, 주문취소, 기본정보 등을 확인할 수 있습니다.

# Section 04 주문 취소하기

상품을 취소하고 싶을 경우 방법을 알아보겠습니다.

**01** 주문상세 페이지에서 [주문취소]를 클릭합니다.

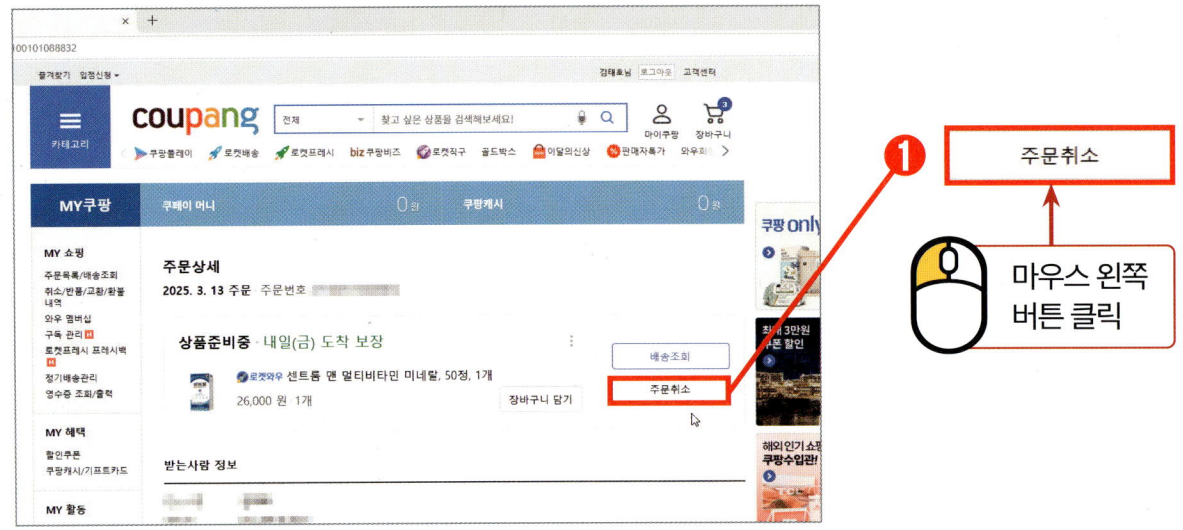

**02** 취소하기 원하는 상품을 선택하고 [다음 단계]를 클릭합니다.

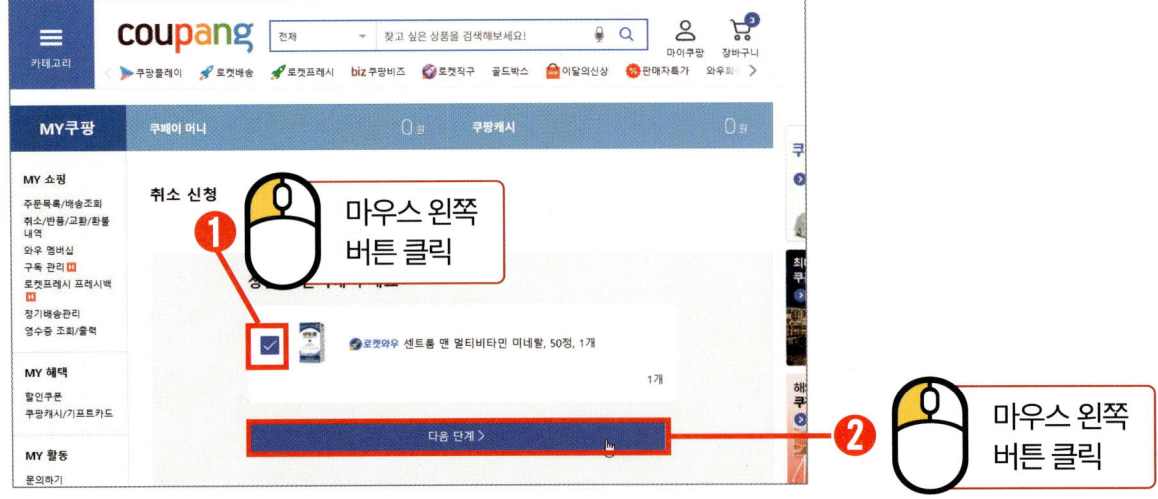

## 03 취소 사유를 선택하고 [다음 단계]를 클릭합니다.

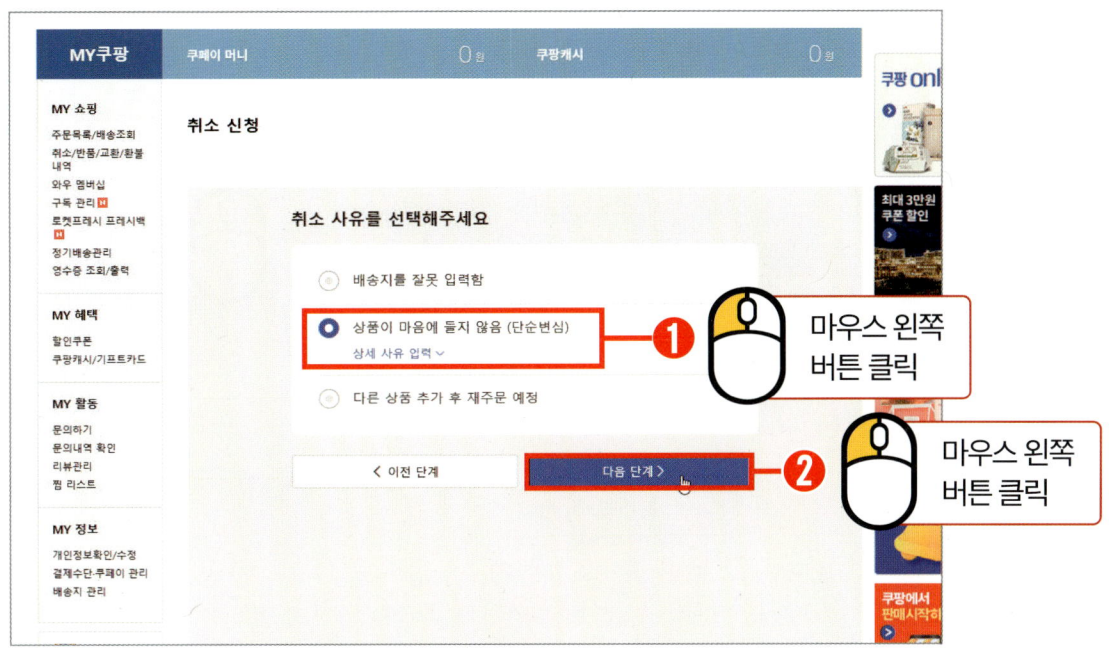

## 04 [신청하기]를 클릭합니다.

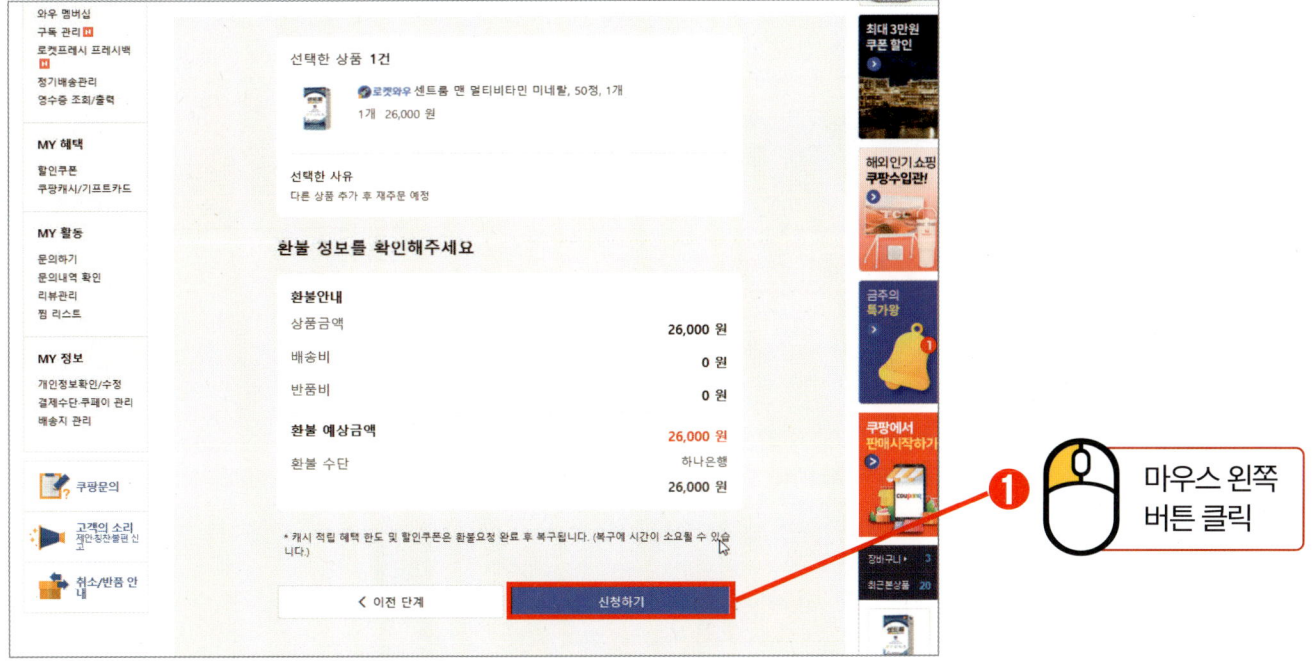

## 05 취소를 신청하겠냐는 메시지가 나오면 [확인]을 클릭합니다.

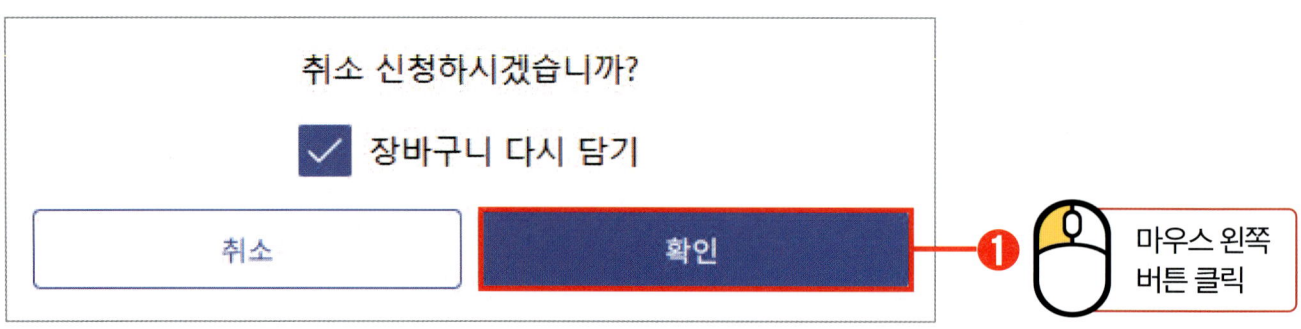

## 06 취소 신청이 완료되었다는 창으로 이동합니다.

# Section 05   11번가에 가입하기

또 다른 온라인 쇼핑몰인 11번가에 가입해보겠습니다.

## 01   검색란에 11번가를 입력하고 Enter 키를 누릅니다.

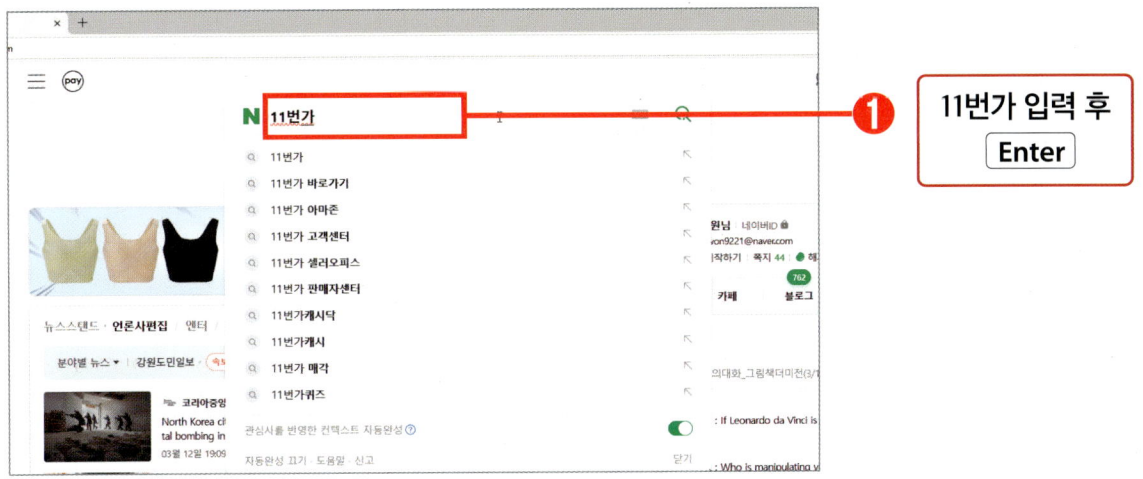

❶ 11번가 입력 후 Enter

## 02   11번가 홈페이지를 클릭합니다.

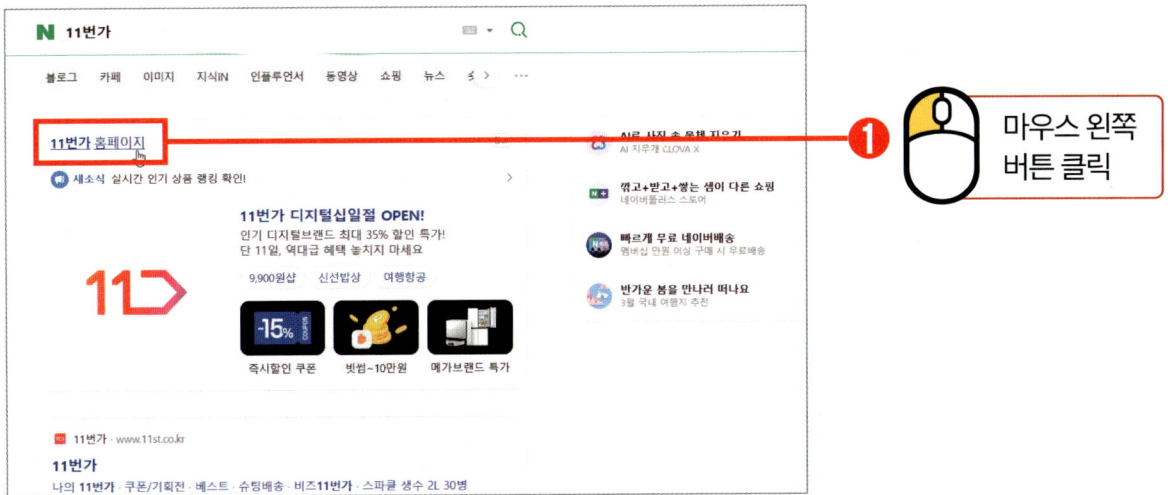

❶ 마우스 왼쪽 버튼 클릭

## 03  오른쪽 상단의 [회원가입]을 클릭합니다.

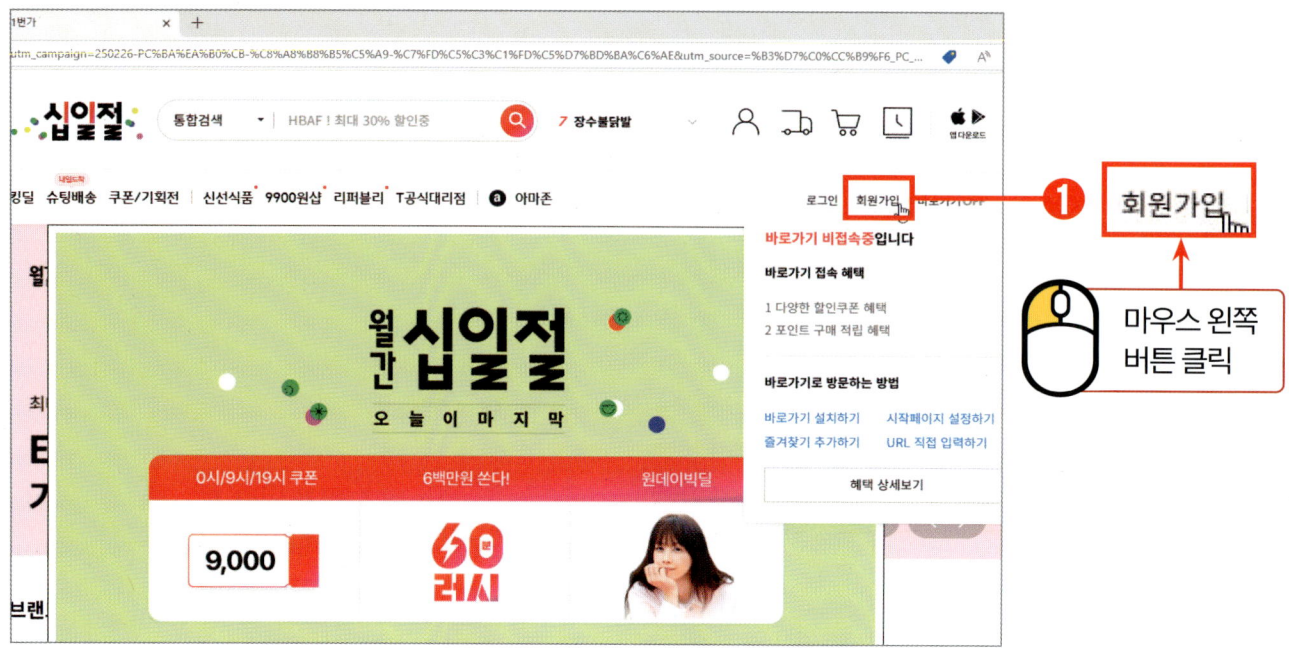

## 04  이번에는 휴대폰 번호로 가입해보겠습니다. [휴대폰 번호로 가입하기]를 클릭합니다.

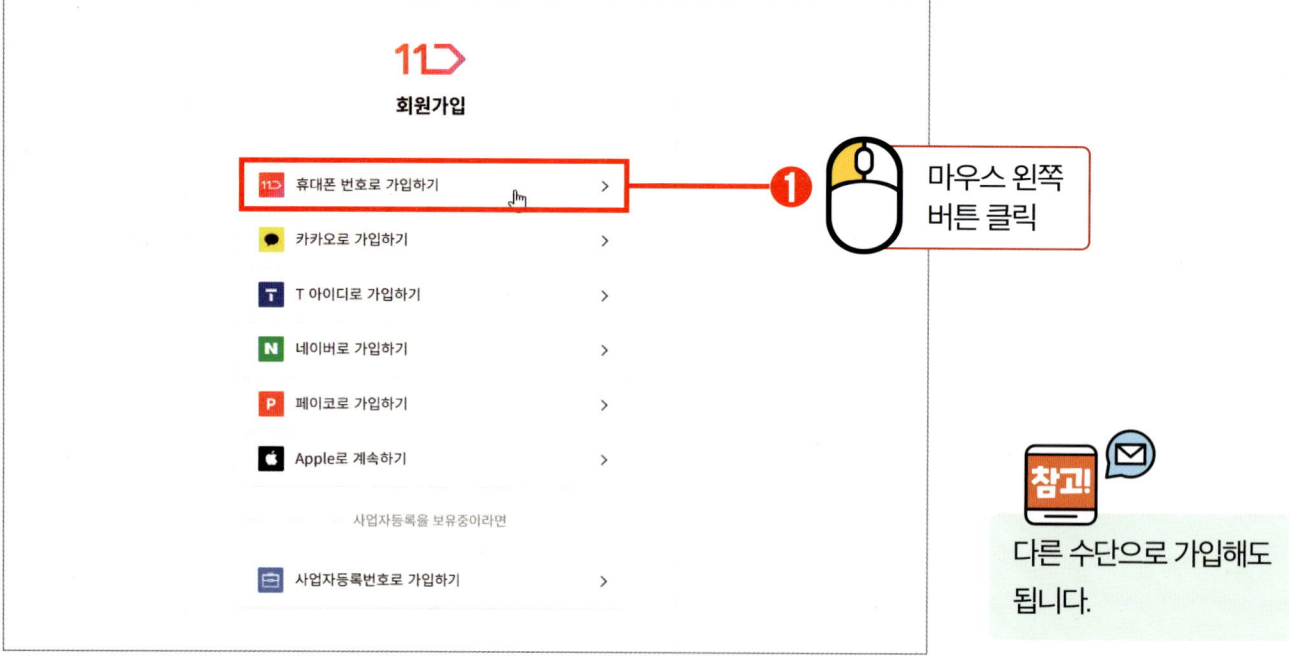

**05** [전체 동의]에 체크하고 [동의하기]를 클릭합니다.

**06** 이름을 입력합니다. [확인]을 클릭합니다.

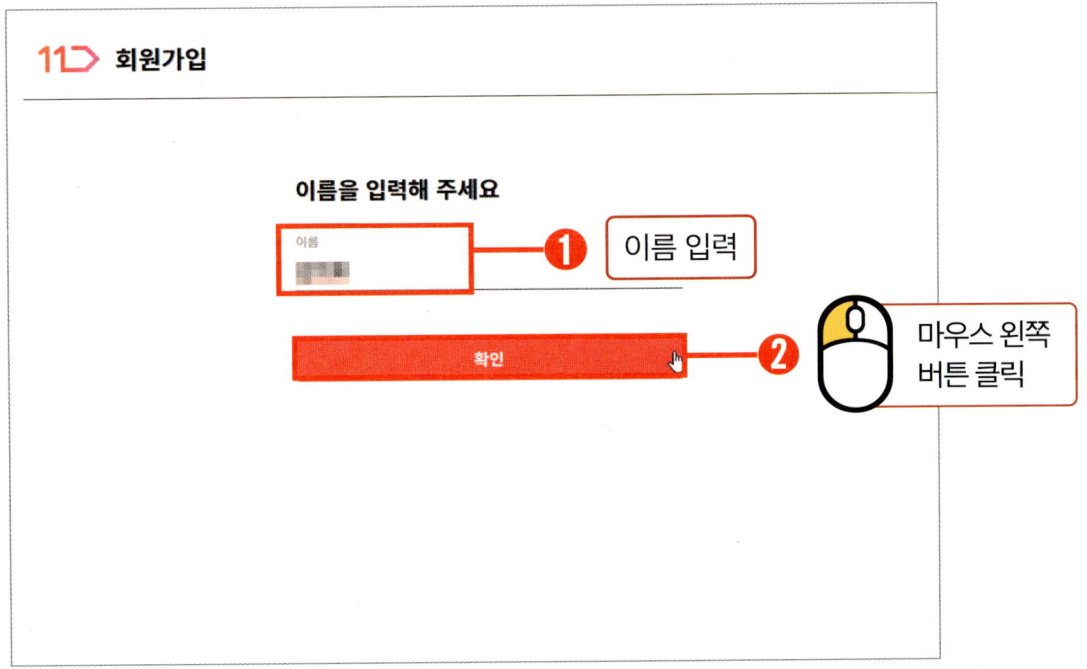

**07**  휴대폰 번호를 입력하고 [인증하기]를 클릭합니다.

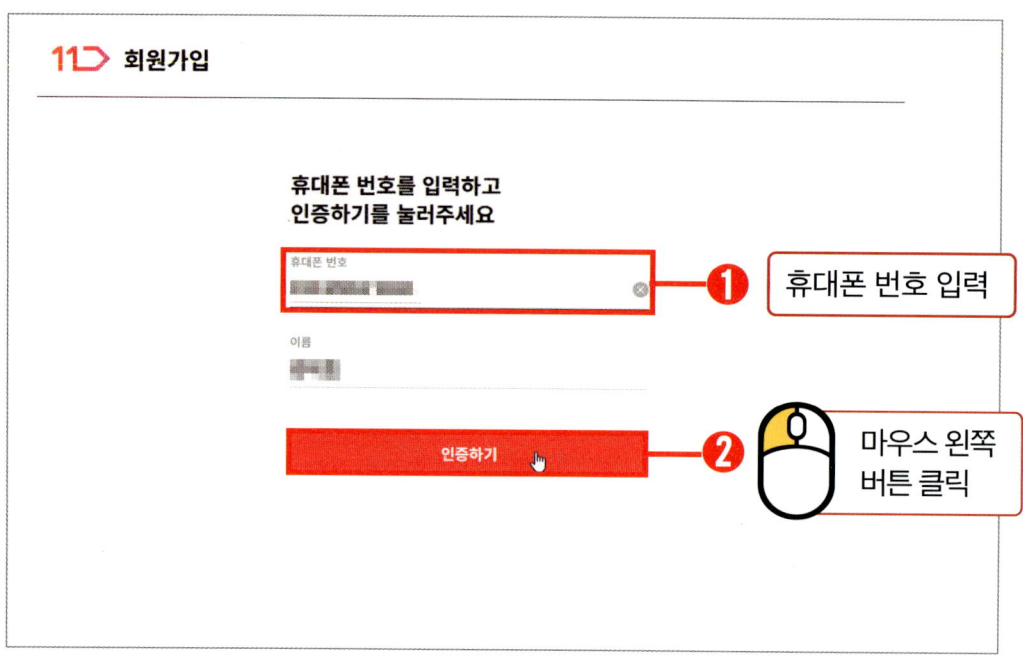

**08**  문자로 온 인증번호를 입력하고 이메일을 입력합니다. [확인]을 클릭합니다.

**09** 비밀번호를 입력하고 [확인]을 클릭합니다.

① 비밀번호 입력

② 마우스 왼쪽 버튼 클릭

> **참고!** 비밀번호는 보통 영문/숫자/특수문자를 혼용하여 8자 이상 입력하도록 되어 있습니다.

**10** 비밀번호를 한 번 더 입력하고 [가입 완료]를 클릭합니다.

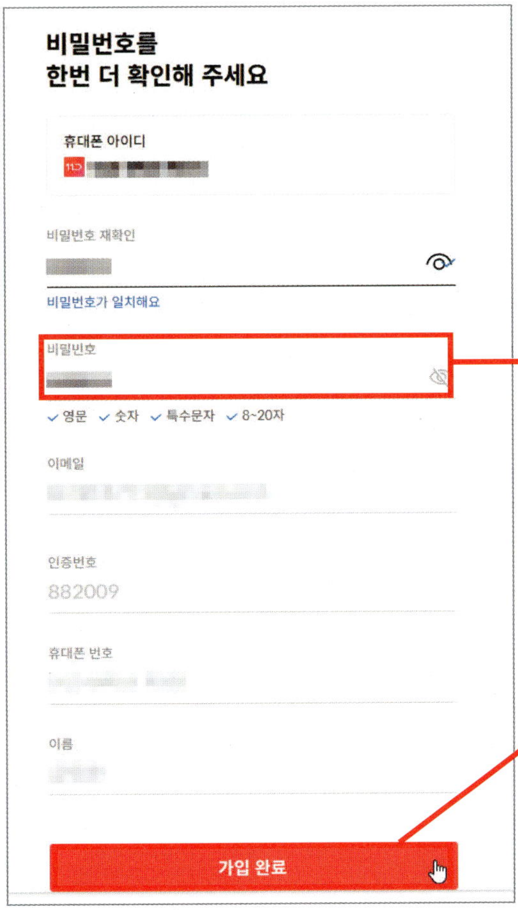

① 비밀번호 한 번 더 입력

② 마우스 왼쪽 버튼 클릭

제 07장 인터넷 쇼핑몰 이용하고 택배 조회하기 / **207**

## 11   가입이 완료되었습니다.

# Section 06 물건 구매하기

11번가에서 물건을 구매해보겠습니다.

## 01 원하는 상품을 검색하고 Enter 키를 누릅니다.

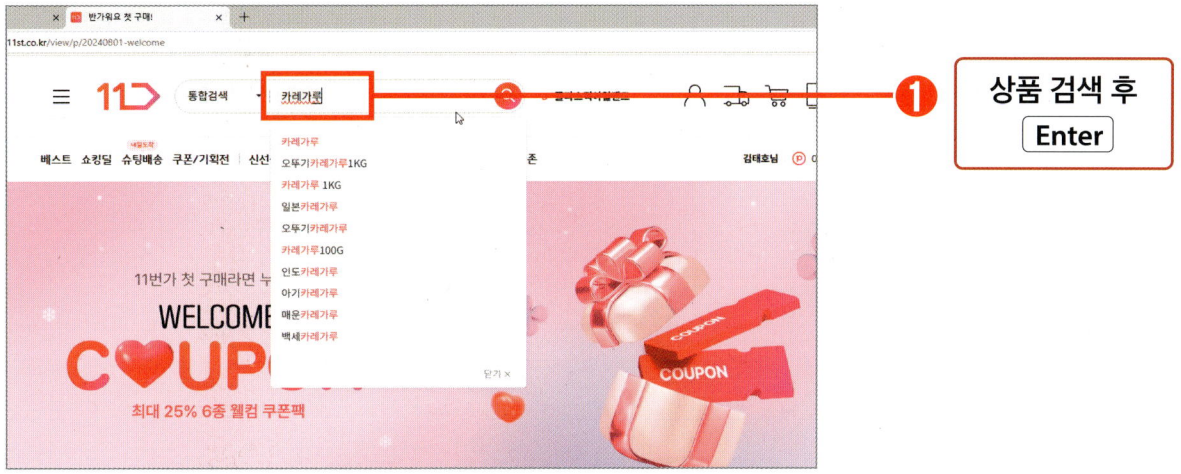

① 상품 검색 후 Enter

## 02 상품을 클릭합니다.

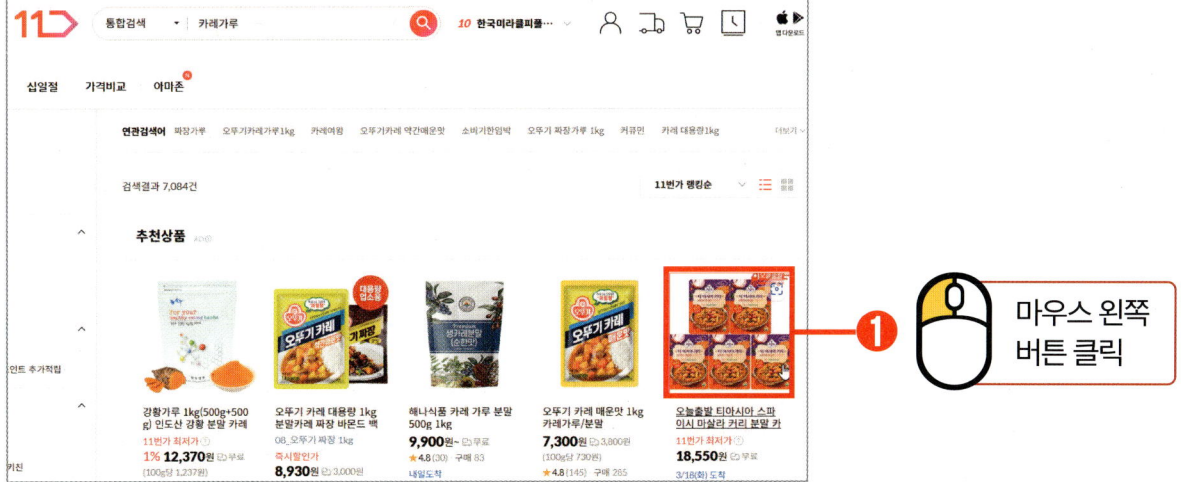

① 마우스 왼쪽 버튼 클릭

제 07장 인터넷 쇼핑몰 이용하고 택배 조회하기

## 03 스크롤바를 내려 상품 정보를 확인하고 하단의 [구매하기]를 클릭합니다.

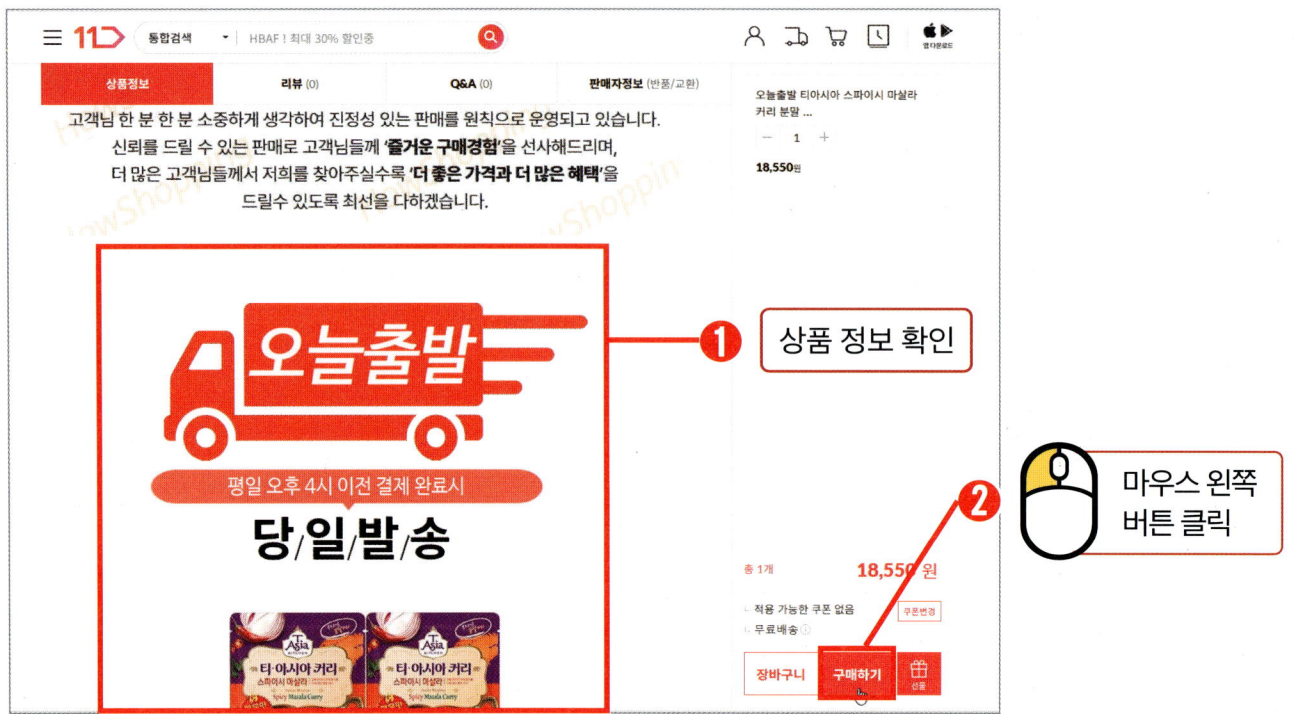

## 04 주소를 먼저 입력하겠습니다. [주소 찾기]를 클릭합니다.

**05** 도로명 주소를 입력하고 [검색]을 클릭합니다. 원하는 주소를 찾았으면 클릭합니다.

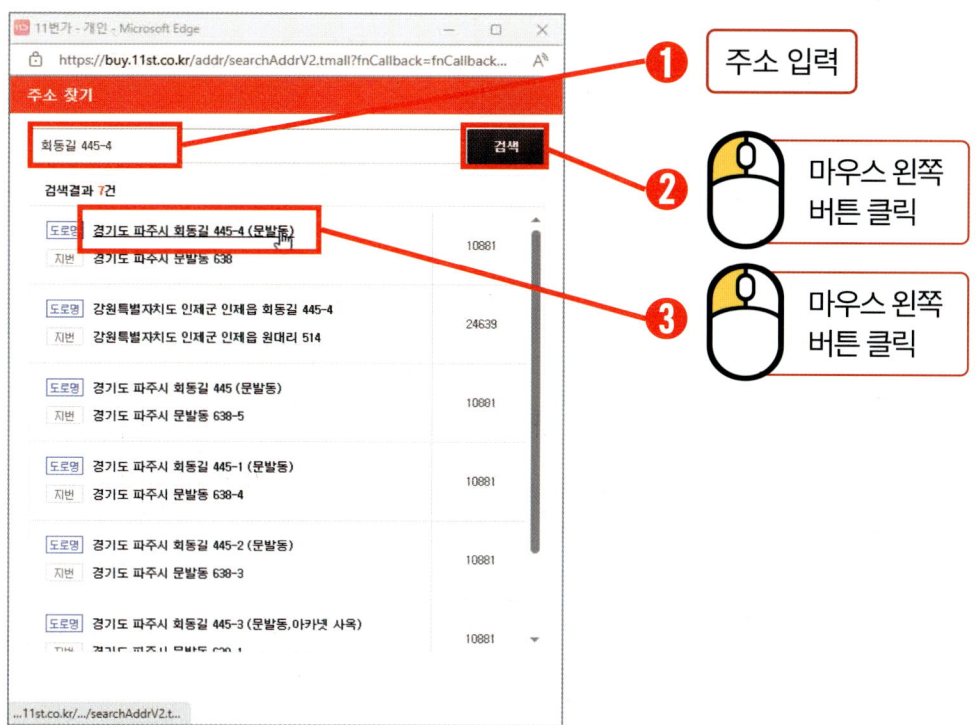

**06** 받는 사람, 상세주소, 전화번호를 입력합니다. 스크롤바를 아래로 내립니다.

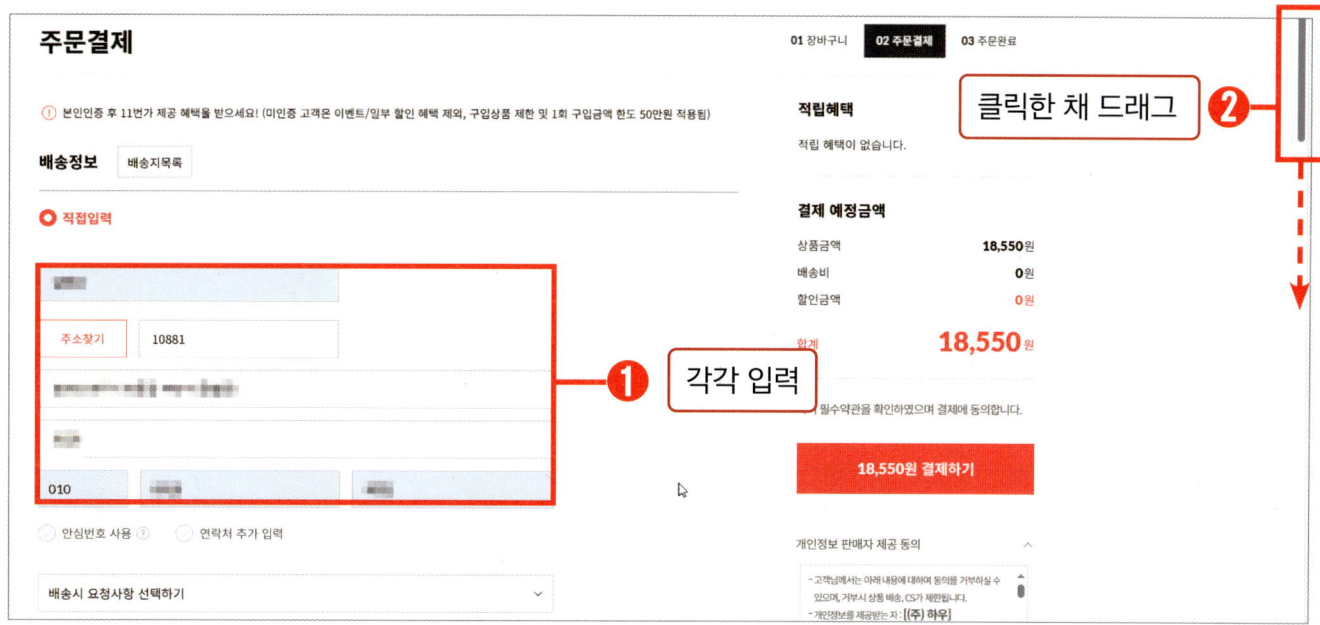

**07** 결제수단을 선택합니다. 여기서는 일반결제-무통장입금-국민은행을 선택했습니다. 오른쪽의 [결제하기]를 클릭합니다.

※ 무통장입금이란, 가상의 계좌를 만든 후 그 계좌로 지정된 기한 내에 돈을 입금하는 방식입니다.
※ 현금영수증 신청이 필요하면 신청을 선택합니다.

**08** 주문이 완료되었습니다. 무통장입금의 경우 지정된 시간까지 금액을 계좌번호로 입금해야 주문이 완료됩니다.

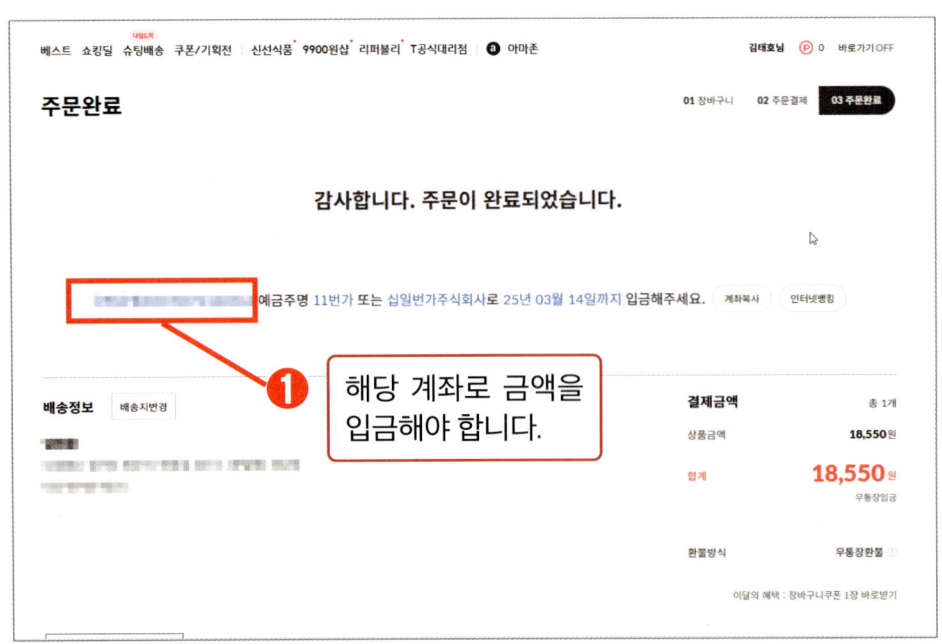

# Section 07 우체국 택배 조회하기

우체국뿐 아니라 다양한 택배사를 통해 배송되는 택배를 조회할 수 있습니다. 송장번호를 미리 알고 있어야 합니다.

**01** 네이버 검색란에 '택배조회'라고 입력하고 Enter 키를 누릅니다.

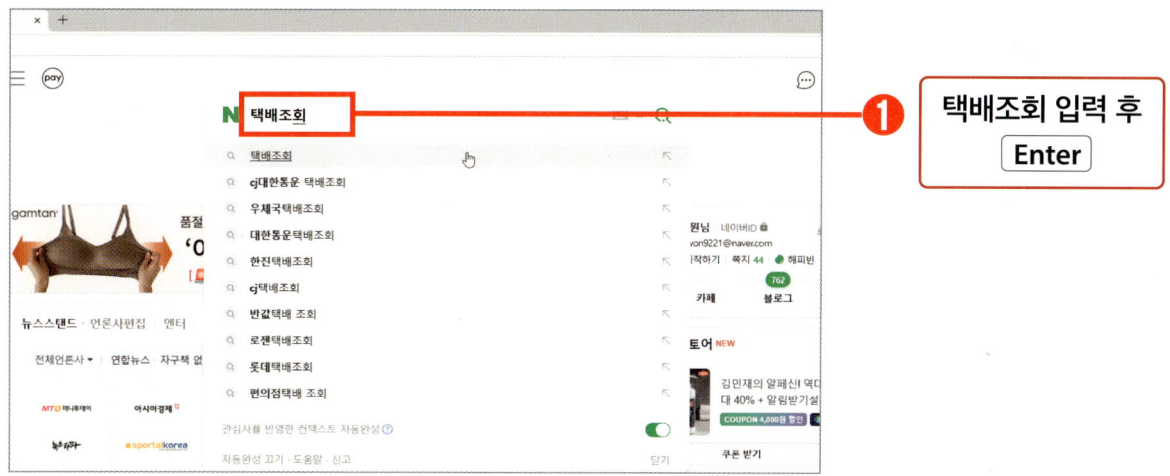

**02** 택배배송 조회 목록이 나옵니다. 택배사 선택을 클릭합니다. 원하는 택배사를 클릭합니다.

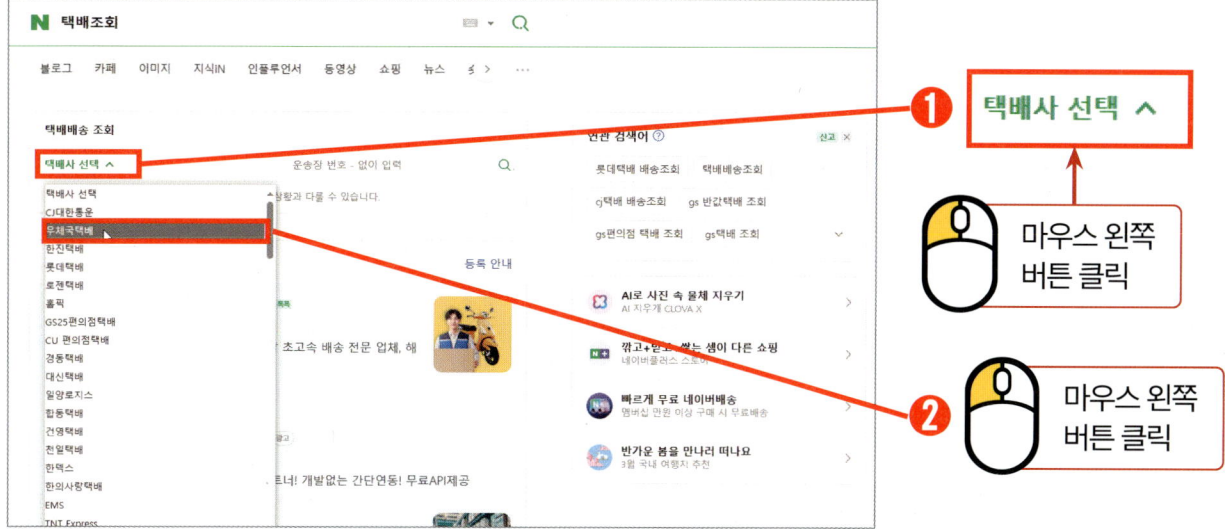

제 07장 인터넷 쇼핑몰 이용하고 택배 조회하기 / 213

# 03  송장번호를 입력합니다. - 없이 숫자만 입력합니다. 🔍를 클릭하면 조회 결과가 나타납니다.

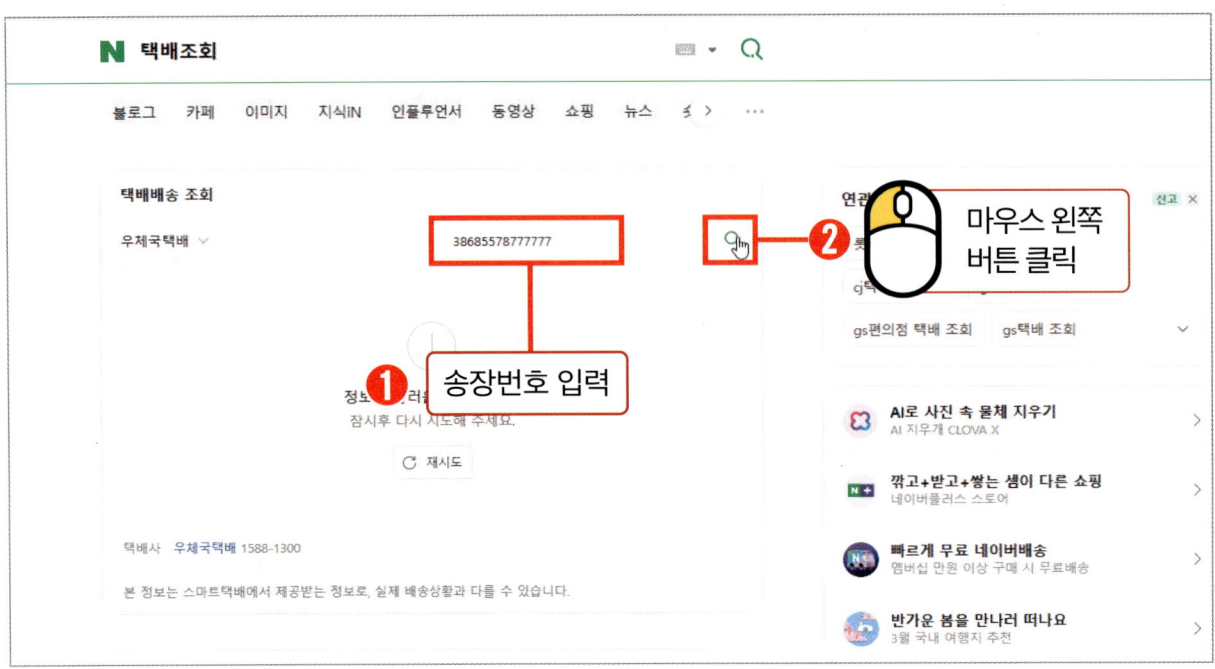

# 제 08 장

# 농협 인터넷 뱅킹 사용하기

농협 인터넷 뱅킹에서 인증서를 발급받고, 계좌 조회 등을 해보겠습니다.

# Section 01 인터넷 뱅킹 준비/주의사항

인터넷 뱅킹은 내 계좌의 입출금과 연관되어 있기 때문에 보안에 철저해야 합니다.

## 1 준비사항

- 신분증과 도장을 가지고 농협은행에 가서 인터넷 뱅킹 가입 신청을 합니다.
- 가입 신청 시 작성한 아이디와 비밀번호를 잘 기억합니다.
- 보안카드를 받아서 옵니다. 보안카드는 인터넷/모바일 뱅킹에 사용하니 잊어버리지 말길 바랍니다.
- 혹은 OTP를 발급받습니다.

## 2 주의사항

- 보안카드나 내 아이디 등을 다른 사람에게 쉽게 알려주지 않습니다.
- 아이디, 비밀번호를 입력할 때 되도록 자동 저장 기능을 사용하지 않습니다.
- 보이스피싱과 같은 온라인 범죄에 피해를 입지 않도록 조심합니다.

# Section 02 금융인증서 발급받기

인터넷 뱅킹에 가입하여 서비스를 이용하려면 금융인증서 혹은 공동인증서를 발급받아야 합니다. 금융인증서를 발급받아 보겠습니다.

**01** 네이버 검색란에 '농협 인터넷뱅킹'이라고 입력하고 Enter 키를 누릅니다.

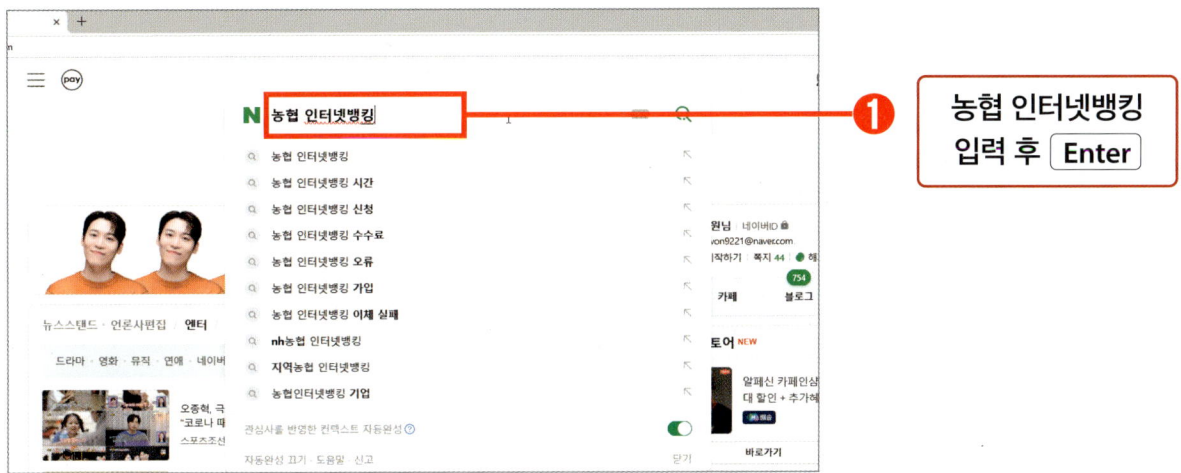

❶ 농협 인터넷뱅킹 입력 후 Enter

**02** 농협 인터넷뱅킹 홈페이지를 클릭합니다.

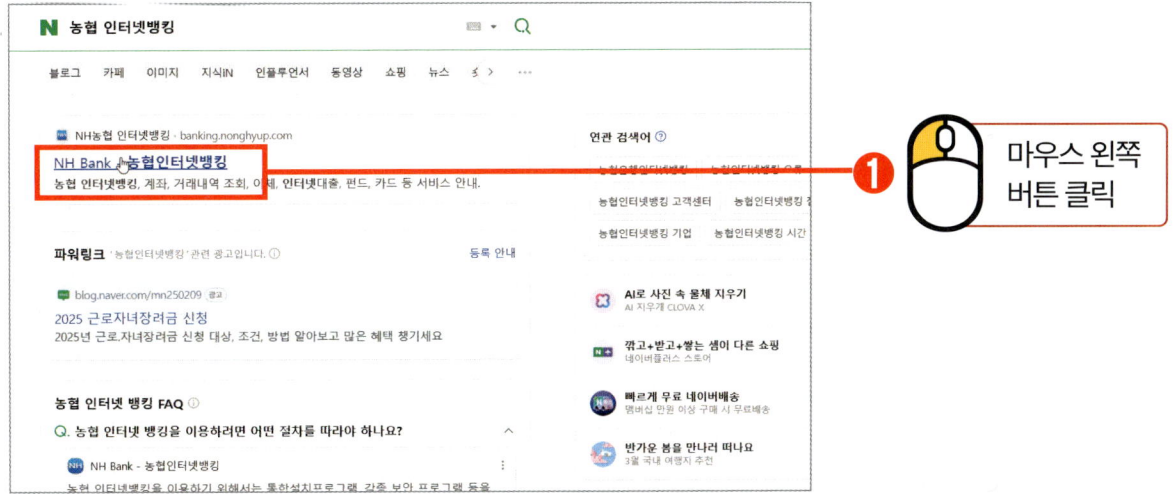

❶ 마우스 왼쪽 버튼 클릭

**03** 인증센터를 클릭합니다.

**04** 금융인증서를 발급받아보겠습니다. [금융인증서]의 [인증서 발급/재발급]을 클릭합니다.

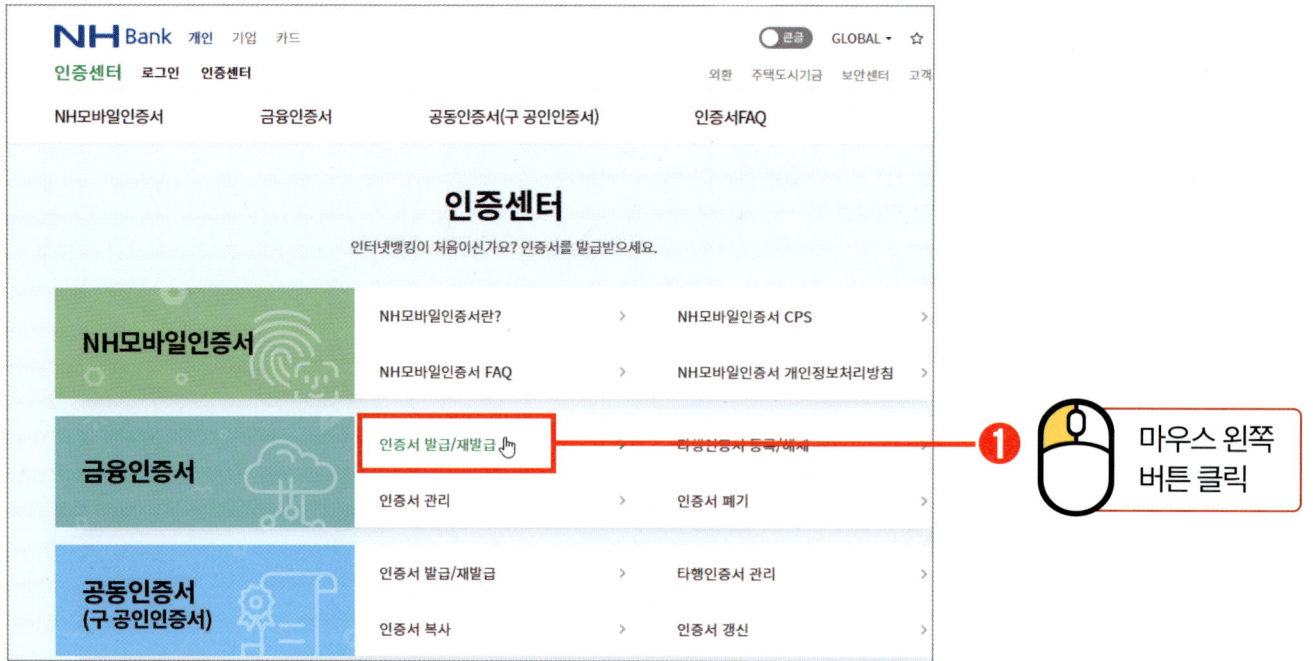

## 05 기본 정보를 입력합니다. 이용자 ID, 주민등록번호를 입력합니다. [확인]을 클릭합니다.

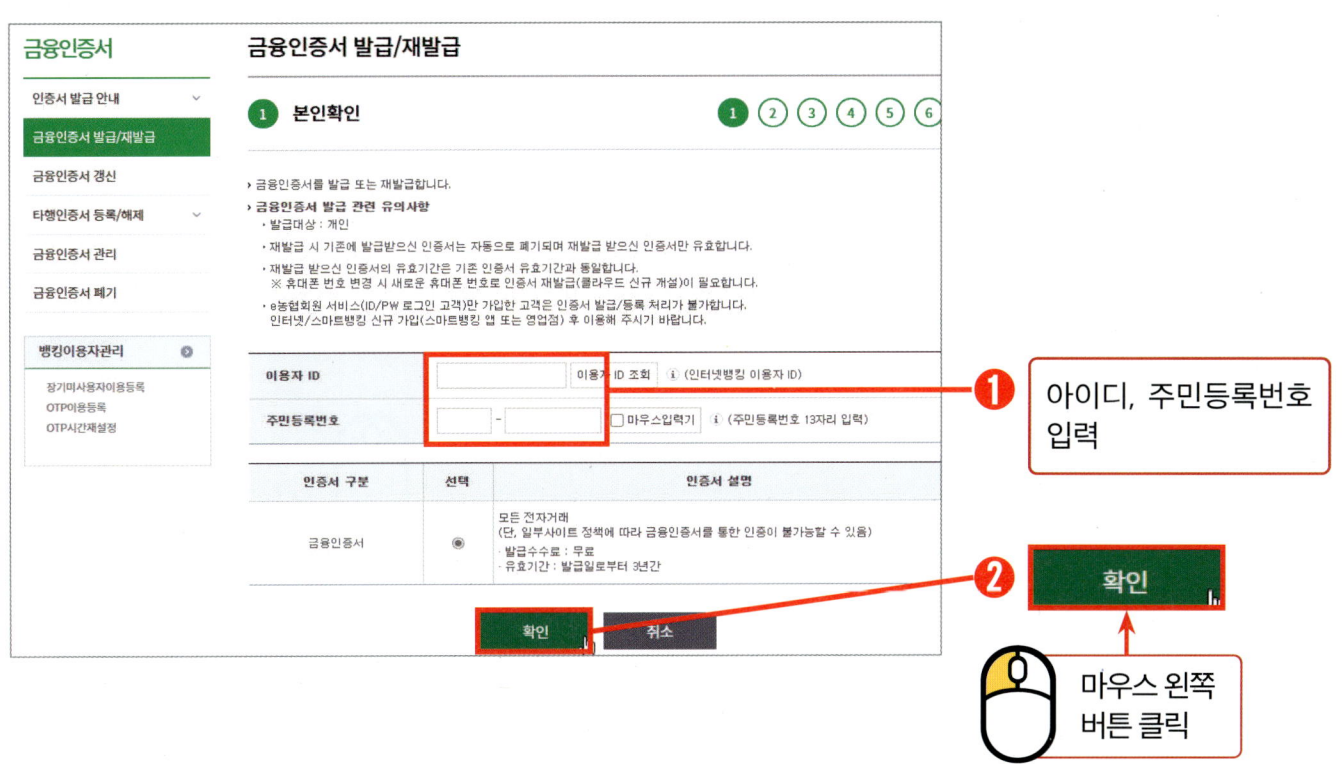

### 타행인증서 등록

만약 다른 기관에서 발급받은 금융인증서가 있다면 인증서를 등록하여 두루두루 사용할 수 있습니다. 이 경우 다음과 같은 창이 나타납니다. [타행인증서 등록]으로 등록을 진행합니다. 재발급을 원한다면 [재발급]을 클릭하고 이하의 절차대로 진행합니다.

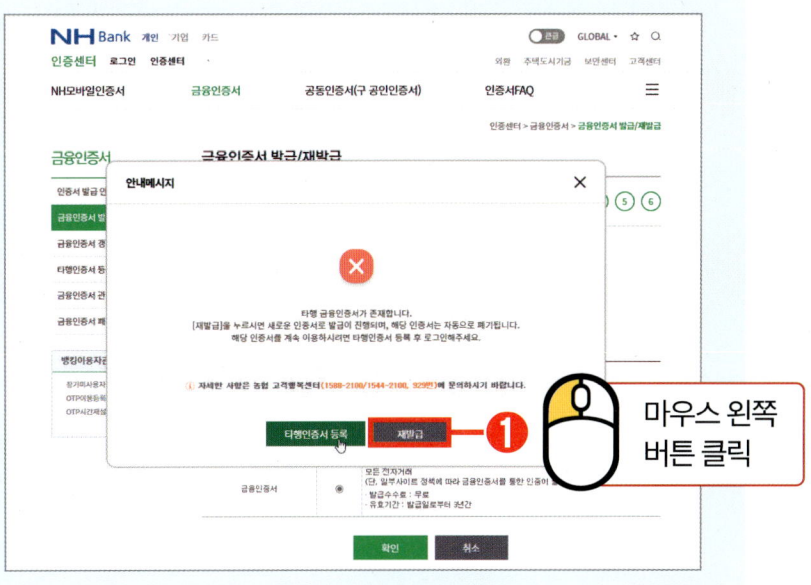

제 08장 농협 인터넷 뱅킹 사용하기 / 219

## 06 [전체동의]에 체크합니다. 스크롤바를 아래로 내려 [동의함]을 클릭합니다.

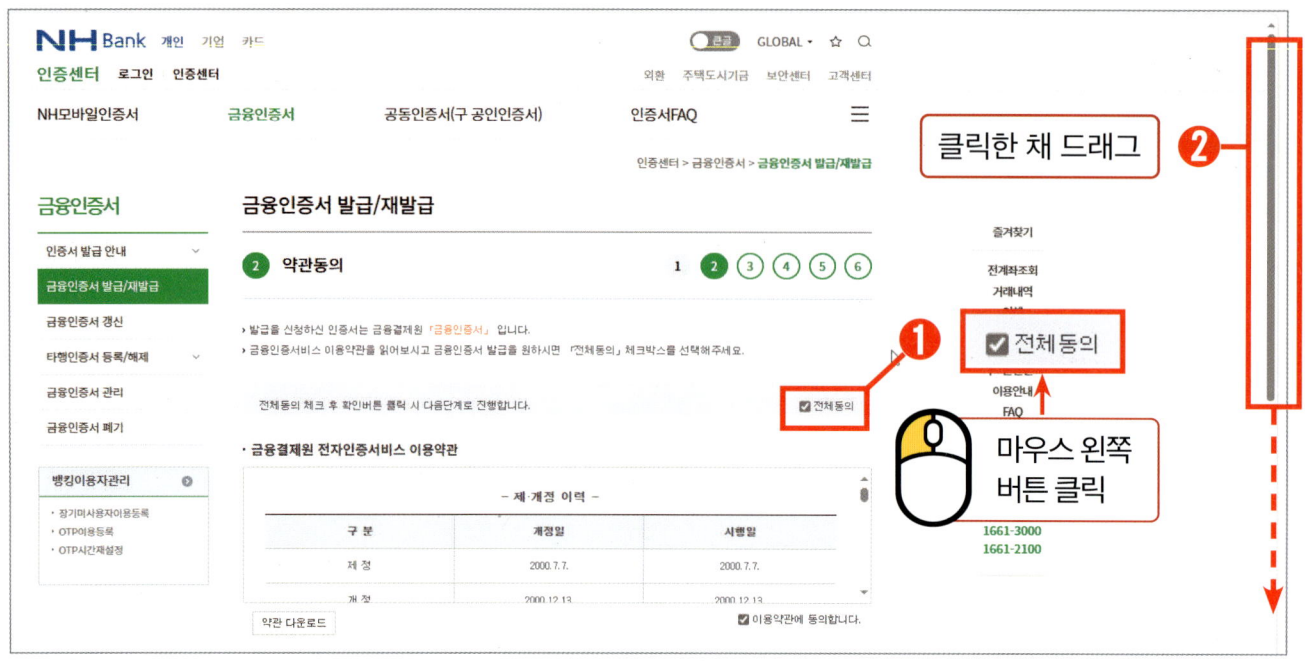

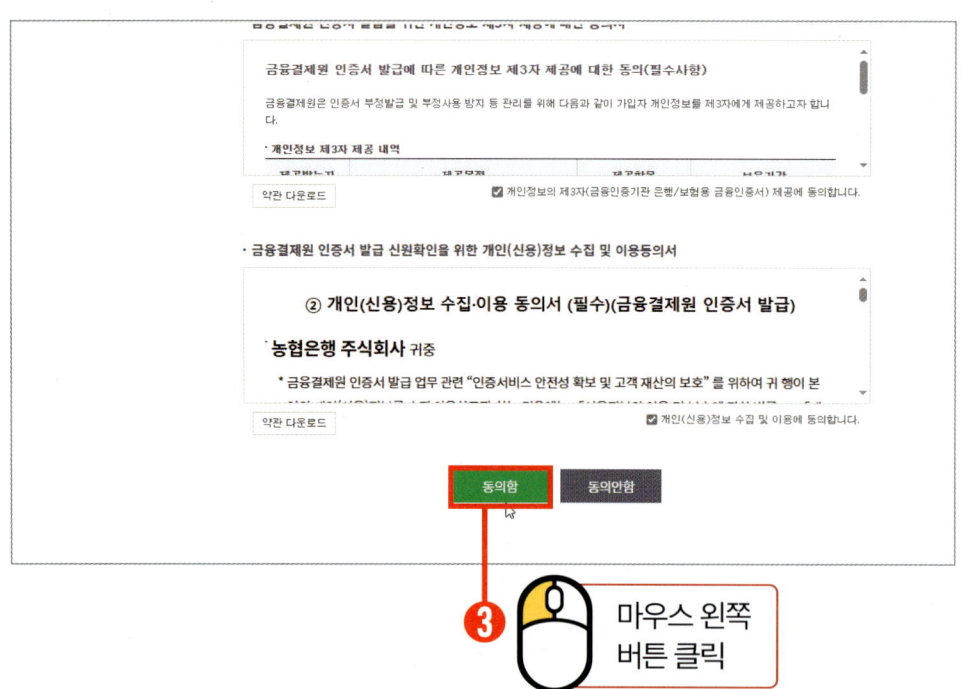

**07** 자신의 계좌번호와 계좌 비밀번호를 입력합니다. 전화 인증에서 [인증받기]를 클릭합니다.

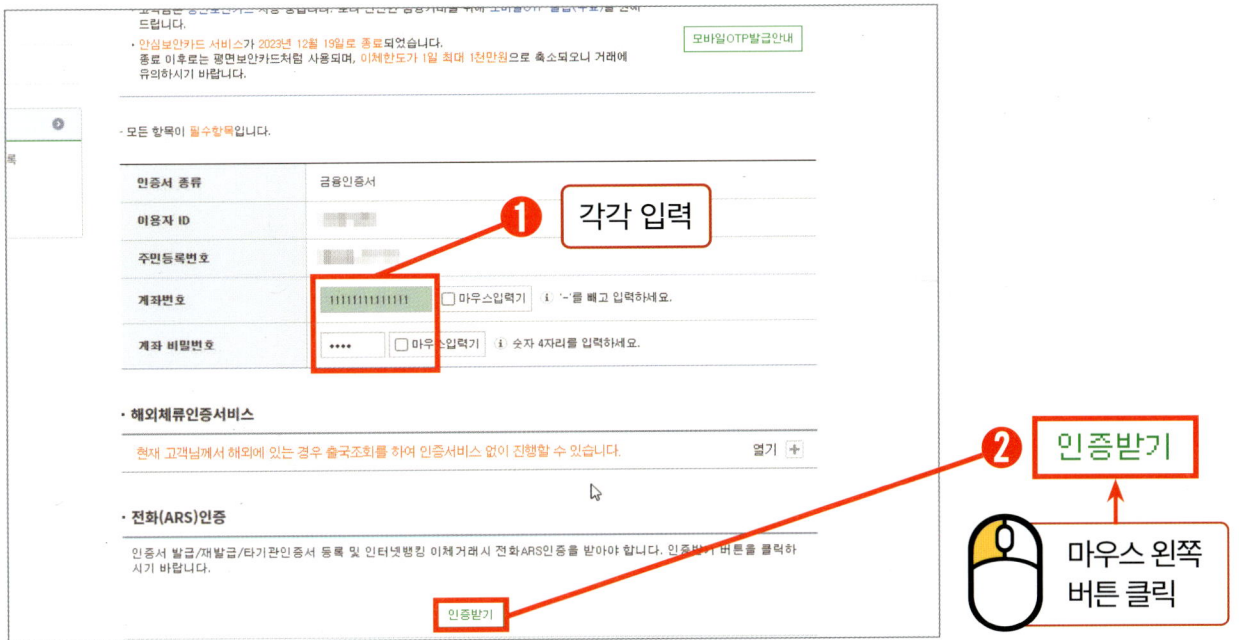

**08** 등록된 전화번호를 확인하고 [전화번호 승인요청]을 클릭합니다.

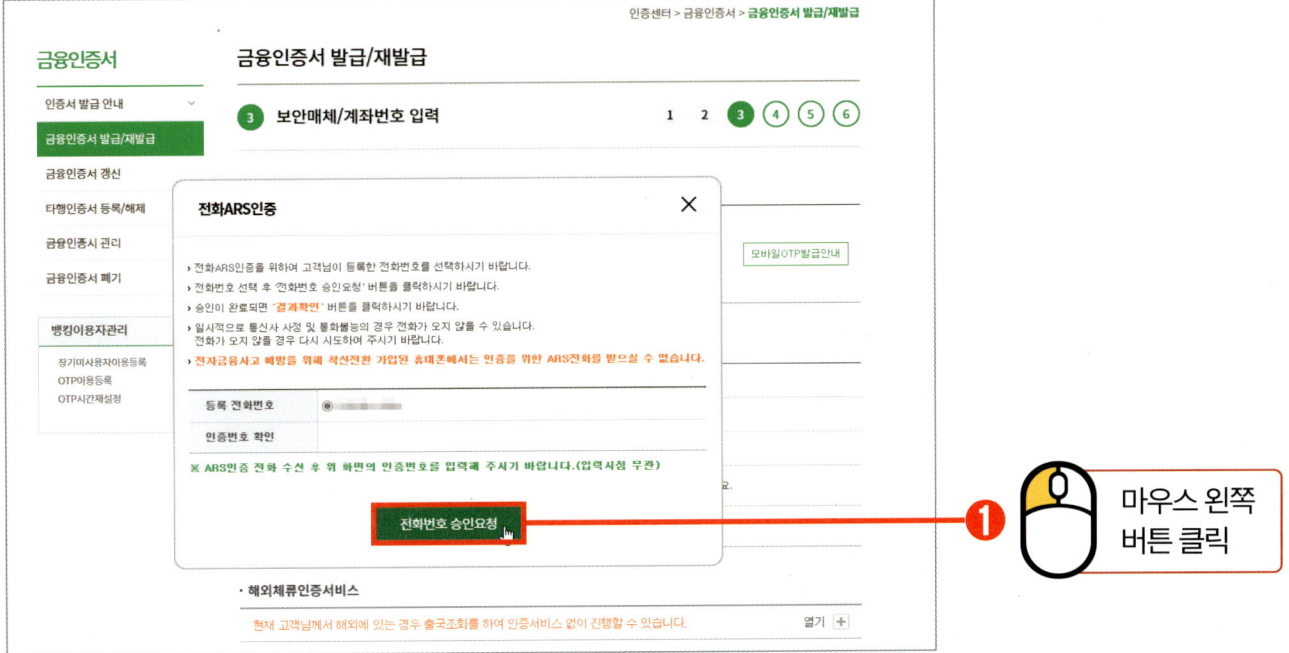

**09** 전화가 오면 화면에 표시된 두 자리 번호를 휴대폰 키패드에 입력합니다. 전화가 끊어지면 [결과확인]을 클릭합니다.

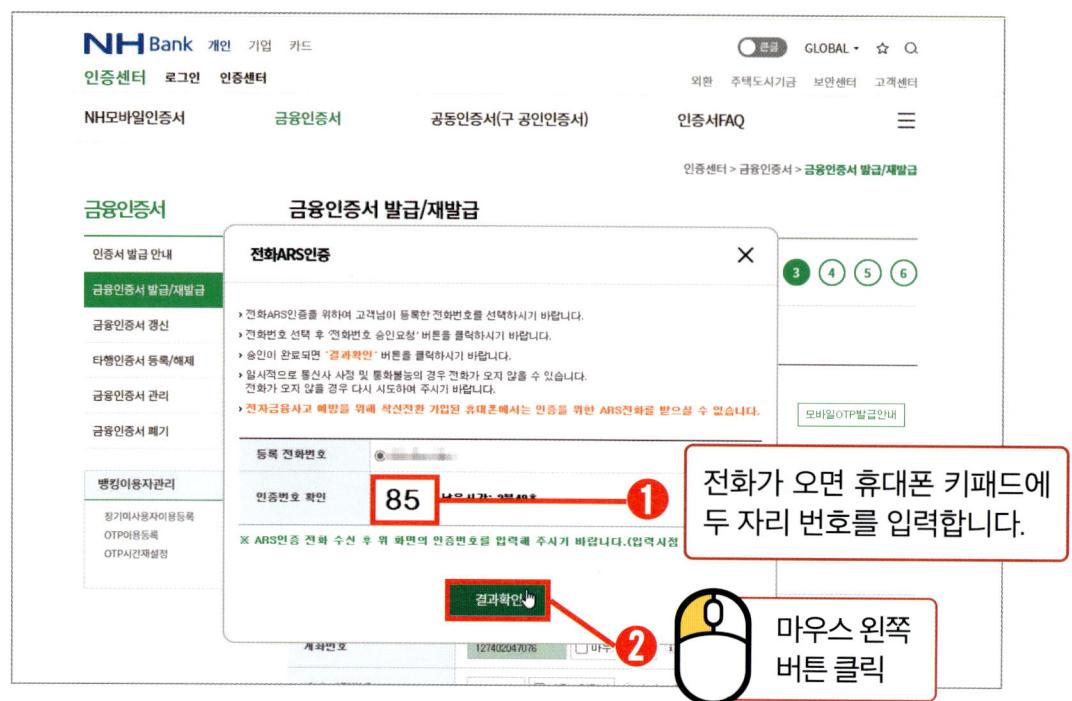

**10** 전화인증이 정상적으로 완료되었다는 문구로 바뀌면 보안카드의 번호와 일련번호 3자리를 입력합니다. [확인]을 클릭합니다.

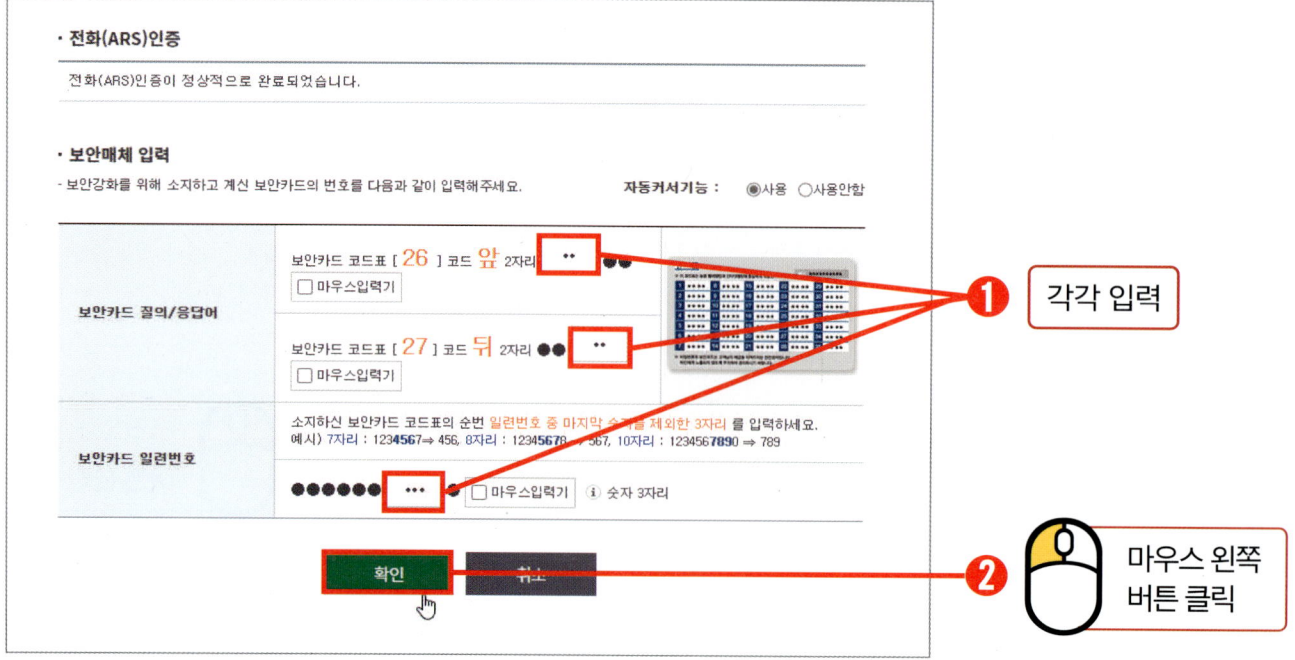

## 11 개인정보를 확인하고 [확인]을 클릭합니다.

## 12 [인증서받기]를 클릭합니다.

**13** 금융인증서비스 화면입니다. 이름, 휴대폰번호, 생년월일을 입력합니다. [휴대폰 문자인증]을 클릭합니다.

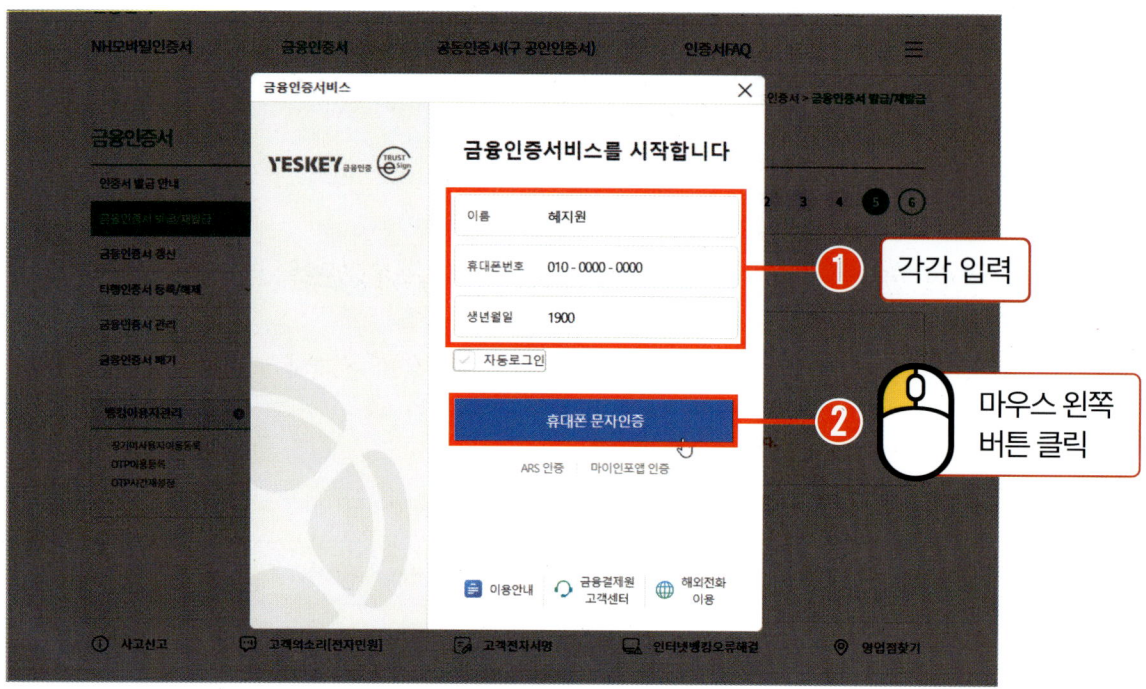

**14** 화면에 보이는 번호를 휴대폰에 온 문자메시지에 답변으로 입력하여 보냅니다.

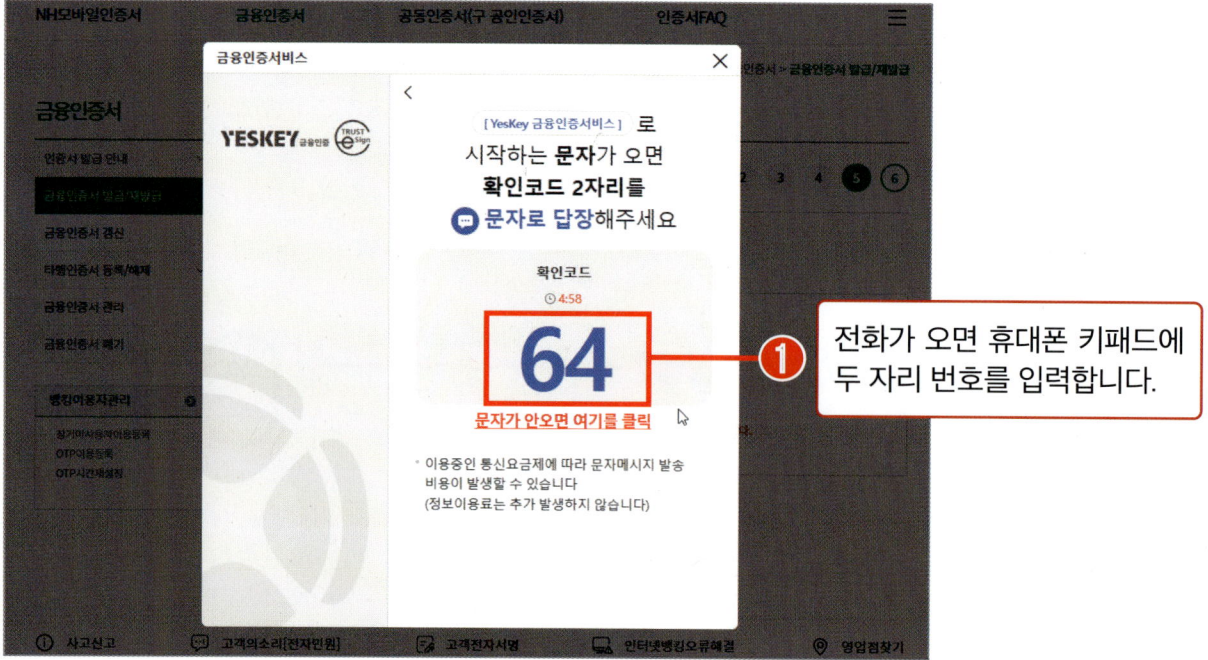

224 / 어른들을 위한 가장 쉬운 인터넷

**15** 금융인증서 비밀번호 여섯 자리를 입력합니다. 재확인 역시 똑같이 입력합니다.

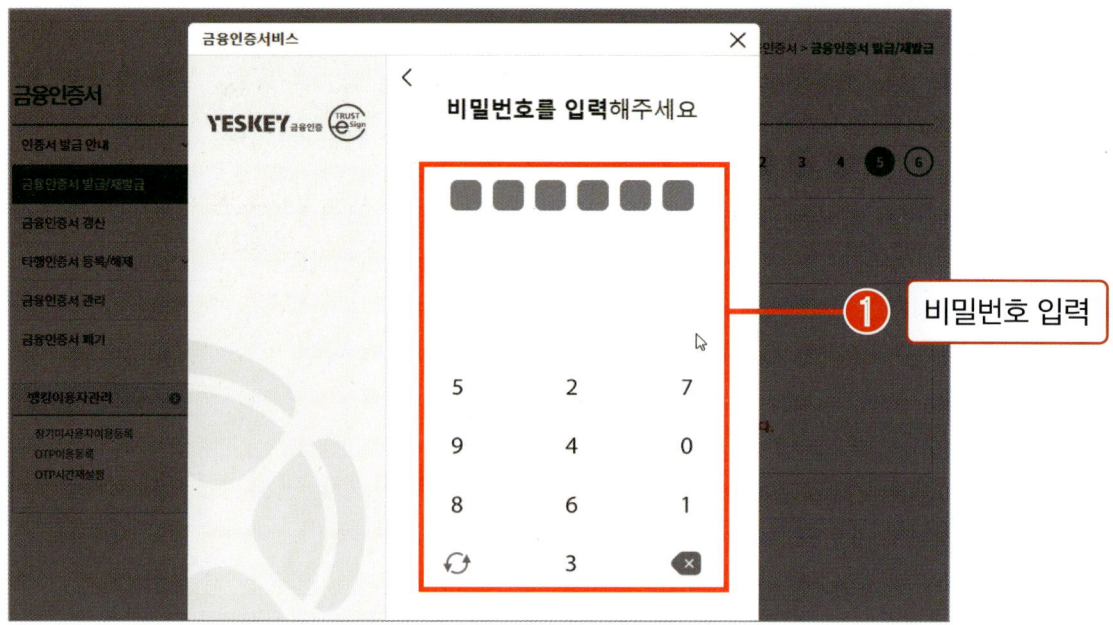

**16** 금융인증서가 발급되었습니다.

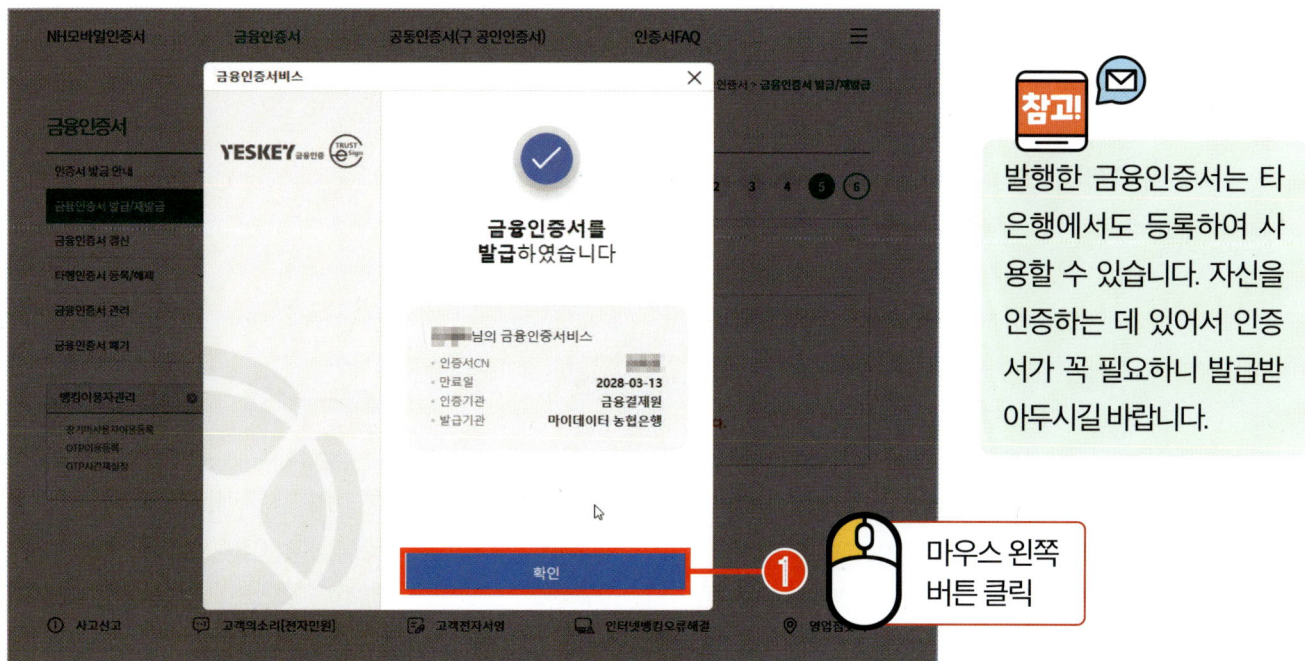

> **참고!**
> 발행한 금융인증서는 타 은행에서도 등록하여 사용할 수 있습니다. 자신을 인증하는 데 있어서 인증서가 꼭 필요하니 발급받아두시길 바랍니다.

# Section 03 로그인하여 계좌 조회하기

로그인을 하여 계좌를 조회해보겠습니다.

**01** 왼쪽 상단의 [로그인]을 클릭합니다.

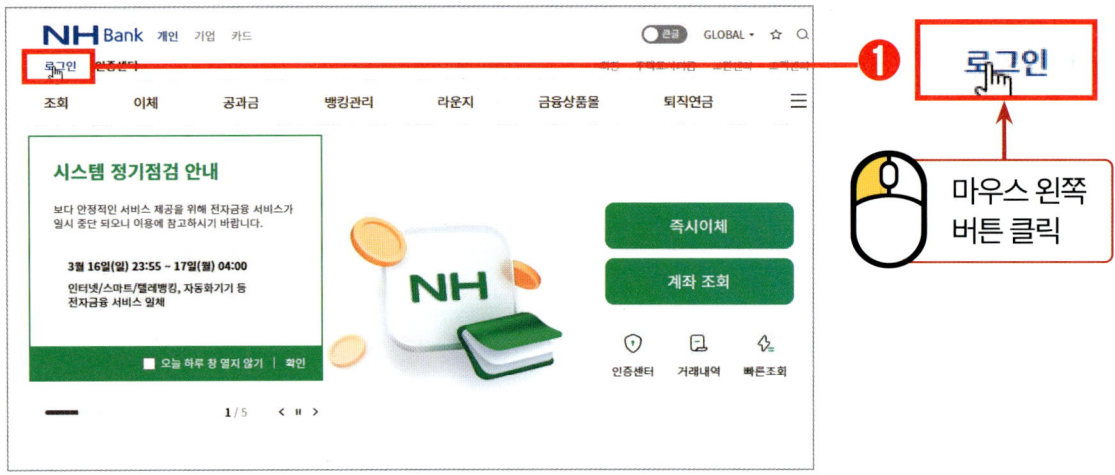

**02** 인터넷뱅킹을 가입할 때 생성한 아이디와 비밀번호를 입력하고 [로그인]을 클릭합니다.

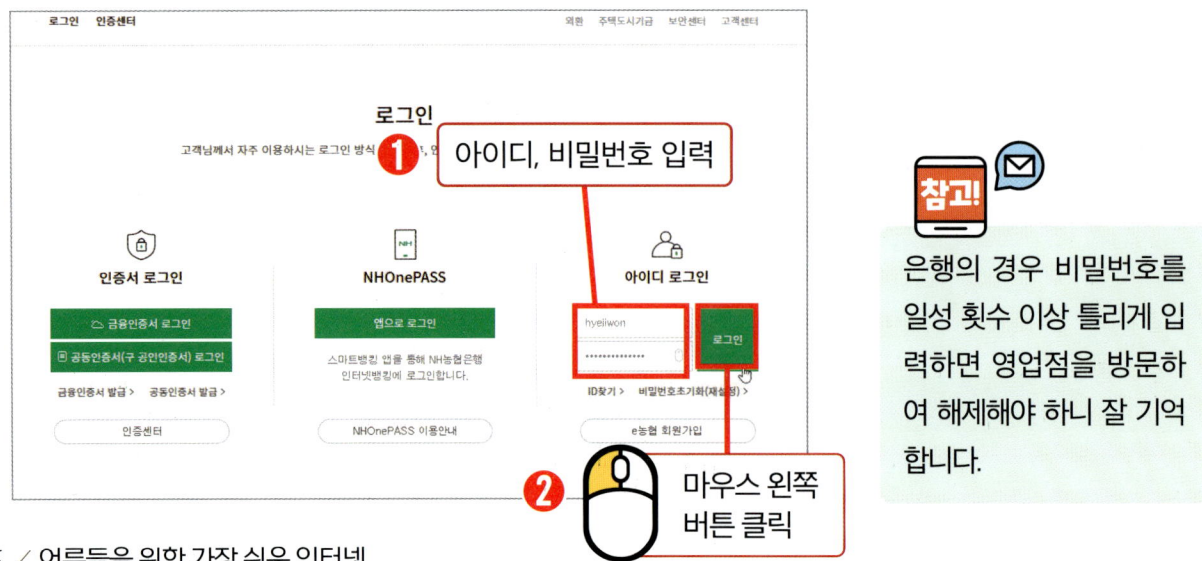

> **참고!**
> 은행의 경우 비밀번호를 일정 횟수 이상 틀리게 입력하면 영업점을 방문하여 해제해야 하니 잘 기억합니다.

 ## 아이디/비밀번호를 모른다면?

아이디와 비밀번호를 모르는 경우 ID찾기/비밀번호 재설정 기능을 이용하여 찾을 수 있습니다.

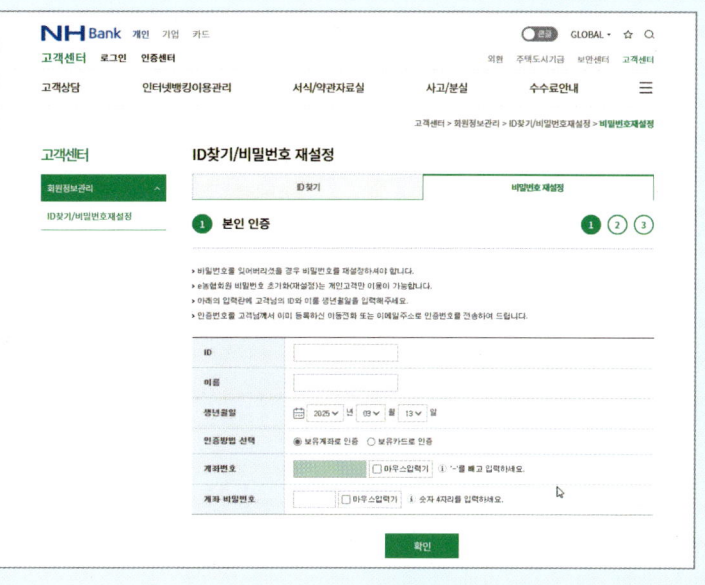

## 03 로그인이 되었습니다. [조회]를 클릭합니다.

**04** 나의 계좌 목록이 나타납니다. [이체]를 클릭합니다.

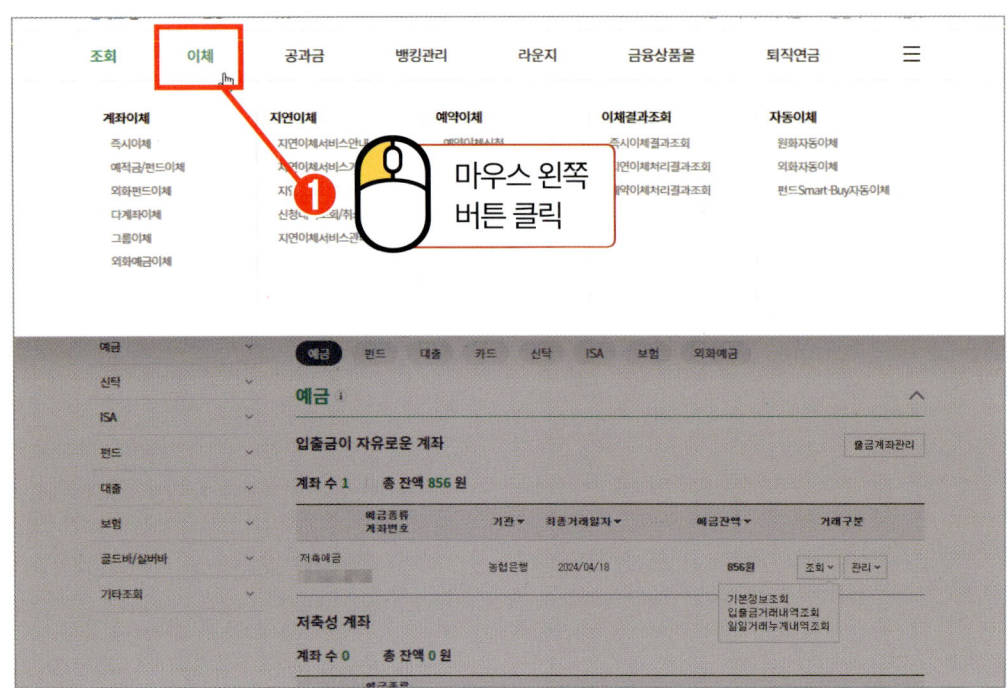

**05** 이체 서비스는 금융인증서나 공동인증서로 로그인해야 이용 가능합니다. 앞서 발급한 금융인증서를 이용하기 위해 [금융인증서 로그인]을 클릭합니다.

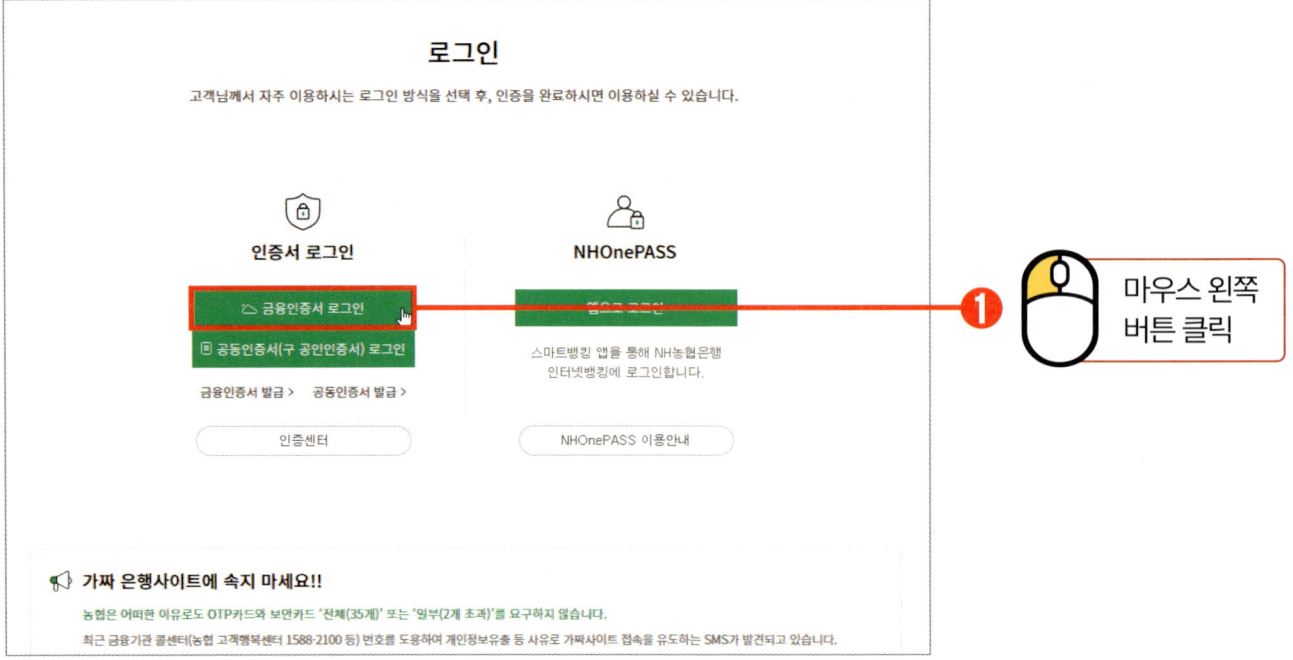

## 06 인증서를 클릭합니다.

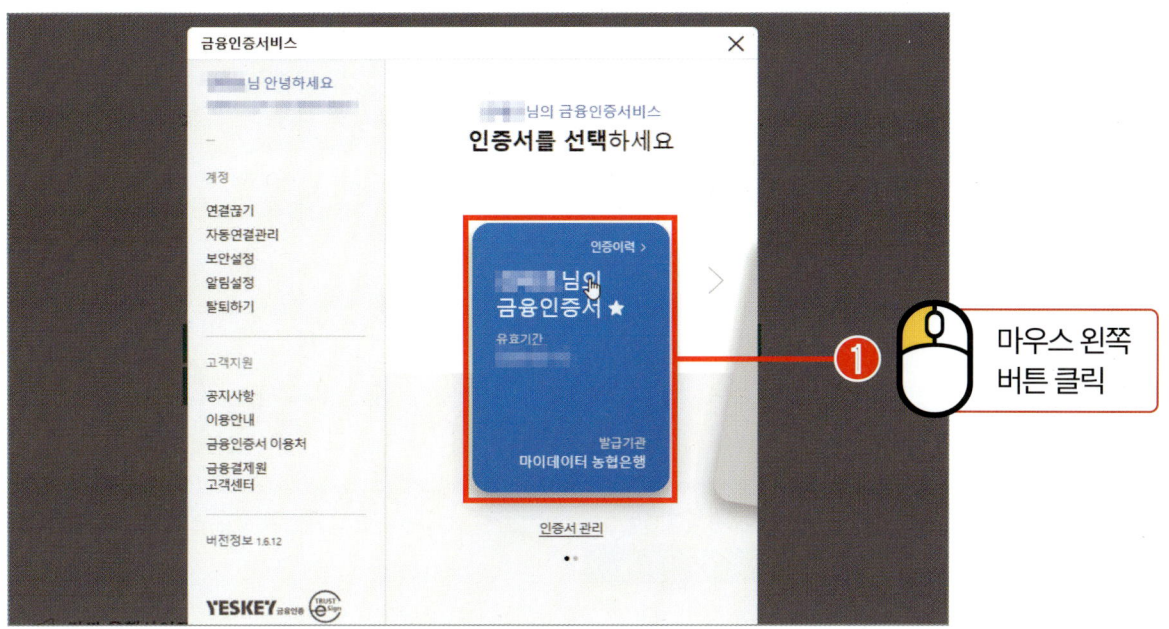

## 07 비밀번호 6자리를 입력합니다.

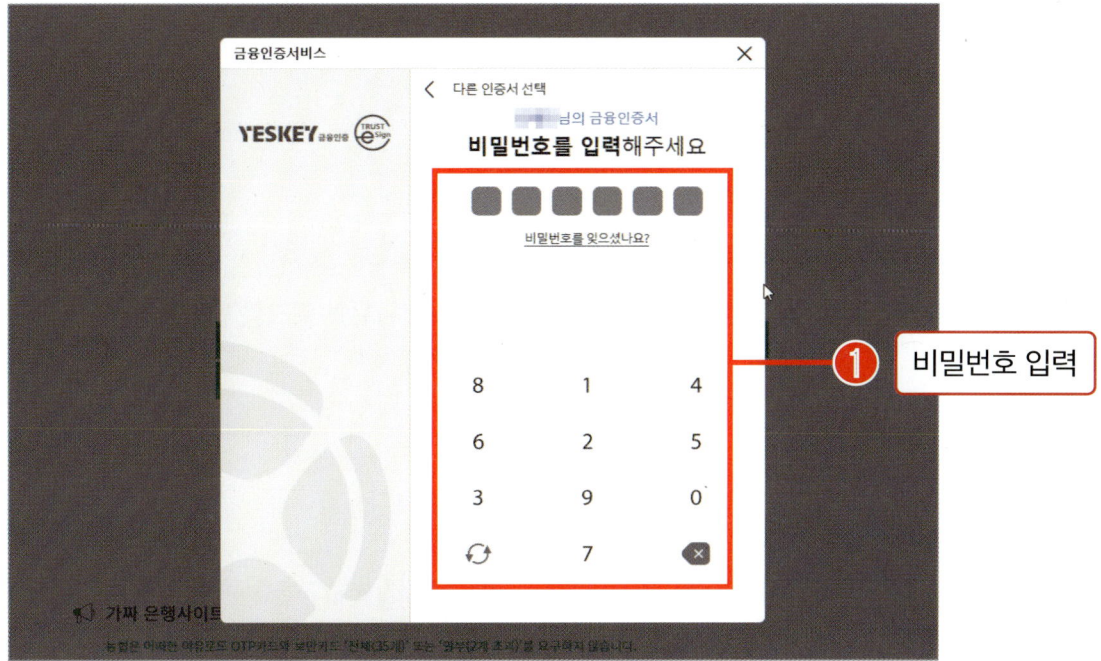

## 08 보이스피싱 주의 안내가 나옵니다. [아니요]를 클릭합니다.

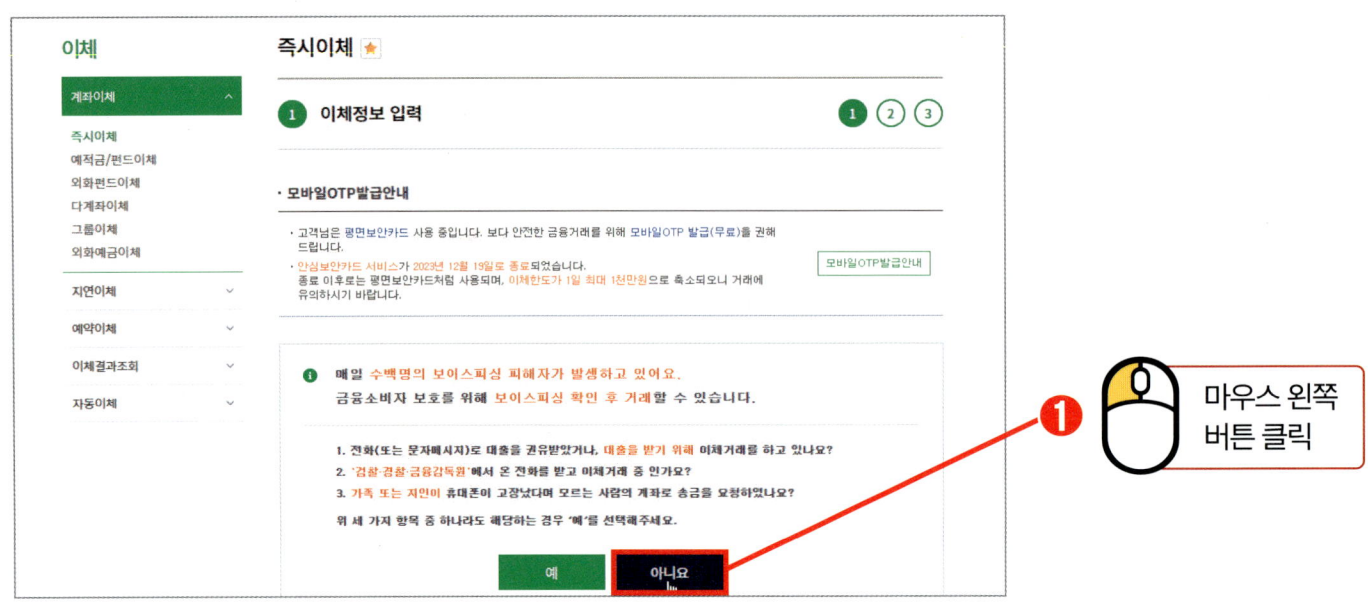

꼭 조심해야 하는 보이스피싱

보이스피싱이란, 금융 관계자 혹은 법원 관계자인 척 접근하여 내 계좌가 범죄에 도용되었다는 거짓말을 하며 내 자산을 빼돌리려고 하는 범죄 수법입니다. 특히 교묘한 말과 심리를 이용하여 많은 피해자를 발생시키고 있는 범죄 유형입니다.

**보이스피싱을 예방하기 위해서는 다음의 사항을 꼭 명심해야 합니다.**

1) 전화로 계좌번호 및 비밀번호를 물어보는 경우는 전혀 없습니다.

2) 법원 관계자 등이 전화 연락을 하는 경우는 없습니다.

3) 모르는 번호나 문자 메시지에는 경계심을 갖고 응답합니다. 특히 문자 메시지의 링크를 함부로 읽지 않습니다.

**09** 이체금액, 입금은행과 입금계좌번호, 출금계좌의 비밀번호를 차례대로 입력합니다. 입력을 잘했는지 꼼꼼하게 확인하고 [다음]을 클릭합니다.

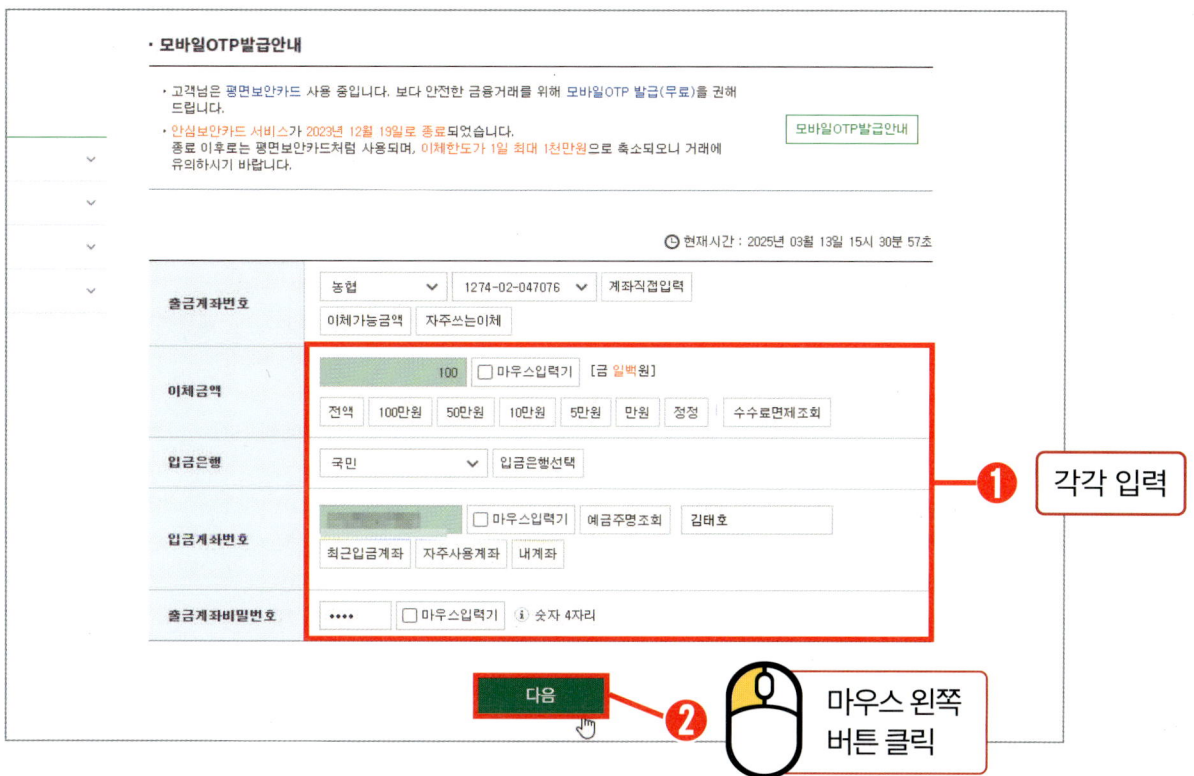

**10** [확인]을 클릭합니다.

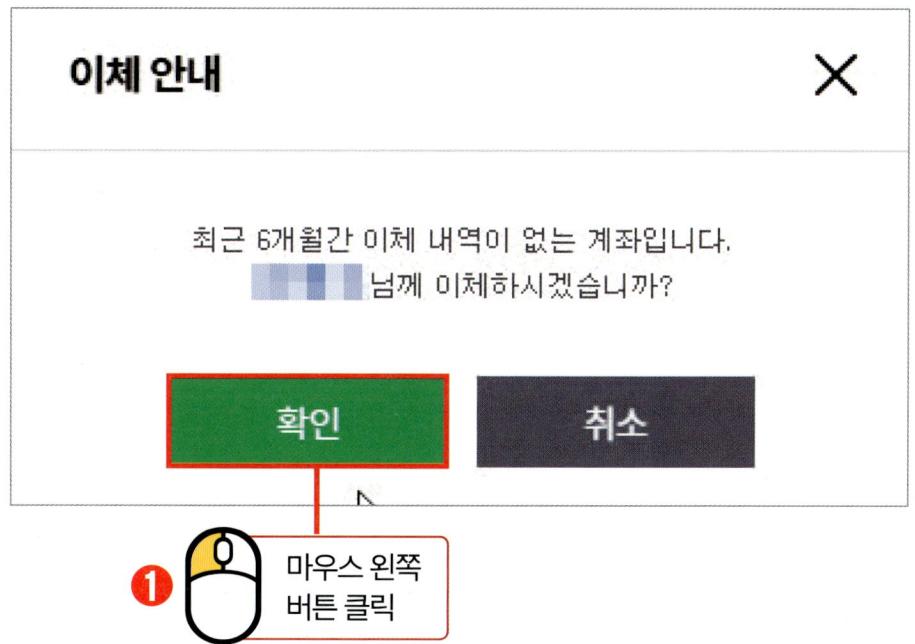

**11** 스크롤바를 아래로 내립니다. 보안카드의 보안코드를 입력합니다. [즉시이체 실행]을 클릭합니다.

**12** 금융인증서 화면이 나오면 비밀번호를 입력합니다.

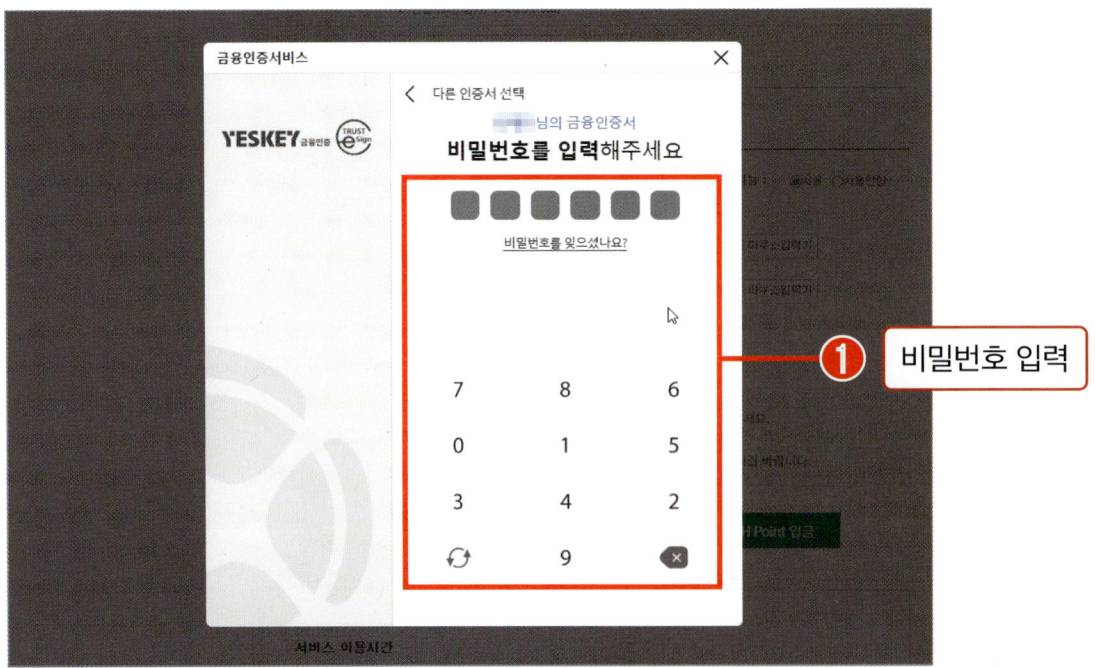

# 13  이체가 완료되었습니다.

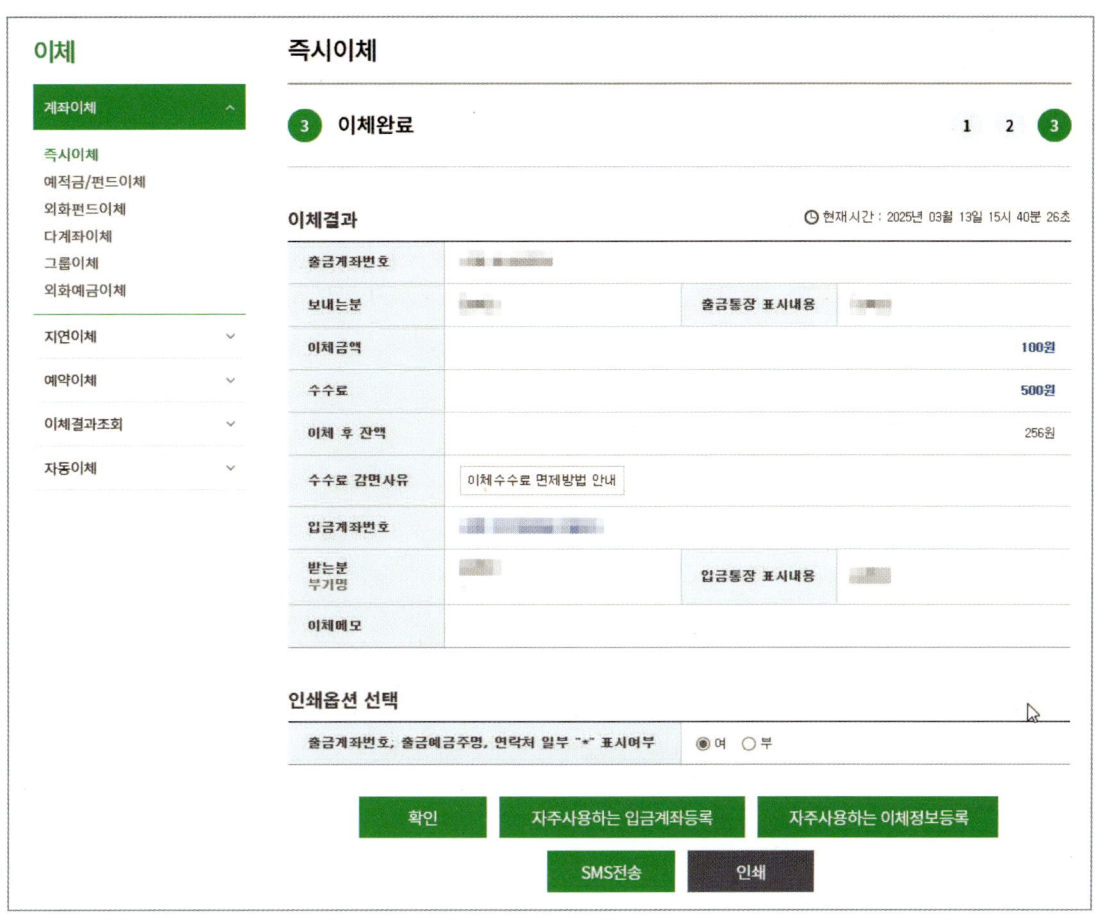

# 제 09 장

# 각종 증명서 발급받기

주민등록등본(초본), 등기부등본 등 다양한 증명서를 발급받을 수 있습니다.

# Section 01 주민등록등본과 초본 발급받기

정부24 홈페이지에서 주민등록등본과 초본을 발급받아보겠습니다.

**01** 네이버 검색란에 '정부24'를 입력하고 Enter 키를 누릅니다.

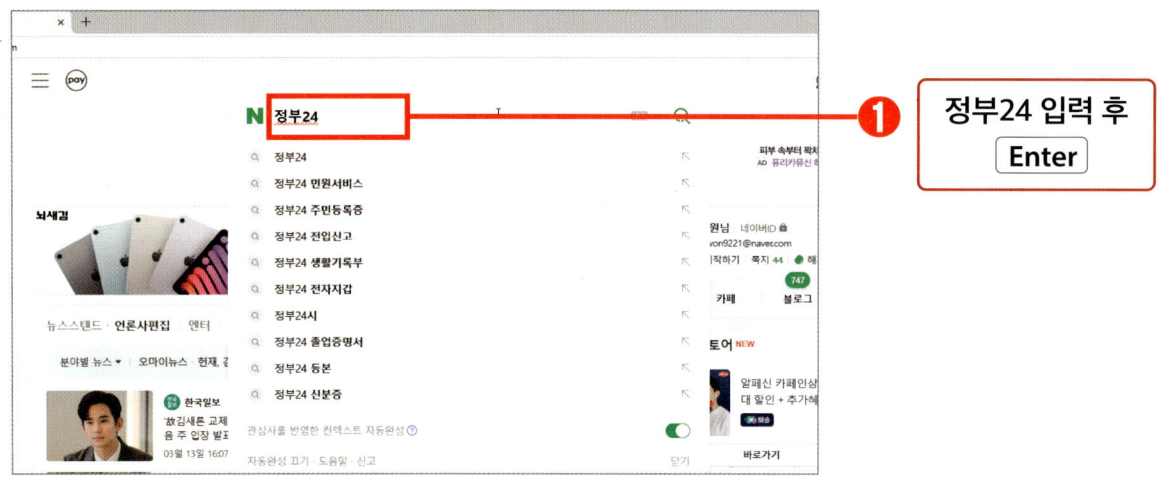

**02** 정부24 홈페이지를 클릭합니다.

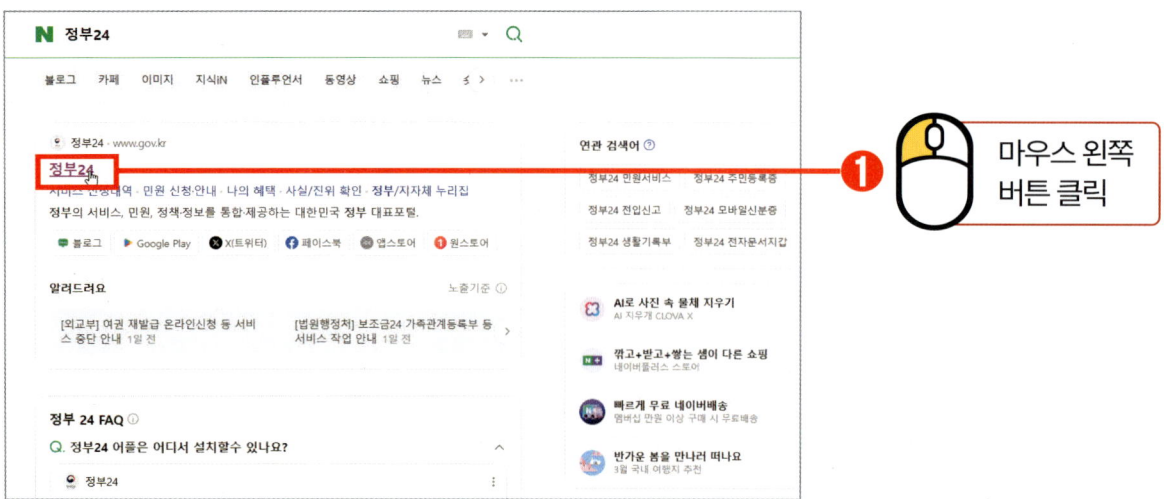

**03** 하단의 자주 찾는 서비스에서 [주민등록등본(초본)]을 클릭합니다.

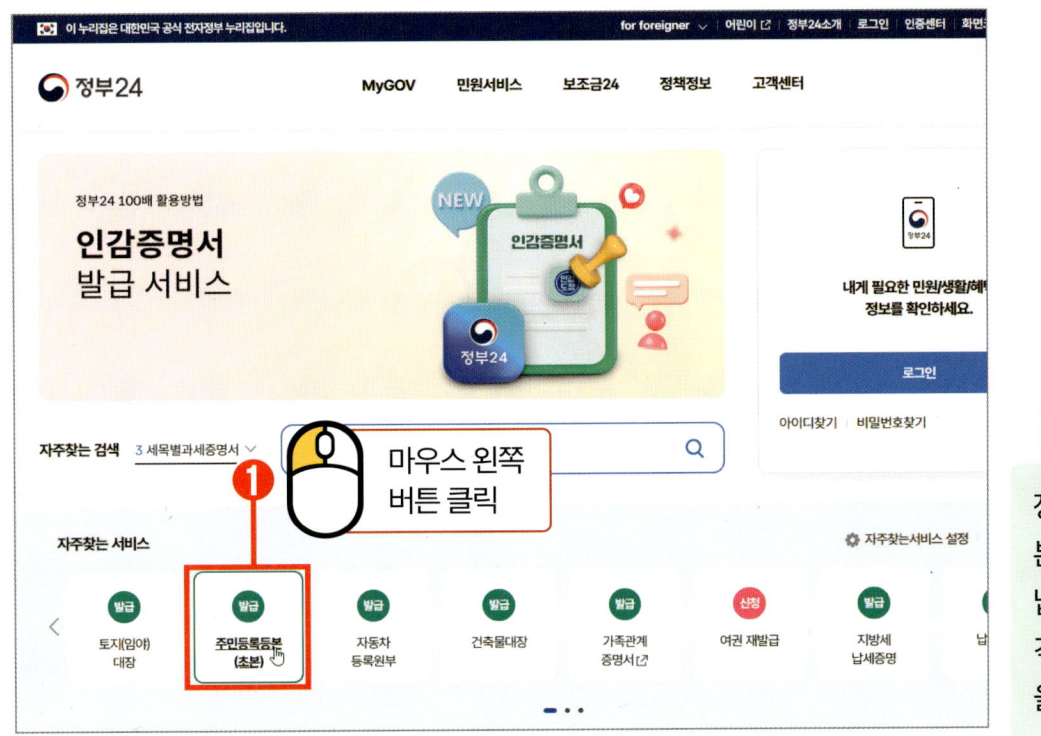

참고!
정부24에서는 주민등록등본(초본), 가족관계증명서, 납세증명서, 건강보험 자격득실확인 등을 발급받을 수 있습니다.

**04** [발급하기]를 클릭합니다.

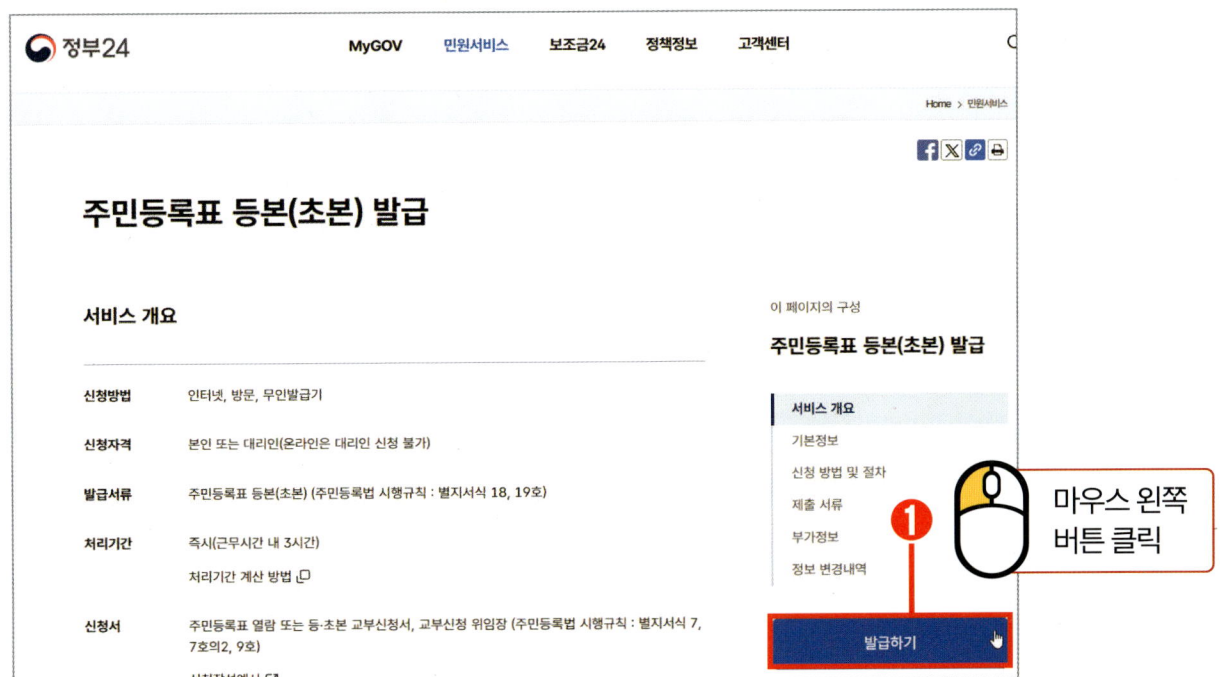

## 05 [비회원 신청하기]를 클릭합니다.

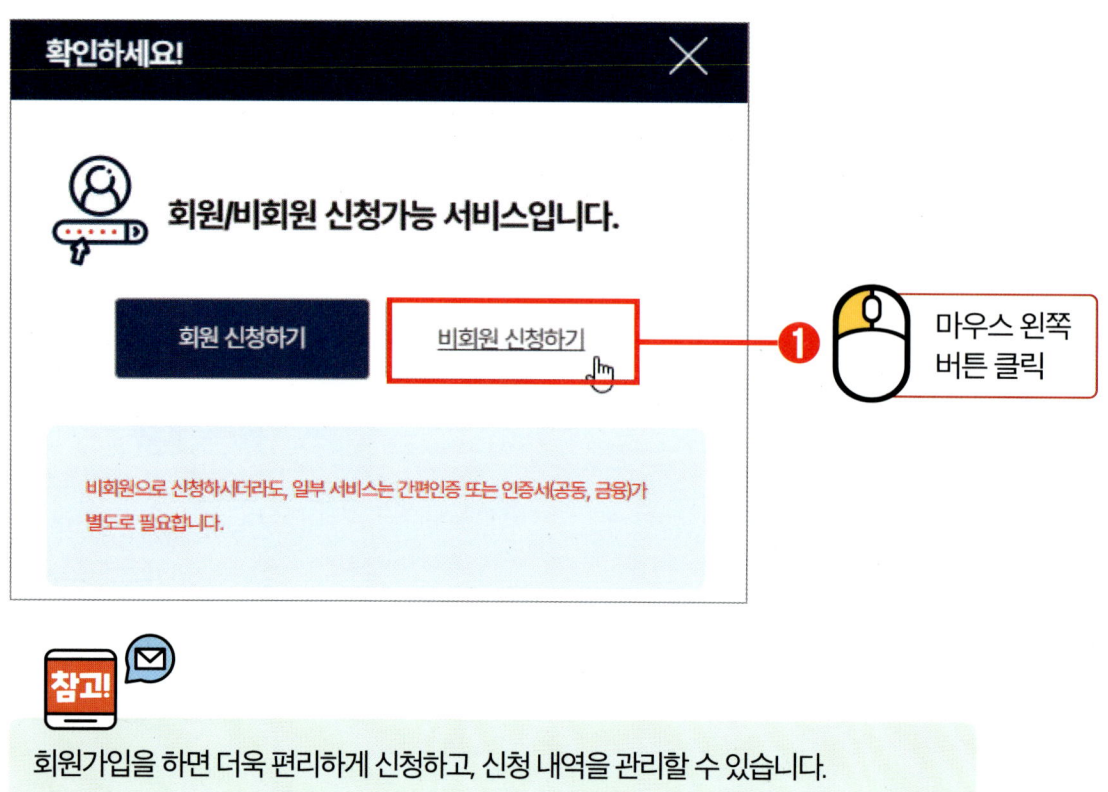

회원가입을 하면 더욱 편리하게 신청하고, 신청 내역을 관리할 수 있습니다.

## 06 약관에 [전체 동의하기]를 클릭합니다. [사용자정보 직접입력]으로 로그인해보겠습니다.

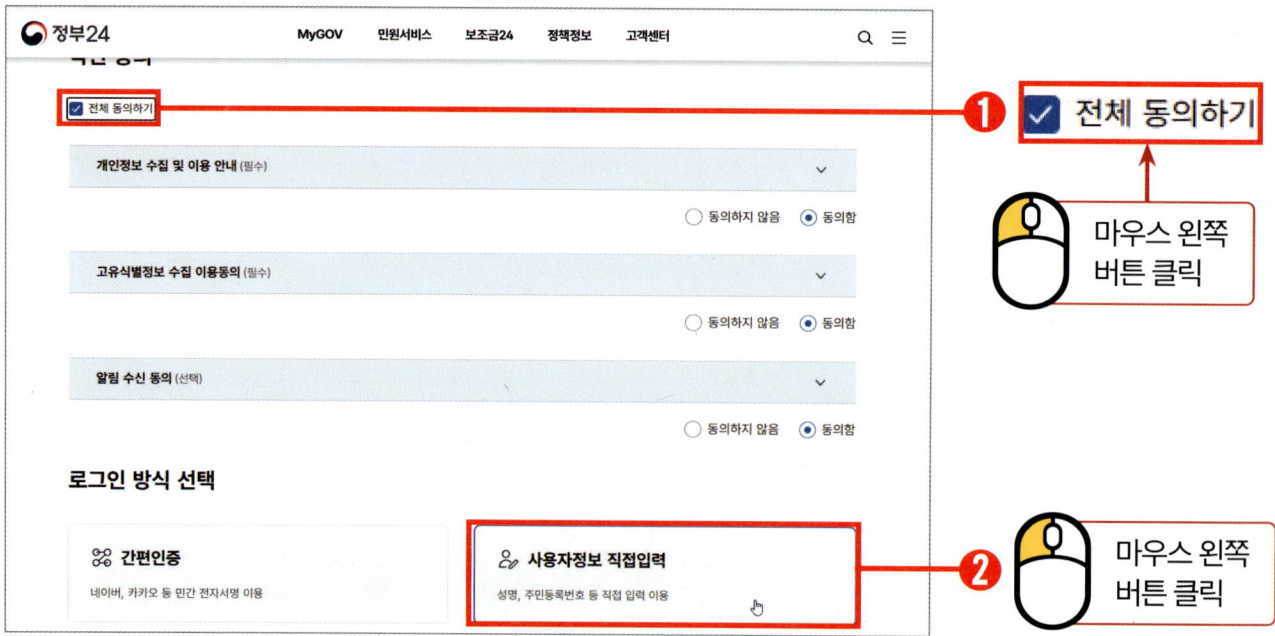

**07** 성명, 주민등록번호, 휴대전화번호, 자동입력방지 문자를 입력하고 [로그인하기]를 클릭합니다.

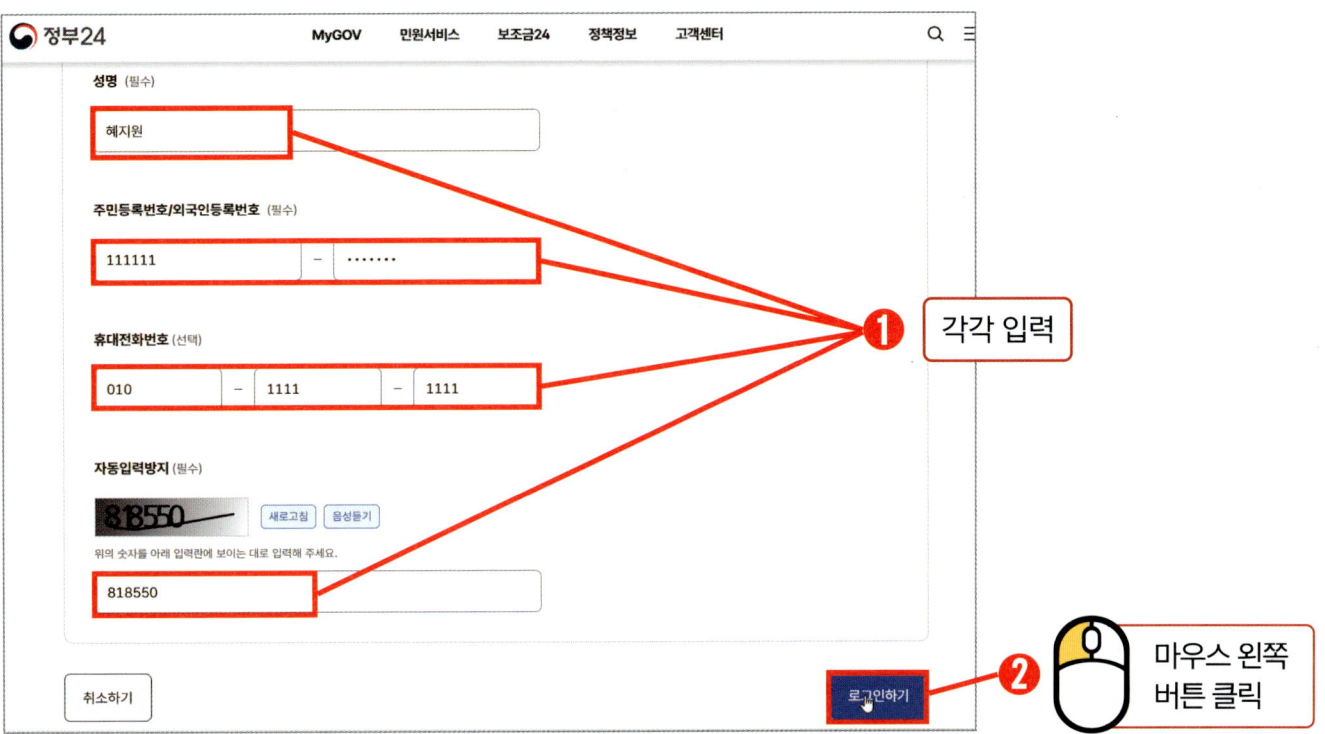

**08** 신청할 서비스를 선택하는 부분에서 [주민등록표 등본 발급]을 클릭합니다. 스크롤 바를 아래로 내립니다. 만약 초본을 발급받고 싶다면 [주민등록표 초본 발급]을 클릭합니다.

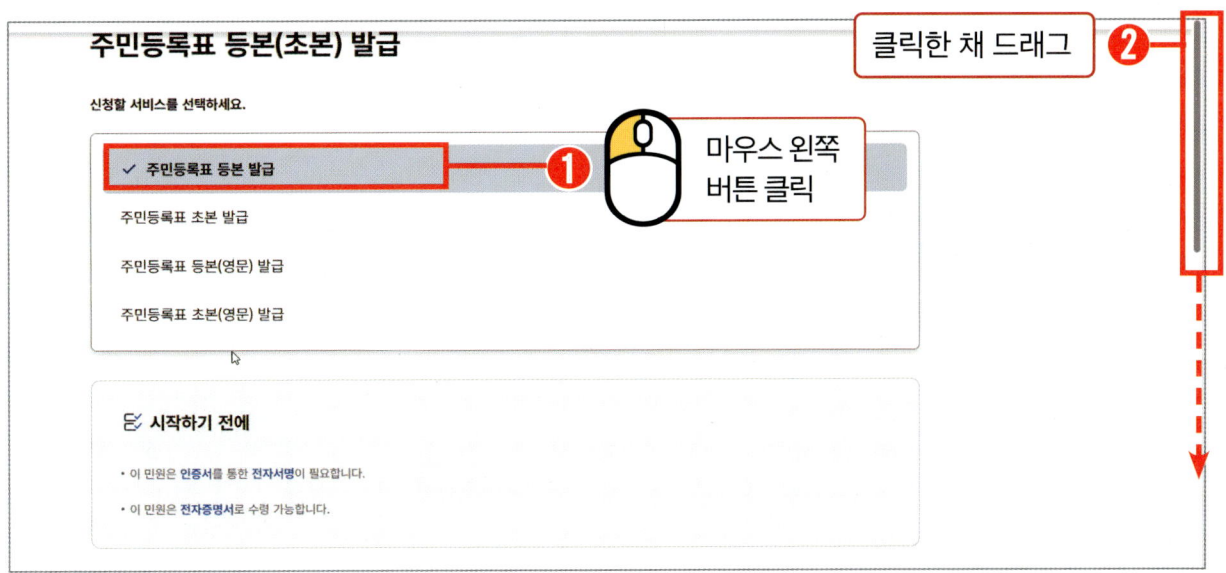

**09** 등본 발급을 위해서는 시도와 시군구를 선택해야 합니다. 자기의 시도, 시군구를 선택합니다.

**10** 수령방법에 온라인발급으로 체크하고 [신청하기]를 클릭합니다.

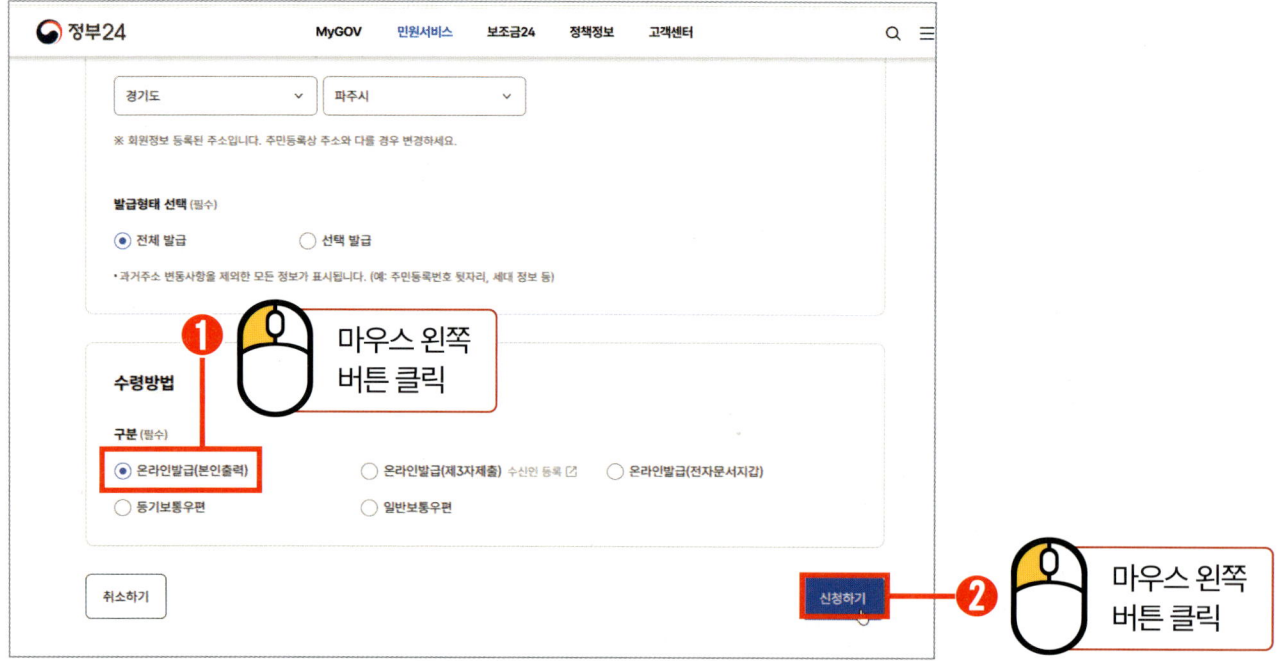

**11** 인증을 해야 합니다. 앞서 발급받았던 금융인증서를 이용하겠습니다. [금융인증서]를 클릭합니다.

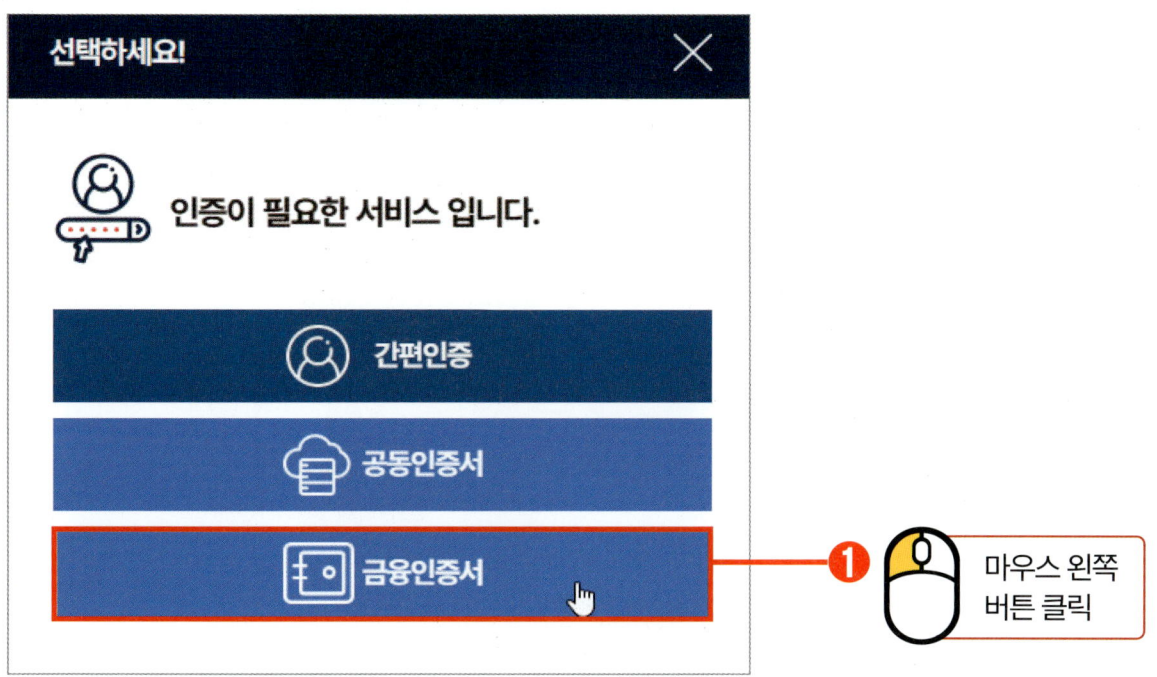

**12** [개인용]을 클릭합니다.

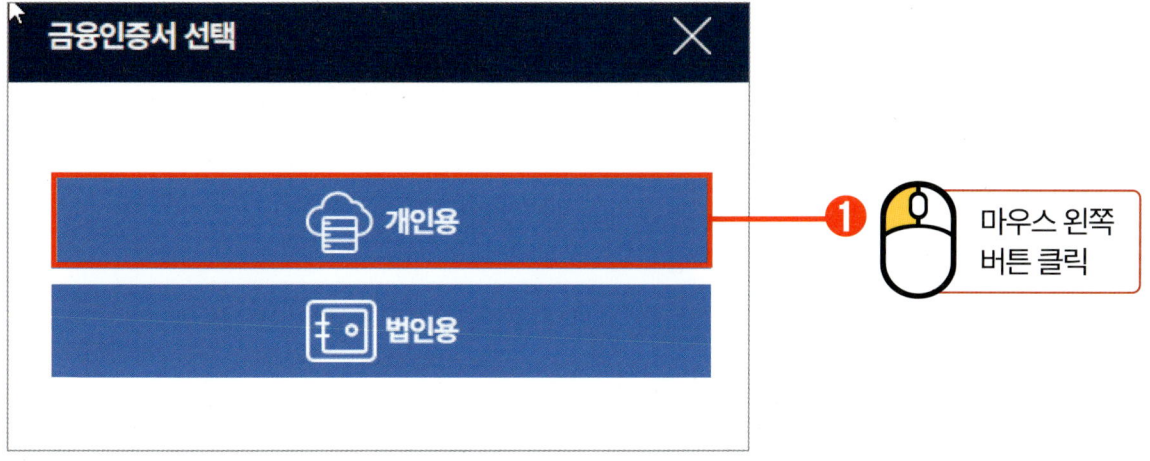

**13** 이름, 휴대폰 번호, 생년월일을 입력합니다. [휴대폰 문자인증]을 클릭합니다.

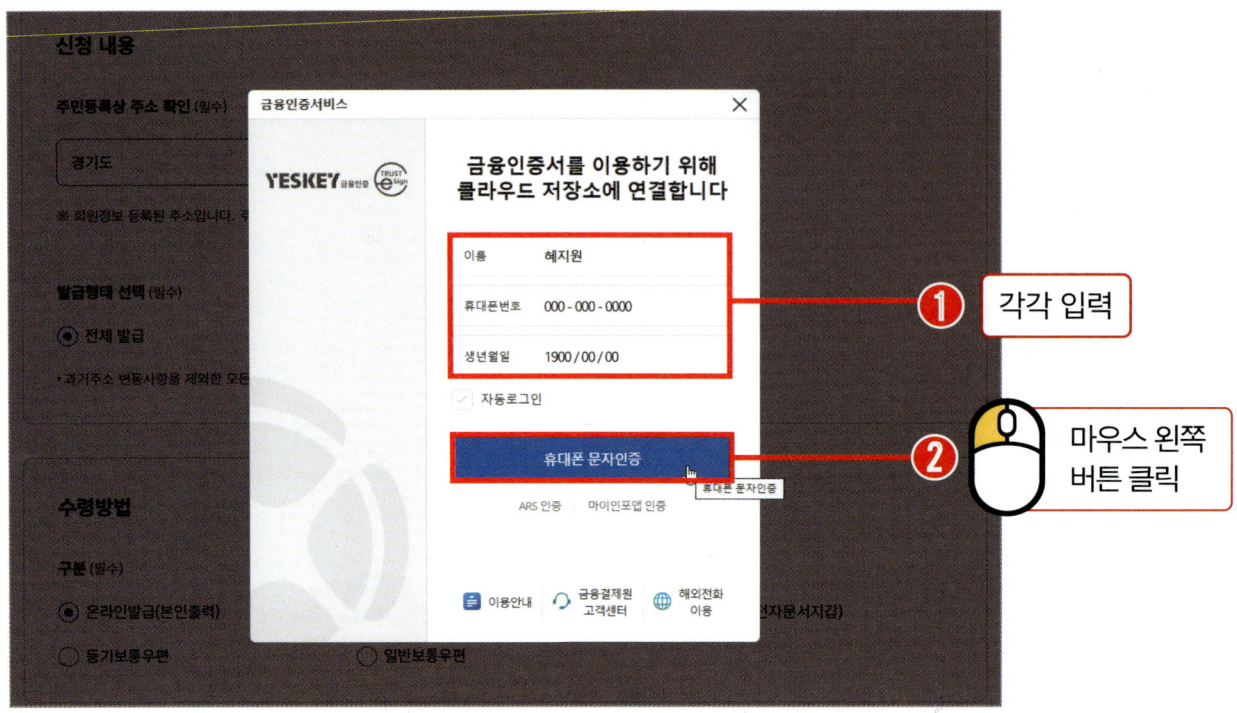

**14** 휴대폰으로 온 문자 메시지에 화면에 보이는 숫자를 입력하여 발송합니다.

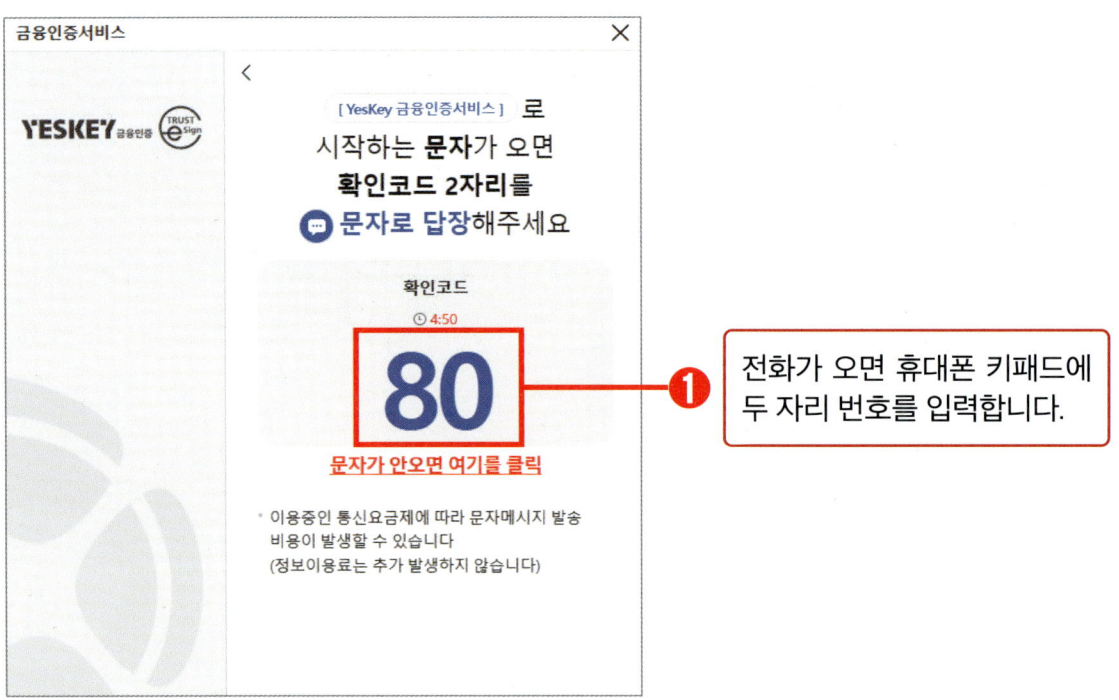

## 15 인증서를 선택합니다.

## 16 비밀번호 6자리를 클릭합니다.

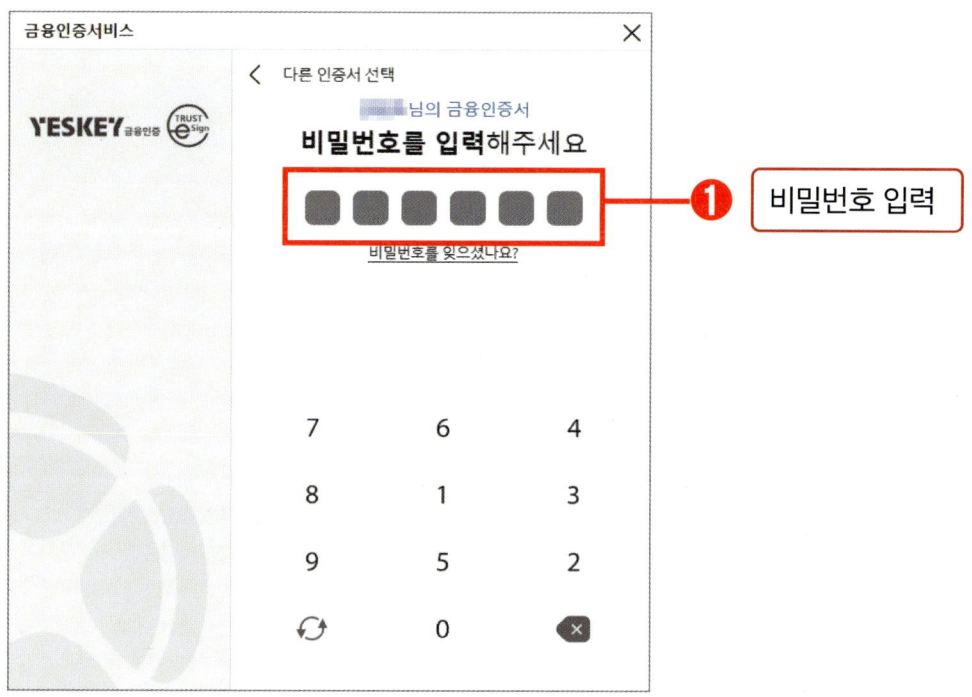

**17** 주민등록등본이 발급되었습니다. 출력을 위해 [문서출력]을 클릭하여 인쇄 과정을 진행합니다. 문서는 출력하거나 pdf로 저장할 수 있습니다.

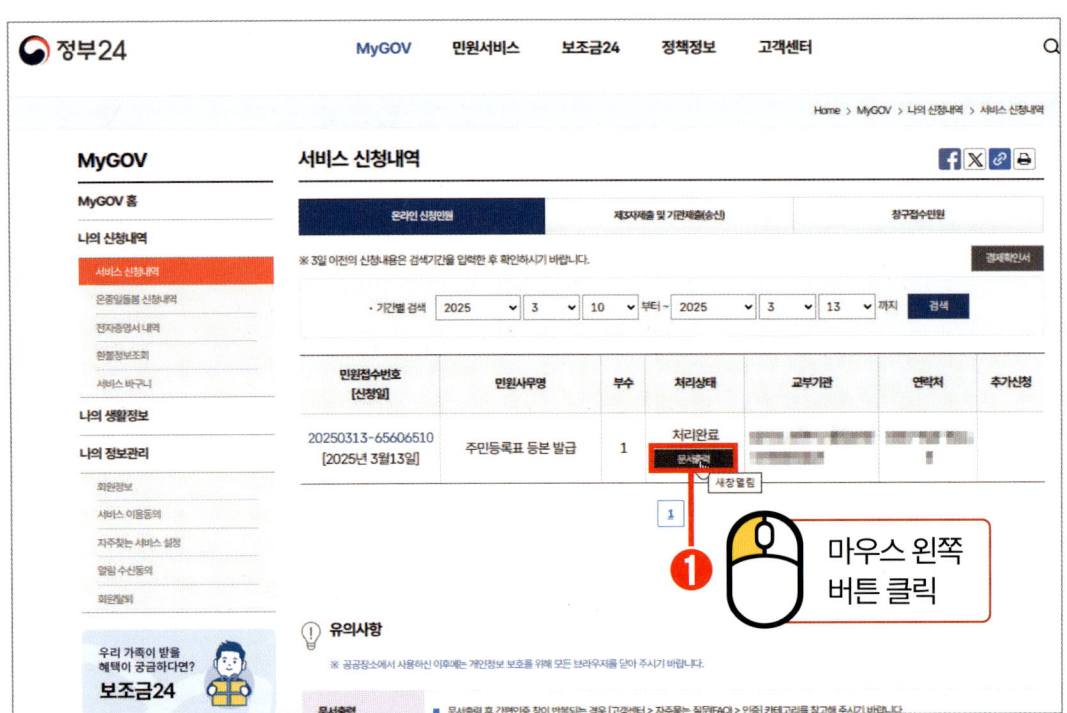

한 번 문서출력 처리를 한 문서는 다시 열람하거나 출력할 수 없습니다. 이때는 앞선 단계로 돌아가서 다시 발급해야 합니다.

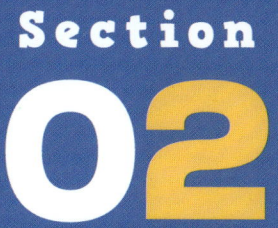

# Section 02 가족관계증명서 발급받기

가족관계증명서를 발급받아보겠습니다.

**01** 정부24 홈페이지로 돌아옵니다. 하단에서 [가족관계증명서]를 클릭합니다.

**02** 가족관계증명서를 발급받을 수 있는 대한민국 법원 전자가족관계등록시스템 홈페이지로 이동했습니다. [가족관계증명서]를 클릭합니다.

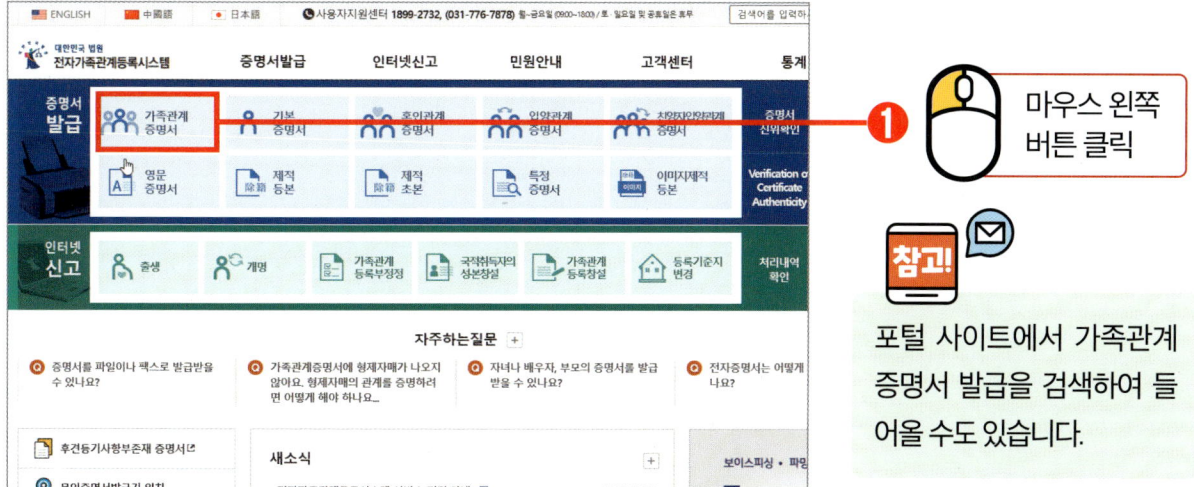

포털 사이트에서 가족관계증명서 발급을 검색하여 들어올 수도 있습니다.

제 09장 각종 증명서 발급받기 / 245

## 03 [동의합니다]에 체크합니다. 성명, 주민등록번호를 입력합니다. [추가정보확인]을 클릭하여 추가 정보를 입력합니다.

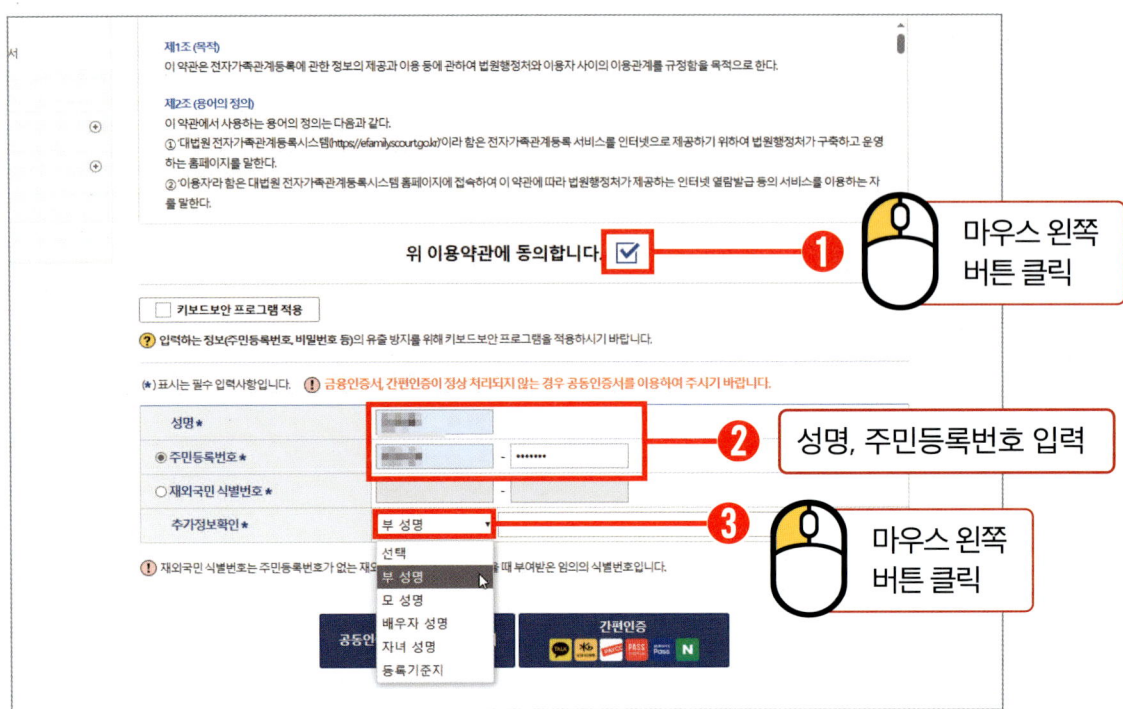

## 04 [금융인증서]를 클릭합니다.

**05** 이름, 휴대폰 번호, 생년월일을 입력합니다. [휴대폰 문자인증]을 클릭합니다.

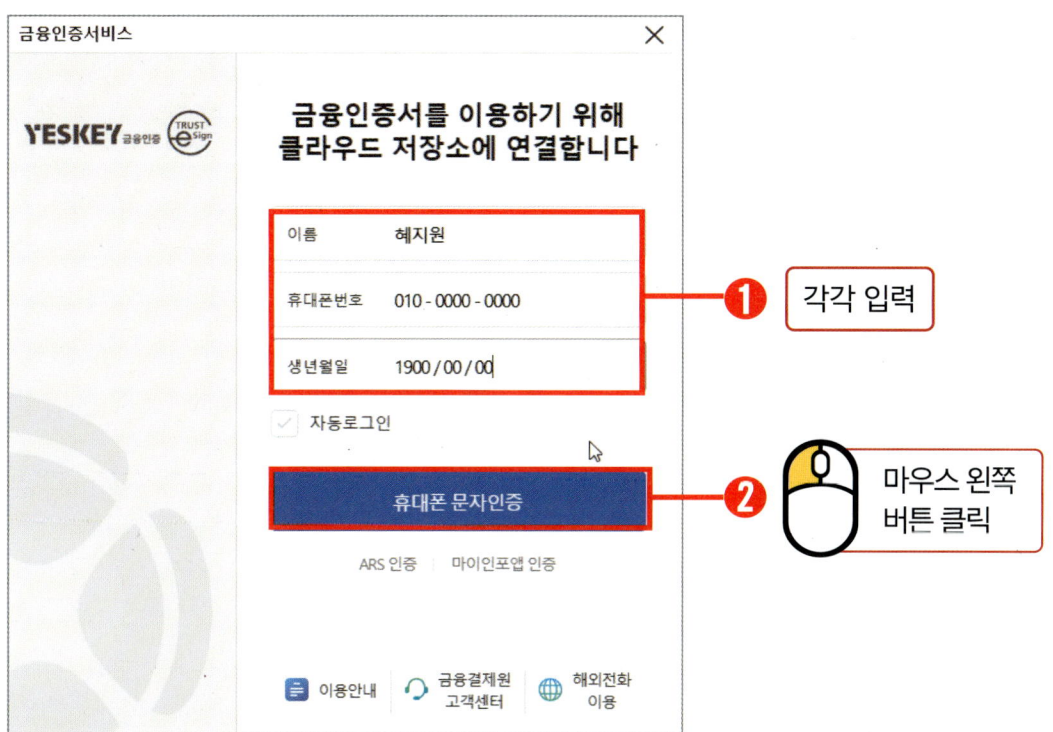

**06** 휴대폰으로 온 문자 메시지에 화면에 보이는 숫자를 입력하여 발송합니다.

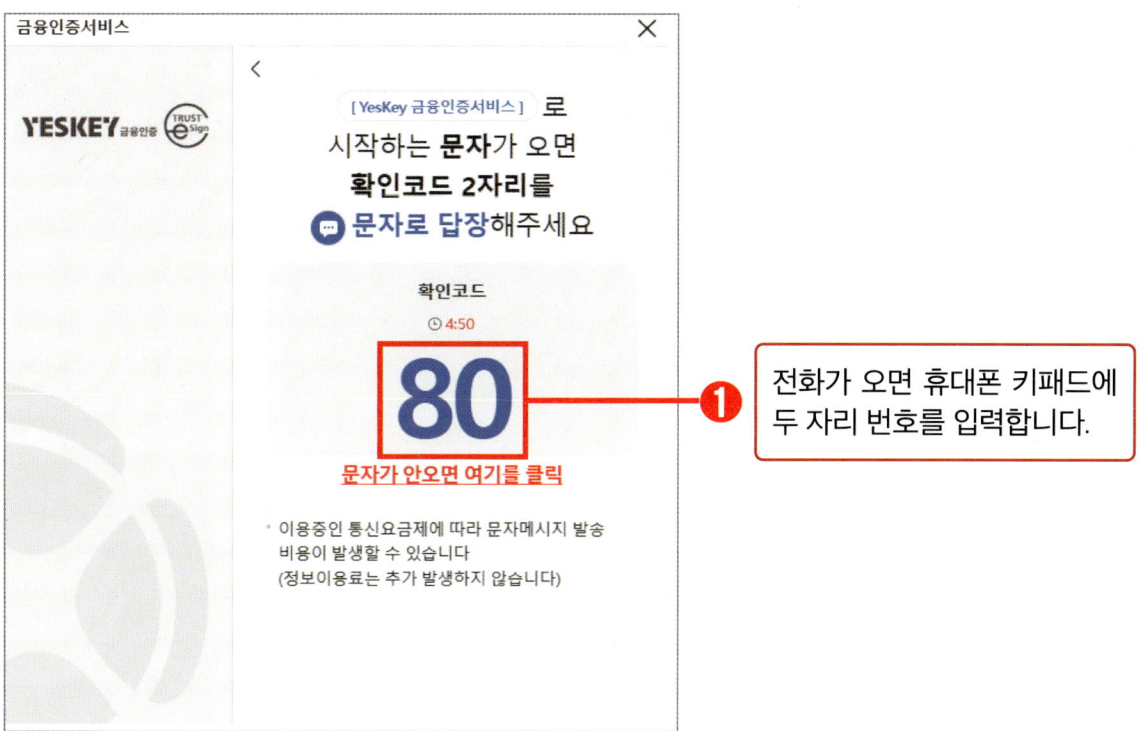

**07** 인증서를 선택합니다.

**08** 비밀번호 6자리를 클릭합니다.

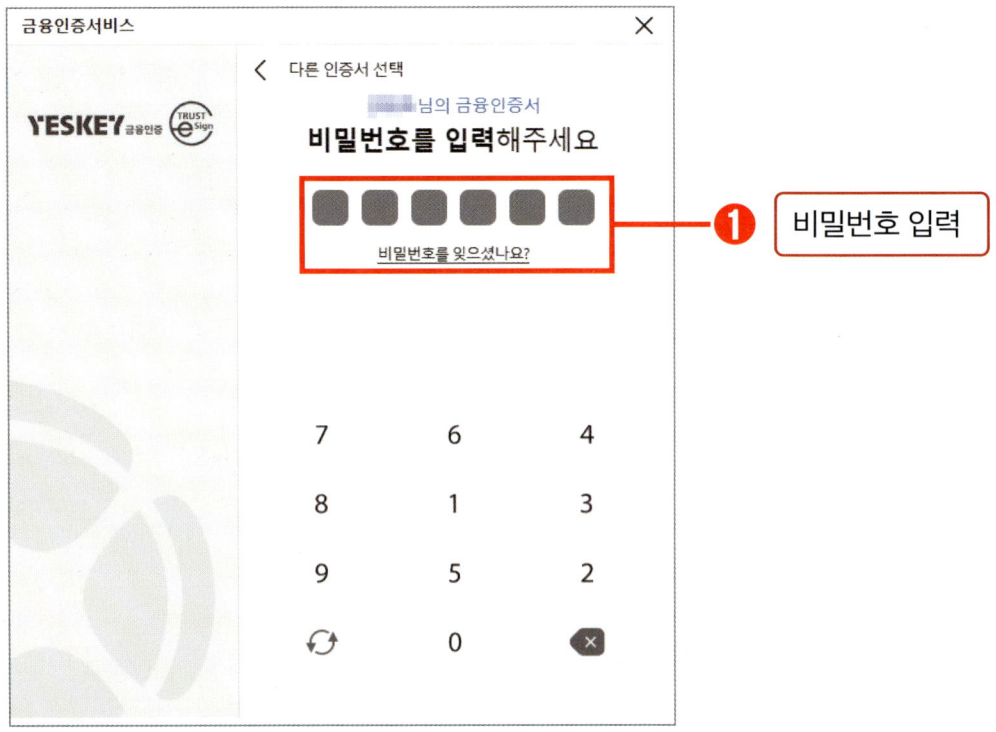

**09** 발급 대상자, 증명서 종류, 수령방법, 신청사항 등을 선택합니다. [신청하기]를 클릭합니다. 증명서 발급이 완료됩니다.

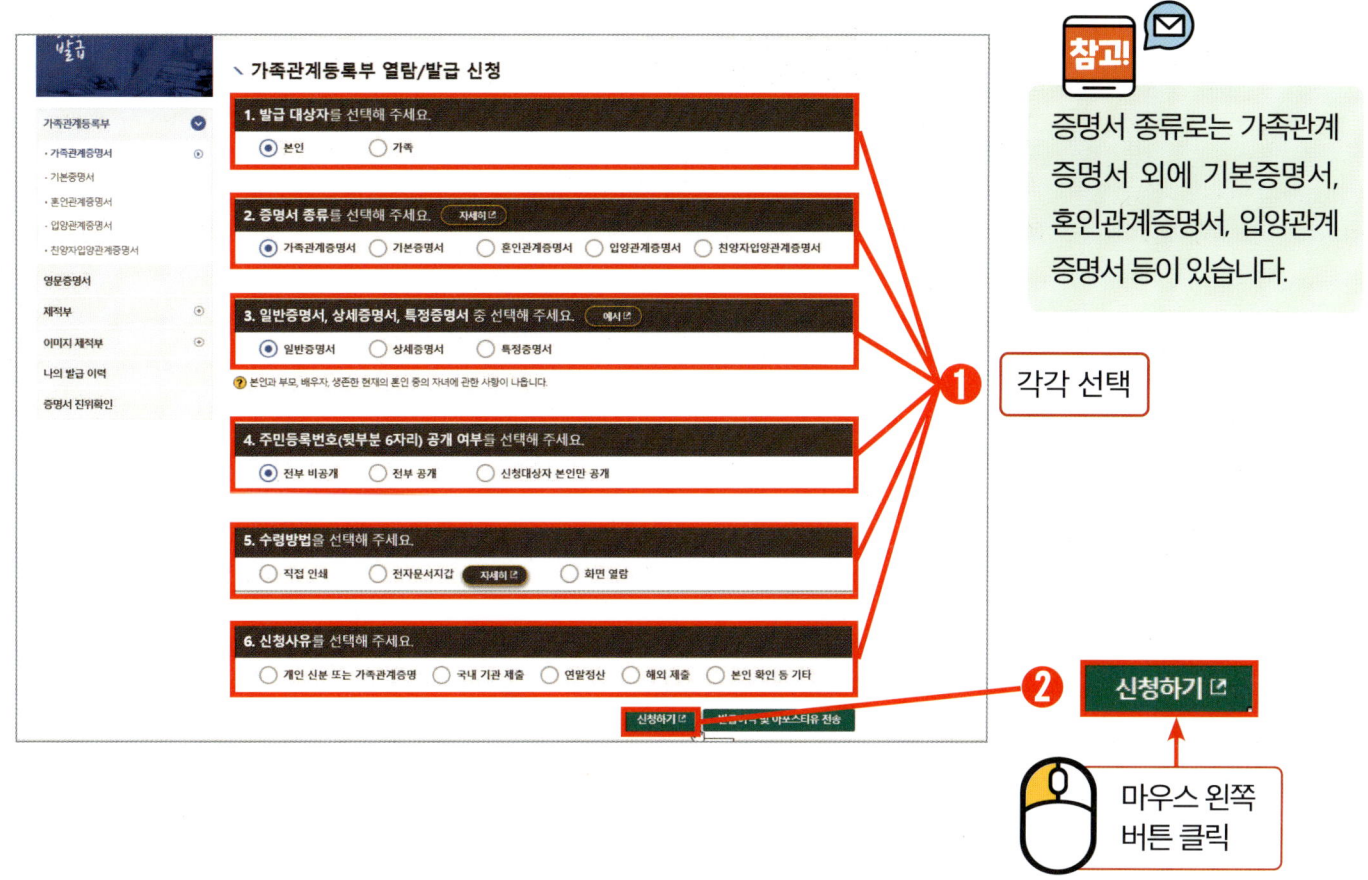

증명서 종류로는 가족관계증명서 외에 기본증명서, 혼인관계증명서, 입양관계증명서 등이 있습니다.

# Section 03 4대보험 가입확인서 발급받기

4대보험 가입확인서를 발급받겠습니다.

**01** 네이버 검색란에 '4대보험'이라고 입력하고 Enter 키를 누릅니다.

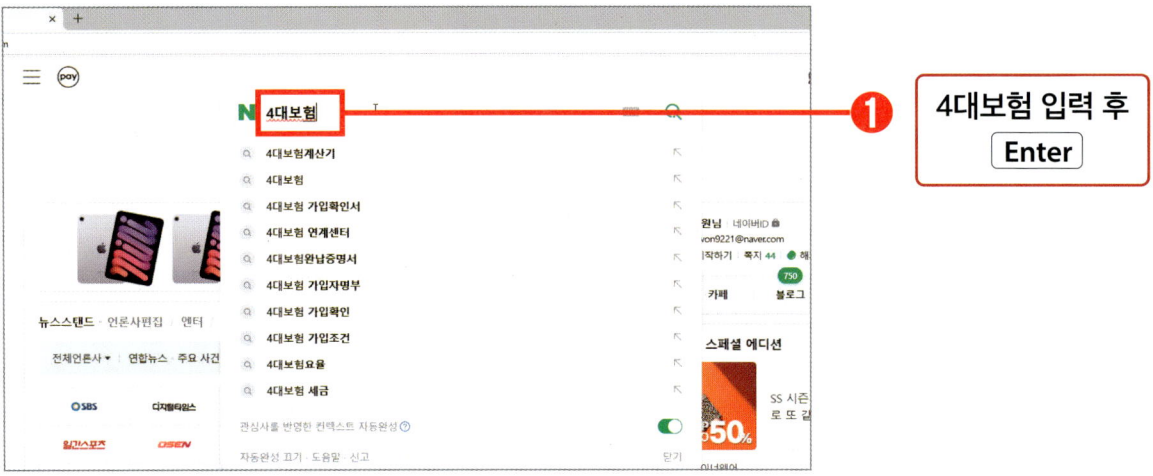

❶ 4대보험 입력 후 Enter

**02** 4대사회보험 정보연계센터 홈페이지를 클릭합니다.

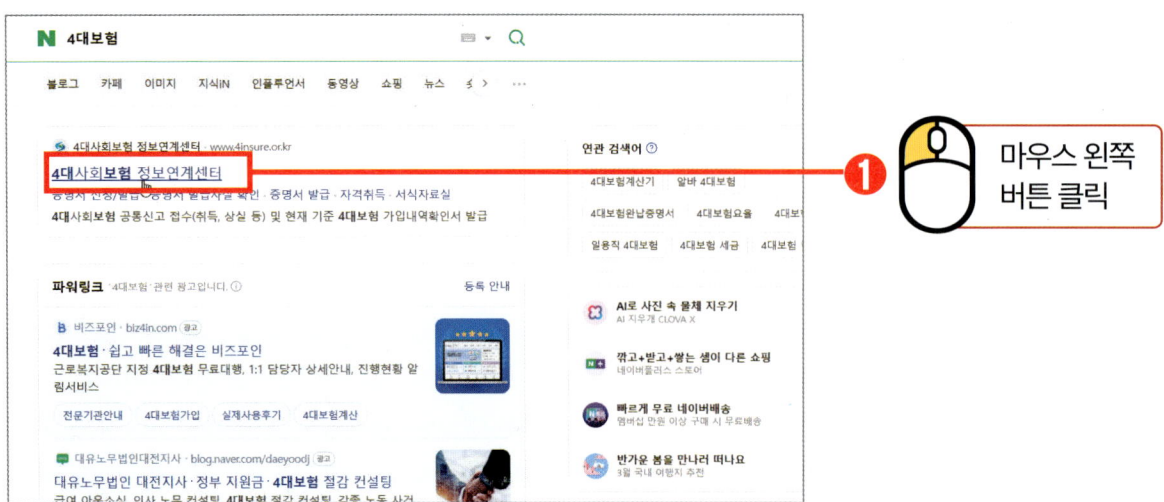

❶ 마우스 왼쪽 버튼 클릭

**03** [개인 비회원 로그인]을 클릭합니다.

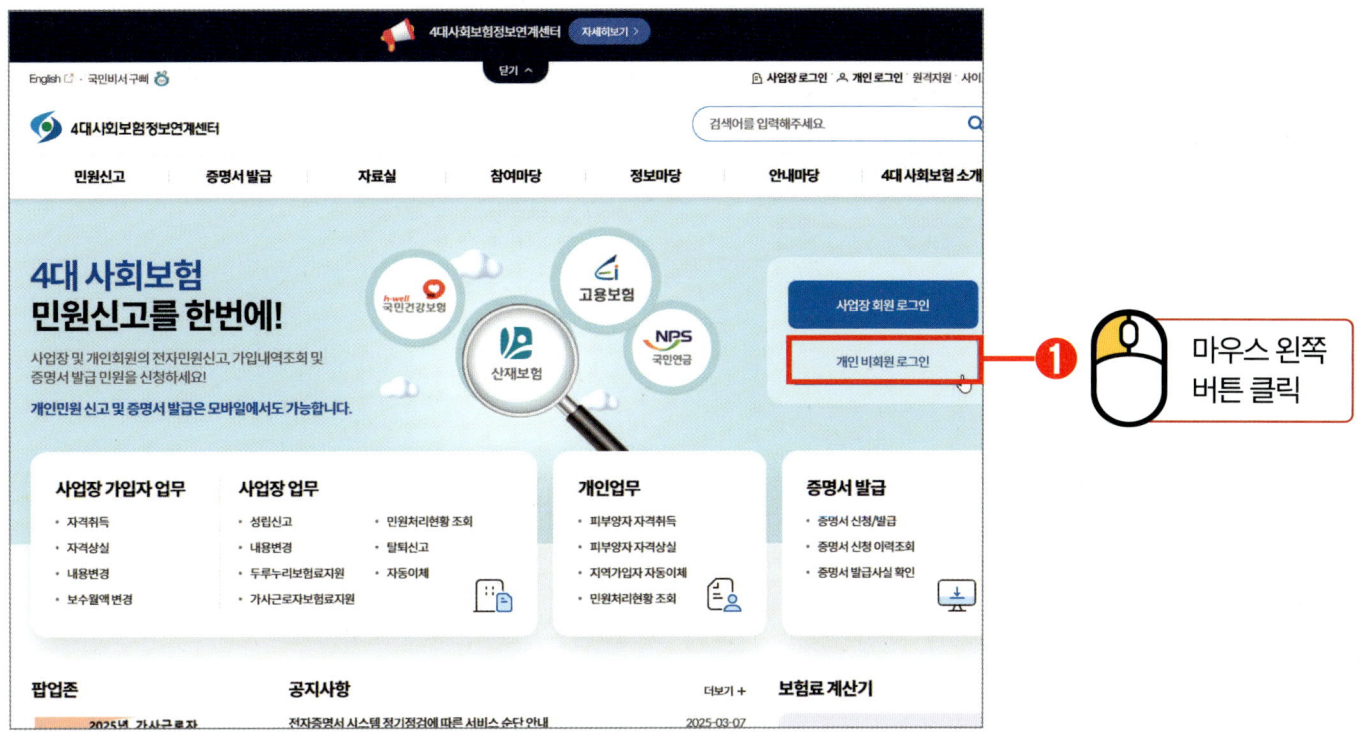

**04** 금융인증서를 이용하겠습니다. 하단 오른쪽의 공동·금융인증서 부분에 주민등록번호를 입력합니다. [공동·금융인증서]를 클릭합니다.

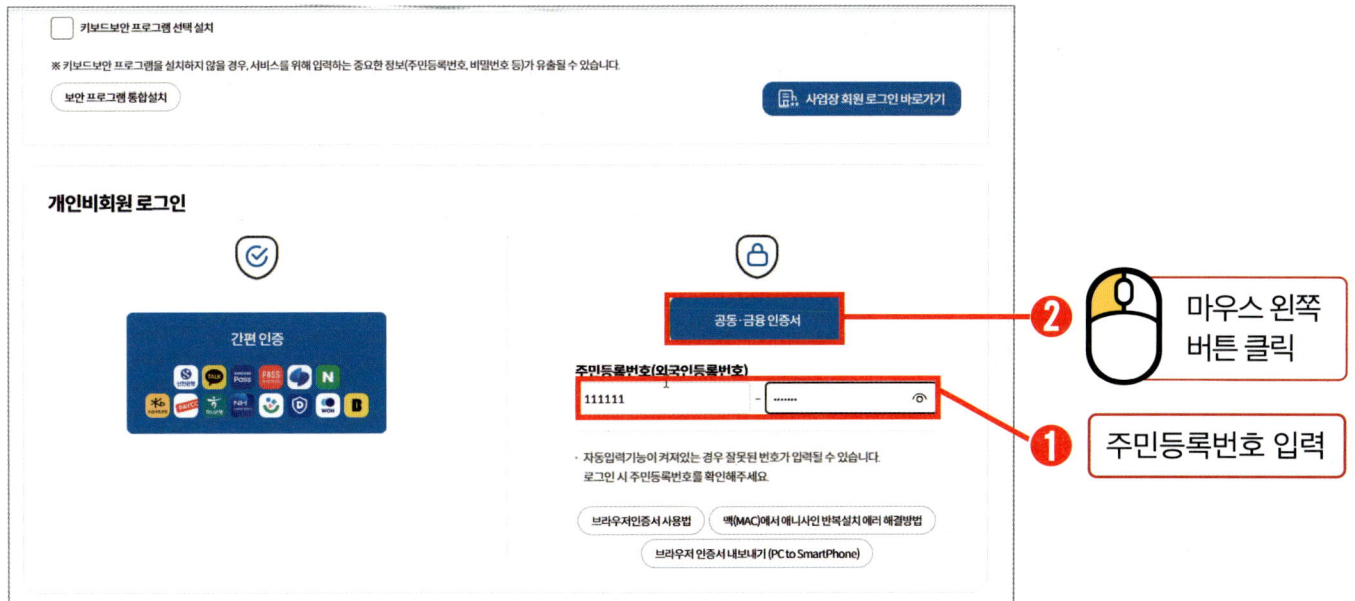

**05** [금융인증서]를 클릭합니다. [금융결제원 금융인증서]를 클릭합니다.

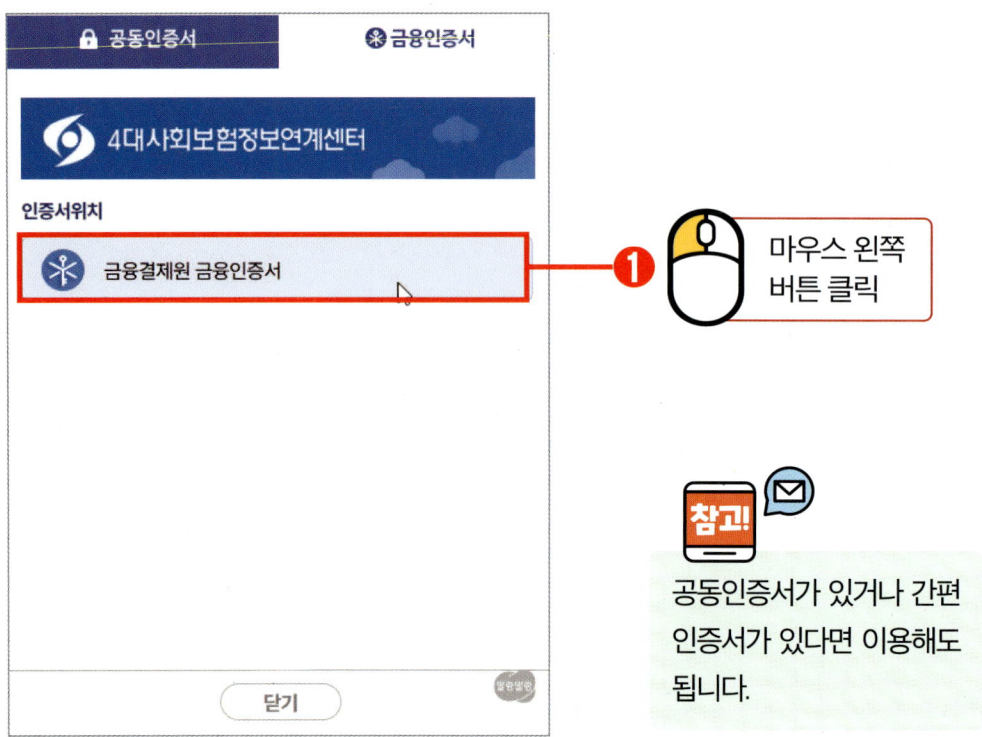

**06** 이름, 휴대폰 번호, 생년월일을 입력합니다. [휴대폰 문자인증]을 클릭합니다.

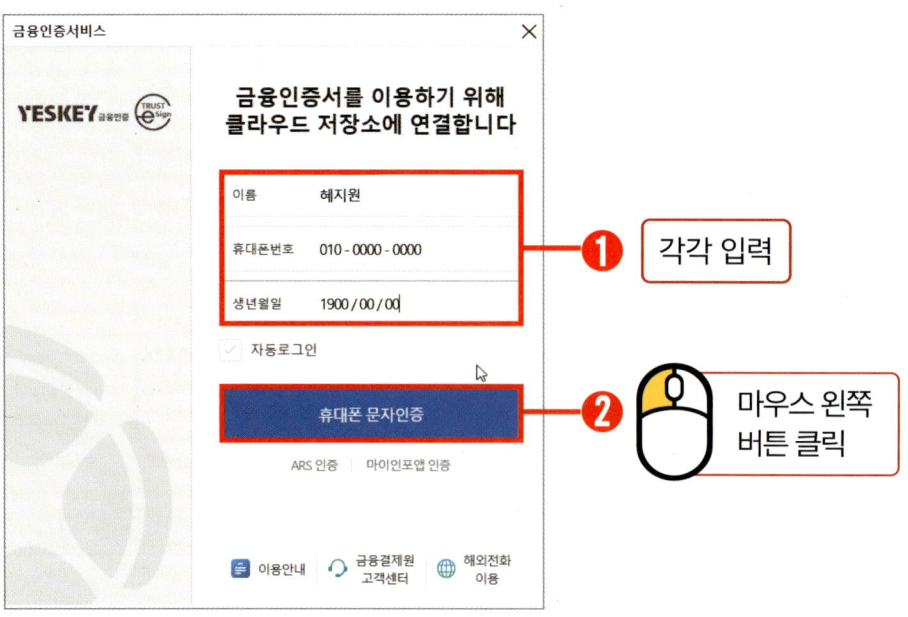

**07** 휴대폰으로 온 문자 메시지에 화면에 보이는 숫자를 입력하여 발송합니다.

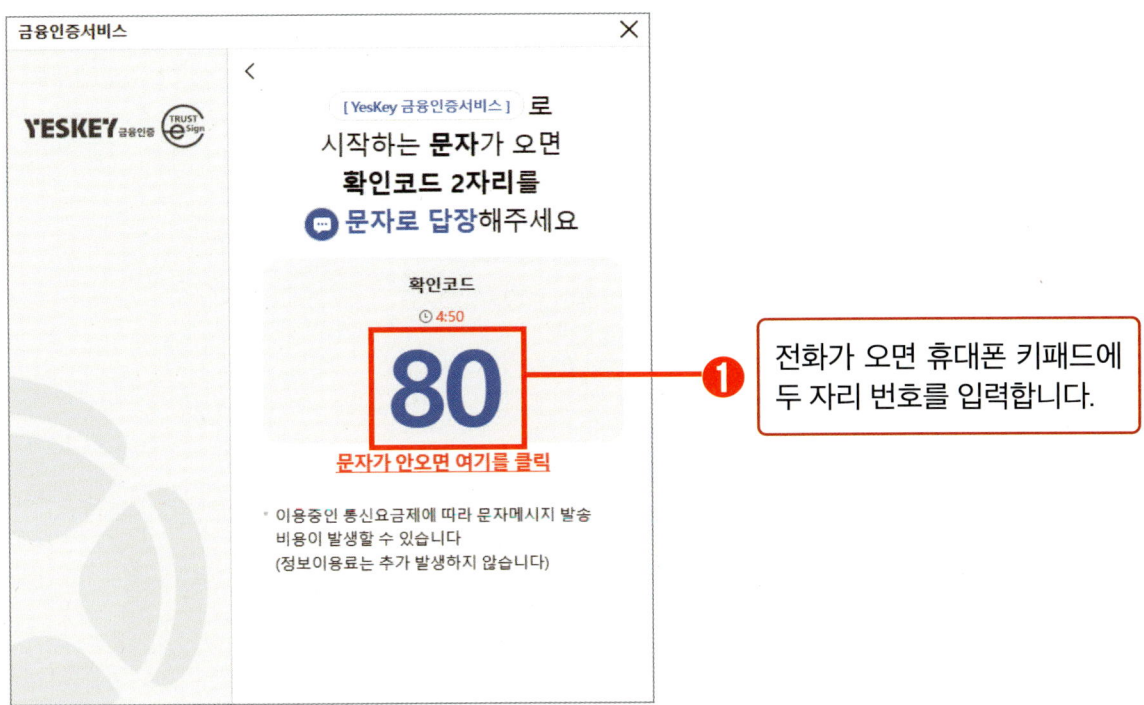

**08** 인증서를 선택합니다.

## 09  비밀번호 6자리를 클릭합니다.

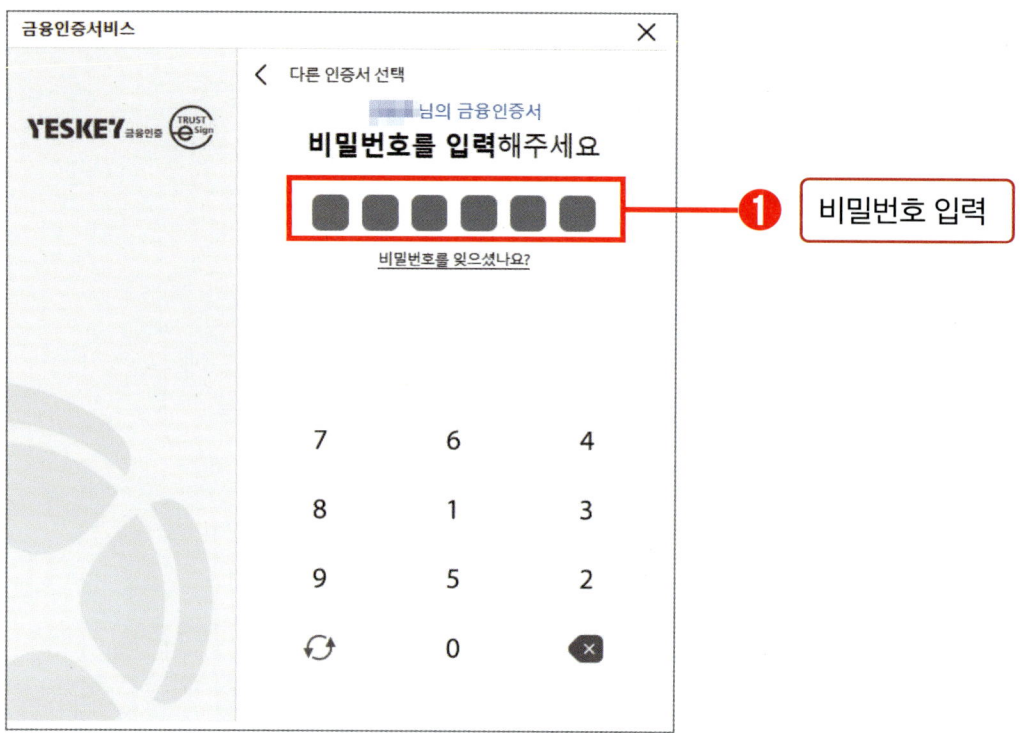

## 10  로그인이 되었습니다. [증명서 신청/발급]을 클릭합니다.

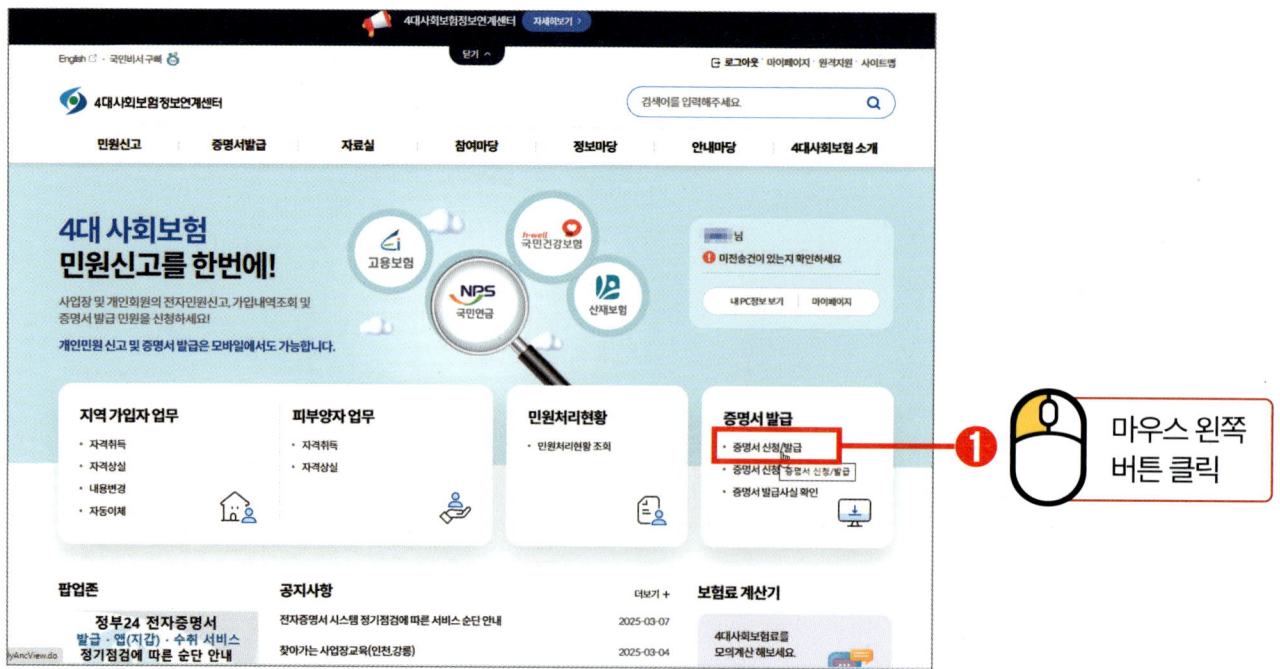

## 11   [완료]를 클릭합니다.

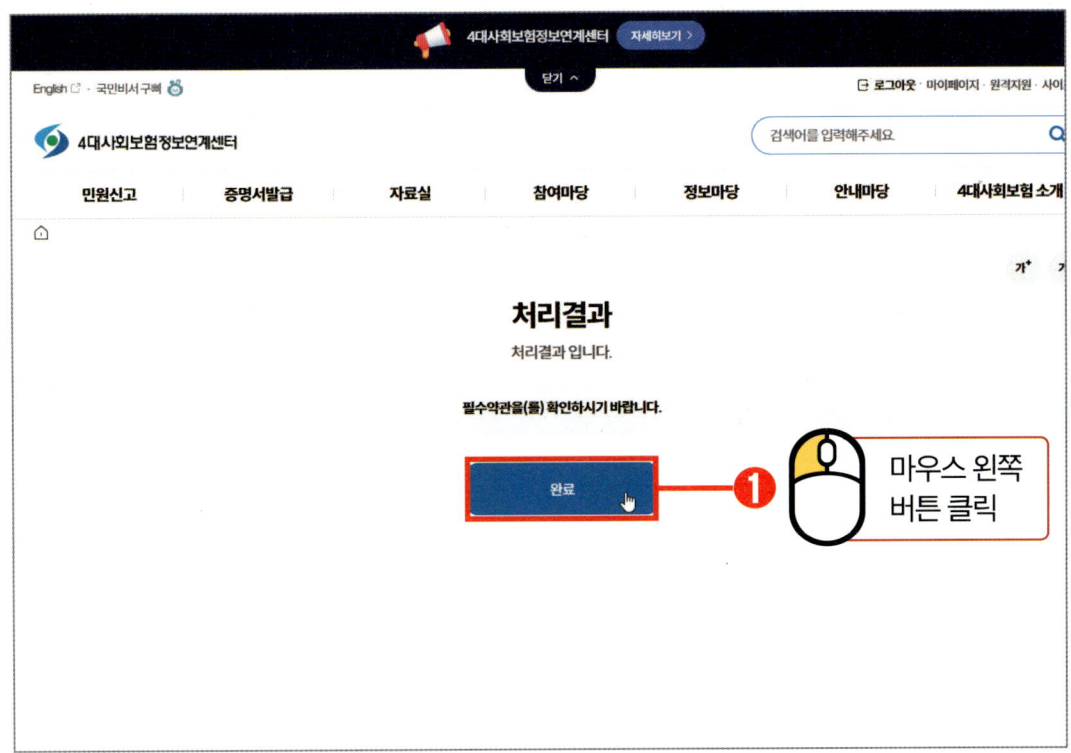

## 12   두 가지 항목에 [동의] 체크하고 [확인]을 클릭합니다.

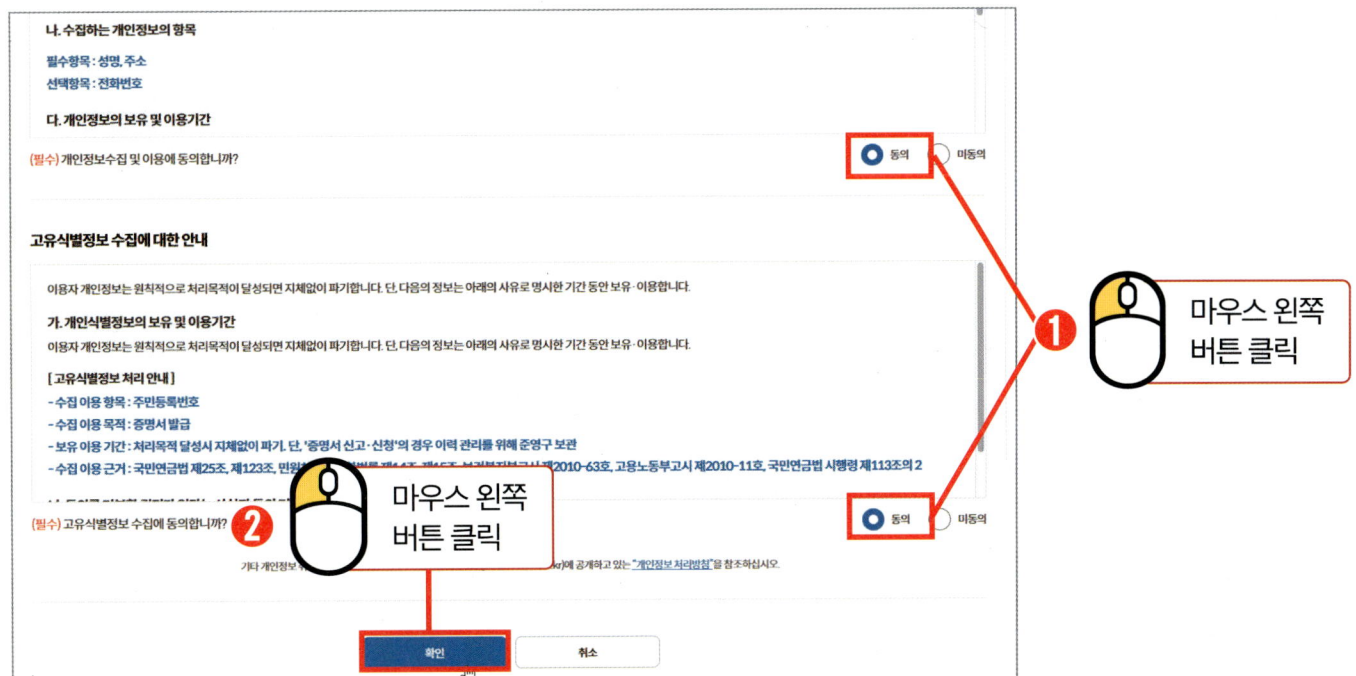

**13**  한 번 더 [확인]을 클릭합니다.

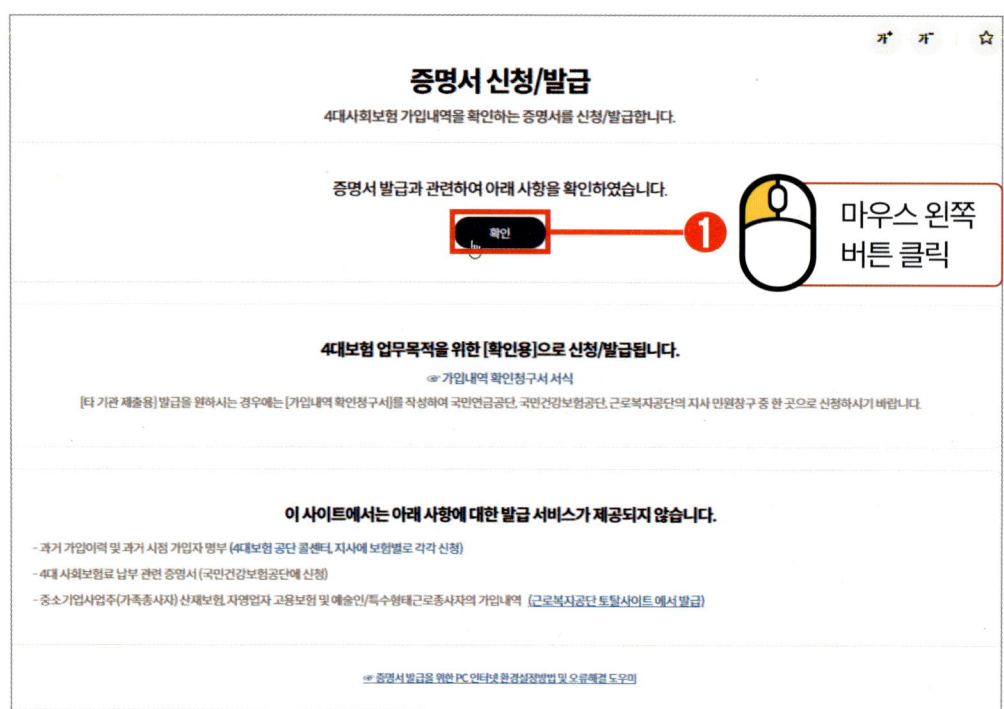

**14**  청구내역, 확인자 정보를 확인합니다. 스크롤을 아래로 내려 근무 중인 사업장을 선택합니다. [신청]을 클릭합니다.

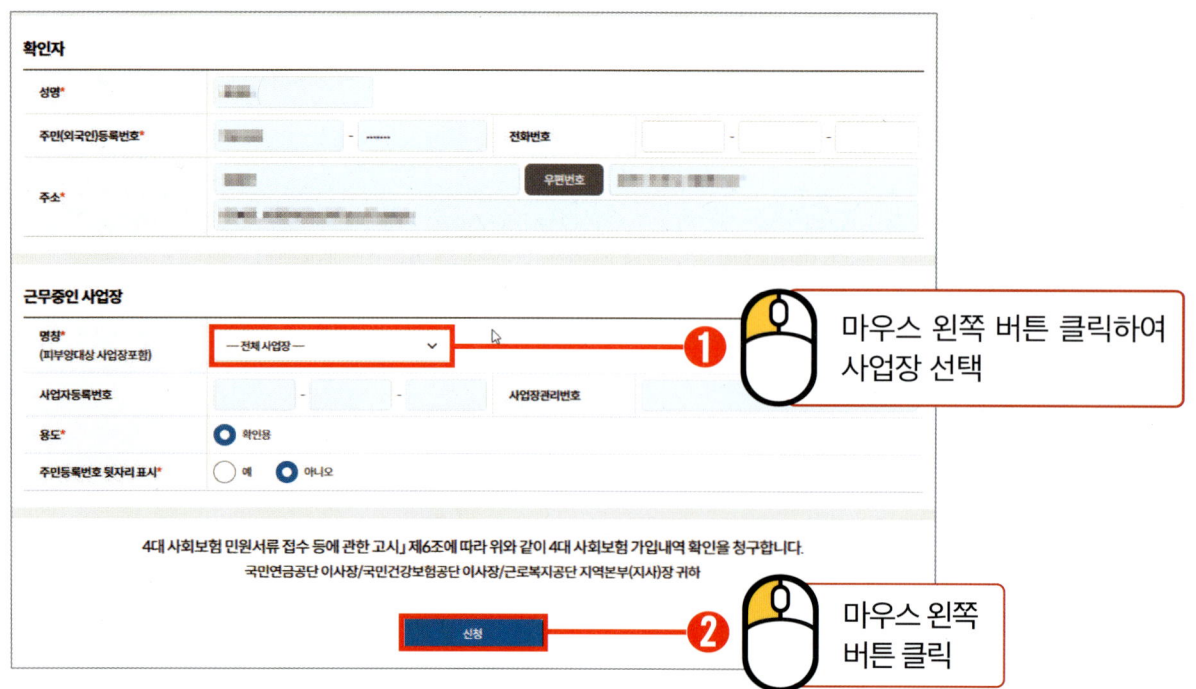

**15** 처음에는 처리 중이라고 되어 있습니다. [새로고침]을 클릭하면 [처리완료]가 되며 열람 및 출력할 수 있습니다. 출력을 원하면 [출력]을 클릭합니다.

# Section 04 국세청에서 연말정산 서류 발급받기

국세청에서는 세금과 관련된 각종 조회 및 상담 서비스를 이용할 수 있습니다. 그중 대표적인 서비스인 연말정산 자료를 받아보겠습니다.

**01** 네이버 검색란에 '국세청 홈택스'라고 입력하고 Enter 키를 누릅니다.

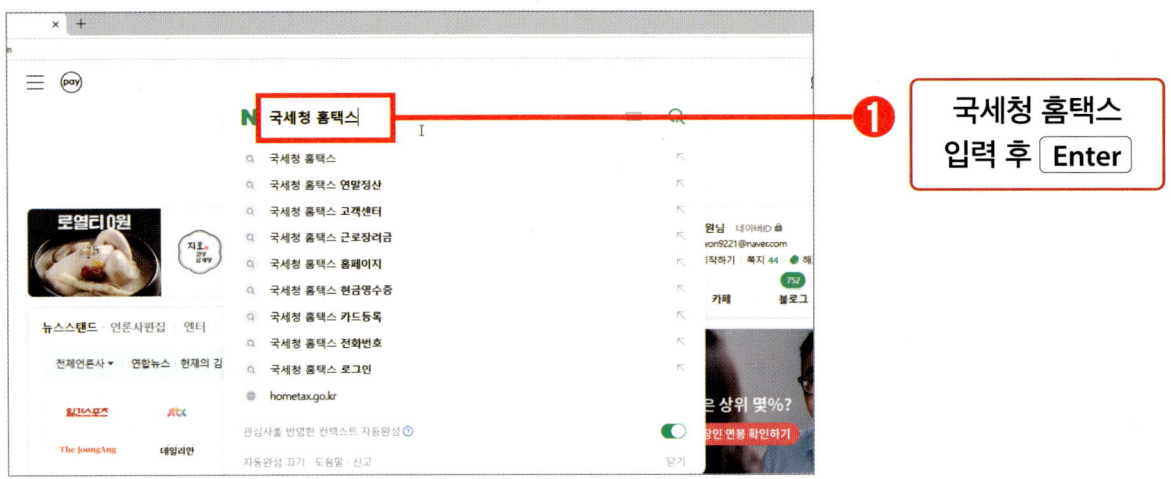

**02** 국세청 홈택스 홈페이지를 클릭합니다.

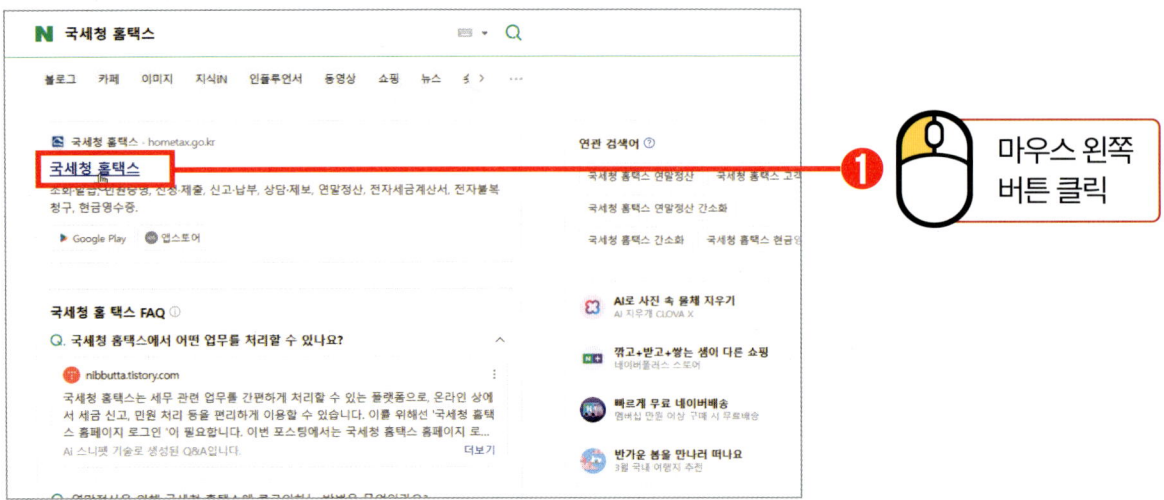

**03** 검색란에 '연말정산간소화'라고 입력하고 Enter 키를 누릅니다.

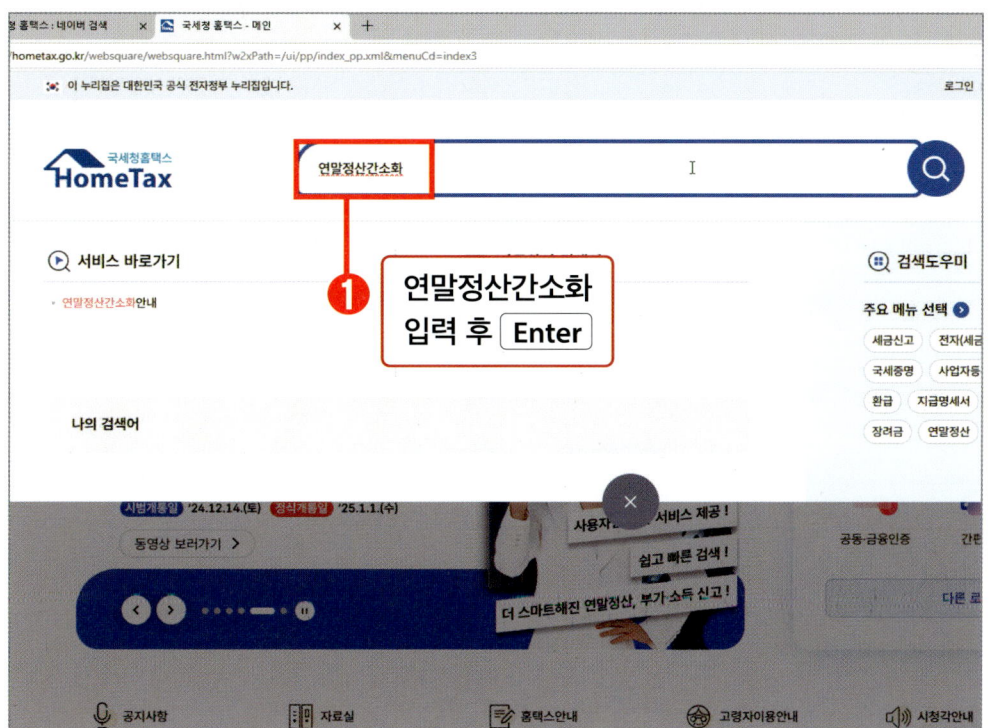

**04** 맨 위의 '소득·세액공제 자료 조회'를 클릭합니다. 나의 한해 동안의 소득과 세액공제 자료를 한 번에 조회할 수 있는 기능입니다.

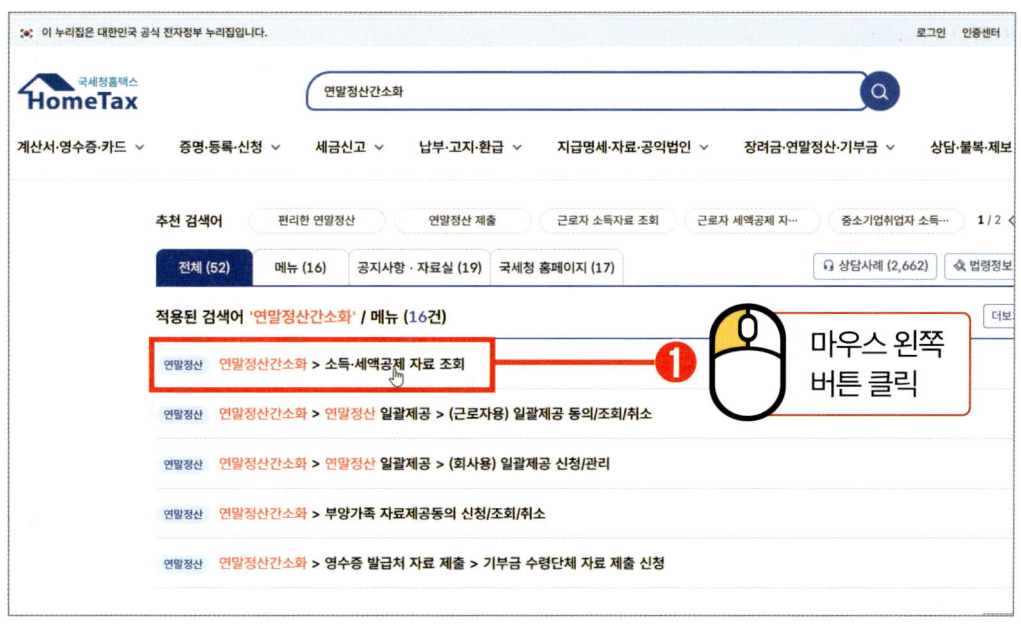

## 05 로그인 페이지로 이동합니다. [공동·금융인증]을 클릭합니다.

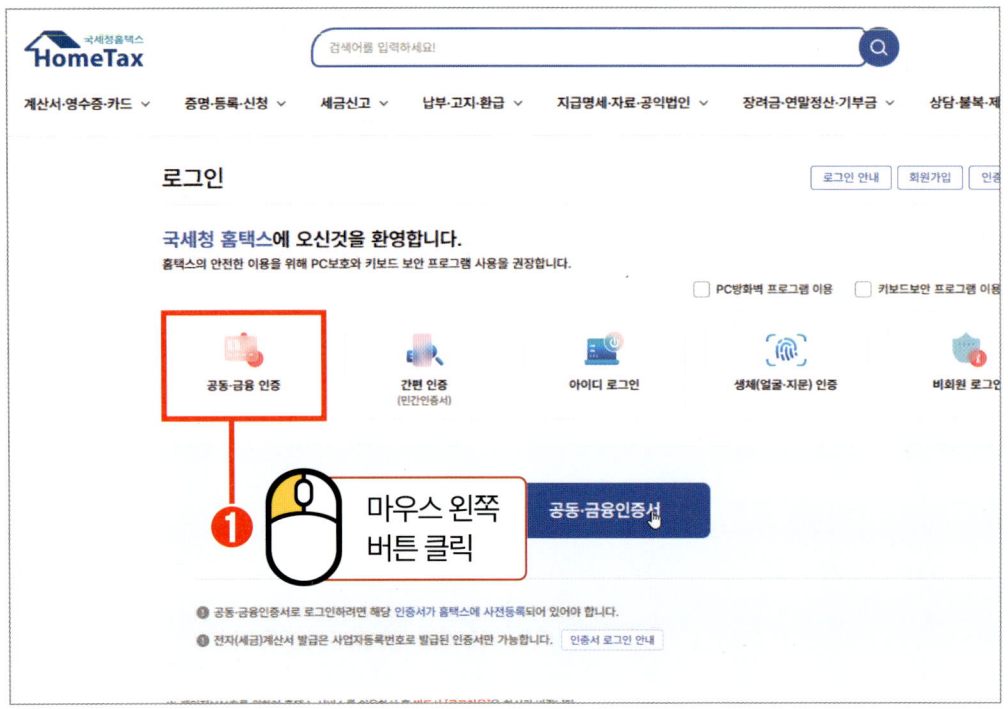

## 06 [금융인증서]를 클릭합니다.

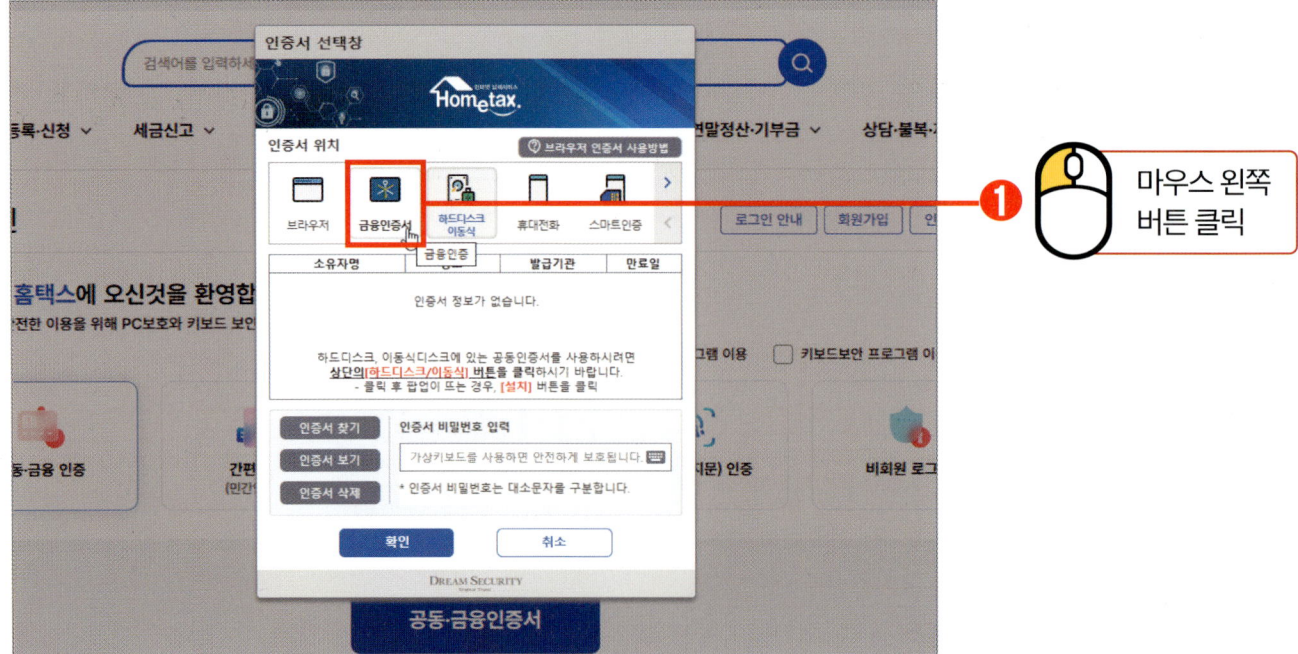

**07** [개인]을 클릭합니다.

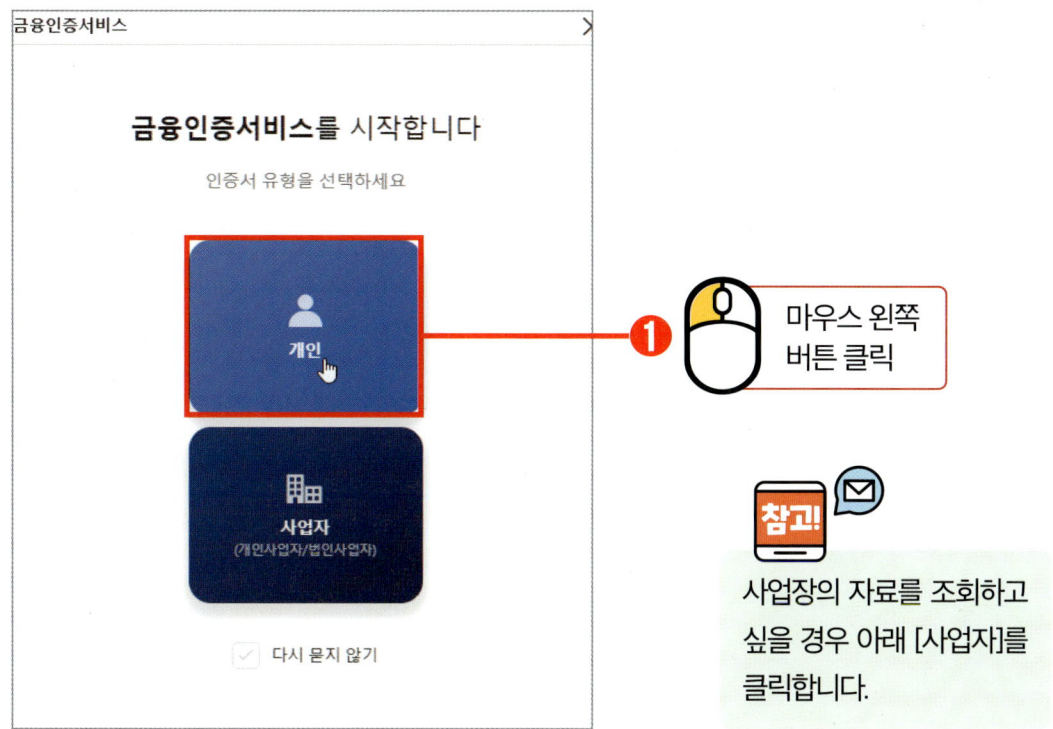

**08** 이름, 휴대폰 번호, 생년월일을 입력합니다. [휴대폰 문자인증]을 클릭합니다.

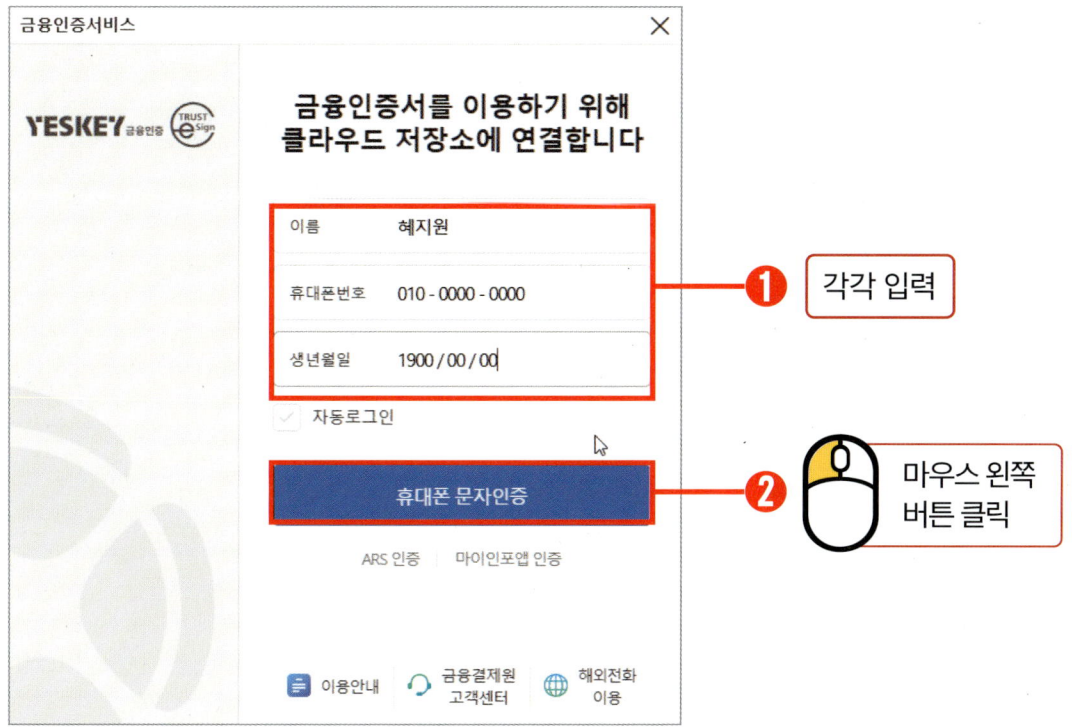

**09** 휴대폰으로 온 문자 메시지에 화면에 보이는 숫자를 입력하여 발송합니다.

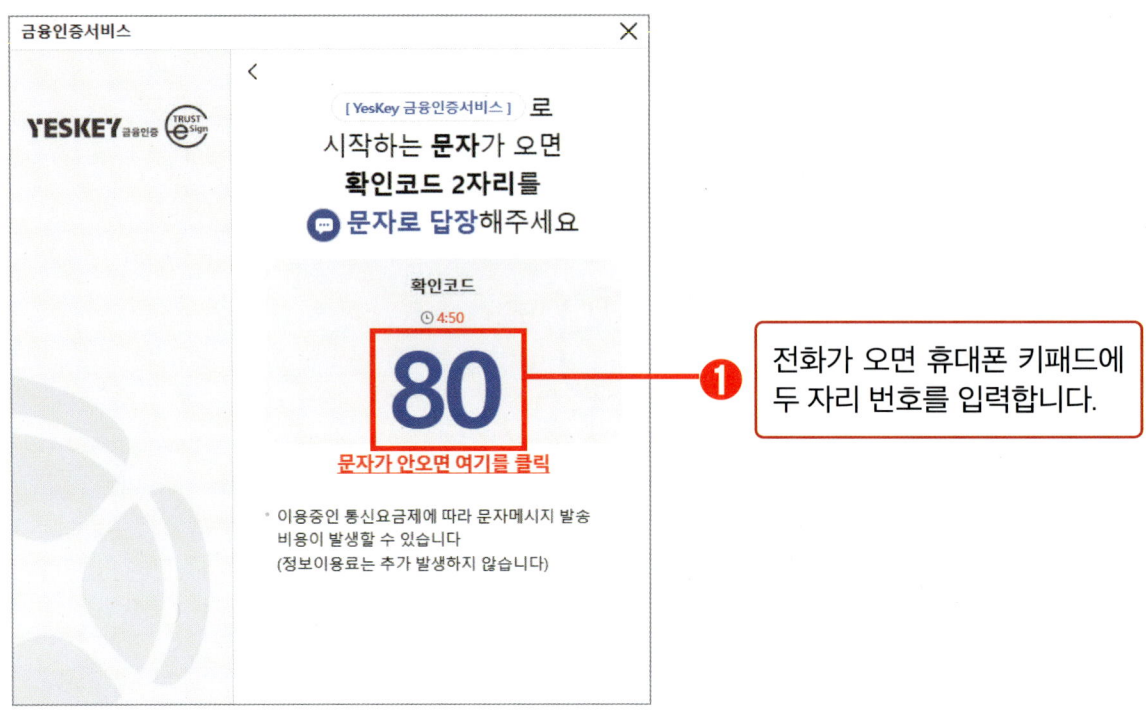

전화가 오면 휴대폰 키패드에 두 자리 번호를 입력합니다.

**10** 인증서를 선택합니다.

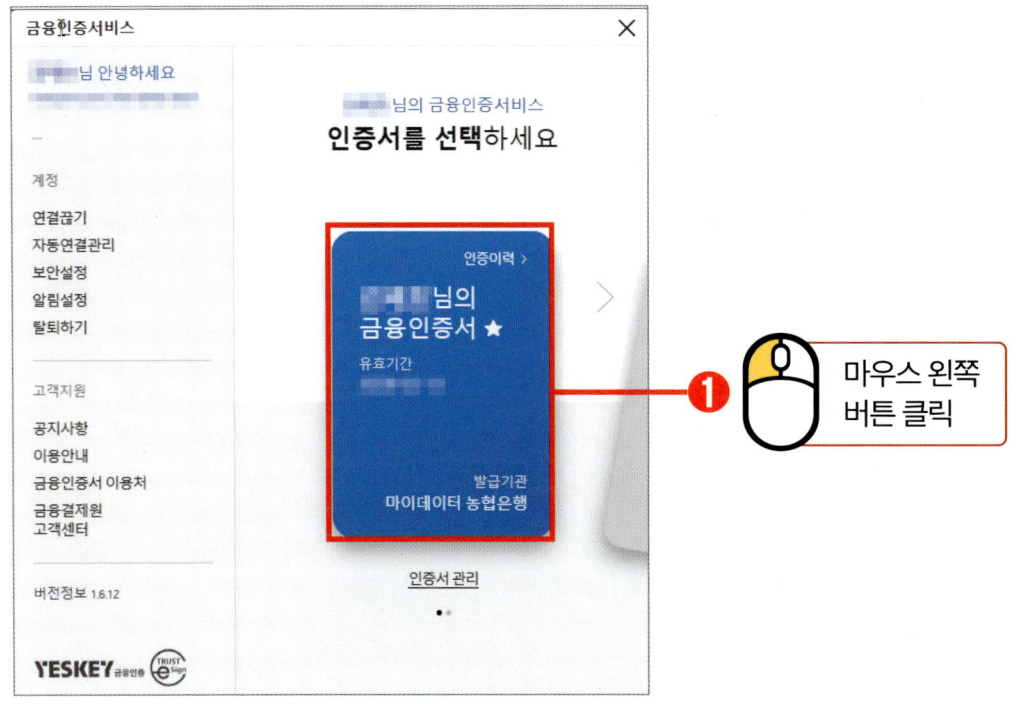

마우스 왼쪽 버튼 클릭

**11** 비밀번호 6자리를 클릭합니다.

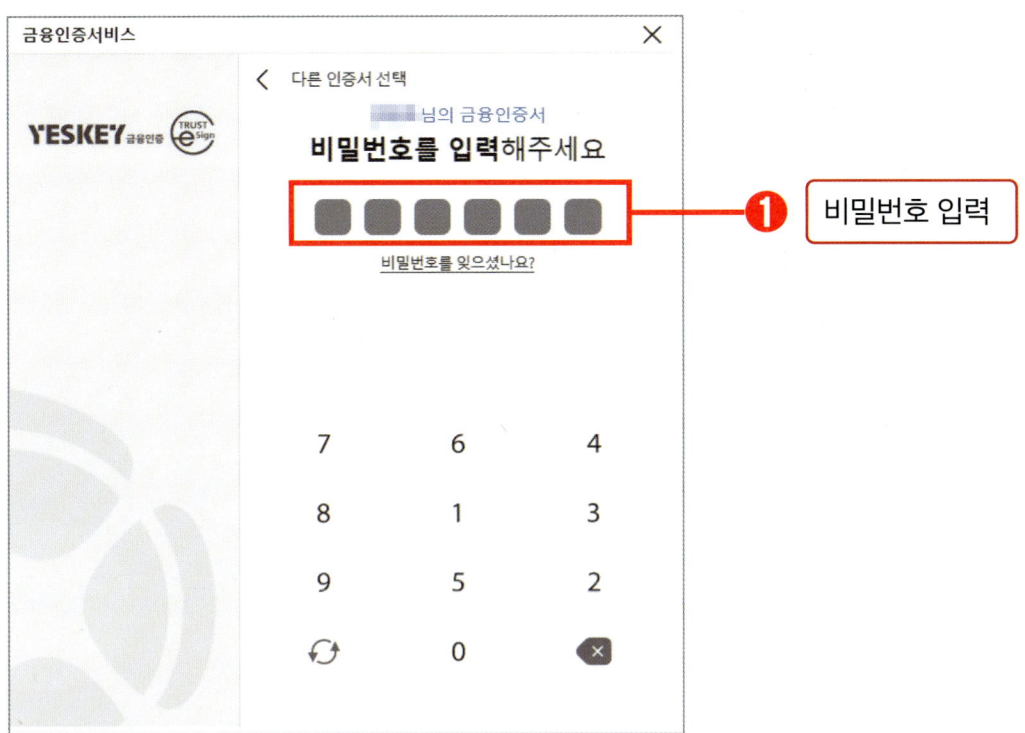

**12** 홈택스에 등록된 인증서가 아니어서 등록화면으로 이동해야 합니다. [확인]을 클릭합니다.

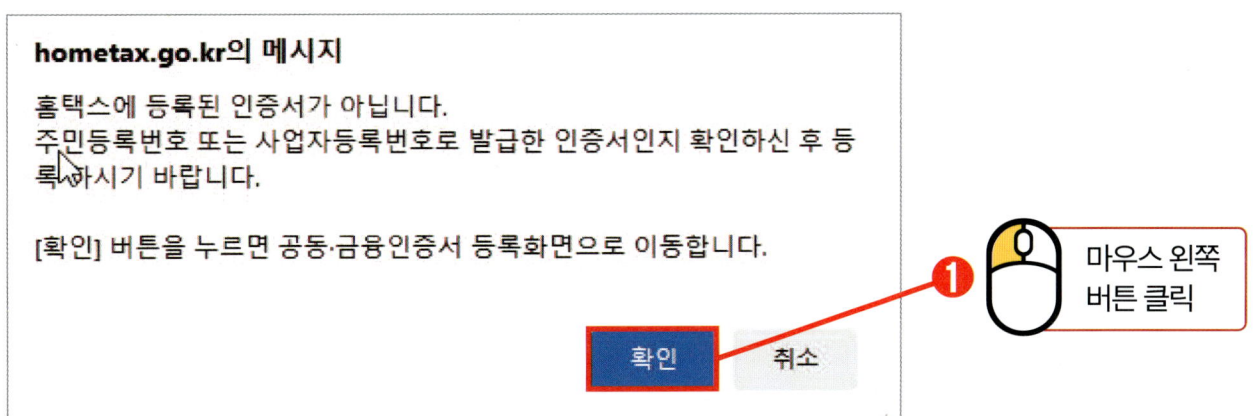

**13** 주민등록번호를 입력합니다. [등록하기]를 클릭합니다.

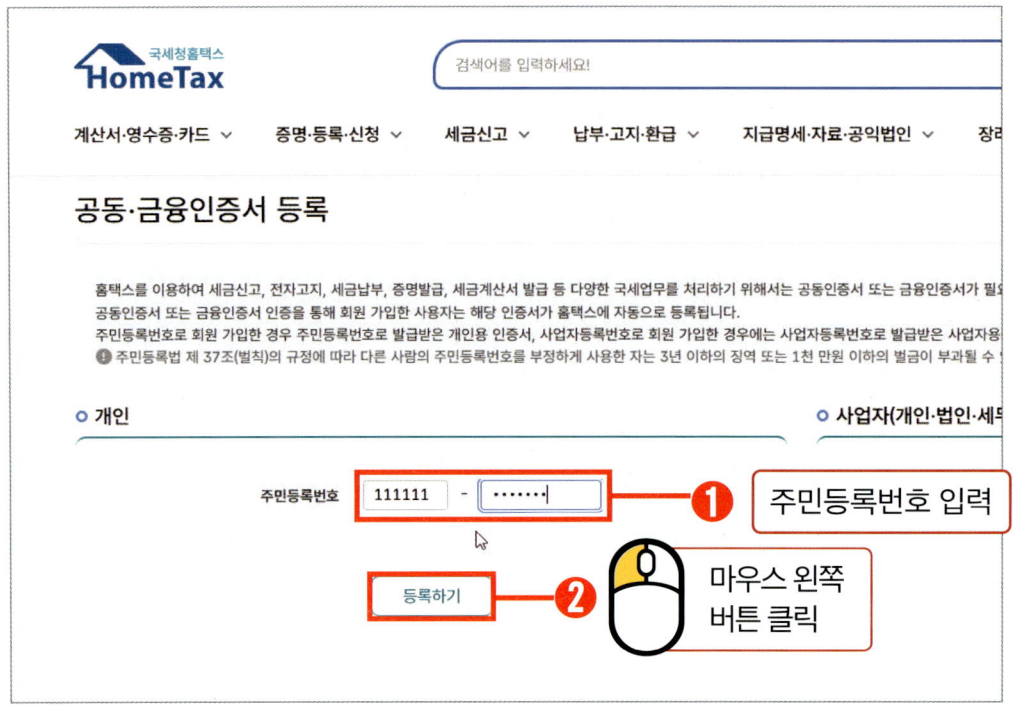

**14** 다시 6~11번 과정을 반복합니다.

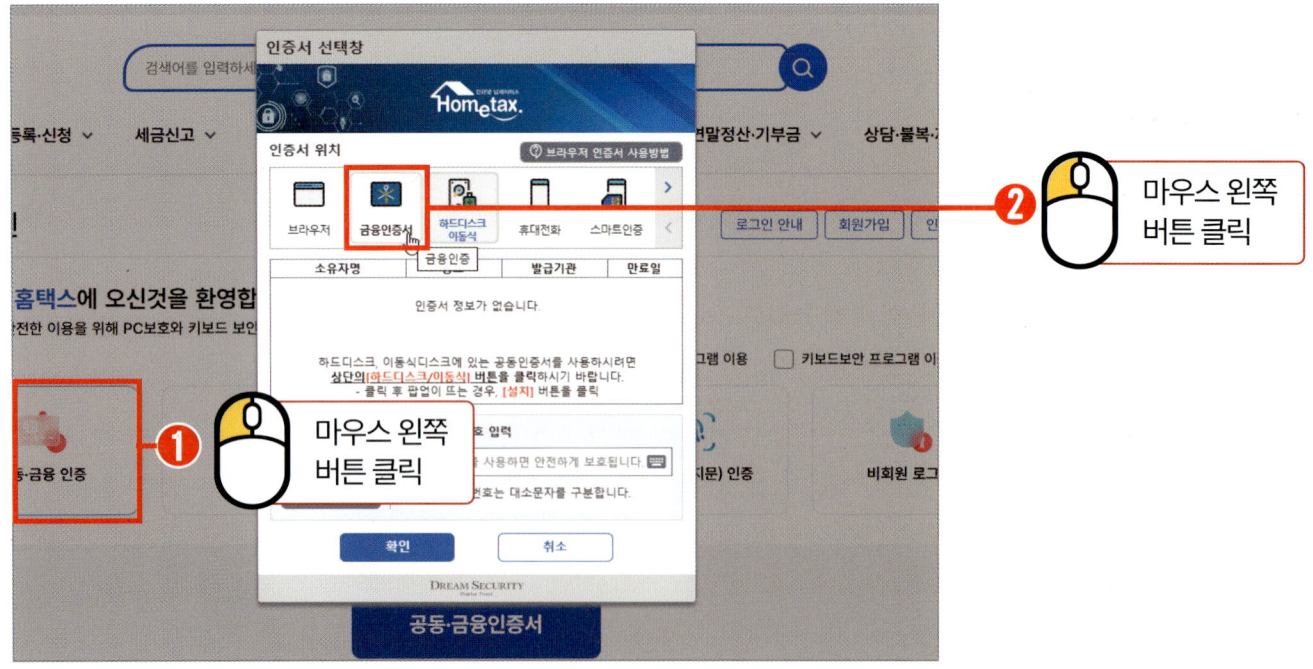

**15** 정상적으로 등록이 완료되었으면 다시 검색란에 '연말정산간소화'라고 입력하고 Enter 키를 누릅니다.

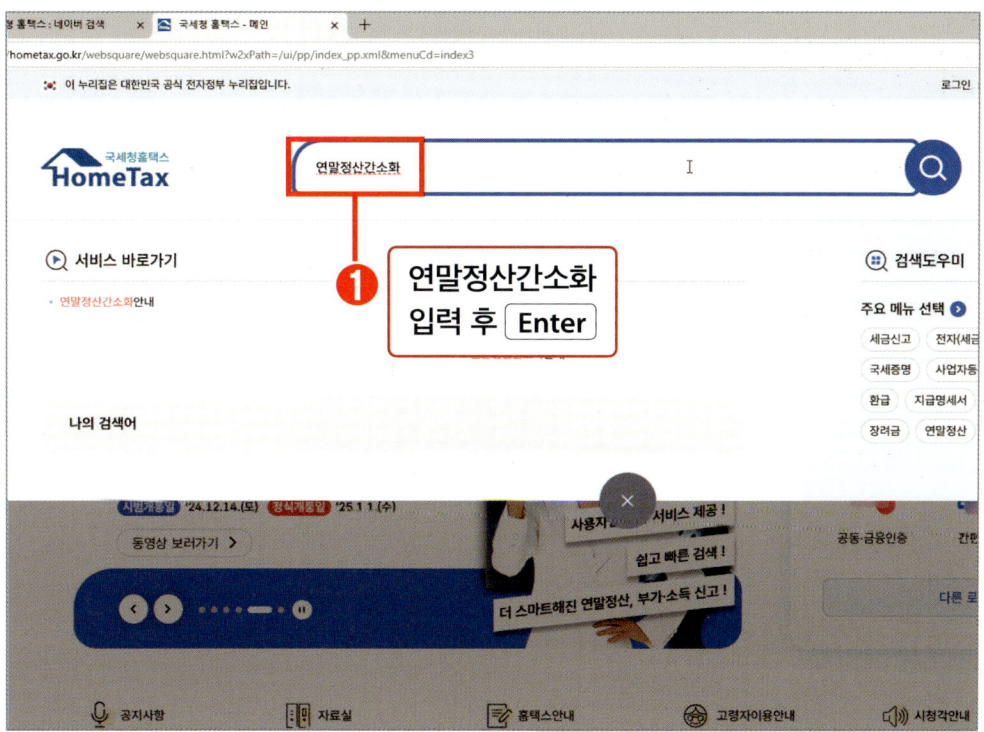

**16** 맨 위의 '소득·세액공제 자료 조회'를 클릭합니다.

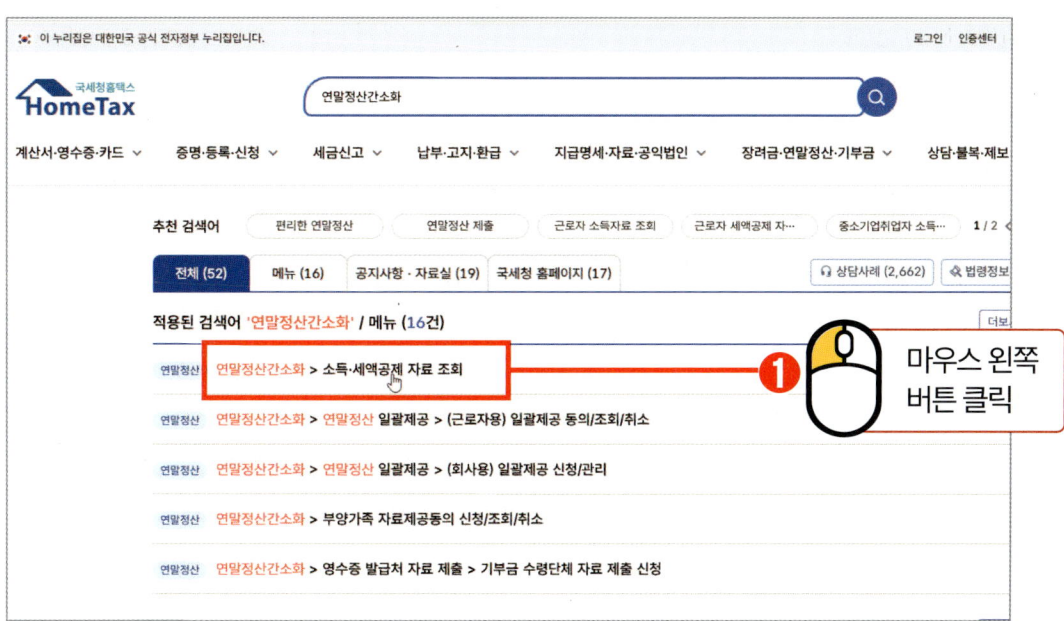

**17** [금융·공인인증]을 클릭합니다. 다시 6~11번 과정을 반복합니다.

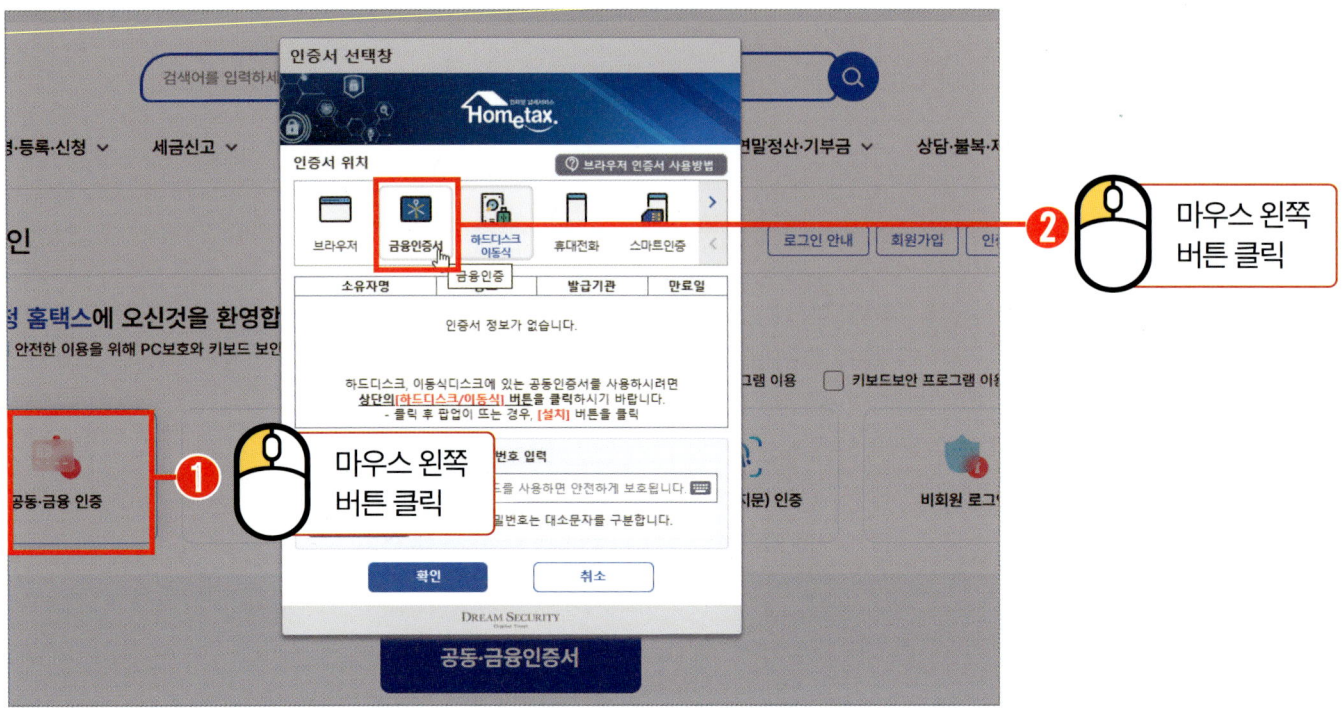

**18** [연말정산간소화 시작하기]를 클릭합니다.

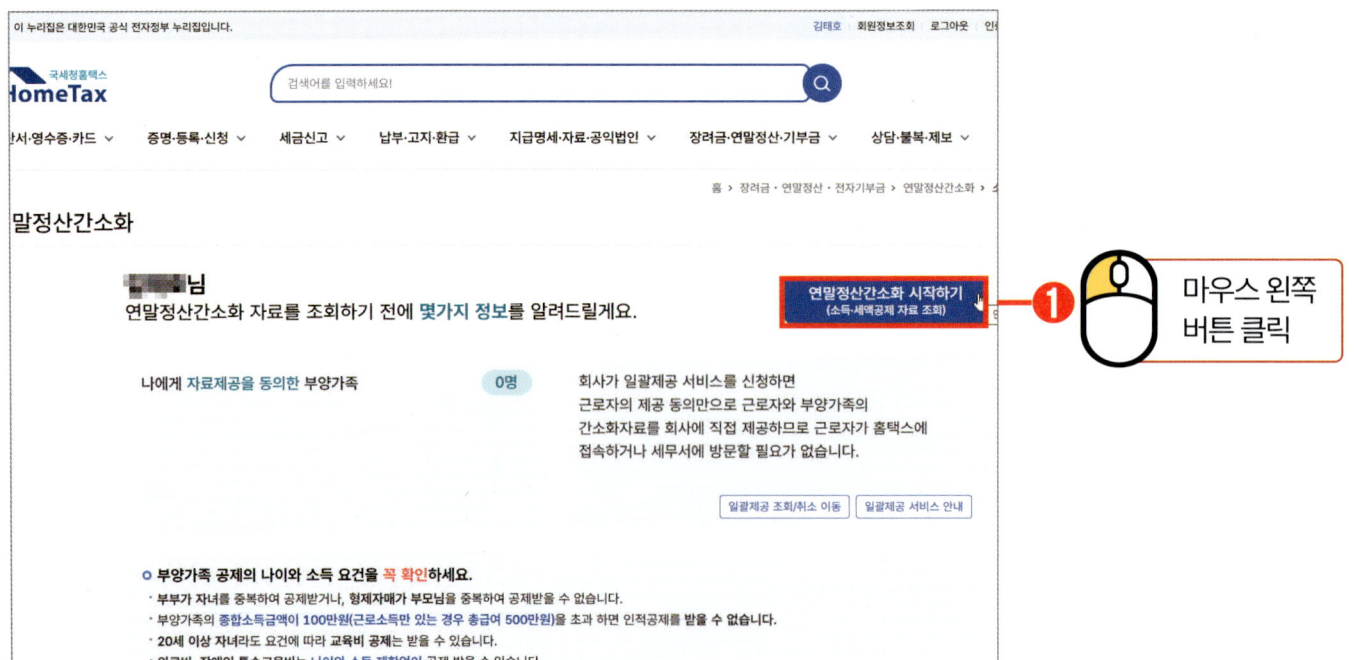

**19** [한번에 조회하기]를 클릭하면 나의 연말정산 자료가 조회됩니다. [내려받기]로 연말정산간소화 자료를 다운로드받습니다.

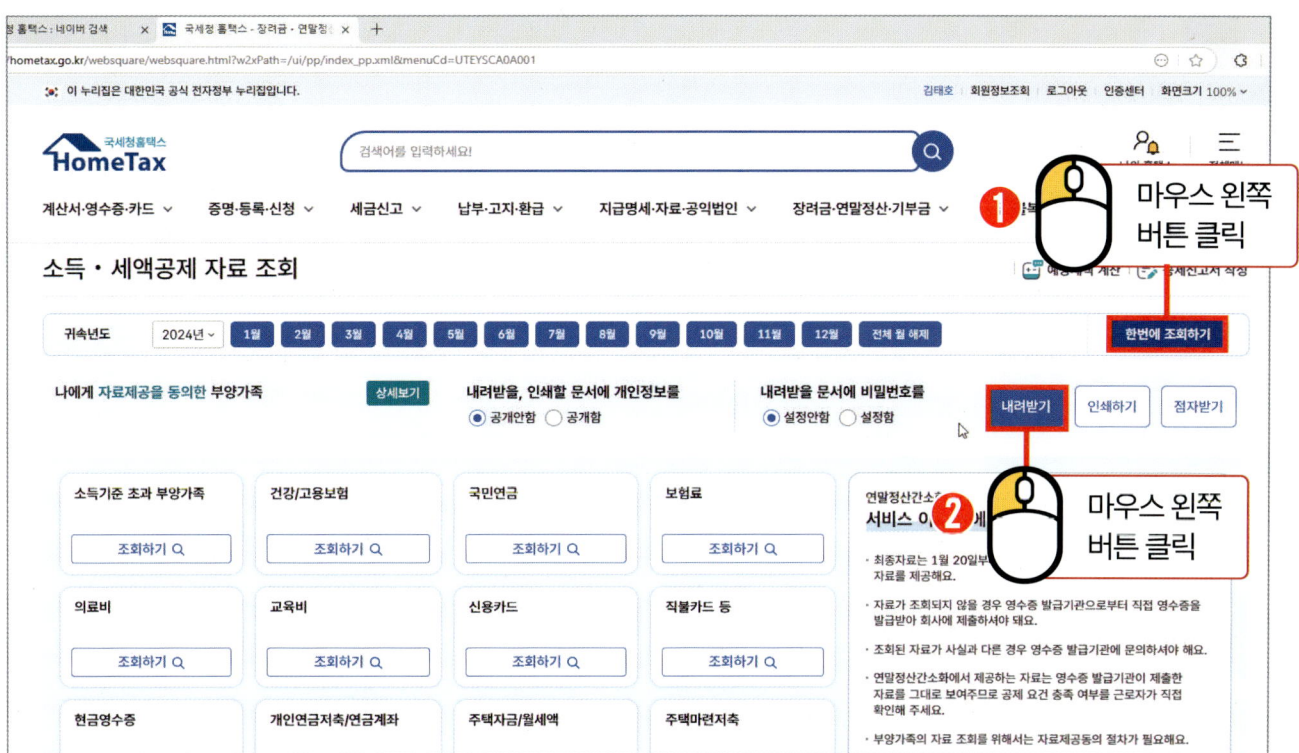

연도를 선택하여 이전 연도의 자료도 다운로드받을 수 있고, 월별로도 확인할 수 있습니다.

# Section 05 등기부등본 열람하기

등기부등본을 열람해보겠습니다.

**01** 네이버 검색란에 '등기부등본'이라고 입력하고 Enter 키를 누릅니다.

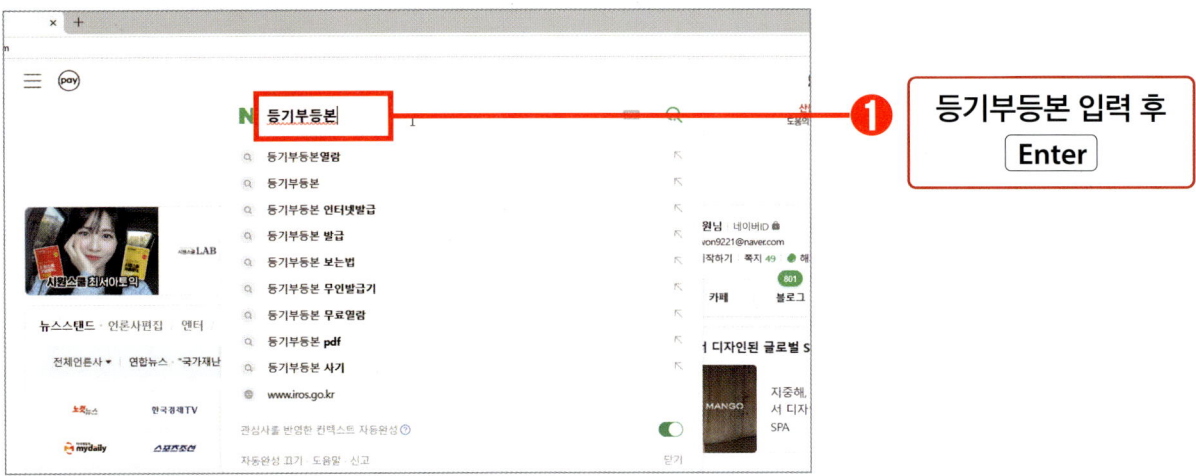

① 등기부등본 입력 후 Enter

**02** 대법원 인터넷등기소 홈페이지를 클릭합니다.

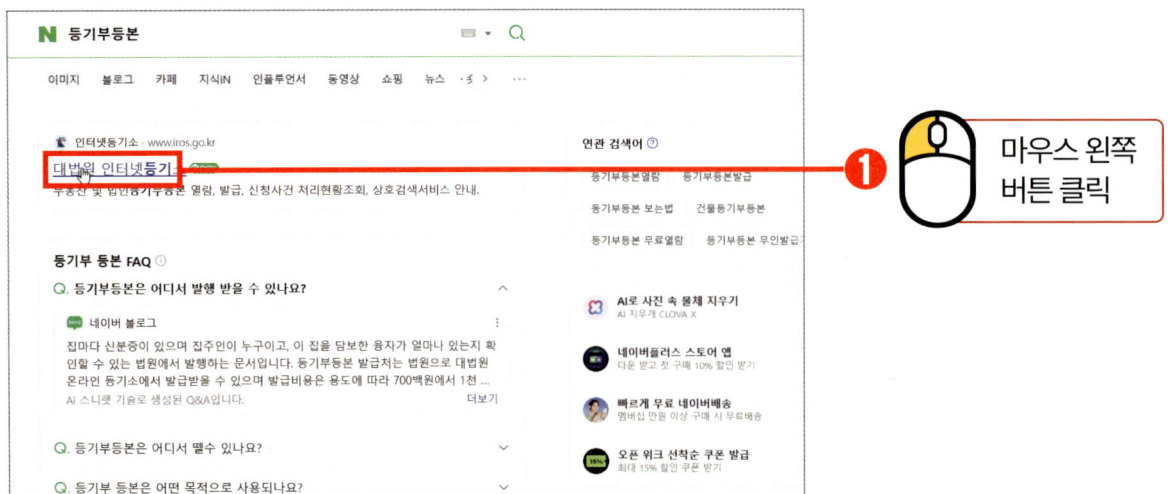

① 마우스 왼쪽 버튼 클릭

## 03 아래의 항목 중 [부동산 열람·발급]을 클릭합니다.

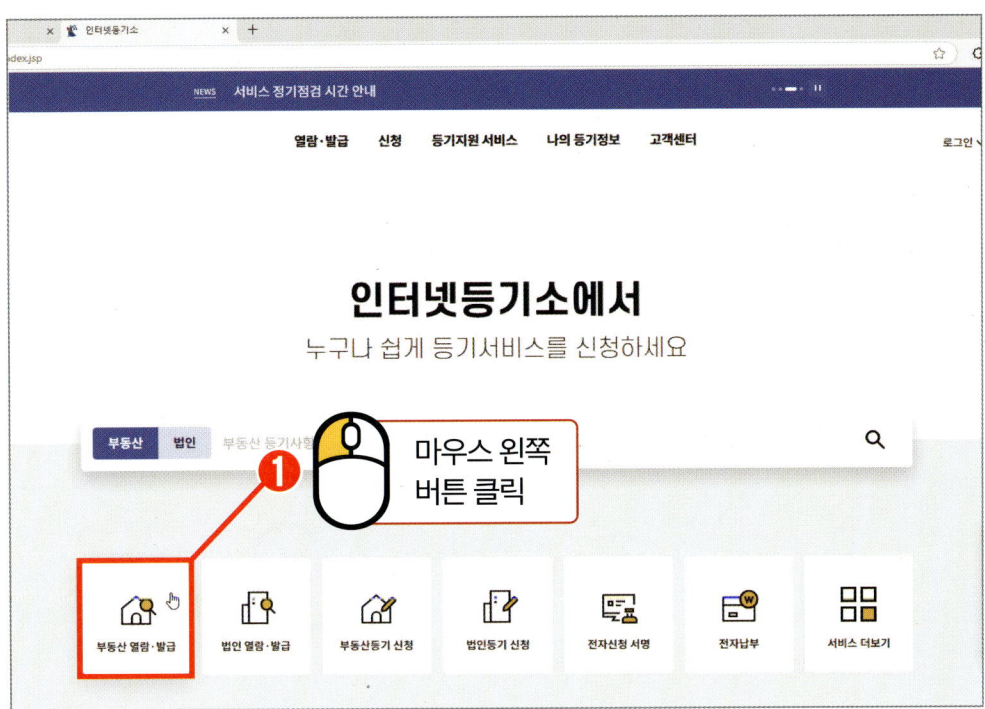

## 04 주소에 지번 또는 도로명 주소를 입력합니다.

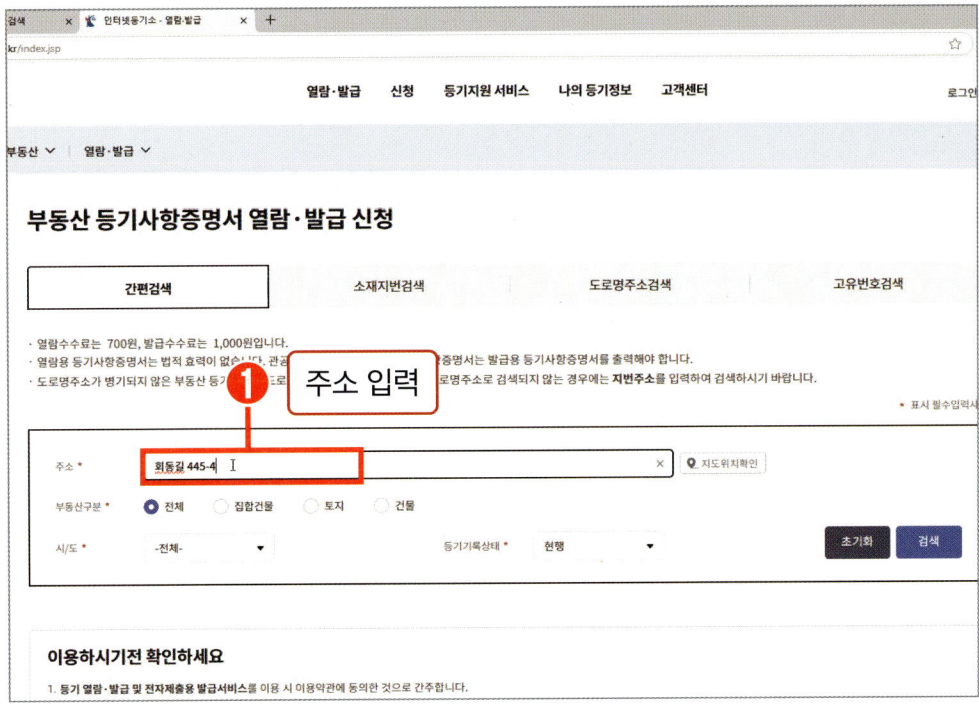

## 05 부동산구분과 시/도를 선택합니다. [검색]을 클릭합니다.

## 06 열람할 결과에 체크합니다. [다음]을 클릭합니다.

**07** 체크하고 [다음]을 클릭합니다.

**08** 용도, 추가사항을 확인합니다. 등기기록유형을 선택하고 [다음]을 클릭합니다.

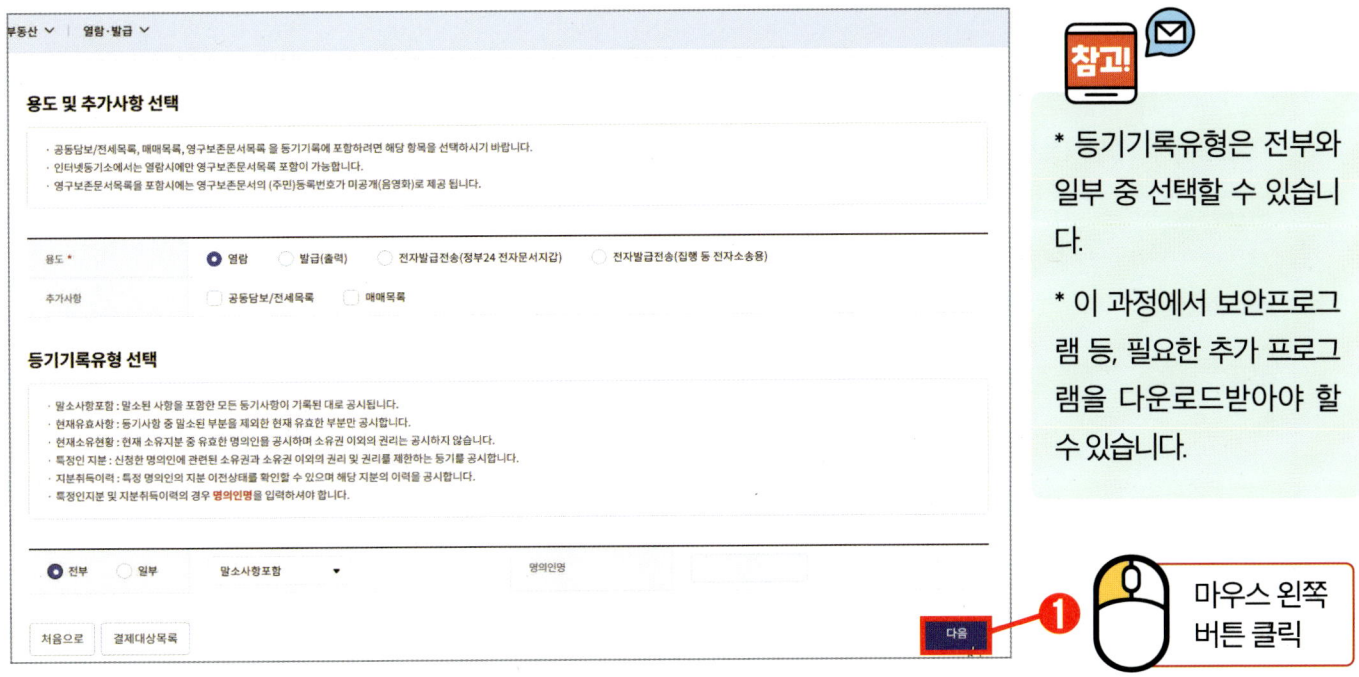

**09** 주민등록번호 공개여부 확인에 체크하고 [다음]을 클릭합니다.

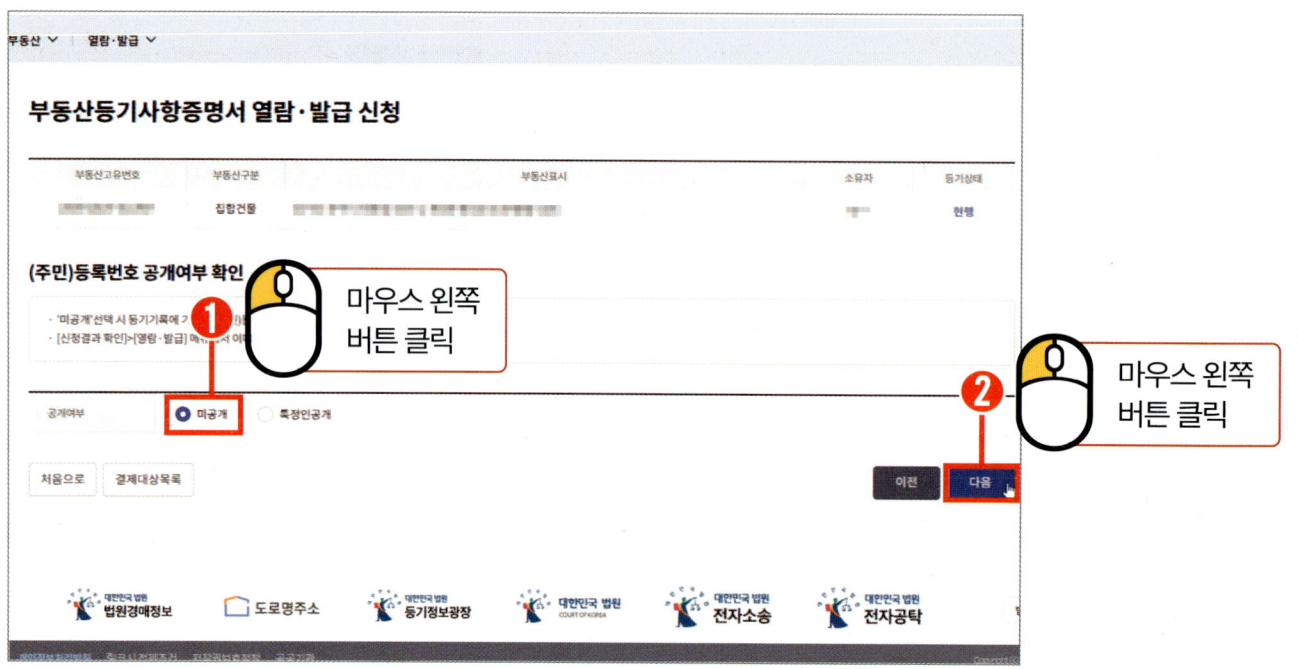

**10** 등기부등본을 열람하기 위해서는 소액의 금액을 결제해야 합니다. [결제]를 클릭합니다.

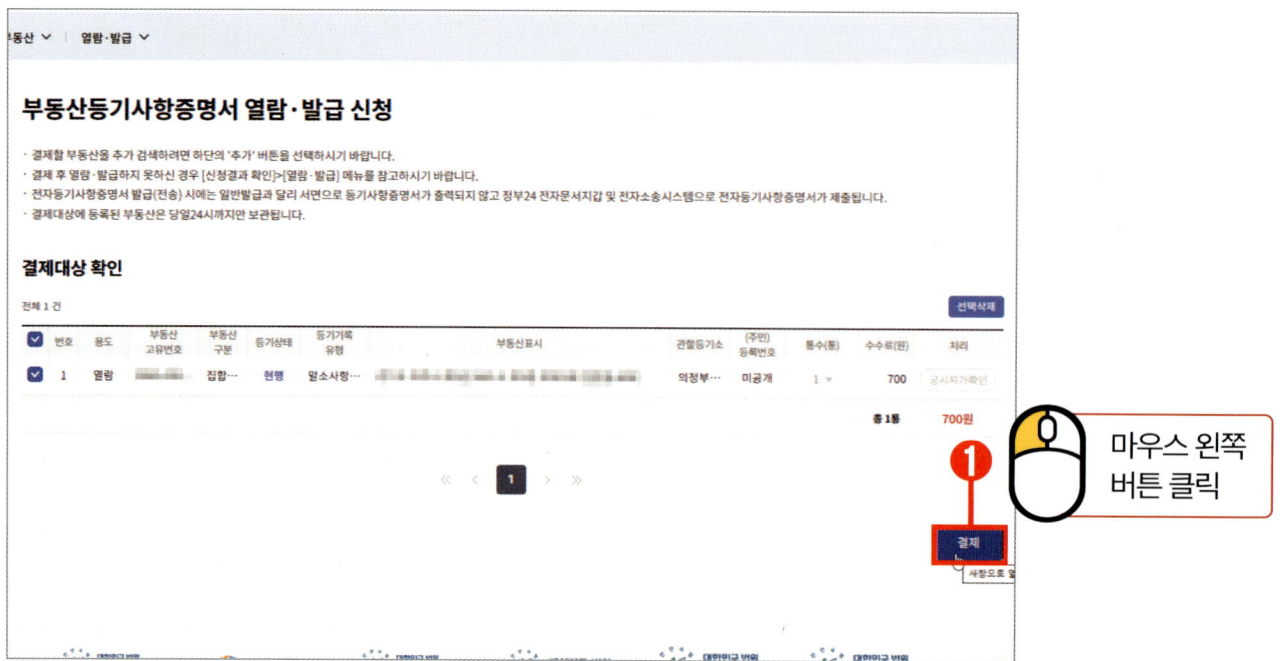

**11** 비회원으로 이용하겠습니다. 전화번호와 사용하고 싶은 비밀번호를 입력하고 [로그인]을 클릭합니다. [확인]을 클릭합니다.

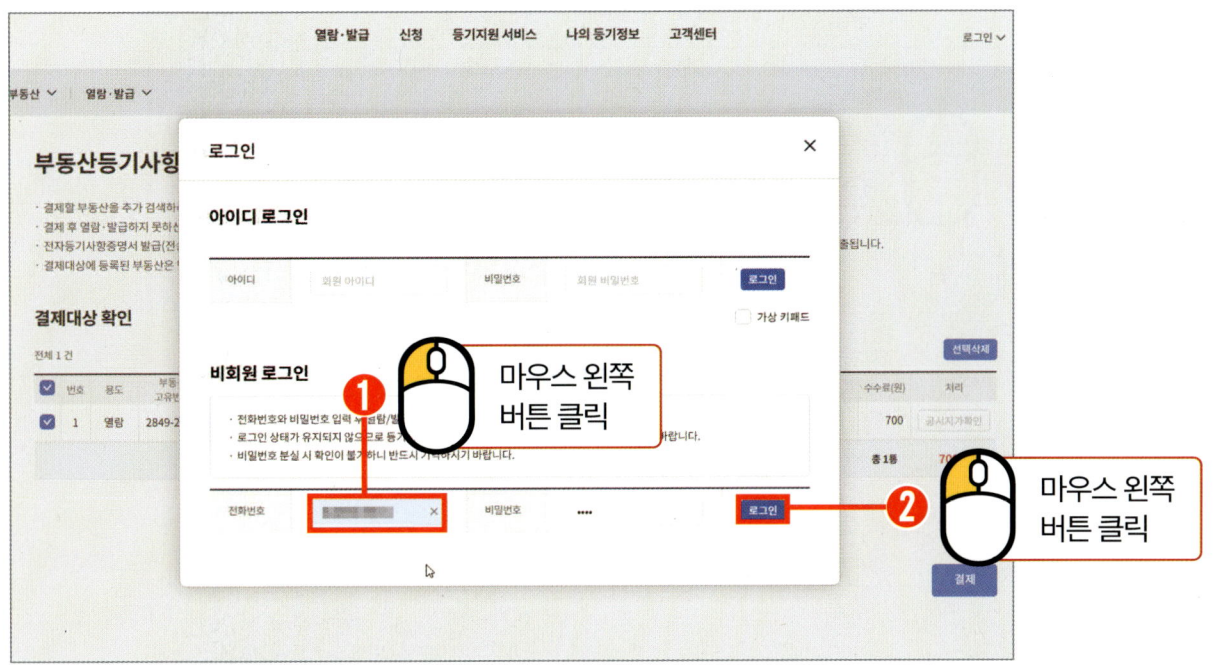

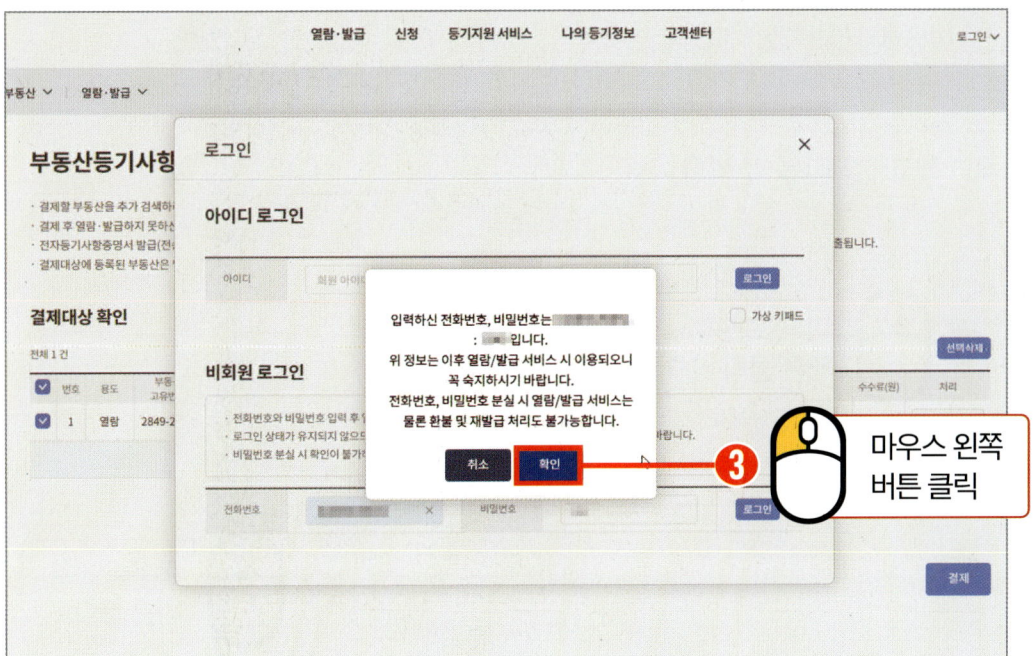

제 09장 각종 증명서 발급받기 / **273**

**12** 원하는 결제수단을 선택합니다. 스크롤바를 아래로 내립니다.

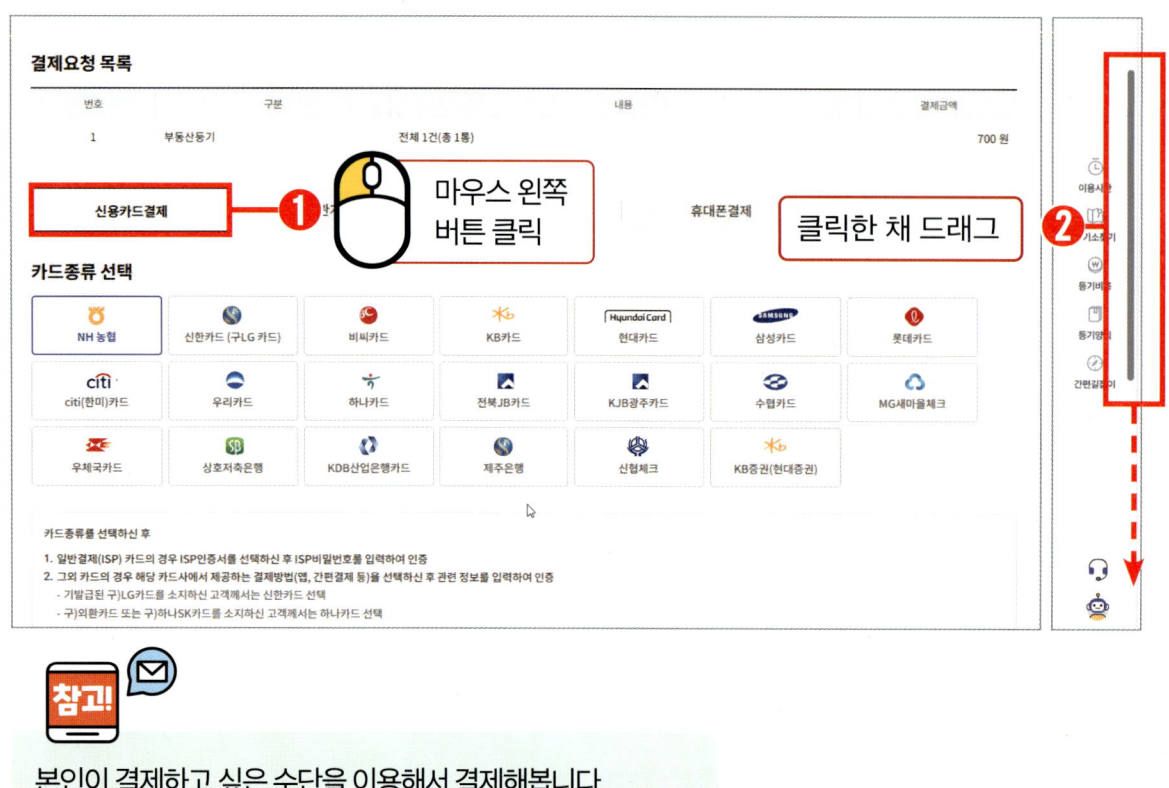

> 참고!
>
> 본인이 결제하고 싶은 수단을 이용해서 결제해봅니다.

**13** [전체동의]에 체크하고 [결제]를 클릭합니다.

**14** 결제를 진행하면 다음과 같이 열람/발급 신청결과가 나옵니다. 열람하고 싶은 건의 [열람]을 클릭합니다.

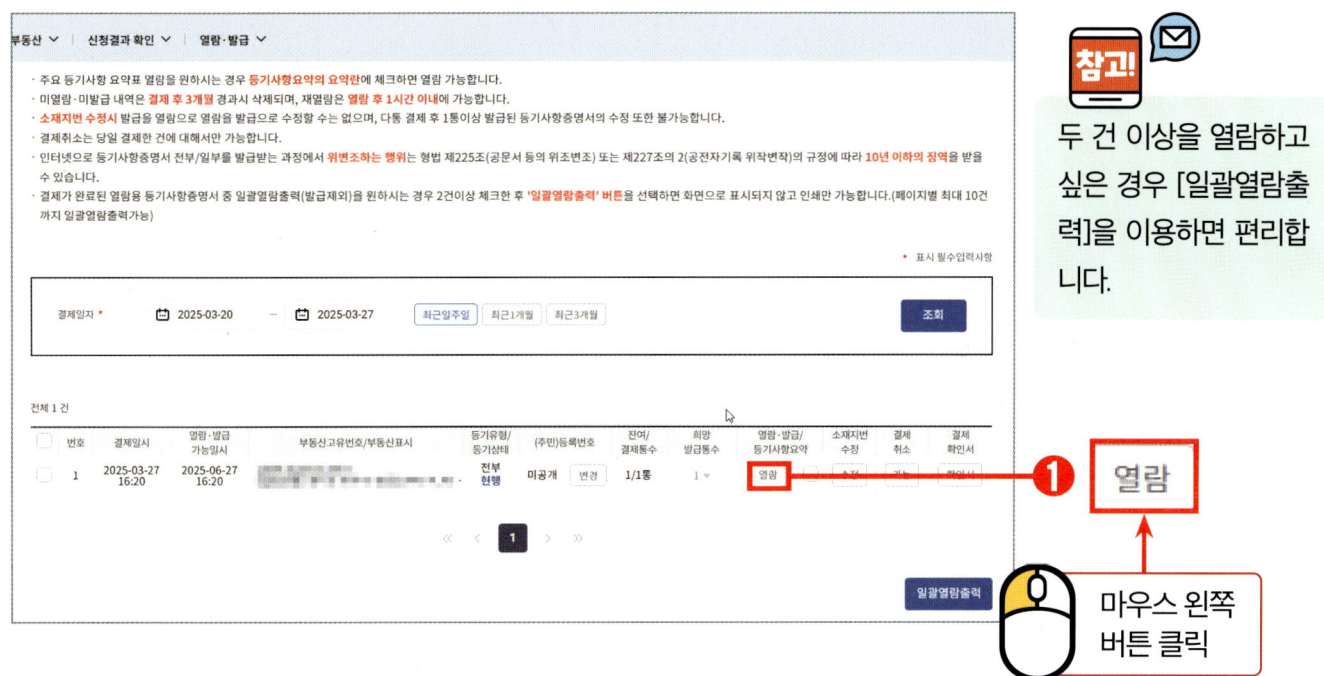

두 건 이상을 열람하고 싶은 경우 [일괄열람출력]을 이용하면 편리합니다.

**15** 등기부등본 열람 및 출력 화면이 나타납니다.

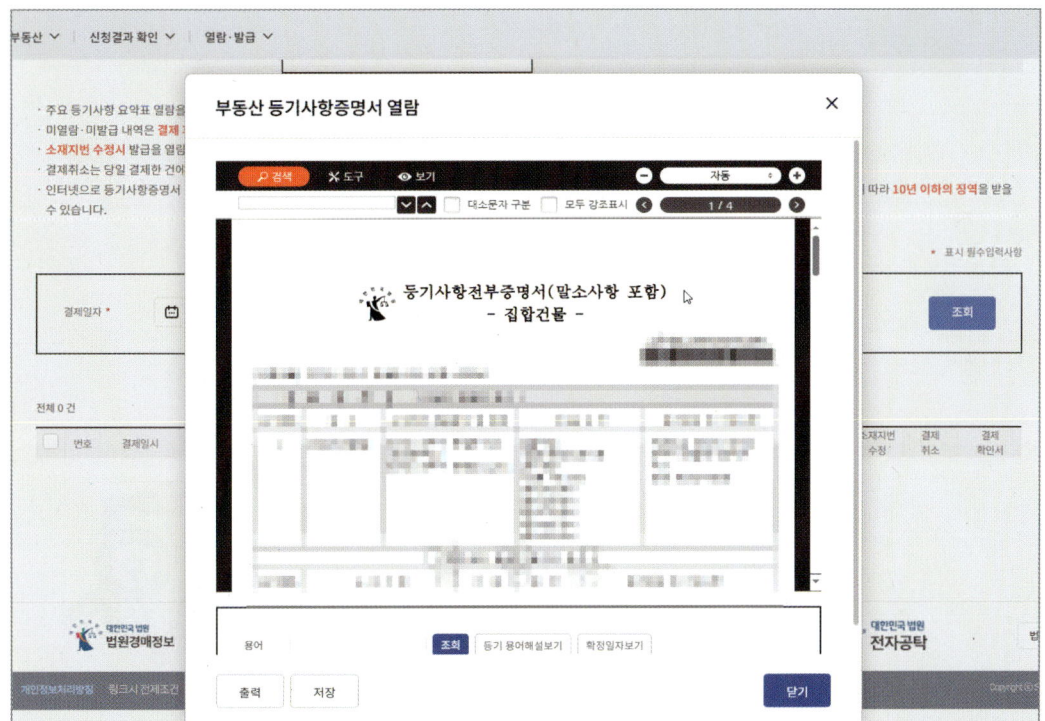

# 제 10 장
# 편리한 인터넷 옵션 알아보기

즐겨찾기, 검색 기록 등의 인터넷 옵션을 설정해서 내게 맞는 인터넷 환경을 구축합니다.

# Section 01 즐겨찾기 추가하기

엣지에서 자주 방문하는 페이지는 즐겨찾기에 추가하여 쉽게 찾아갈 수 있습니다.

**01** 정부24 홈페이지를 즐겨찾기에 추가해보겠습니다. 주소 입력란 오른쪽을 보면 ☆ 아이콘이 있습니다. 클릭합니다.

**02** 즐겨찾기가 추가되며 폴더를 지정할 수 있습니다. [더 보기]를 클릭합니다.

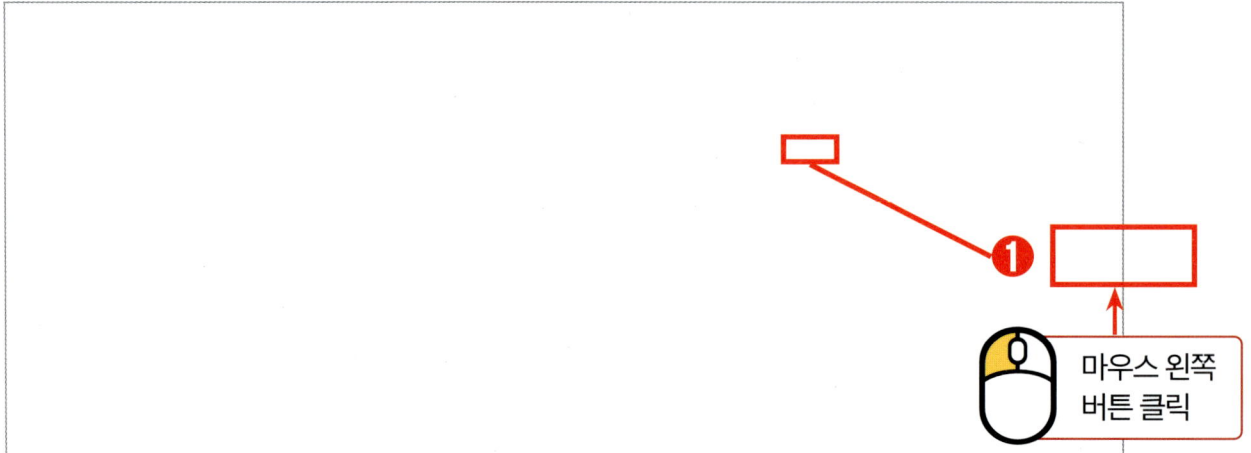

## 03 [새 폴더]를 클릭합니다.

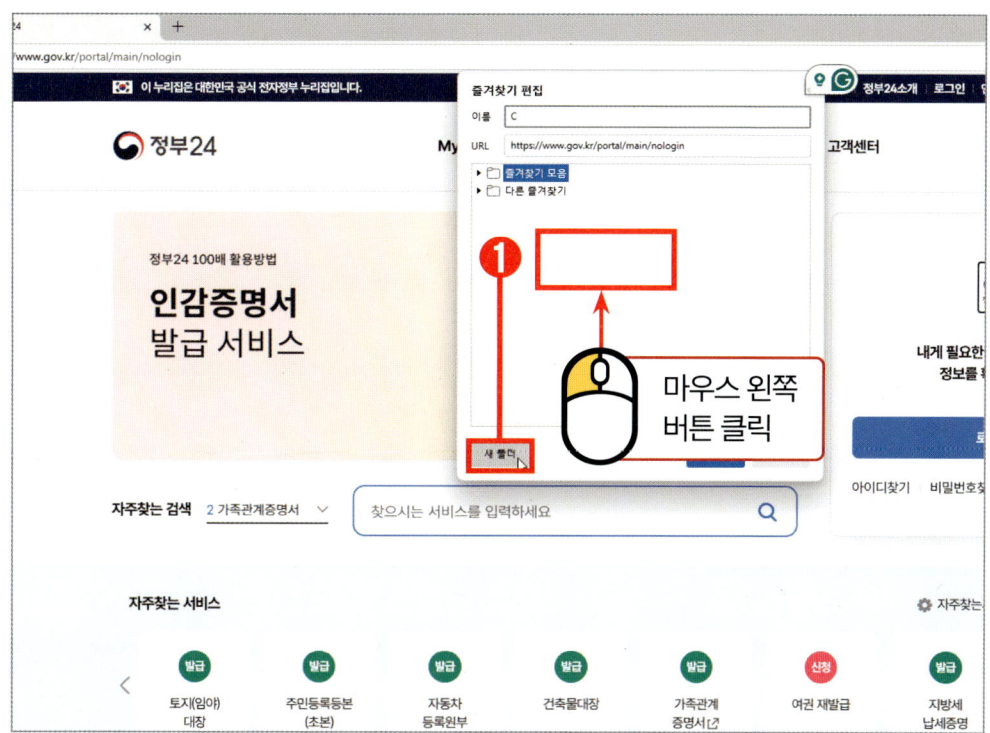

## 04 '공공기관'이라고 입력합니다. [저장]을 클릭합니다.

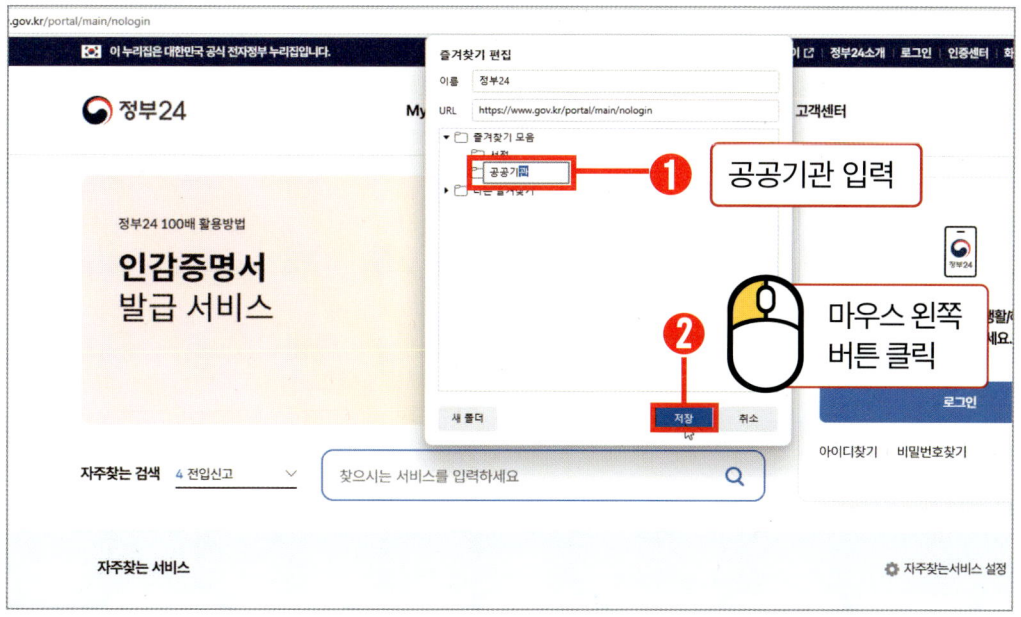

**05** 즐겨찾기 아이콘이 ★ 로 바뀝니다. 즐겨찾기 저장이 정상적으로 이뤄졌다는 의미입니다. ☆≡를 클릭합니다.

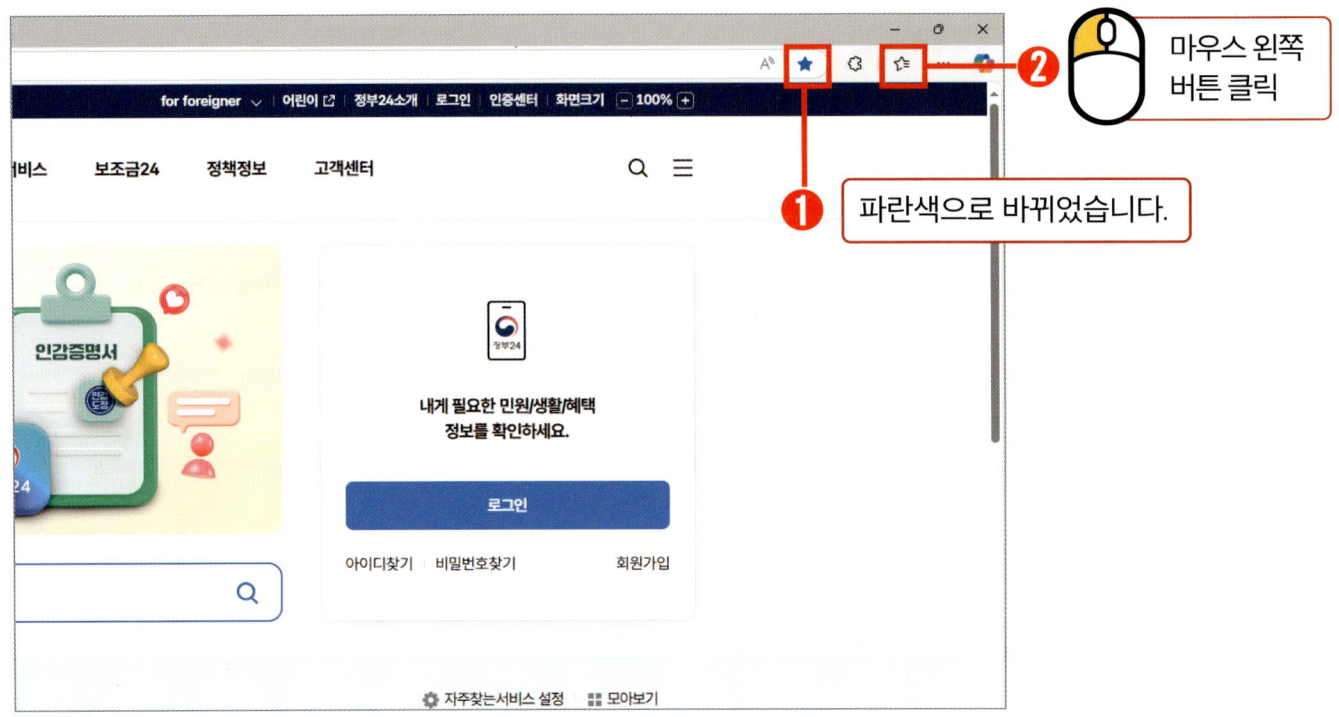

① 파란색으로 바뀌었습니다.
② 마우스 왼쪽 버튼 클릭

**06** [즐겨찾기 모음]-[공공기관]을 클릭합니다. 정부24 홈페이지가 등록되었습니다.

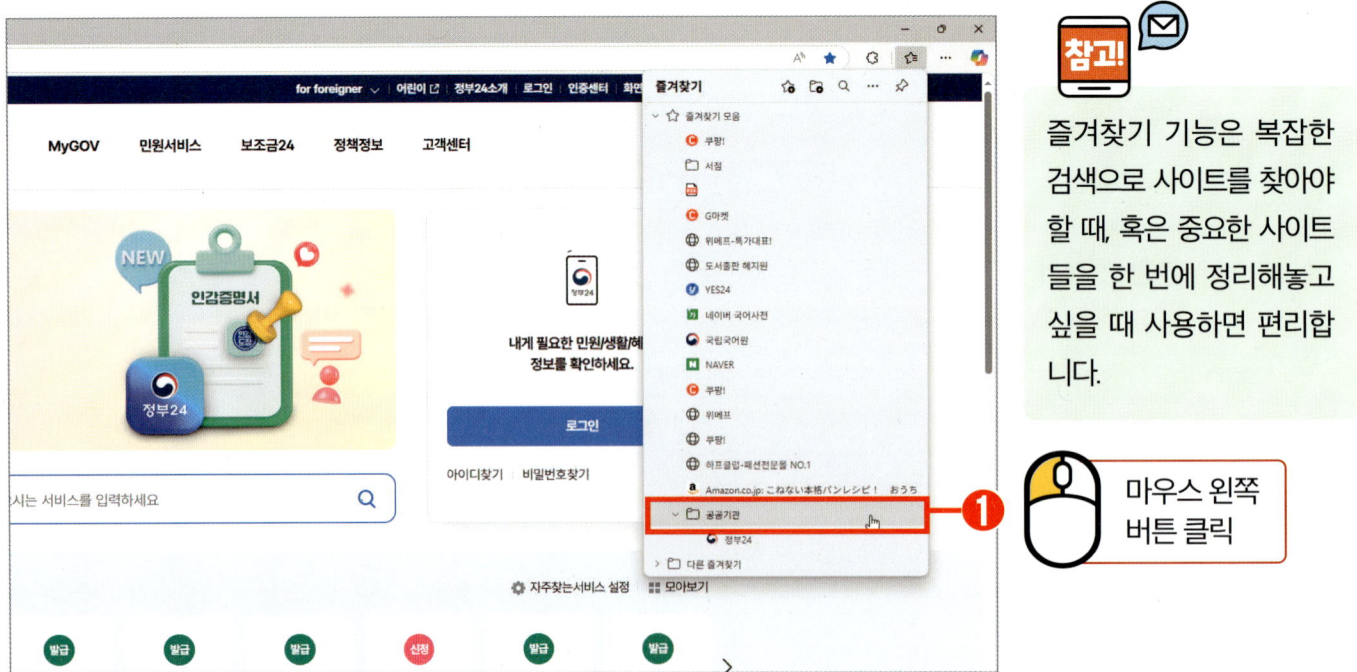

① 마우스 왼쪽 버튼 클릭

**참고!** 즐겨찾기 기능은 복잡한 검색으로 사이트를 찾아야 할 때, 혹은 중요한 사이트들을 한 번에 정리해놓고 싶을 때 사용하면 편리합니다.

**07** 삭제를 하고 싶다면 삭제하고 싶은 사이트 위에서 마우스 오른쪽 버튼을 클릭합니다. [삭제]를 클릭합니다.

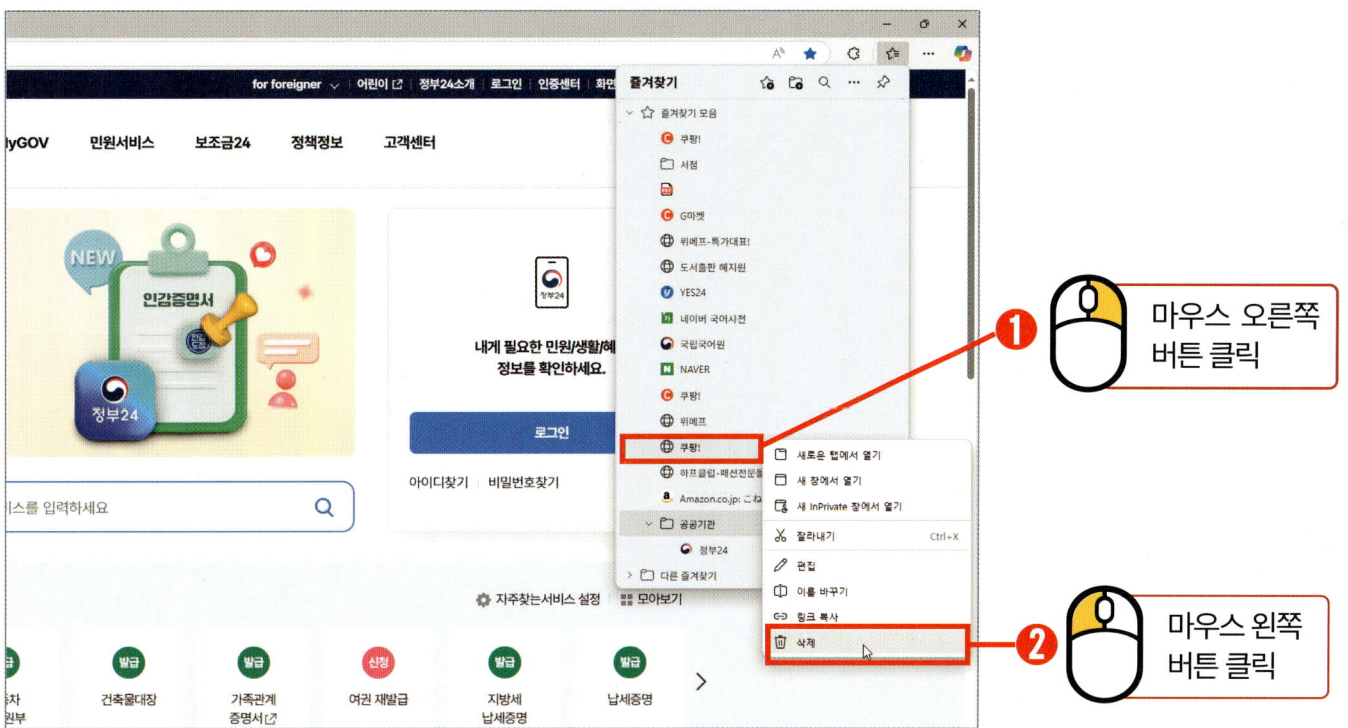

**08** 선택한 사이트가 삭제되었습니다.

# Section 02 사이트 검색 기록 확인하기

여러 사이트의 검색 기록을 확인해서 이전에 방문했던 사이트를 쉽게 찾을 수도 있습니다.

**01** ···를 클릭합니다. [검색 기록]을 클릭합니다.

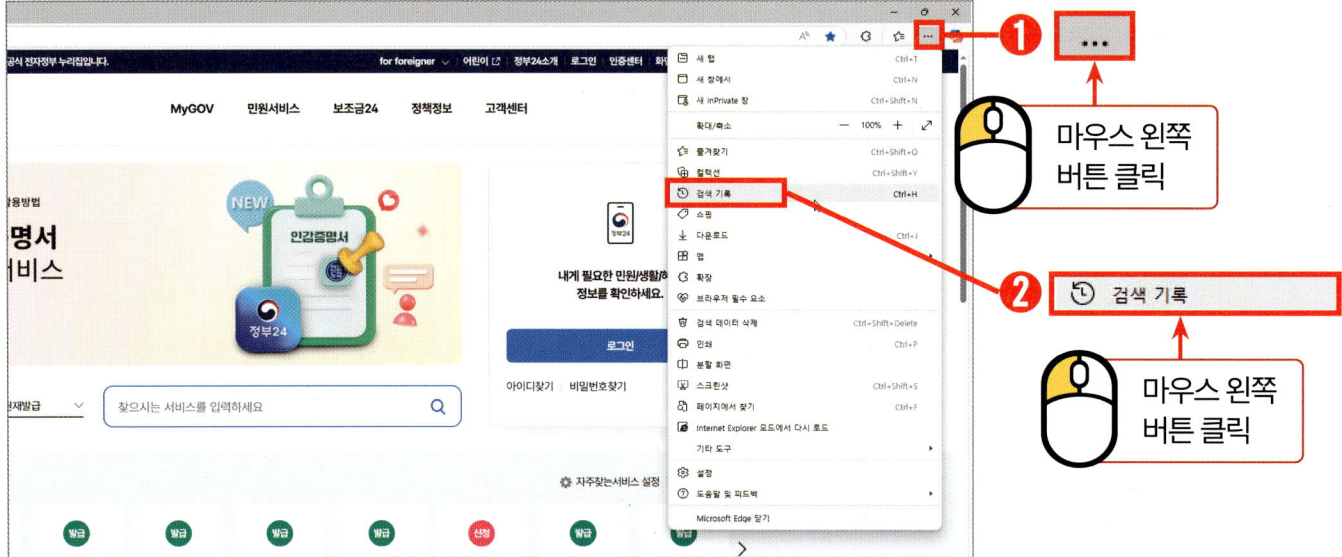

**02** [모두]를 클릭합니다. 내가 검색해서 방문했던 페이지의 목록이 나타납니다.

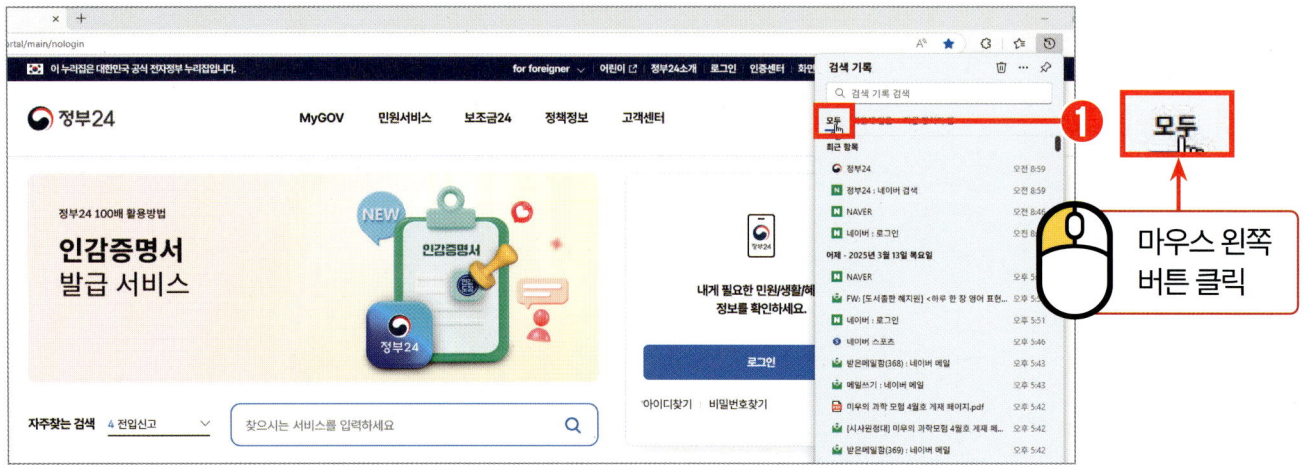

**03** 검색을 해보겠습니다. 내가 방문했던 사이트의 키워드를 검색합니다. 여기서는 '4대 보험'이라고 검색해보겠습니다. 검색을 완료한 뒤에는 ✕ 를 클릭합니다.

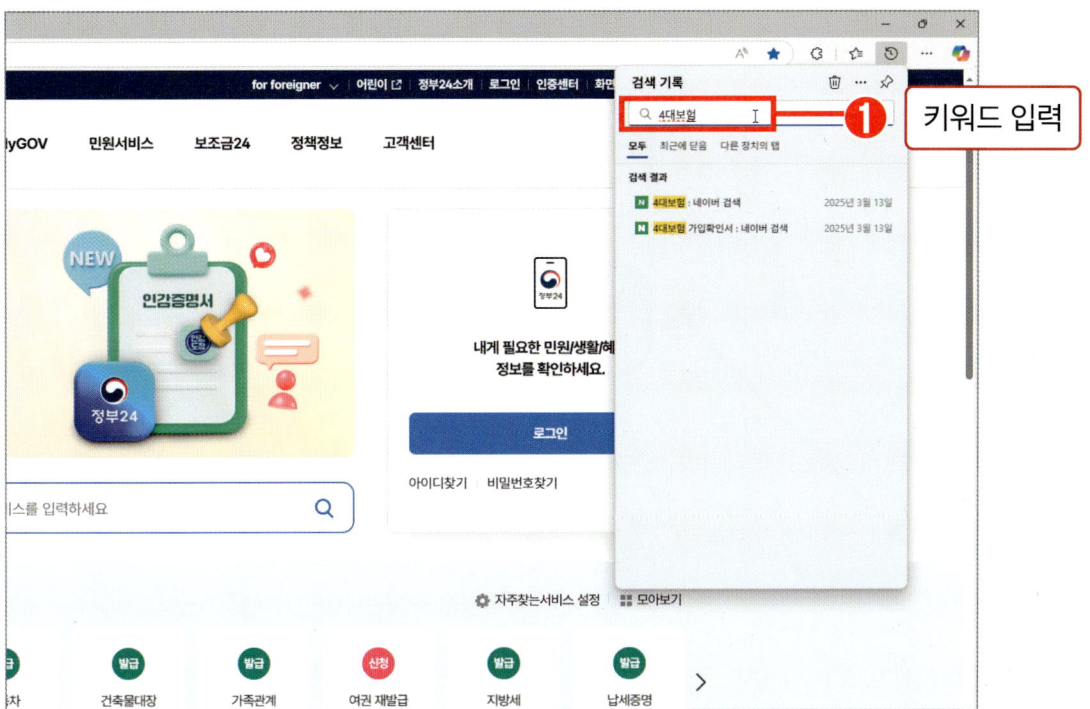

**04** 이번에는 검색 데이터를 삭제해보겠습니다. 🗑 를 클릭합니다.

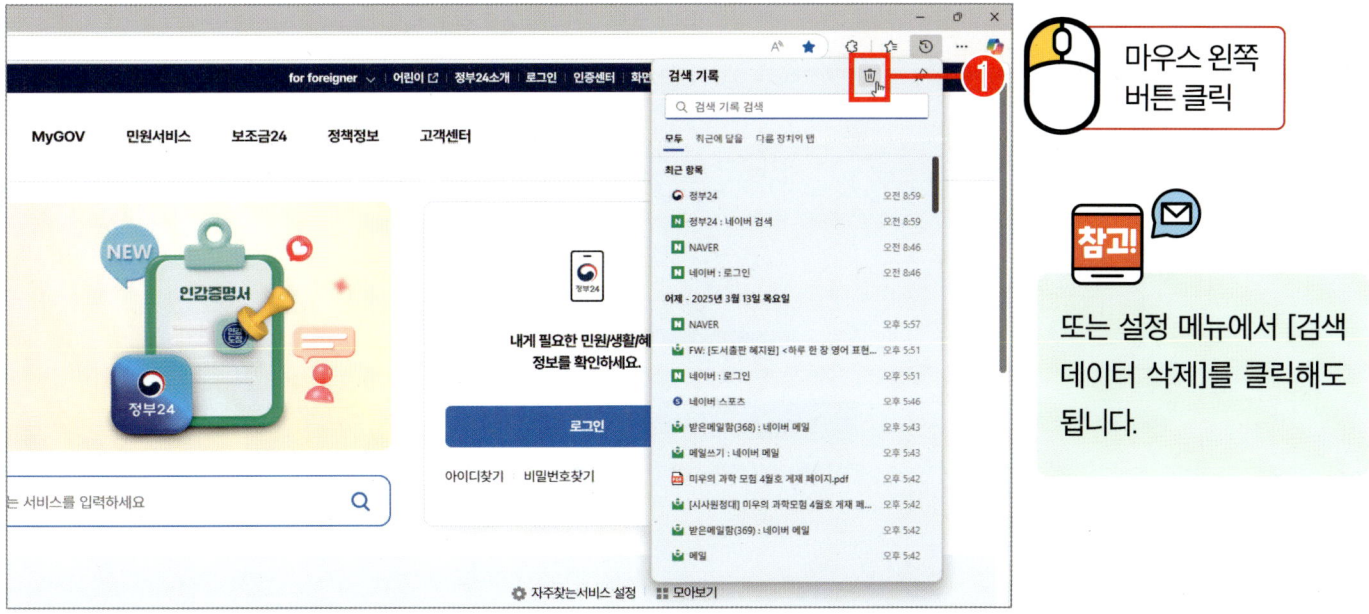

또는 설정 메뉴에서 [검색 데이터 삭제]를 클릭해도 됩니다.

**05** 검색 데이터 삭제창으로 이동합니다. 시간 범위를 클릭합니다. [지난 24시간]을 클릭하고 [지금 지우기]를 클릭합니다.

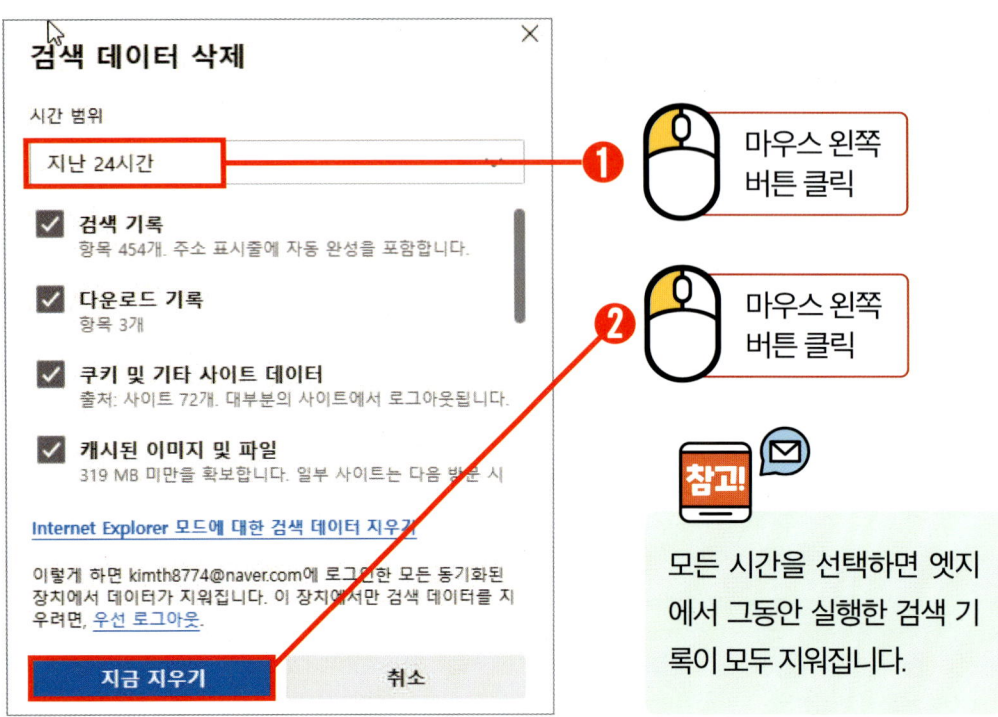

> 모든 시간을 선택하면 엣지에서 그동안 실행한 검색 기록이 모두 지워집니다.

**06** 24시간 동안 실행한 검색 기록이 모두 지워졌습니다.

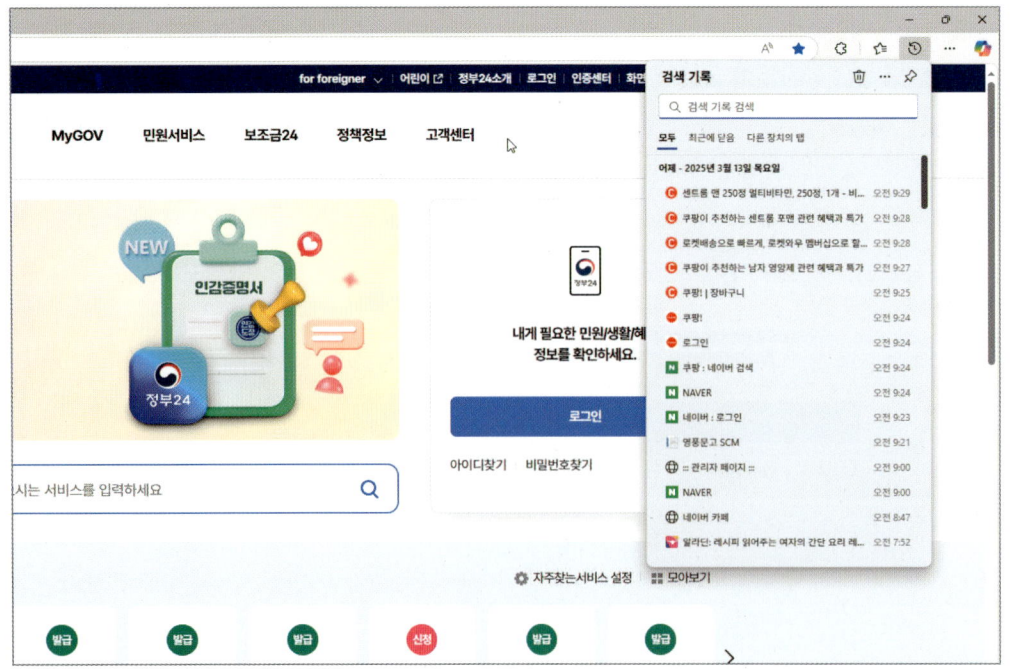

# Section 03 인터넷 페이지 인쇄하기

인터넷 페이지의 글 그대로를 인쇄하고 싶을 때가 있습니다. 이럴 때 방법을 알아보겠습니다.

**01** 인쇄하고 싶은 신문 칼럼을 인쇄해보겠습니다. ⋯ 를 클릭합니다. [인쇄]를 클릭합다.

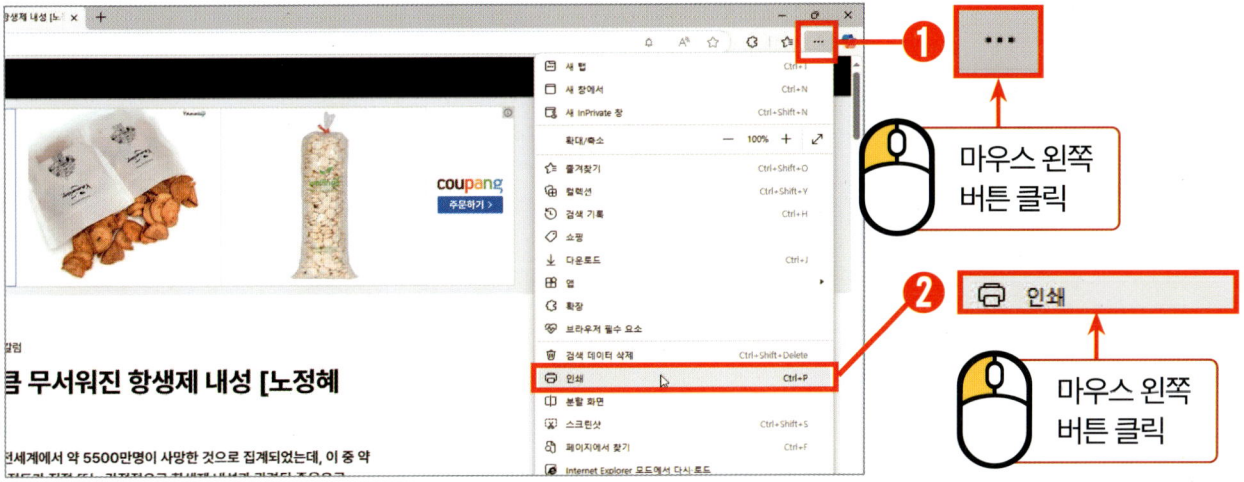

**02** 인쇄 화면이 나타납니다. 인쇄할 프린터를 클릭하여 선택합니다. [인쇄]를 클릭합니다.

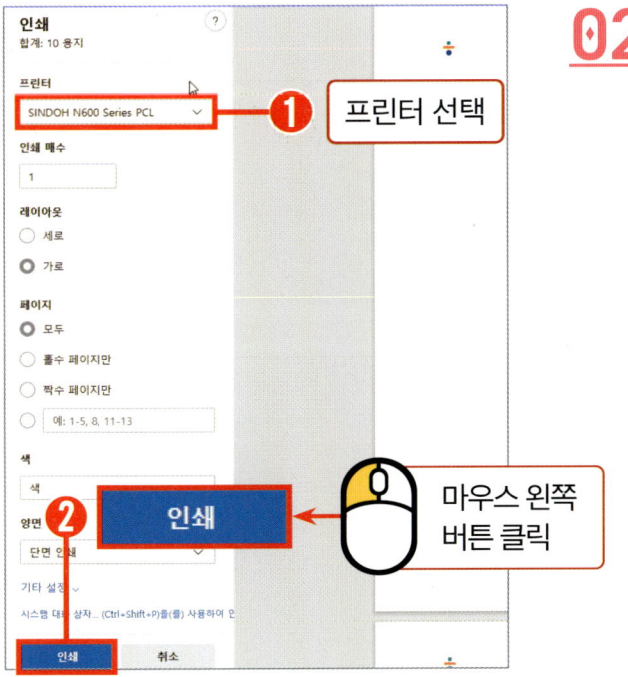

 인쇄를 하기 위해서는 프린터가 컴퓨터에 등록되어 있어야 합니다.

제 10장 편리한 인터넷 옵션 알아보기 / 285

# 인쇄 옵션

1. **인쇄 매수** : 최소 1장부터 인쇄 매수를 정할 수 있습니다.

2. **레이아웃** : 인쇄를 세로로 길게 할 것인지, 가로로 길게 할 것인지 선택합니다.

3. **페이지** : 모두 인쇄하거나 짝수/홀수 페이지만 인쇄하거나 원하는 페이지 영역만 인쇄할 수 있습니다.

4. **양면 인쇄** : 용지에 단면 혹은 양면으로 인쇄할 수 있습니다.

레이아웃을 세로로 변경한 경우

# Section 04 인터넷 페이지 한국어로 번역하기

외국어가 많이 있는 페이지는 한국어로 번역하여 볼 수 있습니다. 다만 이때 번역의 질은 좋지 않습니다. 정확한 번역을 위해서는 내용을 번역 프로그램에 복사/붙여넣기하여 보는 것이 좋습니다.

**01** 네이버 검색란에 아마존이라고 입력하고 Enter 키를 누릅니다.

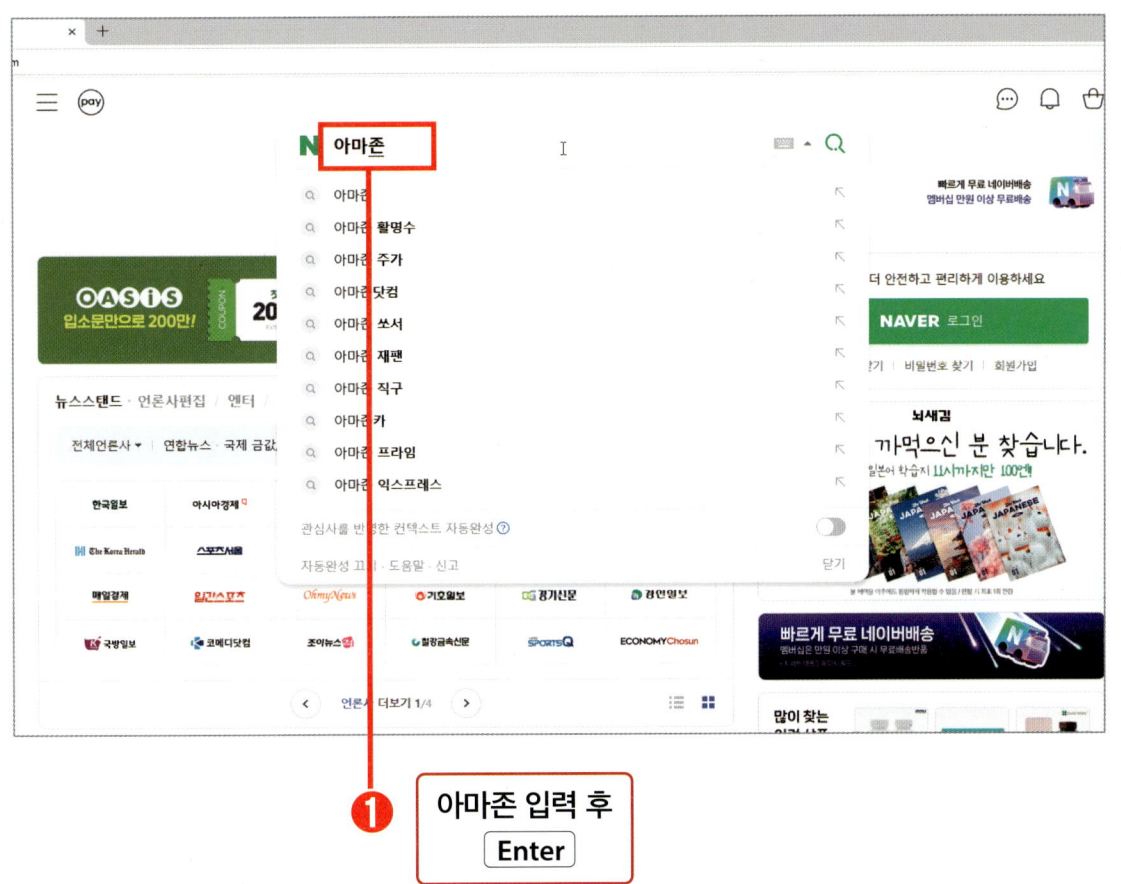

❶ 아마존 입력 후 Enter

## 02 아마존 홈페이지를 클릭합니다.

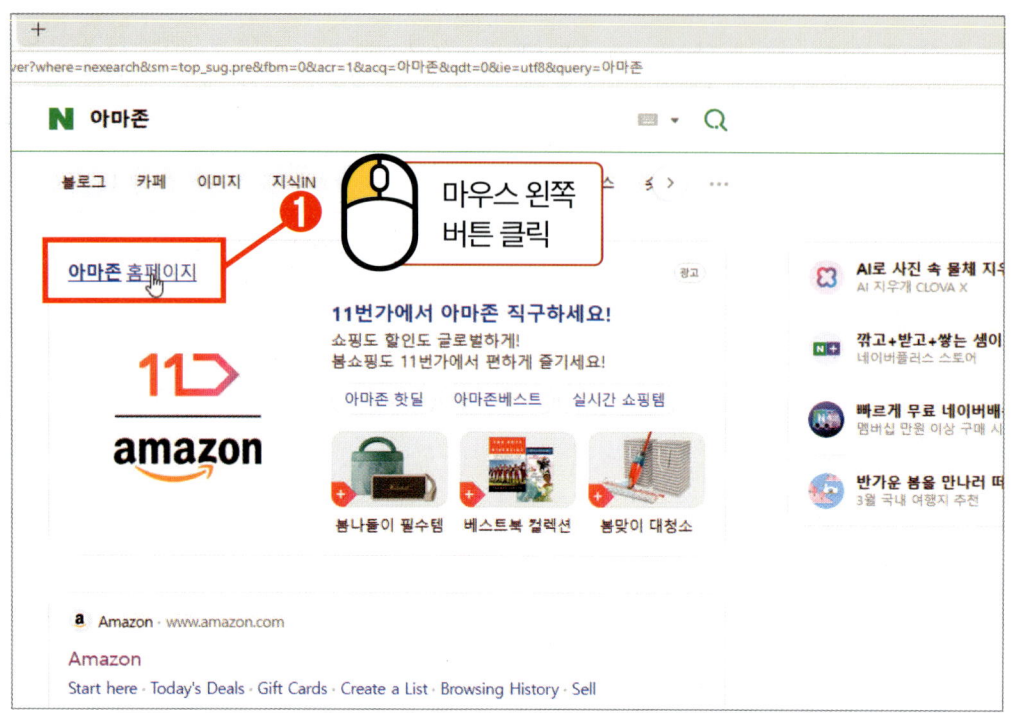

## 03 아마존 홈페이지는 영어로 되어 있습니다. 번역을 위해 마우스 오른쪽 버튼을 클릭합니다. [한국어로 번역]을 클릭합니다.

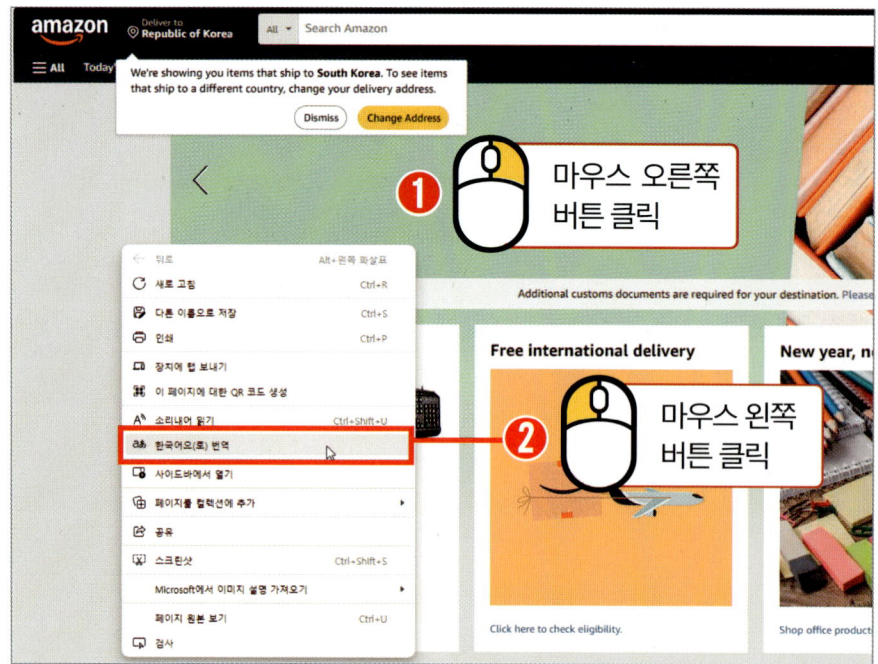

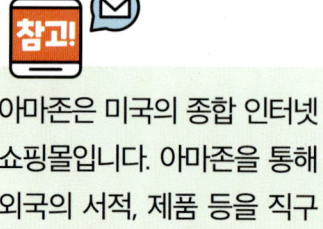

아마존은 미국의 종합 인터넷 쇼핑몰입니다. 아마존을 통해 외국의 서적, 제품 등을 직구로 구입할 수도 있습니다.

# 04  영어가 한국어로 번역되었습니다.

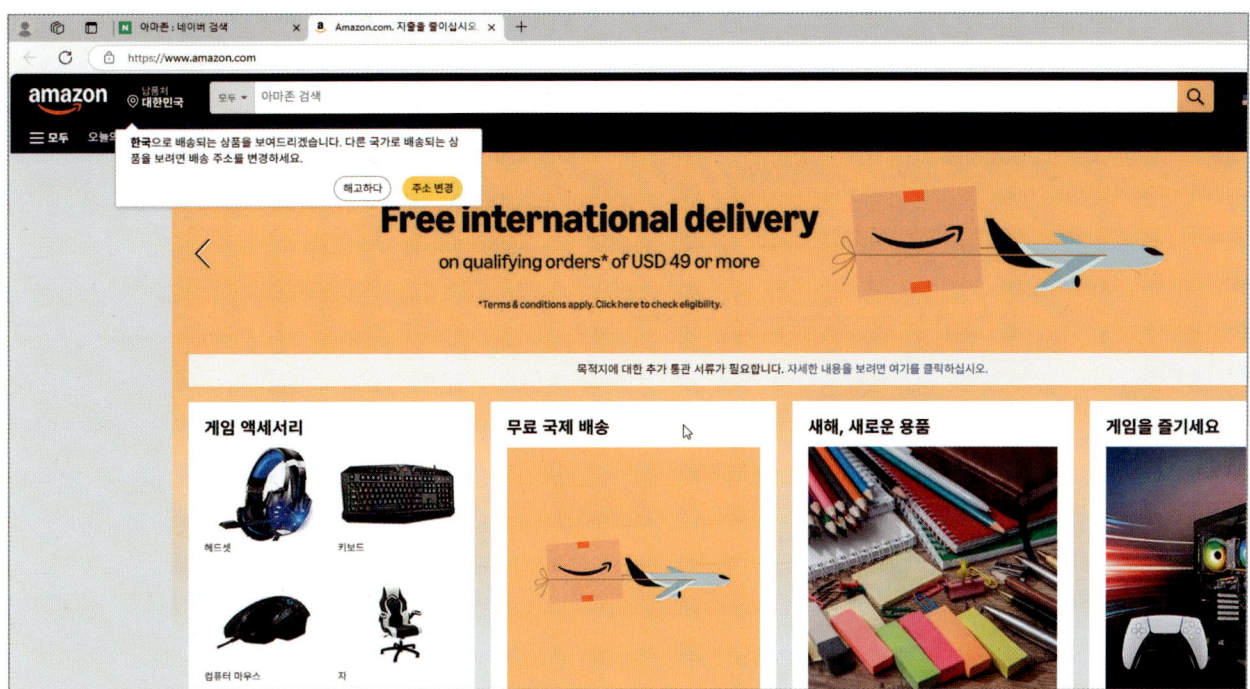

## 팁! 다른 언어로 번역하기

다른 언어로 번역하고 싶다면 주소 입력줄의  를 클릭합니다. 세계 대부분의 언어로 번역할 수 있습니다. 다만 번역의 품질이 좋지는 않습니다. 정확한 번역이 필요하다면 파파고와 같은 번역 사이트를 이용하여 일일이 번역하기를 추천합니다.

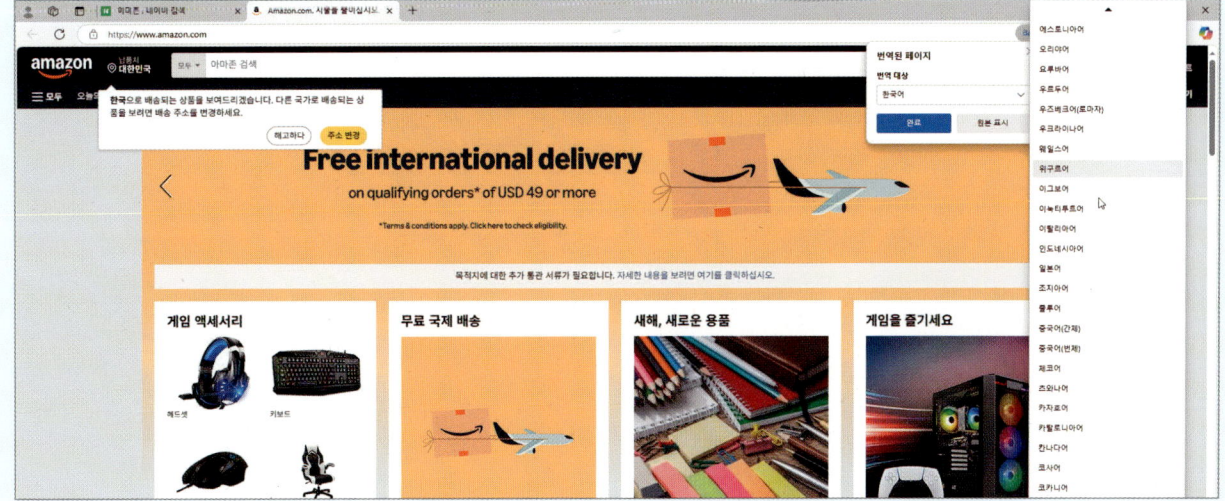

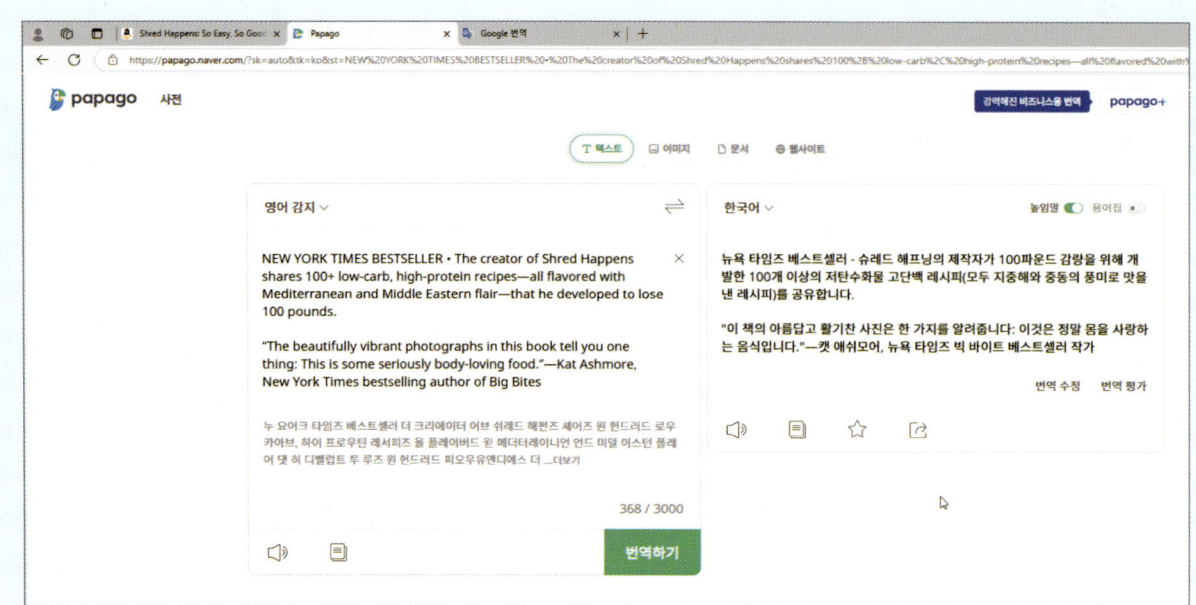

[네이버 번역기 파파고]

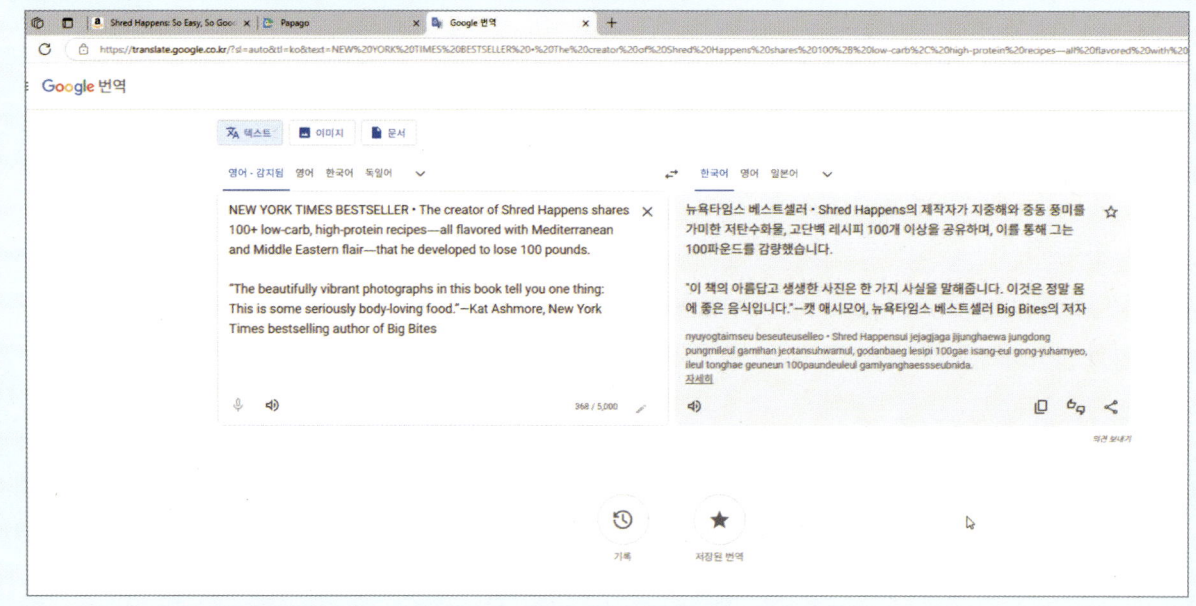

[구글 번역기]

# 제 11 장

# 챗GPT 이용해보기

챗GPT는 생성형AI로, 내가 알고 싶은 질문을 하면 이에 맞게 대답을 하거나 글을 써주는 다양한 기능이 있습니다. 무료 버전을 이용하여 맛보기로 체험해봅니다.

# Section 01 챗GPT에 접속하기

챗GPT에 접속해보겠습니다.

**01** 주소 입력란에 https://chatgpt.com 이라고 입력하고 [Enter] 키를 누릅니다.

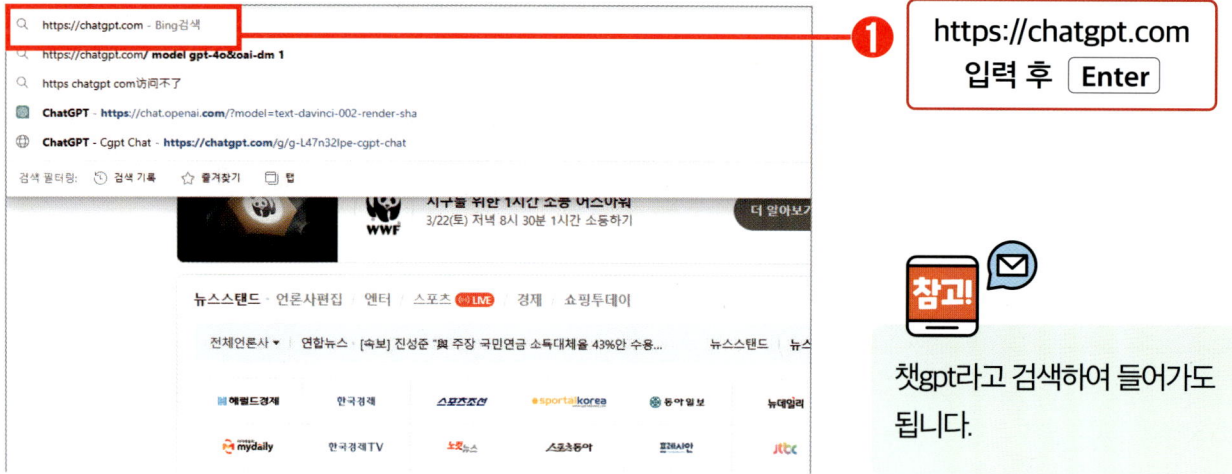

> 참고! 챗gpt라고 검색하여 들어가도 됩니다.

**02** 챗GPT 홈페이지가 나타납니다. 챗GPT는 내가 원하는 요청사항을 쓰면 이에 대한 대답을 해주는 서비스입니다. 배우기에 복잡하지만 간단하게만 실습해보겠습니다.

> 참고! 챗GPT를 더 자세히 배우고 싶다면 『어른들을 위한 가장 쉬운 챗GPT』 책을 이용해보세요

# Section 02 원하는 질문 작성하기

챗GPT에 원하는 질문을 작성하고 대답을 얻어보겠습니다.

**01** 코로나 증상에 대한 정보를 검색해보겠습니다. [무엇이든 물어보세요]에 다음과 같이 입력하고 Enter 키를 누릅니다.

"코로나 증상이 있는 것 같은데 코로나 증상과 감기 증상의 차이를 알려주세요"

**02** 챗GPT가 코로나 증상에 대해서 알려줍니다. 챗GPT는 학습된 데이터를 기반으로 하여 정보를 제시합니다. 그렇기 때문에 정보가 부정확할 수도 있습니다.

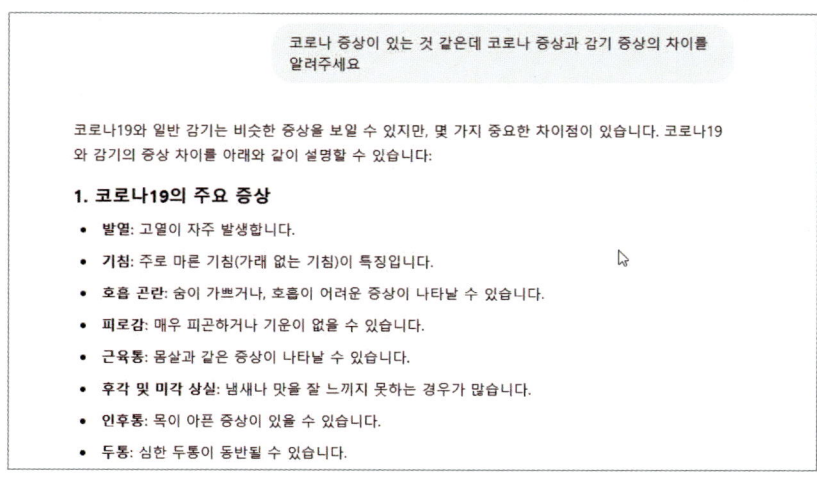

챗GPT를 효과적으로 이용하기 위해서는 유료 버전을 이용하면 좋습니다.

**03** 주어진 정보를 토대로 대처법을 알아보겠습니다. 아래의 [무엇이든 물어보세요]에 다음의 내용을 입력하고 Enter 키를 누릅니다.

*"증상이 있을 때는 어떻게 해야 하고, 어떤 치료를 받을 수 있는지 알려주세요"*

- 기침: 주로 마른 기침(가래 없는 기침)이 특징입니다.
- 호흡 곤란: 숨이 가쁘거나, 호흡이 어려운 증상이 나타날 수 있습니다.
- 피로감: 매우 피곤하거나 기운이 없을 수 있습니다.
- 근육통: 몸살과 같은 증상이 나타날 수 있습니다.
- 후각 및 미각 상실: 냄새나 맛을 잘 느끼지 못하는 경우가 많습니다.
- 인후통: 목이 아픈 증상이 있을 수 있습니다.
- 두통: 심한 두통이 동반될 수 있습니다.
- 설사 또는 복통: 일부 환자에서는 소화기 증상도 나타날 수 있습니다.

**2. 감기의 주요 증상**
- 콧물: 코가 막히거나 콧물이 나는 증상이 흔합

❶ 내용 입력 후 Enter

증상이 있을 때는 어떻게 해야 하고, 어떤 치료를 받을 수 있는지 알려주세요"

**04** 증상에 대한 대처법을 알려줍니다.

"증상이 있을 때는 어떻게 해야 하고, 어떤 치료를 받을 수 있는지 알려주세요"

코로나19나 감기 증상이 있을 때, 어떻게 대처해야 하는지와 어떤 치료를 받을 수 있는지에 대해 설명 드리겠습니다.

**증상 발생 시 대처 방법**

1. 자가 격리:
   - 코로나19가 의심되는 경우에는 다른 사람에게 전파되지 않도록 **자가 격리**를 해야 합니다. 특히, 고위험군(노인, 기저질환이 있는 사람 등)과 접촉을 피해야 합니다.
   - 감기일 경우에도 증상이 심하지 않으면 자가격리를 하는 것이 좋지만, 감기 증상만으로는 전염력에 크게 문제가 되지 않습니다.
2. 의료기관에 연락:
   - 증상이 경미한 경우 **전화로 상담**을 받는 것이 좋습니다. 병원에 직접 방문하기 전에 증상에 대해 문의하고, 검사를 받을 필요가 있는지 확인하세요.
   - **코로나19 검사**: 코로나19 검사를 받으라는 권고를 받을 수 있습니다. PCR 검사나 신속 항원검사를 통해 코로나19를 확인할 수 있습니다.
3. 휴식과 수분 섭취:
   - 충분한 휴식과 수분 섭취는 회복을 돕습니다. 코로나나 감기 모두 체력이 떨어지고 탈수 증상이 나타날 수 있기 때문에 물이나 전해질 음료 등을 자주 마셔야 합니다.

같은 질문이라도 어떻게 쓰냐에 따라 다르게 대답을 할 수도 있습니다.

**05** 이번에는 요리를 추천받고 레시피를 물어보겠습니다. 다음의 내용을 입력하고 Enter 키를 누릅니다.

*"비가 오는 날에 좋은 찌개 요리들을 추천해주세요"*

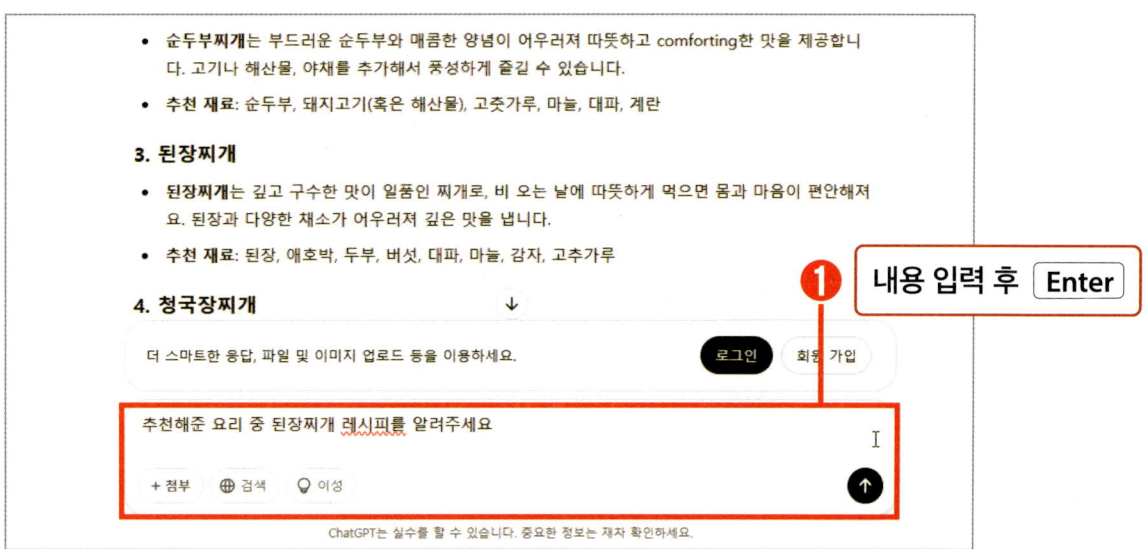

**06** 다양한 요리를 추천해줍니다. 그중 된장찌개의 레시피를 알아보겠습니다. 다음의 내용을 입력하고 Enter 키를 누릅니다.

*"추천해준 요리 중 된장찌개 레시피를 알려주세요"*

**07** 된장찌개 레시피를 설명해줍니다. 스크롤바를 내려 설명을 모두 읽어봅니다.

### 챗GPT에 회원가입하기

챗GPT에 회원가입하면 이미지 생성 등 더욱 다양한 서비스를 이용할 수 있습니다. 관심이 있다면 회원가입 후 유료 버전을 사용해보길 바랍니다. 무료 버전으로는 사용에 제한이 있습니다.

▶ 화창한 봄날에 어울리는 배경화면을 만들어달라고 한 결과

# 어른들을 위한 가장 쉬운
# 인터넷

어른들을 위한 가장 쉬운
# 인터넷

# 어른들을 위한 가장 쉬운
# 인터넷

어른들을 위한 가장 쉬운
# 인터넷